教你打官司 丛书

U0831417

婚姻家庭法律案例

——结婚离婚事务纠纷

兰 花 编著

山西出版集团 山西教育出版社

图书在版编目（CIP）数据

婚姻家庭法律案例．结婚离婚事务纠纷/兰花著．—太原：山西教育出版社，2012.2

（教你打官司）

ISBN 978-7-5440-4206-2

Ⅰ．①婚…　Ⅱ．①兰…　Ⅲ．①婚姻家庭纠纷-案例-分析-中国　Ⅳ．①D923.905

中国版本图书馆 CIP 数据核字（2009）第 205386 号

婚姻家庭法律案例·结婚离婚事务纠纷

责任编辑　孙　轶
特邀编辑　俊　峰
复　　审　邓吉忠
终　　审　樊爱香
装帧设计　刘志斌
印装监制　贾永胜

出版发行　山西出版集团·山西教育出版社
（太原市水西门街馒头巷 7 号　电话：4035711　邮编：030002）
印　　装　山西人民印刷有限责任公司
开　　本　850×1168　1/32
印　　张　11.75
字　　数　374 千字
版　　次　2012 年 2 月第 1 版山西第 18 次印刷
印　　数　117508—124507 册
书　　号　ISBN 978-7-5440-4206-2
定　　价　21.00 元

序　言

俗话说："无规矩不成方圆。"法律虽然抽象，但离我们的生活并不遥远。法律规则在现代社会人与人的交往中发挥着重要的作用，尤其是在预防和减少纷争、维护自身权益方面。我国正处在经济迅速发展、法制日臻完善的时期，法律的制定和修订也比较快，因此，对于普通百姓而言，我们不仅需要了解基本法律理念，还需要了解最新的、与我们生活密切相关的法律知识。

本套"教你打官司"丛书本着"为你打官司支招，为你赢官司献计"的宗旨，以通俗易懂的方式向读者宣讲法律知识，传播法治理念，让百姓明白自己有哪些权益是受法律保护的，应当怎样运用法律武器维护自己的合法权益。

本丛书共23册，各册的内容体系不是严格按照学术分类或是法律部门进行划分，而是以"与百姓的生活密切相关"为标准，将大量的法律概念、法律原理融入一个个典型而精彩的案例中，让读者在不知不觉中学到法律知识。每册书均采用以案说法的形式，运用简明通俗的语言、根据最新的法律规范深入浅出地解说法律问题。每个案例都由"事情是这样的"、"律师专线"、"法律规范"和"专家释惑"四个部分构成。其中"事情是这样的"旨在简要介绍法律问题的事实背景；"律师专线"是从律师实务的角度指明所涉法律问题，判断问题处理得对错与否，为当事人妥善解决此类问题提出相应的建议与技巧，比如所涉纠纷的核心问题是什么、有效解决问题的措施是什么、该向什么部门反映等；“法律规范”是摘录与案件有关的核心法条，为读者指明解决问题所援引的法律依据；“专家释惑”则是对与案件有关的法律知识进行更专业的阐释与介绍。有些案例还附有“联系本案”的内容，为读者防范或处理相关问题进行提醒。

衷心希望本丛书能成为普通百姓学习基本法律知识的得力助手，使大家不再觉得法律陌生而遥远，为我们认知和维护自身权益略尽绵薄之力。

兰　花

2009 年 7 月于中国政法大学

目 录

第一章 有关婚姻关系的基本原则

第二章 结 婚

第三章　离　婚

第四章　特殊的婚姻案例

第一章　有关婚姻关系的基本原则

一、婚姻自由原则

内容提要

婚姻自由是我国规定的一项婚姻关系的基本原则。法律规定实行婚姻自由，禁止包办婚姻和其他干涉婚姻自由的行为，禁止借婚姻索取财物。婚姻自由包括结婚自主和离婚自由两方面。

案例 1　段某强行要求继续与女朋友恋爱，能这样行使婚姻自由权吗?

事情是这样的

段某是一名25岁的男青年，家住山西省某市郊区。2001年，段某与女青年吴某建立了恋爱关系。2002年初，女方吴某感到她与段某之间性情不和，便提出与段某中断恋爱关系。段某坚决不答应，并以种种手段威胁恫吓吴某，他把点燃的雷管扔到吴某家的院内。吴某仍不答应和好。段某仍然不死心，一天晚上，段某乘吴某的父母外出之机，闯入吴某家中，将吴某捆绑起来，扛回自己家里，要求她答应和自己继续恋爱并且结婚，吴某坚决不答应。之后，段某用暴力奸污了吴某。

律师专线

我国《婚姻法》第5条明确规定："结婚必须男女双方完全自愿……"，这是婚姻自由原则的具体体现。本案例中，女青年吴某因为感到与段某性情不合适，中断恋爱关系，这是吴某的权利，她有权作出中止恋爱的决定。

同时，《婚姻法》第5条还规定："……不许任何一方对他方加以强迫或任何第三者加以干涉。"段某一味纠缠吴某，并把雷管扔到吴某家院内相威胁，这是在进行强迫，违背了当事人吴某的意愿，是对婚姻自由原则的违反。更为严重的是，段某捆绑吴某，以暴力强奸吴某，不仅是对婚姻自由的践踏和破坏，而且构成了强奸罪行，触犯了刑法，应当受到刑罚处罚。

法律规范

中华人民共和国婚姻法

（2001年4月28日第九届全国人民代表大会常务委员会第二十一次会议修正，同日公布并施行）

第二条　实行婚姻自由、一夫一妻、男女平等的婚姻制度。

保护妇女、儿童和老人的合法权益。

实行计划生育。

第五条　结婚必须男女双方完全自愿，不许任何一方对他方加以强迫或任何第三者加以干涉。

中华人民共和国宪法

（1982年12月4日第五届全国人民代表大会第五次会议通过并公布施行）

第四十九条　婚姻、家庭、母亲和儿童受国家的保护。

夫妻双方有实行计划生育的义务。

父母有抚养教育未成年子女的义务，成年子女有赡养扶助父母的义务。

禁止破坏婚姻自由，禁止虐待老人、妇女和儿童。

专家释惑

本案例中，男青年段某的行为既违反了婚姻法的婚姻自由原则，又是一种犯罪行为。因此了解什么是婚姻自由，这一点很重要。

一、婚姻自由的含义

婚姻自由是指男女双方有权依据法律规定，自主决定自己的婚姻问题，不受任何其他人的干涉或强制。它具有以下特点：(1) 婚姻自由是法律赋予人们的一种权利。我国《宪法》明确规定“禁止破坏婚姻自由”（第49条），我国《婚姻法》第2条和第5条也都明确规定了婚姻自由。(2) 婚姻自由是一种人身权利。婚姻自由权归权利人自己所有，不能出让，也不能继承。(3) 婚姻自由主要表现为当事人的自主权。其他任何人，包括婚姻当事人的父母、亲友或其他关系人，都无权决定和干涉，对方也无权加以强迫。不过这并不排除父母、亲朋好友的帮助与指导。本案例中，男青年段某的行为不符合这个要求，他是通过强迫的方式要求与吴某继续恋爱关系，并且要求她与自己结婚。(4) 婚姻自由是相对的、有条件的、有限制的自由。也就是说，婚姻是自由的，不受他人的干涉和强制，但是也应该注意到强调婚姻自由的同时，不能滥用婚姻自由权利，也就是说不能视婚姻为儿戏，借婚姻之名，随心所欲，无视社会的约束；不能插足别人的婚姻家庭，破坏别人的幸福。“第三者插足”、通奸、重婚等行为就是破坏婚姻自由的表现形式。

二、婚姻自由的内容

婚姻自由包括结婚自由和离婚自由。结婚自由，是指婚姻当事人在结婚问题上有自主的权利，有权自己选择理想的配偶。结婚时必须男女双方完全自愿，不允许任何一方对他方加以强迫或任何第三者加以干涉。离婚自由，是指在夫妻感情已完全破裂、婚姻关系无法维持时，当事人有提出离婚请求的权利。由此可见，婚姻自由只能从决定是否结婚或者是否离婚的意义上来理解。

案例2　穆某某坚决要求离婚，这是坚持婚姻自由原则吗？

事情是这样的

穆某某（女）是某市城东郊红星村的村民。宁某某（男）是该市城西柳苑村的村民。1988年10月，19岁的穆某某经人介绍认识了本案被告宁某某。经过媒人的牵线搭桥，穆某某和宁某某在认识了一段时间后，由家人主持订了婚。1989 年 10 月双方都已经达到法定婚龄，自愿结婚。婚后，穆某某相继生下一女一男两个孩子，女孩现年 10 岁，男孩现年 7 岁。

婚后，宁某某的一些不良习惯渐渐暴露出来，比如赌博、多疑、好逸恶劳等。夫妻双方在日常生活中为了一些鸡毛蒜皮的小事经常吵架。1992 年 5 月，被告宁某某在村里赌博，被当地派出所当众抓获。受到处理后，妻子穆某某批评和埋怨了宁某某，双方因此又发生争吵。宁某某随机拿起放在庭院里的铁棒，用铁棒殴打穆某某，致使穆某某腿部受伤，几天卧床不起。后经村民委员会和亲戚调解，宁某某承认了错误，取得了穆某某的谅解，夫妻两人和好。

1998 年 3 月起，穆某某开始在邻村一个食品加工厂上班。4 月份，穆某某上夜班时，有一名男同事送她回家。宁某某怀疑穆某某作风不正，为此夫妻双方经常发生口角。同年 6 月 12 日晚上，穆某某上夜班回家，双方发生纠纷，宁某某打了妻子穆某某一记耳光。第二天穆某某即回娘家。后来，宁某某会同亲戚、朋友到穆某某娘家动员穆某某回家，经大家劝解，宁某某承认错误，穆某某考虑到两个孩子需要一个健康完整的家，于是再一次原谅了宁某某，夫妻再次言归于好。此后，宁某某仍怀疑妻子穆某某作风不正，为此事多次发生纠纷。

1999 年 4 月 12 日，穆某某在庭院洗衣服时，宁某某见穆某某没有给他洗裤子，非常生气地将已洗好的衣服全倒在地上，双方因此又发生争吵。第二天，穆某某离家，至今不归。

1999 年 6 月，穆某某以宁某某“好逸恶劳、赌博、不顾家庭、打骂侮辱人格”为由，向人民法院起诉要求离婚。

法庭经审理查明：原告穆某某与被告宁某某属于自愿结婚，结婚前和结婚后一年多的时间内，双方感情基础还可以，生活也比较平静和睦。但由于被告不积极劳动、不顾家庭进行赌博，并且经常挑起夫妻之间的矛盾，导致夫妻多次争吵打架，大大伤害了夫妻感情。又因为被告宁某某怀疑原告穆某某作风不正，经常争吵，加深了矛盾，最后导致夫妻感情破裂。对此，被告应负主要责任。法庭对穆某某和宁某某进行了调解，原告穆某某坚决要求离婚，调解无效。因此，依据我国《婚姻法》关于婚姻自由的规定，法庭作出如下判决：

准予原告穆某某与被告宁某某离婚；女儿归原告抚养，儿子归被告抚养。

一审判决后，原告和被告都没有上诉。

律师专线

我国《婚姻法》第2条明确规定了该法的基本原则，其中包括婚姻自由原则。

本案中，虽然原告穆某某和被告宁某某是自愿结婚，但双方在结婚后只有两年多的时间婚姻比较平静，以后因为种种原因，经常发生争吵，严重损害了夫妻感情，最终导致双方感情完全破裂。原告穆某某坚决要求离婚，人民法院在调解无效的情况下，依法判决准予原告穆某某与被告宁某某离婚，其依据是婚姻自由原则。

注意

离婚诉讼中，一方要求离婚，另一方不同意离婚。法庭在审理过程中，都是以夫妻感情是否确实已经破裂为判决准予离婚或不准离婚的界限。感情是否破裂，这主要从以下四个方面进行考察：1. 看婚姻基础，即夫妻双方在结婚时的感情状况和相互了解程度；2. 看婚后感情，就是双方在结婚后的感情状况，一方面要看双方婚后是否建立了感情，另一方面要看夫妻感情的发展变化；3. 看离婚原因，就是要查明离婚一方的真实意图，弄清离婚的真相；4. 看有无和好的可能，如果夫妻感情尚未完全破裂，仍有和好的希望，就应该努力作调解和好的工作，不应准予离婚。如果夫妻感情确实已经破裂，又没有和好的可能，则应准予离婚。

法律规范

中华人民共和国婚姻法

（2001 年 4 月 28 日第九届全国人民代表大会常务委员会第二十一次会议修正，同日公布并施行）

第二条　实行婚姻自由、一夫一妻、男女平等的婚姻制度。

保护妇女、儿童和老人的合法权益。

实行计划生育。

第三十二条　男女一方要求离婚的，可由有关部门进行调解或直接向人民法院提出离婚诉讼。

人民法院审理离婚案件，应当进行调解；如感情确已破裂，调解无效，应准予离婚。

有下列情形之一，调解无效的，应准予离婚：

（一）重婚或有配偶者与他人同居的；

（二）实施家庭暴力或虐待、遗弃家庭成员的；

（三）有赌博、吸毒等恶习屡教不改的；

（四）因感情不和分居满二年的；

（五）其他导致夫妻感情破裂的情形。

一方被宣告失踪，另一方提出离婚诉讼的，应准予离婚。

专家释惑

本案涉及的法律问题是我国《婚姻法》的基本原则之一——婚姻自由原则。

婚姻是男女双方为共同生活之目的而依法结成的以人身和财产权利义务为内容的一种民事契约。婚姻的本质是一种契约，而契约不仅强调权利，更强调自由。法律上的婚姻自由制度的根据就是契约自由，包括结婚自由与离婚自由。我国采取结婚登记主义。这说明，婚姻契约的缔结必须严格依照婚姻法进行。它的内容就是夫妻双方各自所享有的婚姻权利和各自所应履行的婚姻义务。这种权利义务包含了人身和财产两个方面；而且婚姻当事人可以选择离婚来解除这种权利义务，即婚姻契约的解除。

结婚自由，是指婚姻当事人在结婚问题上有自主的权利，有权自己选择理想的配偶。结婚时必须男女双方完全自愿，不允许任何一方对他方加以强迫或任何第三者加以干涉。离婚自由，是指在夫妻感情已完全破裂、婚姻关系无法维持时，当事人有提出离婚请求的权利。根据婚姻自由这项原则，公民有权按照法律的规定，自主自愿地决定自己的婚姻问题，排除任何人的强制与干涉。在我国，婚姻自由为法律确认和保护。正确理解婚姻自由原则，须明确以下几点：

1. 婚姻自由在内容上包括结婚自由和离婚自由两个方面。

结婚自由，是指婚姻当事人有依法缔结婚姻关系的自由。当事人是否结婚，和谁结婚，是其本人的权利，任何人无权干涉。自愿是实现婚姻自由的前提，是婚姻以互爱为基础的必要条件。但自愿必须不违背法律规定的条件和程序。因为结婚自由决不意味着当事人可以在婚姻问题上为所欲为。当前既要反对包办强迫或干涉他人婚姻的行为，也要反对在婚姻问题上的各种轻率行为。当事人双方应以对自己、对后代、对社会严肃负责的态度对待婚姻问题，以利于建立幸福美满的婚姻家庭。

离婚自由，是指夫妻有依法解除婚姻关系的自由。既然婚姻的成立和维系都应以爱情为基础，那么当双方感情确已破裂，夫妻关系无法继续维持时，解除这种痛苦的婚姻关系，无论对双方还是对社会都是一件好事。因此，把离婚一律看成是悲剧或是不光彩的事情，这是不恰当的。不能说离婚动摇了以前存在的稳定的家庭关系，甚至加速了原来具有约束力的婚姻关系的公开解体，只能说，新的制度为那些不正常的家庭，特别是那些因为无法解除痛苦的婚姻而遭受困苦的人们提供了救济办法。但离婚是一项重要的法律行为，它关系到家庭的稳定、子女的幸福，必须慎重行事。正如国外一些有识之士所言，结婚、离婚、再结婚、再离婚，作为一种个人自由必须与社会利益结合起来权衡利弊得失。因为这种自由是建立在他人利益之上的，这些人通常包括自己的子女、配偶、纳税人乃至整个社会。

结婚自由和离婚自由是互相结合，缺一不可的。保障结婚自由，是为了使当事人能够完全按照自己的意愿结成共同生活的伴侣。保障离婚自由，则是为了使感情已破裂、无法共同生活的夫妻能够通过法定途径解除婚姻关系。结婚是普遍行为，结婚自由是婚姻自由的主要方面，离婚则是在迫不得已的情况下发生的，它是婚姻自由的重要补充。结婚自由和离婚自由的共同目的，是为了巩固和发展社会主义婚姻家庭关系。

本案中，原告穆某某与被告宁某某在结婚时是出自双方完全自愿，符合结婚自由的要求。后来由于男方赌博、男方怀疑女方作风不正等经常争吵，导致夫妻感情破裂，在这种情况下，作为一方的穆某某是有权提出离婚的请求的，这也是符合婚姻自由原则的。

2. 实行婚姻自由是为了建立以爱情为基础的婚姻关系。婚姻关系，其本质应是男女双方基于爱情的结合，建立与巩固以爱情为基础的婚姻关系，前提条件是当事人必须自主自愿结为夫妻，使爱情与婚姻融为一体。

3. 婚姻自由不是绝对的、毫无限制的。婚姻是家庭的基础，家庭是社会的细胞，正确处理婚姻问题，不仅涉及个人利益，而且关系到夫妻双方、下一代、家庭和社会的利益。我国《婚姻法》为结婚规定了必须具备的条件和必须履行的程序，规定了离婚的程序和处理原则，具体指明了婚姻自由的范围，划清了婚姻问题上合法与违法、正确与错误的界限。人们在行使婚姻自由权利时，必须遵守国家法律，不得滥用权利而损害他人的合法权益和社会公共利益。因此，我们坚持婚姻自由原则，但反对对待婚姻的不负责行为。

提醒

《婚姻法》第2条规定的婚姻自由，一夫一妻，男女平等，保护妇女、儿童和老人的合法权益，实行计划生育五项基本原则，这是制定和适用我国《婚姻法》的重要依据。

婚姻自由是我国婚姻家庭制度的重要基石，也是我国宪法赋予公民的一项基本权利。我国的诸多基本法律都规定了婚姻自由。这些法律包括：（1）《宪法》，该法第49条第4款规定："禁止破坏婚姻自由……"；（2）《民法通则》，该法第103条规定："公民享有婚姻自主权，禁止买卖、包办婚姻和其他干涉婚姻自由的行为。"（3）《婚姻法》，该法第2条第1款规定："实行婚姻自由、一夫一妻、男女平等的婚姻制度。"第3条第1款规定："禁止包办、买卖婚姻和其他干涉婚姻自由的行为。禁止借婚姻索取财物。"（4）《刑法》，该法第257条规定："以暴力干涉他人婚姻自由的，处二年以下有期徒刑或者拘役。犯前款罪，致使被害人死亡的，处二年以上七年以下有期徒刑。"

二、一夫一妻制原则

内容提要

一夫一妻制是我国婚姻关系的一项基本原则。法律规定实行一夫一妻制，禁止重婚。

案例3　柳某某与林某某的非法同居构成重婚吗？

事情是这样的

柳某某（男）是某省西陵县河下口村的村民，高中毕业后，回乡务农。1976年，柳某某经人介绍认识了另外一个乡的女青年章某某。交往一段时间之后，两人在父母的主持下举行了结婚仪式。婚后，二人相继生了两个儿子，日子过得比较殷实。

林某某（女）也是西陵县河下口村的村民。林某某父母生了三个女儿，林某某是家里的长女。父母在征得林某某本人的同意后，决定找一个小伙子作上门女婿。1990年，24岁的林某某经人介绍认识了男青年王某某。王某某是在河下口村的村办企业打工的外县小伙子。同年秋天，林某某与王某某登记结婚。婚后，他们生下了一个女儿。

本案的两位被告人柳某某和林某某是同村邻居。林某某性格开朗，柳某某心眼活络又比较能干。因此，平时两个人来往比较多，关系也比较好。1992 年，柳某某贷款自己办了个电套厂，聘用林某某为采购员。后来，工作上来往的日益频繁更加拉进了两人之间的距离。他们的关系变得更加暧昧，由借口出差到外地发生不正当的两性关系发展到后来的非法同居。这使得两个原本和睦的家庭鸡犬不宁，矛盾重重。柳某某电套厂的经营状况也日益下滑。1993 年 10 月中旬，柳某某决定离开家乡，并将这个想法告诉了林某某。林某某得知后很痛苦，要他带自己一起走，要不自己就自杀。柳某某不忍心，最后决定两个人一起走。经两个人密谋后，柳某某带着林某某到了他乡朋友家，并谎称自己与妻子章某某已经离婚，林某某是新娶的妻子。从此以后，柳某某和林某某便公开以夫妻名义借住在柳某某朋友家，共同生活 2 年 4 个月，且生下了一个儿子。周围群众也一直以为他们是夫妻。1996 年 3 月，柳某某的合法妻子章某某打听到了柳某某和林某某的下落，便向人民法院起诉，请求人民法院判令解除柳某某和林某某的非法同居关系，并对两被告人的违法行为予以处罚。

法庭经审理认为，被告人柳某某、林某某都已经结婚，各自有配偶，却目无国法，公开以夫妻名义同居生活达 2 年之久，并生下一个孩子，二人虽没正式登记结婚，但已形成事实上的夫妻关系，破坏了双方正常的婚姻家庭关系，情节严重，其行为已构成重婚罪。根据《中华人民共和国刑法》相关条款的规定，判处被告人柳某某有期徒刑 1 年 6 个月；林某某有期徒刑 1 年；两被告人柳某某和林某某的非法婚姻关系予以解除。

两被告人柳某某和林某某在法定期间都没有上诉，判决于 1996 年 7 月 1 日起生效。

律师专线

本案中，两被告人柳某某和林某某的非法同居关系构成事实婚姻。他们的事实婚姻关系是非法的，不仅违反了我国《婚姻法》的基本原则——一夫一妻制原则，而且构成应受刑法处罚的重婚罪。

本案的两被告人柳某某和林某某，从1993年10月开始逃到他乡以夫妻名义共同生活，根据最高人民法院1989年11月21日《关于人民法院审理未办结婚登记而以夫妻名义同居生活案件的若干意见》和最高人民法院《关于适用〈中华人民共和国婚姻法〉若干问题的解释（一）》（2001年12月27日起施行）的规定，人民法院在审理此类案件时，一般（分三个阶段）按下列原则办理：

1. 1986年3月15日《婚姻登记办法》施行以前，未办结婚登记手续即以夫妻名义同居生活，群众也认为是夫妻关系的，一方向人民法院起诉"离婚"，如起诉时双方均符合结婚的法定条件，可认定为事实婚姻关系；如起诉时一方或双方不符合结婚的法定条件，应认定为非法同居关系。

2. 1986年3月15日《婚姻登记办法》施行之后，1994年2月1日《婚姻登记管理条例》施行之前，未办结婚登记手续即以夫妻名义同居生活，群众也认为是夫妻关系的，一方向人民法院起诉"离婚"，如同居时双方均符合结婚的法定条件，这种事实婚姻关系可认定为合法的婚姻；如同居时一方或双方不符合结婚的法定条件，应认定为非法同居关系。

3. 自1994年2月1日民政部《婚姻登记管理条例》施行之日起，未按规定办理结婚登记即以夫妻名义同居生活，男女双方符合结婚实质要件的，应补办结婚登记，婚姻关系的效力从双方均符合新婚姻法规定的结婚的实质要件时起算。否则，构成非法同居关系。

由上述规定可以看出，柳某某和林某某在1993年10月以后开始以夫妻名义共同生活，周围群众也以为他们是夫妻。他们形成了事实上的婚姻关系。但是柳某某和林某某之间的事实婚姻关系不能认定为合法。因为同居时（1993年10月），他们都各自有配偶，不符合《婚姻法》规定的合法婚姻的生效条件。所以，柳某某和林某某之间的事实婚姻关系违反了我国《婚姻法》"一夫一妻制"的基本原则。而且，柳某某和林某某都明知自己与对方均有配偶，二人还以夫妻名义同居生活，构成了重婚的行为。根据1958年1月27日最高人民法院《关于如何认定重婚行为问题的批复》，“重婚是有配偶的人再与第三者建立夫妻关系。有配偶的人和第三者如已举行结婚仪式，这固然足以构成重婚；即使没有举行结婚仪式，而两人确是以夫妻关系同居的，也足以构成重婚。例如两人相互间是以夫妻身份相对待，对外也以夫妻自居的，即应认为是重婚”。这说明，已有配偶的人再与他人形成事实婚姻，或者明知对方有配偶而与之形成事实婚姻的，同样构成重婚罪。本案中，柳某某、林某某各自都有合法婚姻，却以夫妻名义共同生活达2年4个月之久，而且还生养了一个儿子，尽管他们没有进行结婚登记，但已形成事实婚姻，符合我国《刑法》关于重婚罪规定的构成要件，所以人民法院依法对于两被告的判刑处罚是正确的。

注意

本案是在1996年依据我国原来的刑法（1979年刑法）的规定审结的。现在适用的刑法是1997年修正的刑法。认定重婚罪的刑法条文是1997年新刑法第258条。

法律规范

中华人民共和国婚姻法

(2001年4月28日第九届全国人民代表大会常务委员会第二十一次会议修正，同日公布并施行)

第二条　实行婚姻自由、一夫一妻、男女平等的婚姻制度。

保护妇女、儿童和老人的合法权益。

实行计划生育。

第三条（第二款）　禁止重婚。禁止有配偶者与他人同居。禁止家庭暴力。禁止家庭成员间的虐待和遗弃。

第四条　夫妻应当互相忠实，互相尊重；家庭成员间应当敬老爱幼，互相帮助，维护平等、和睦、文明的婚姻家庭关系。

第十条　有下列情形之一的，婚姻无效：

（一）重婚的；

（二）有禁止结婚的亲属关系的；

（三）婚前患有医学上认为不应当结婚的疾病，婚后尚未治愈的；

（四）未到法定婚龄的。

第三十二条　男女一方要求离婚的，可由有关部门进行调解或直接向人民法院提出离婚诉讼。

人民法院审理离婚案件，应当进行调解；如感情确已破裂，调解无效，应准予离婚。

有下列情形之一，调解无效的，应准予离婚：

（一）重婚或有配偶者与他人同居的；

（二）实施家庭暴力或虐待、遗弃家庭成员的；

（三）有赌博、吸毒等恶习屡教不改的；

（四）因感情不和分居满二年的；

（五）其他导致夫妻感情破裂的情形。

一方被宣告失踪，另一方提出离婚诉讼的，应准予离婚。

第四十五条　对重婚的，对实施家庭暴力或虐待、遗弃家庭成员构成犯罪的，依法追究刑事责任。受害人可以依照刑事诉讼法的有关规定，向人民法院自诉；公安机关应当依法侦查，人民检察院应当依法提起公诉。

第四十六条　有下列情形之一，导致离婚的，无过错方有权请求损害赔偿：

（一）重婚的；

（二）有配偶者与他人同居的；

（三）实施家庭暴力的；

（四）虐待、遗弃家庭成员的。

中华人民共和国刑法

（1979 年 7 月 1 日第五届全国人民代表大会第二次会议通过，1997 年 3 月 14 日第八届全国人民代表大会第五次会议修订）

第二百五十八条　有配偶而重婚的，或者明知他人有配偶而与之结婚的，处二年以下有期徒刑或拘役。

专家释惑

本案主要涉及以下法律问题：事实婚姻、重婚和一夫一妻制。

一、事实婚姻的含义及其处理

所谓事实婚姻是指没有配偶的男女，未进行结婚登记，即以夫妻关系共同生活。事实婚姻没有履行法定的结婚程序，因而是一种违法婚姻，一般不承认其法律效力，只是在一定历史时期承认其效力。但是即使在法律上不再承认事实婚姻（将事实婚姻的行为认定为非法同居）以后，在认定重婚罪时，也要承认该事实婚姻的行为构成事实婚姻。对事实婚姻的当事人，不管男女双方是否符合法定的结婚条件，都应当进行批评教育，并根据具体情况区别对待。主要依据是1986年3月15日实施的《婚姻登记办法》和1994年2月1日实施的《婚姻登记管理条例》，并且依据这两个文件的施行日期，对三个不同阶段的事实婚姻效力有不同判断。这三个阶段分别是：《婚姻登记办法》实施前（1986年3月15日以前）；《婚姻登记办法》实施后并且《婚姻登记管理条例》施行之前（1986年3月15日到1994年2月1日）；《婚姻登记管理条例》施行后（1994年2月1日到2003年10月1日）。

我国对待事实婚姻的总的原则是：对于那些男女双方完全符合结婚条件，只是没有履行结婚手续的，可以责令二人补办结婚登记，确立婚姻法律关系；对于一方或双方未达到法定婚龄或有违反其他结婚实质要件的，应认定为非法同居关系。

在司法实践中，对事实婚姻引起的离婚纠纷一般作如下处理：如果符合结婚实质要件，可按一般离婚纠纷处理，如调解和好的，应责令其补办结婚登记手续；如果不符合结婚条件，则应宣布解除其同居关系，其所生子女的抚养和财产的分割以及因重婚导致的损害赔偿，参照婚姻法有关规定处理（我国《婚姻法》第25条、第45条、第46条）。

二、一夫一妻制

婚姻关系是男女两性基于爱情的结合，爱情的专一性和排他性，必然要求一夫一妻的结合。一夫一妻制是我国婚姻法的一项基本原则。我国《婚姻法》第2条、第3条和第4条都作了明确规定。

我国《婚姻法》确立的一夫一妻制原则包括以下内容：(1) 婚姻应是一男一女的结合。一夫一妻制的特征在于婚姻关系在一男一女之间产生，任何人不能同时有两个或两个以上的配偶，坚持一夫一妻制就意味着同性间不能形成婚姻关系。(2) 已婚者不可再行结婚。一夫一妻制要求婚姻关系在一男一女之间产生，即一个男性只能与一个女性结婚，同样，一个女性只能与一个男性结婚，既不能一夫多妻，也不能一妻多夫。但这并不是说一个人一生只能同一个人结婚，或一个人一生只允许结一次婚，才是一夫一妻。而是已婚者在配偶死亡或是离婚以后，才可再行结婚，根据《婚姻法》第 3 条的规定，禁止重婚。已有配偶者，是结婚的障碍，如再要求结婚，登记管理机关应拒绝办理登记手续。(3) 禁止任何婚姻关系以外的两性关系。一夫一妻制作为一种婚姻制度，婚姻是男女两性结合的社会形式，亦即是两性关系的合法归属。男女两性关系虽然具有自然因素，但自从人类社会产生了婚姻这一社会形式，就产生了对两性关系的限制，即具有合法形式的两性关系才称为婚姻。也就是说，在具备婚姻关系的男女之间产生的两性关系，才视为合法。婚姻关系以外的任何两性关系，都是与“婚姻”相冲突的，因此，也是违法的。婚姻关系之外的两性关系主要表现为重婚、非法同居、通奸、姘居、卖淫嫖娼等。

三、重婚的认定及其处理（参见下一个案例）

案例 4　已经登记结婚尚未同居生活，李某某还能再结婚吗？

事情是这样的

李某某是一名 23 岁的女青年。刘某某是与李某某同一个市的男青年，25 岁。1992 年，李某某为了从本单位分得住房，与当时的男友刘某某赶紧办理了结婚登记手续，但两个人并未同居生活。1993 年，李某某声称她与刘某某两个人“感情不和”，主动提出分手。李某某又与王某恋爱，并打算在 1994 年元旦与王某结婚。刘某某得知此事后，找到李某某说："咱们是夫妻，你与王某结婚是违法的。"李某某说："我们又没有上床同居，不算是夫妻，我和王结婚你无权干涉。"后来，李某某与王某按照当地的习俗举行了正式的婚礼。刘某某得知后，向人民法院起诉，状告李某某犯有重婚罪。

律师专线

依据我国《婚姻法》的规定：只要双方不违反结婚的法定条件，并且办理了结婚登记手续，领取了结婚证书，其婚姻关系就已经成立，属于合法夫妻关系。结婚的法定条件，包括实质要件和程序要件。实质要件是指我国《婚姻法》第5条、第6条和第7条的规定。即男女双方自愿；达到法定婚龄（男不早于22周岁，女不早于20周岁）；没有第七条规定的禁止性条件（即不得为直系血亲和三代以内旁系血亲；患有医学上认为不应当结婚的疾病）。李某某与刘某某，是自愿去领取结婚证；去领取结婚证时都达到了法定婚龄（女方李某某23岁，男方刘某某25岁）；而且没有证据表明他们二人是直系血亲或是三代以内旁系血亲，也没有证据表明双方有医学上不能结婚的疾病。可见，李某某和刘某某之间的夫妻关系符合《婚姻法》规定的法定实质要件。其次，李某某和刘某某两人去领取了结婚证，婚姻成立的程序要件也合法。因此，李某某和刘某某之间的婚姻合法成立。

依据我国现行《婚姻法》的规定可知，举行婚礼不是婚姻关系成立的要件，没有举行婚礼不影响夫妻关系的合法性。婚礼只是传统上的一种公示男女双方婚姻的一种方式，起到的是告诉周围相关人的效果。同样，同居也不是确认婚姻关系成立的要件。

李某某以未同居为理由不承认夫妻关系，另外再与王某举行婚礼是不对的，违背了一夫一妻原则。因此，刘某某有权状告李某某犯有重婚罪，该罪名是成立的。

法律规范

中华人民共和国刑法

（1979年7月1日第五届全国人民代表大会第二次会议通过，1997年3月14日第八届全国人民代表大会第五次会议修订）

第二百五十八条　有配偶而重婚的，或者明知他人有配偶而与之结婚的，处二年以下有期徒刑或者拘役。

中华人民共和国婚姻法

（2001年4月28日第九届全国人民代表大会常务委员会第二十一次会议修正，同日公布并施行）

第二条　实行婚姻自由、一夫一妻、男女平等的婚姻制度。

保护妇女、儿童和老人的合法权益。

实行计划生育。

第三条（第二款）　禁止重婚。禁止有配偶者与他人同居。禁止家庭暴力。禁止家庭成员间的虐待和遗弃。

第四条　夫妻应当互相忠实，互相尊重；家庭成员间应当敬老爱幼，互相帮助，维护平等、和睦、文明的婚姻家庭关系。

专家释惑

重婚是有配偶的人又与他人结婚或者明知他人有配偶而与他（她）结婚的违法行为。已成立合法婚姻的男女，只有婚姻关系结束，即配偶死亡或和离婚后，才可以再结婚，否则构成重婚。有配偶的人与他人以夫妻关系同居生活，即使没有进行结婚登记，也构成重婚。比如，A和B是合法的夫妻，A在外地又和C结婚（进行结婚登记或者以夫妻名义共同生活），那A的行为就是重婚。如果C知道A已经结婚了，存在合法的婚姻关系，而继续与A结婚或以夫妻名义共同生活，那C也犯重婚罪。如果由于A故意欺骗C，导致C不知道A结婚了，那只有A犯重婚罪，C不构成重婚。

重婚是一种犯罪行为，违背一夫一妻制原则，违反《婚姻法》，触犯了《刑法》，应当依照离婚的法定程序解除其重婚关系，并追究重婚者的刑事责任。我国《刑法》规定对重婚者处两年以下有期徒刑或拘役。

第二章 结　　婚

一、婚约及其效力

内容提要

婚约不是结婚的条件，没有法律效力，单纯关于订立和履行以及解除婚约的纠纷，法院和婚姻登记机关都不会受理，但是涉及与婚约有关的财产或彩礼问题，法院会受理。

案例 5　依习俗给付的 4 万订婚礼金女方悔婚判令如数退还

事情是这样的

本案原告李某某（男）和被告杨某某（女）于 2006 年初，经人介绍相识。同年 2 月 10 日，杨某某和李某某订婚，并按照当地风俗宴请双方亲友，不过没有办理结婚登记手续。订婚前后，被告杨某某先后分三次收受原告李某某家的礼金，分别为现金 10000 元、18000 万元及存折 10000 元。同时在双方的来往中，被告杨某某还收受了红包 1800 元。这些钱财合计 39800 元。2007 年春节后，原告李某某（男）和被告杨某某（女）因一些小事发生了争吵，互不相让，导致双方关系开始僵化。2007 年 5 月 10 日，女方杨某某向男方李某某提出，双方性格和脾气相差太大，结合在一起以后生活不会幸福，因此要求解除婚约。男方李某某提出，解除婚约可以，但要先返还近40000元的订婚礼金。然而，女方杨某某拒绝返还订婚礼金。经多方调和未果，原告李某某遂起诉至法院，要求女方全额返还订婚礼金。

经法院审理查明，原、被告双方未办理结婚登记手续，而按照当地习俗订立了婚约，原告给付订婚礼金39800元，被告在婚约解除后理应全额予以返还。法院判决被告杨某某返还原告李某某订婚彩礼39800元。

律师专线

本案中，男女双方对于解除婚约不存在争议，只是对是否要返还彩礼存在分歧。这是一起因男女双方解除婚约而引发的彩礼返还纠纷。

本案中彩礼是按照当地的风俗习惯给付的，是基于男女双方结婚的目的。因此，当双方无法实现结婚共同生活这一目的时，收受彩礼的一方应当将彩礼予以返还，否则会与给付彩礼一方的本意明显相冲突。此外，从给付彩礼的行为性质看，在法律意义上而言，给付彩礼其实是一种附条件的民事行为，不同于无偿赠与行为。一旦结婚不成，即给付彩礼所附的条件无法成就，赠与行为就不能转化为现实，财产状态应当恢复原状，即彩礼应当予以返还。依据最高人民法院《关于适用〈中华人民共和国婚姻法〉若干问题的解释（二）》第10条可知，法院判令女方如数退还彩礼是正确的。

法律规范

最高人民法院关于适用《中华人民共和国婚姻法》若干问题的解释（二）

（2003年12月4日最高人民法院审判委员会第1299次会议通过，自2004年4月1日起施行）

第十条　当事人请求返还按照习俗给付的彩礼的，如果查明属于以下情形，人民法院应当予以支持：

（一）双方未办理结婚登记手续的；

（二）双方办理结婚登记手续但确未共同生活的；

（三）婚前给付并导致给付人生活困难的。

适用前款第（二）、（三）项的规定，应当以双方离婚为条件。

专家释惑

本案例涉及的主要问题是彩礼的性质及其处理。

彩礼，在一些地方也被称为“聘礼”，是指男女双方恋爱关系基本确定后，按照当地习俗，男方（娶亲的一方）在婚前给予女方（出嫁的一方）一定数量的现金或财务，以表示其愿意与对方缔结婚姻的诚意。彩礼不同于“婚约”，也不同于“无条件的赠与”，当然也区别于“借婚姻索取财务”以及“包办婚姻”与“买卖婚姻”。

对于彩礼性质的确定，应当进行具体分析：

（一）彩礼的给付是基于当地的风俗习惯，这不同于“无条件赠与”。

因为彩礼的给付具有非常明确的目的，即男女双方结婚，共同生活。给付彩礼的一方目的明确，而收受彩礼的一方也非常清楚给付一方的用意和目的，因此，一旦收受彩礼，就表示女方愿意与之结婚。

（二）彩礼不同于婚约。

彩礼是当事人基于结婚的这样一个特定目的而自愿给付的财物。婚约是男女双方以将来结婚为目的所作的事先约定。缔结婚约和给付彩礼在法律意义上都是自愿行为，不能强迫。因给付彩礼以及因为男女恋爱关系终止后彩礼的归属问题发生纠纷，法院应当予以受理。但是，婚约的履行或者解除问题等争议，法院不予受理。

对于彩礼纠纷的处理，基于尊重社会民间习俗等因素的考虑，最高人民法院《关于适用〈中华人民共和国婚姻法〉若干问题的解释（二）》第10条分三类情形确定当事人请求返还按照习俗给付的彩礼的争议处理办法。“（一）双方未办理结婚登记手续的；（二）双方办理结婚登记手续但确未共同生活的；（三）婚前给付并导致给付人生活困难的。适用前款第（二）、（三）项的规定，应当以双方离婚为条件。”在司法实践中，确定彩礼是否返还时，法院一般从以下几个方面进行考虑：(1) 当事人是否已经办理了结婚登记。如果给付了彩礼男女双方却未结婚，原则上收受了彩礼的一方应当返还彩礼给对方。如果给付彩礼后，男女双方登记结婚了，原则上不需要返还彩礼，除非符合法律规定的例外条件。(2) 结婚前给付彩礼后男女双方登记结婚的，必须以离婚为前提才能考虑当事人提出的返还彩礼的请求。也就是说，在给付完彩礼后，男女双方登记结婚了，共同生活期间，给付彩礼的一方不能反悔，要求对方返还已经给付的彩礼。

注意

单纯要求解除婚约的诉讼请求，人民法院不予受理。

案例 6　解除婚约后，蓝某某能要求赖某某返还财物吗？

事情是这样的

蓝某某祖籍福建省南平市，家住台湾省台南县。1994 年 12 月上旬，蓝某某和他的小姑蓝某月从台湾省来到福建省南平市探亲。期间，经当地远房亲戚介绍，蓝某某认识了南平市当地的一位姑娘赖某某。两人于同月 25 日订婚。由蓝某月（蓝某某的小姑，受蓝某某父母委托全权办理蓝某某订婚事宜）代表蓝某某，赖某明（赖某某的父亲）代表赖某某签订了《婚约合约书》。蓝某某、蓝某月付给赖某某、赖某明新台币 62000 元（折合人民币 2 万元），金项链一条、金手镯一对、金耳环一对、金戒指两枚，金首饰共重七两一钱二分。赖某某、赖某明收受财物后，支付给介绍人介绍费新台币 13000 元。12 月底，蓝某某、蓝某月返回台湾。之后，蓝某某和赖某某靠电话、信件进行联系。

1995 年 7 月，蓝某某再次来到福建省南平市，向赖某某提出办理结婚登记的要求。后来因为赖某某未达法定结婚年龄，未办成结婚登记。因此，蓝某某要求解除与赖某某的婚约，并要求对方返还收受的现金和财物，还要对方赔偿损失。赖某某及其家人不同意，于是双方发生纠纷。

1995年8月16日，蓝某某、蓝某月向福建省南平市人民法院提起诉讼，请求依法解除蓝某某与赖某某的婚约关系，判令赖某某、赖某明返还收受的2万元人民币和金首饰等物，并赔偿原告从台湾至南平的往返路费机票损失16218元人民币。

赖某某、赖某明答辩称：原告蓝某某并不是真的要解除婚约关系，因为他与赖某某已同居20多天，原告也就无权要求返还财物。原告蓝某月不是诉讼争议财物的所有权人，无权作为原告起诉，请求驳回原告的诉讼请求。

南平市人民法院经审理查明：赖某某、赖某明收受财物后，支付给介绍人介绍费新台币13000元（审理中已责令收回），借给蓝某月新台币1万元，余款经蓝某某、蓝某月同意，用于购置结婚用具及操办酒席的开支。

南平市人民法院认为：蓝某某与赖某某订立的婚约没有法律约束力，不受法律保护。原告赠与被告财物，是一种附条件的民事行为。现在所附条件（结婚）未成就，赠与行为尚未生效，原告要求被告返还财物有理，应酌情返还。但原告要求被告赔偿来大陆办理结婚登记手续的费用及往返的机票损失，于法不合，不予支持，应予驳回。被告的辩解缺乏事实依据，不予采纳。根据《中华人民共和国民法通则》第62条、第92条之规定，该院于1995年8月11日判决如下：一、两被告应返还两原告新台币13000元（折合人民币4193元）及金项链一条、金手镯一对、金耳环一对、金戒指两枚（共重七两一钱二分），限本判决生效之日履行。二、驳回两原告要求两被告赔偿机票损失的诉讼请求。

宣判后，当事人双方均未上诉。判决生效后被告方自动履行了返还义务。

律师专线

在我国，婚约在法律上没有约束力，它只是表示双方愿意将来结婚。婚约是可以解除的，解除婚约后，双方赠与的一些贵重的、有纪念意义的财物应当看情况返还。

本案中，蓝某某与赖某某解除婚约后，蓝某某送给赖某某的财物应当按具体情况酌情予以返还。因为原告蓝某某给予被告赖某某的金钱和贵重首饰，形式上是赠与，但实质是迫于社会习惯，为了达到结婚目的而作出的有条件的赠与，是一种附条件的民事法律行为。

依据民法原理可知，附条件的民事法律行为在所附条件成就时生效。本案所附条件（结婚）并未成就，因此，赠与行为尚未生效。在解除婚约的同时，相应的财产应酌情返还。本案被告赖某某收受的财物，其中的现金部分，有的经原告蓝某某同意购置结婚用品和操办酒席已经用掉，有的又借回给原告蓝某月，现仅存从介绍人手中追回的介绍费和收受的金首饰，因此，法院判决被告将上述尚存钱款和金首饰返还原告，是合情合理的。

而原告来办理结婚登记的往返机票费用，这是其往返大陆的必要费用，是纯粹为自己利益支出的费用，不应当由被告赖某某支付。结婚登记不成是因赖某某没有达到法定结婚年龄，而不是赖某某故意欺骗，法律上的障碍不能归罪于当事人。所以，原告要求被告赔偿其机票费用损失，没有法律依据，法院驳回蓝某某这一诉讼请求，是正确的。

注意

我国对婚约既不提倡，也不禁止。婚约不具有法律约束力，双方可以协议解除，一方亦可单方解除。

法律规范

中华人民共和国婚姻法

（2001 年 4 月 28 日第九届全国人民代表大会常务委员会第二十一次会议修正，同日公布并施行）

第六条　结婚年龄，男不得早于二十二周岁，女不得早于二十周岁。晚婚晚育应予鼓励。

中华人民共和国民法通则

（1986 年 4 月 12 日第六届全国人民代表大会第四次会议通过，自 1987 年 1 月 1 日起施行）

第六十二条　民事法律行为可以附条件，附条件的民事法律行为在符合所附条件时生效。

最高人民法院关于适用《中华人民共和国婚姻法》若干问题的解释（二）

（2003 年 12 月 4 日最高人民法院审判委员会第 1299 次会议通过，自 2004 年 4 月 1 日起施行）

第十条　当事人请求返还按照习俗给付的彩礼的，如果查明属于以下情形，人民法院应当予以支持：

（一）双方未办理结婚登记手续的；

（二）双方办理结婚登记手续但确未共同生活的；

（三）婚前给付并导致给付人生活困难的。

适用前款第（二）、（三）项的规定，应当以双方离婚为条件。

专家释惑

本案是一起因解除婚约引起的要求返还彩礼的民事案件，涉及的法律问题是婚约及其效力和婚约解除的后果。

婚约是男女双方自愿以将来结婚为目的而作的事先约定。在我国，订立婚约的行为称为订婚。我国 1950 年、1980 年、2001 年《婚姻法》对婚约均没有作规定。

总的来说，我国对婚约的态度是：(1) 订婚不是婚姻成立的必经程序。对婚约既不提倡，也不禁止。是否订婚，由当事人自行决定，任何人不得强迫。(2) 婚约不具有法律约束力。双方同意解除的，可自行解除；一方要求解除的，只要向对方作出意思表示就可以了，无须征得对方同意。

法律不保护婚约，但对因解除婚约而引起的财物纠纷，人民法院仍应受理，因为双方争议的问题主要是财产的归属和返还，属于人民法院的受理范围。而且，此类纠纷若不及时、妥善解决，就可能使矛盾激化，产生许多不利后果。这些财物纠纷主要是双方给付的财产和信物的返还问题。对于建立双方关系的赠与物和信物的返还，区分具体情况，主要有几种处理：

1. 对较为贵重的赠与物应予以返还，如金银首饰，获得某种殊荣的有意义的纪念品等，而对于价值小的日用品，如普通衣物等，则可不必返还。

2. 赠与物已经毁坏或不存在，可按保护财产所有权的法律规定，请求赔偿损失，通常称为折价返还。如价值不大或价值虽大而确实无力赔偿的，可酌情偿还或减免偿还。

3. 赠与物归属不清，双方当事人又举证不力时，价值大的视为共同共有物，在取消婚约关系时予以适当分割。

4. 订婚后的赠与不应再属于附条件的民事法律行为，是普通赠与。按我国《民法通则》第 72 条的规定："按照合同或者其他合法方式取得财产的，财产所有权从财产交付时起转移，法律另有规定或者当事人另有约定的除外。"所以，订婚以后的普通赠与物，当事人间无明确约定的，解除婚约时因其所有权已经转移到对方而不得请求返还。

案例 7　梁某某能在主动解除婚约后要求周某兰返还财物吗？

事情是这样的

原告梁某某是陕西省某市城郊水东镇的一个老实巴交的农民。梁某某家里有五兄弟，他排行第三，全家以务农为主，家境比较困难。在梁某某成年以后，曾经在别人的介绍下认识了两个姑娘，但是最后在谈婚论嫁的问题上，对方都以他家经济困难、人口多、负担重为理由拒绝了他。直到 1998 年 11 月，梁某某 25 岁时，经人介绍认识了周某兰。被告周某兰是山西省某县江口镇的农村姑娘。周某兰家所在的乡离市区比较远，家里也比较困难。梁某某和周某兰认识后，于同年 12 月 15 日举行订婚仪式。期间，梁某某父母为了给儿子娶到媳妇，咬咬牙拿出了家里的全部积蓄，还卖了正在栏里长膘的两头猪，让原告梁某某买了两枚金戒指、一辆凤凰牌女式自行车。订婚的那天，按照女方当地的习俗，梁某某给了被告周某兰金戒指两枚、自行车一辆、还有礼金1900元。就在当天，被告周某兰的父亲周光佑提出梁某某还需要再付给周家5000元彩礼，只有付清了彩礼，才可以和他女儿完婚。

梁某某家里已经为了他的订婚花去了几乎所有的积蓄和值钱的东西，一下子根本没有能力再拿出5000块钱。因此，这笔钱梁某某一直都没有付给女方家里。后来，梁某某与被告周某兰在谈朋友期间为了一些鸡毛蒜皮的事情经常发生争吵，两个人在一起甜蜜的时候并不多。因此，原告梁某某觉得两个人性格不合适，硬凑合在一起并不好。于是他主动向周某兰本人和她家里提出退婚，并要求被告返还所收礼金及财物。被告周某兰认为那1900元彩礼和自行车、金戒指都是原告自愿送给她的，作为订婚礼，不是她主动要的。因此，对于原告赠与的这笔钱和这些财物，她不负返还责任。原告梁某某遂向被告周某兰所在的县法院起诉，要求返还财物。

县法院经审理认为，被告周某兰的父亲要求梁某某交出5000元钱才能结婚的行为属于借婚姻索取财物的违法行为。原告梁某某与被告周某兰按农村习俗订婚，订婚当天送给被告周某兰礼金1900元，金戒指和自行车，这并不是一般意义上的赠与，而是附条件的。实际上，被告在订婚当天收取财物的行为，也属于借婚姻索取财物的行为。原告提出返还礼金和财物的请求符合法律规定，应当予以准许。因此，法庭依法判决：被告周某兰返还原告梁某某礼金人民币1900元，限被告在判决生效后一个月内履行。被告周某兰返还凤凰牌女式自行车一辆、金戒指两枚，限被告在判决生效之日履行。

律师专线

本案中，梁某某在订婚的时候给周某兰的礼物，形式上是赠与，但实际上，他是基于当时当地的社会习俗被迫给的，因此，只能看成是有条件的赠与，当条件（双方结婚）没有成就的时候，被告周某兰再持有这些财物就没有法律依据，也就是说构成不当得利，必须返还。另外，即使周某兰及其家人没有向梁某某索取这些财物，而是一般情况下的自由恋爱，他们分手的时候，周某兰也应当将这些财物返还。因为，梁某某家里比较困难，这些财物是他和他的父母拿出了全部积蓄和家里值钱的东西（猪）换来的。如果不拿回这些财物，梁某某家里就遭受财产的重大损失，并且会导致生活困难。在司法实践中，处理因为退婚或者解除恋爱关系而产生的财产纠纷的一条法律政策就是，遭受财产损失的一方因送礼或其他花费而导致生活困难，可要求对方全部或部分返还。

后来，被告周某兰的父亲对梁某某说结婚还需要5000元，否则不能结婚。这是明显的借婚姻索要财物的行为。因此，法院判决被告周某兰返还全部1900元彩礼和金戒指两枚、自行车一辆是正确的。

注意

借婚姻索取财物属于不当得利，索取的财物应当返还。

法律规范

中华人民共和国婚姻法

（2001年4月28日第九届全国人民代表大会常务委员会第二十一次会议修正，同日公布并施行）

第二条　实行婚姻自由、一夫一妻、男女平等的婚姻制度。

保护妇女、儿童和老人的合法权益。

实行计划生育。

第三条　禁止包办、买卖婚姻和其他干涉婚姻自由的行为。禁止借婚姻索取财物。

禁止重婚。禁止有配偶者与他人同居。禁止家庭暴力。禁止家庭成员间的虐待和遗弃。

专家释惑

这里涉及的法律问题是借婚姻索取财物的退婚案件的处理。

在我国婚约没有法律效力。我国历次婚姻法都没有关于婚约的规定。在实践中，我国对婚约的态度是既不反对也不支持。也就是说要结婚的男女双方可以订立婚约，也可以不订立婚约；如果订立了婚约，双方也可以协议解除或者单方面解除。

但是对于因为解除婚约而产生的财产纠纷，人民法院予以受理，并且有相关的法律政策和规定作为法律依据。根据最高人民法院《关于贯彻执行民事政策法律若干问题的意见》的精神，对因解除婚约引起的财物纠纷，应区别以下情况，妥善处理：

1. 对于借订立婚约而进行买卖婚姻的财物，收受财物的一方为非法所得，交出财物的一方，其财物实质是进行非法活动的工具，故原则上应参照最高人民法院《关于贯彻执行民事政策法律若干问题的意见》第 17 条意见的精神，判决收缴国库。

2. 对于以恋爱、订婚为名，行诈骗钱财之实的，除构成诈骗罪应依法追究刑事责任外，无论哪一方提出解约，原则上都应将诈骗所得财物全部归还给受害人。

3. 对于借订婚为名，以赠送财物为诱饵，玩弄异性的人，其所交付给对方的财物，是为达到非法目的而自愿交付的，应按赠与物对待，无论何方提出解约，均不予退还。

4. 对于订婚花费钱财，造成经济损失，如订婚仪式大操大办，解除婚约时，一般不得要求对方赔偿，当事人自负其经济责任。这对于防止和反对婚姻中大操大办、铺张浪费的陋习有一定积极意义。

5. 对建立双方关系的赠与物和信物的返还问题：

(1) 对较为贵重的赠与物应予以返还，如金银首饰、获得某种殊荣的有意义的纪念品等，而对于价值小的日用品，如普通衣物等，则可不必返还。

(2) 赠与物已经毁坏或不存在，可按保护财产所有权的法律规定，请求赔偿损失，通常称为折价返还。如价值不大或价值虽大而确实无力赔偿的，可酌情偿还或减免偿还。

(3) 赠与物归属不清，双方当事人又举证不力时，价值大的视为共同共有物，在取消婚约关系时予以适当分割。

(4) 订婚后的赠与不应再属于附条件的民事法律行为，是普通赠与。按我国《民法通则》第72条的规定："按照合同或者其他合法方式取得财产的，财产所有权从财产交付时起转移，法律另有规定或者当事人另有约定的除外。"所以，订婚以后的普通赠与物，当事人间无明确约定的，解除婚约时因其所有权已经转移到对方而不得请求返还。

提醒

婚姻彩礼在我国，特别是在农村是一种颇为普遍的现象，有时候甚至出现父母为索取高额彩礼而包办、买卖儿女婚姻和其他干涉婚姻自由的现象。随之而造成的离婚、返还婚姻财物的案件也呈上升趋势。借婚姻索取的财物属不当得利，其取得财物是没有法律根据的，应当予以返还。我国《婚姻法》第3条明确规定：禁止包办、买卖婚姻和其他干涉婚姻自由的行为；禁止借婚姻索取财物。我国《民法通则》第92条规定：没有合法根据，取得不当利益，造成他人损失的，应当将取得的不当利益返还受损失的人。因此，借婚姻索取财物的行为应当禁止，如果一意孤行，不仅得不到法律的保护，反而"赔了女儿又折金"。

案例8　借婚姻索取财物的婚姻离婚时，黎某某能要求金某某返还财产吗?

事情是这样的

金某某是某市城关区城郊城下村的一名待业青年。1995年高中毕业后，她曾在本市一家宾馆做服务员。金某某觉得临时工的待遇远不如正式工，而且工作也不轻松，工作了一年后就没有再去了。此后，她主要在家待业。

黎某某是一个话不多、比较沉默的年轻人，在本市一家衡器厂的翻砂车间做临时工。

1998年8月，介绍人章某某来到金某某家中，想为金某某介绍对象。金某某的父亲对章某某说，金某某去年曾经订过婚，收过彩礼，现在已经退婚了，但收人家的2300元彩礼还没退。如果对方肯出这笔彩礼，女儿就可以同他相识，搞对象。介绍人将这一情况向黎某某及其父亲讲了。黎某某的父亲急于给儿子找老婆成亲，满口答应金某某家提出的条件。第二天黎某某的父亲就带着钱和儿子一道随介绍人去金某某家相亲，双方见过之后都表示满意。原告的父亲当即就给了金某某1000元，半小时后又从银行取了1300元，交给了金某某的父亲，当天一共给了金家2300元。第三天，黎某某和金某某就订了婚，一个月后，登记结婚。

结婚时，原告黎某某又为被告买了将近一千多块钱的衣物，还按金某某的要求送了一枚金戒指（价值500元）。结婚之后，被告金某某迟迟不迁户口到黎某某家。在黎某某的父亲再三催促下，被告才将户口落到黎家。婚后的日子里，被告三天两头回娘家，时间久了，原告的父亲见被告金某某不是真心过日子的样子，心里很生气。1999年4月的一天晚上，原告的父亲，拿着算盘向被告算账，并说："你金某某是我们家花那么多血汗钱娶进门来的媳妇，就应当跟你男人好好过日子。"被告金某某就以"和公公关系不和"为借口，回娘家长住不归。原告黎某某曾多次去金家接被告，被告坚决不回黎家。以后，原告黎某某及其父母又托人调解，被告仍不回婆家居住。在做了诸多努力后无效，被告金某某仍不回婆家居住，原告出于无奈，于2000年1月向城关区人民法院起诉离婚，并要求女方归还过去索要的全部彩礼（合人民币3500元）。

法庭查明：黎某某和金某某之间婚前缺乏足够的了解和沟通，双方婚姻基础差，没感情。被告金某某之所以同意和原告结婚，完全是为了让原告替她和她的家庭偿还前一订婚对象的彩礼钱。婚后，被告金某某嫌原告黎某某不爱讲话，木讷，认为他不是理想中的丈夫，有意疏远原告，想离婚，但又怕原告让她退彩礼钱，就采取长期住娘家的办法来迫使原告提出离婚。

法庭经查明认定：金某某和她父亲的行为是借婚姻索取财物的行为，是违法的。法院依法对被告金某某及其父亲借婚姻索取财物的这种违法行为进行了严肃的批评教育，并责令被告及其父亲今后不得有类似的违法行为。在明辨是非的基础上，法庭依法进行调解，双方都同意离婚。但在退还彩礼问题上发生争执，达不成协议。法院为了不使被告因退彩礼过多而出现第三次借婚姻索取财物的情况，说服原告放弃追索回全部彩礼的要求，改为要求退回一部分彩礼。最后原被告双方达成协议：（一）双方同意离婚；（二）金某某退还黎某某人民币 2000 元。

律师专线

本案中，金某某的父亲向黎某某索要 2300 元，作为答应金某某与其搞对象的条件。黎某某之父送与金某某的 2300 元，不是自愿的，而是基于金某某的父亲退还另一家彩礼的要求而产生。金某某及其父亲的行为符合借婚姻索取财物行为的主观和客观要件，而不是买卖婚姻。法院认定他们的行为为借婚姻索取财物是准确的。按照我国《婚姻法》第 3 条第 1 款规定（禁止包办、买卖婚姻和其他干涉婚姻自由的行为。禁止借婚姻索取财物），黎某某与金某某离婚时，金某某所收彩礼应当看成是民法上的不当得利，也就是说她取得的财产是没有法律依据的，应当予以返还。法院调解退还 2000 元也是合理的。因为金某某父亲索要 2300 元彩礼以金某某可以同黎某某搞对象为条件，且发生在结婚之前，符合借婚姻索取财物的特征。结婚时，黎某某送与金某某的衣物在登记结婚后，属于婚后行为。一般应认定赠与行为，不予返还。法院为了避免此违法行为重演，故将 2300 元调解返还 2000 元，当在酌情之列，所以是合理的。

法律规范

中华人民共和国婚姻法

（2001 年 4 月 28 日第九届全国人民代表大会常务委员会第二十一次会议修正，同日公布并施行）

第三条　禁止包办、买卖婚姻和其他干涉婚姻自由的行为。禁止借婚姻索取财物。

禁止重婚。禁止有配偶者与他人同居。禁止家庭暴力。禁止家庭成员间的虐待和遗弃。

最高人民法院关于人民法院审理离婚案件处理财产分割问题的若干具体意见

（最高人民法院 1993 年 11 月 3 日公布施行）

19. 借婚姻关系索取的财物，离婚时，如结婚时间不长，或者因索要财物造成对方生活困难的，可酌情返还。

对取得财物的性质是索取还是赠与难以认定的，可按赠与处理。

专家释惑

本案涉及的法律问题是借婚姻索取财物纠纷的处理。

借婚姻索取财物，是指女方借婚姻成立向男方索要财物作为结婚先决条件的行为。这种婚姻俗称“彩礼婚”。本案中，金某某的父亲在女儿金某某先前订婚中，收过彩礼，后与黎某某结婚，又收彩礼 2300 元，并以此作为金某某与黎某某相识、搞对象的前提，所以，本案属于典型的借婚姻索取财物纠纷案。

借婚姻索取财物是封建社会聘娶婚的一种变种形式。婚姻使男方获得劳动力，女家以彩礼的形式获得经济补偿，彩礼成为女子的身价费，这种婚姻实际上是男女两家人财交换的婚配形式。目前，我国农村普遍存在此种婚配形式。有些人公开索要“聘礼”“彩礼”，相互攀比，明码标价，名目繁多，不一而足。这不仅腐蚀着人们的思想，败坏社会风气，而且妨碍婚姻自由原则的贯彻，影响精神文明建设。

我国婚姻法和相关法律政策一贯都明确禁止借婚姻索取财物的行为，1984 年 8 月 30 日最高人民法院《关于贯彻执行民事政策法律若干问题的意见》规定：“借婚姻关系索取的财物，离婚时，如结婚时间不长，或者因索要财物造成对方生活困难的，可酌情返还。”1993 年 11 月 3 日最高人民法院《关于人民法院审理离婚案件处理财产分割问题的若干具体意见》第19条亦作了相同的规定，这为处理借婚姻索取财物纠纷，判定此财物的归属提供了法律依据。

我国《婚姻法》禁止借婚姻索取财物，当事人实施此行为则违反了法律的禁止性规范，属于违法行为。根据《民法通则》第58条的规定，借婚姻索取财物行为为无效民事行为，从行为开始就没有法律约束力。当事人因该行为取得的财产，应当返还给受损失的一方。从借婚姻索取财物的行为来看，女方索取财物，取得了利益；另一方出于无奈给予财物，受到损失，女方应当将所索取的财物全部归还男方。

最高人民法院《关于人民法院审理离婚案件处理财产分割问题的若干具体意见》第19条规定："借婚姻关系索取的财物，离婚时，如结婚时间不长，或者因索要财物造成对方生活困难的，可酌情返还。对取得财物的性质是索取还是赠与难以认定的，可按赠与处理。"据此，对借婚姻索取财物的处理应注意以下几个问题：

1. 对借婚姻索取财物的行为人应严肃批评教育，使其认识到行为的危害性和违法性。

2. 对于结婚时间不长（一般不超过2年）的，应当酌情返还。有原物的，应当返还原物；没有原物的，应折价补偿或赔偿。

3. 对于因为借婚姻索取财物行为造成男方生活困难的，应当酌情返还。

4. 对于结婚时间较长；或男方生活条件优越，女方生活困难；或索取难以返还的，可不予返还。

5. 对于婚前男方送给女方家庭的肉食、礼品；或男女双方家庭请客花费的钱物；或结婚时大操大办花费的钱物，离婚时，一律不得追索。

6. 返还财物不得作为离婚的条件，离婚与否仍应依《婚姻法》规定的法定条件认定。

7. 对取得财物的性质是索取还是赠与难以认定的，可按赠与处理。

但对借婚姻索取的财物不能运用处理买卖婚姻的手段，也就是说这些财物不得予以没收，也不能作为夫妻共同财产予以分割。

提醒

《婚姻法》之所以禁止借婚姻索取财物，是因为借婚姻索取财物往往将男女双方的婚姻建立在金钱基础之上，并非以感情为基础，带有女方自卖性质。这样婚姻关系的牢固性、稳定性通常比较差，常常在男女双方结婚时就埋下婚后不和的种子，渗入了婚姻不稳定的因素，婚后常因生活琐事造成感情的鸿沟，导致家庭的破裂。

联系本案

黎某某与金某某结婚不到一年就出现金某某常回娘家现象，并因黎某某之父与之算账，金某某回娘家久住不归。这说明黎某某与金某某根本无感情，只是人（女方）财（男方）交易的搭配结果，他们俩是借婚姻索取财物陋习的牺牲品，应当引起现代青年男女和父母的警觉。

二、婚姻成立的实质要件

内容提要

婚姻作为法律所保护的社会关系，其成立必须具备实质要件和程序要件。婚姻成立的实质要件是《婚姻法》第5条、第6条和第7条的规定。具体而言，包括：男女双方完全自愿结婚；达到法定婚龄；不属于直系血亲和三代以内旁系血亲；不存在医学上认为不应当结婚的疾病。

案例9　结婚时未达法定婚龄，这样的婚姻一直无效吗？

事情是这样的

2001年，同在东莞打工的刘某某（女）与周某某（男）在一次游玩中相识。随后相知相恋，确立了恋爱关系。周某某把交了女朋友的消息告诉家人后，家人告知，如果女孩人好，就赶紧结婚，否则时间久了，容易变心。于是，周某某决定尽早与刘某某结婚。二人商量后决定于2001年国庆期间回男方周某某的老家登记结婚。二人回到周某某的家乡后，按照当地风俗，周某某的父母给二人举行了婚礼，并宴请了亲朋好友。第二天，刘某某和周某某去办理了结婚登记。不过当时女方刘某某的年龄是虚岁二十（在她的家乡一般都说虚岁），而实际年龄只有十九周岁，还不到二十周岁的法定结婚年龄。考虑到刘某某和周某某回老家一趟不容易，不仅请假麻烦而且没有工资，于是周某某家人想办法托人拉关系，最后，在刘某某和周某某假期结束前一天，他们通过隐瞒刘某某真实年龄的办法获得了婚姻登记。之后，刘某某和周某某从老家返回工作的地方。婚后，刘某某和周某某都努力工作，勤俭节约，每个月尽量将开支降到最低，尽可能地存下工资，以便早点存够回家买房子和做点小买卖的钱。不过，由于周某某长相帅气，为人随和，很有人缘。结婚后的第一年，刘某某就发现周某某与一些异性关系比较密切。为此，刘某某和周某某经常吵架。这样的状况持续了将近两年。

在2003年参加的一次普法活动中，刘某某得知，我国《婚姻法》规定男女结婚必须达到法定婚龄，其中女性的法定婚龄是二十周岁。考虑再三之后，刘某某来到一家律师事务所向律师咨询，提出了两个问题：一、自己这样的情形（办理结婚登记时未达法定婚龄），是不是合法婚姻？如果不是的话，两人是什么关系，算不算非法同居？二、她和周某某一起存下的钱该怎么分，是自己赚的钱归自己，还是平分？

律师专线

面对刘某某的咨询，律师首先告诉她，虽然领取结婚证时，她没有到法定的结婚年龄，但是目前她已经符合了法定结婚年龄，因此她和周某某的婚姻是合法婚姻，而不是非法同居。其次，她和周某某自结婚以来存下的钱，如果他们二人没有约定，并且是没有证据表明已经约定各自赚的钱归自己的话，他们一起存下的钱，现在应当视为夫妻共同财产。夫妻共同财产的分配，原则上是均等份，即平分。

就第一个问题而言，虽然我国《婚姻法》第10条明确将“未到法定婚龄”视为婚姻无效的四种情形之一，但是，根据最高人民法院《关于适用〈中华人民共和国婚姻法〉若干问题的解释（一）》第8条可知，“未到法定婚龄”的这一情形消失后，就不能以“违反法定婚龄”作为理由申请婚姻无效。也就是说，一旦男女双方的实际年龄达到了法定婚龄之后，就不能以未达法定婚龄为理由请求宣告婚姻无效。在本案例中，刘某某办理婚姻登记时已满19岁，不满20周岁。一年后，刘某某无论如何都达到了20周岁，满足了达到了法定婚龄的要求。此时刘某某和周某某以及各自共同生活的家人都不能再以未达法定婚龄请求宣告他们的婚姻无效。也就是说，一年后，刘某某和周某某的婚姻就满足了所有的实质要件，更别说两人都已经生活两年多了。因此，律师的回答是正确的，刘某某和周某某是合法婚姻，而不是非法同居。如果夫妻任何一方或相关利害关系人想申请宣告刘某某和周某某的婚姻无效，必须在刘某某没有达到20周岁之前向法院提出宣告婚姻无效的请求。

就第二个问题，依据我国《婚姻法》第17条和第19条可知，在没有明确证据或者协议的情况下，夫妻共同生活期间的收入是夫妻共同财产，具有平等的处分权。换句话说，刘某某和周某某这两三年来的工资收入是共同所有（共同共有），而不是谁赚的归谁。

提醒

法定婚龄的计算是以身份证上的实际年龄计算，而不是虚岁。

法律规范

最高人民法院关于适用《中华人民共和国婚姻法》若干问题的解释（一）

（2001年12月24日最高人民法院审判委员会第1202次会议通过，自2001年12月27日起施行）

第八条　当事人依据婚姻法第十条规定向人民法院申请宣告婚姻无效的，申请时，法定的无效婚姻情形已经消失的，人民法院不予支持。

中华人民共和国婚姻法

(2001 年 4 月 28 日第九届全国人民代表大会常务委员会第二十一次会议修正，同日公布并施行)

第十条　有下列情形之一的，婚姻无效：

（一）重婚的；

（二）有禁止结婚的亲属关系的；

（三）婚前患有医学上认为不应当结婚的疾病，婚后尚未治愈的；

（四）未到法定婚龄的。

第十七条　夫妻在婚姻关系存续期间所得的下列财产，归夫妻共同所有：

（一）工资、奖金；

（二）生产、经营的收益；

（三）知识产权的收益；

（四）继承或赠与所得的财产，但本法第十八条第三项规定的除外；

（五）其他应当归共同所有的财产。

夫妻对共同所有的财产，有平等的处理权。

第十九条　夫妻可以约定婚姻关系存续期间所得的财产以及婚前财产归各自所有、共同所有或部分各自所有、部分共同所有。约定应当采用书面形式。没有约定或约定不明确的，适用本法第十七条、第十八条的规定。

夫妻对婚姻关系存续期间所得的财产以及婚前财产的约定，对双方具有约束力。

夫妻对婚姻关系存续期间所得的财产约定归各自所有的，夫或妻一方对外所负的债务，第三人知道该约定的，以夫或妻一方所有的财产清偿。

专家释惑

这个咨询案例主要涉及法定婚龄及其后果。

结婚，必须符合法律规定的条件，《婚姻法》规定结婚的条件是：（一）达到法定婚龄：男 22 周岁，女 20 周岁；（二）结婚必须是男女双方完全自愿；（三）不许任何一方对他方加以强迫或第三者加以干涉。

这里先阐释第一个条件。所谓法定婚龄是指我国法律明确规定婚姻获得合法登记的最低年龄。达到这一年龄的男女双方方可进行结婚登记，获得结婚证，从而被法律承认为合法婚姻。法律规定的法定婚龄是：男22周岁，女20周岁。法定结婚年龄是政府依据我国人民身心发育及责任能力和国家政治、经济发展状况，为控制人口过度增长、保证优生优育制定的，任何人不得随意更改（民族自治地区政府可按本民族情况制定民族婚姻的婚龄报全国人代会批准后方可实施）。

法定婚龄不同于晚婚年龄。前者是法律规定的强制条件，后者不是。虽然为保证人口的优生优养，提高全民素质，婚姻法提倡晚婚晚育，相应的行政法规也对晚婚晚育制定鼓励政策，从方方面面加大了对法定婚龄的执行力度。但是晚婚不是强制性的，只是婚姻法提倡晚婚，不是必须要等到男25周岁，女23周岁才能结婚。

此外，法定婚龄是指实际的年龄，而不是虚岁。法定年龄以户口簿、身份证为准。计算法定年龄应以个人的周岁计，不能以两个人的年龄合并计算。

违反法定婚龄的后果是，该婚姻可能被宣告无效。因为法定婚龄是法律规定的强制性条件。不过，违反这一强制性条件的婚姻并不是当然无效。此类婚姻无效还需具备三个条件：一是必须由当事人或者利害关系人提出；二是必须向法院这样的司法机关提出，因为婚姻未经宣告无效，不得视为无效，有权宣告婚姻无效的机关是人民法院。除此之外，婚姻登记机关无权宣告；三是此类宣告婚姻无效的请求必须在适当的时间内提出——即夫妻一方的年龄还没有达到法定婚龄时提出。一旦夫妻双方都符合了法定婚龄，达到了合法婚姻的实质要件，就不能再依据未达法定婚龄的这一理由请求宣告婚姻无效。

案例 10 丈夫婚前隐瞒病情但婚后治愈，妻子能否诉请婚姻无效?

事情是这样的

赵某某是某市一家公司的计算机操作员。2001 年 1 月，28 岁的赵某某经人介绍后认识了在本市一家超市工作的收银员，25 岁的王某某。2001 年 6 月 15 日，王某某与赵某某在经过一段时间的了解后，自愿登记结婚，并按照当地风俗举行了婚礼，宴请了亲朋好友。2003 年 8 月，王某某生下一个女儿。有了孩子之后，王某某与赵某某在柴米油盐和锅碗瓢盆的生活中又多了孩子的欢笑与哭闹声。但是 2004 年 8 月 21 日，妻子王某某无意中了解到赵某某患有传染性乙肝，而且结婚前就患有这病。王某某觉得赵某某在婚姻上故意欺骗了她，没有告诉她实情，心想不知道还有什么地方也欺骗了自己，而且越想越害怕，怕自己和孩子也都有乙肝。于是，同年 8 月 29 日，王某某以赵某某患有传染性乙肝为由，起诉至自己居住地的区法院，要求法院宣告她与赵某某的婚姻无效。

法院受理后，择日就案件进行开庭审理。赵某某提交了市医院开具的诊断证明书一份、检查报告单一份。医院出具的诊断证明书证实了赵某某为乙肝病毒携带者（肝功能正常）。区法院经过审理后，驳回了原告王某某的诉讼请求，案件受理费由原告承担。

律师专线

本案例中，法院要处理的核心问题就是要判定王某某和赵某某的婚姻到底是否是无效婚姻。而要判断是否是无效婚姻的关键是，赵某某是否符合我国《婚姻法》第 10 条第 3 款规定的情形。第 10 条规定了我国大陆地区处理婚姻无效的四种法定情形。其中第三种情形是“婚前患有医学上认为不应当结婚的疾病，婚后尚未治愈的”。所以，法院需要判断赵某某这样的情形是否是“患有医学上认为不应当结婚的疾病，婚后尚未治愈。”

在审理过程中，原告王某某并没有提供证据证明赵某某婚前就患有医学上不应该结婚的疾病。而且我国《婚姻法》和相关司法解释确实没有明确规定乙肝是医学上不应当结婚的疾病。根据被告赵某某提供的证据——医院的诊断证明书可知，赵某某婚后其肝功能正常。即使赵某某婚前患有乙肝，他婚后（目前）也处于正常状态（治愈），只是病毒携带者，这不属于不应当结婚的疾病。所以，原告王某某请求法院宣告婚姻无效依据不足，诉请请求不成立。法院驳回其诉讼请求是正确的。

法律规范

中华人民共和国婚姻法

（2001 年 4 月 28 日第九届全国人民代表大会常务委员会第二十一次会议修正，同日公布并施行）

第七条　有下列情形之一的，禁止结婚：

（一）直系血亲和三代以内的旁系血亲；

（二）患有医学上认为不应当结婚的疾病。

第十条　有下列情形之一的，婚姻无效：

（一）重婚的；

（二）有禁止结婚的亲属关系的；

（三）婚前患有医学上认为不应当结婚的疾病，婚后尚未治愈的；

（四）未到法定婚龄的。

最高人民法院关于适用《中华人民共和国婚姻法》若干问题的解释（一）

（2001 年 12 月 24 日最高人民法院审判委员会第 1202 次会议通过，自 2001 年 12 月 27 日起施行）

第七条　有权依据婚姻法第十条规定向人民法院就已办理结婚登记的婚姻申请宣告婚姻无效的主体，包括婚姻当事人及利害关系人。利害关系人包括：

（一）以重婚为由申请宣告婚姻无效的，为当事人的近亲属及基层组织。

（二）以未到法定婚龄为由申请宣告婚姻无效的，为未达法定婚龄者的近亲属。

（三）以有禁止结婚的亲属关系为由申请宣告婚姻无效的，为当事人的近亲属。

（四）以婚前患有医学上认为不应当结婚的疾病，婚后尚未治愈为由申请宣告婚姻无效的，为与患病者共同生活的近亲属。

第八条 当事人依据婚姻法第十条规定向人民法院申请宣告婚姻无效的，申请时，法定的无效婚姻情形已经消失的，人民法院不予支持。

婚姻登记条例

（2003 年 7 月 30 日国务院第十六次常务会议通过，自 2003 年 10 月 1 日起施行）

第六条 办理结婚登记的当事人有下列情形之一的，婚姻登记机关不予登记：

（一）未到法定结婚年龄的；

（二）非双方自愿的；

（三）一方或者双方已有配偶的；

（四）属于直系血亲或者三代以内旁系血亲的；

（五）患有医学上认为不应当结婚的疾病的。

专家释惑

本案涉及的法律问题是如何认定婚姻无效，针对的是我国《婚姻法》第 10 条第 3 项的理解。

我国法律明确规定，保障合法有效的婚姻。但是合法有效的婚姻应当具备一些基本条件，还应排除相关禁止情形。“患有医学上认为不应当结婚的疾病”就是禁止结婚的理由。对此，我国《婚姻法》第 7 条以及国务院颁布的《婚姻登记条例》第 6 条作了明确规定。由于目前，婚前检查已经不再是强制性的必经程序。我国《婚姻法》第 10 条以及《婚姻法》的司法解释对于患有医学上不能结婚的疾病的婚姻后果也做了明确规定，即可以宣告婚姻无效。

法律上禁止患有医学上认为不应当结婚的疾病的人结婚是为防止当事人所患的疾病传染、遗传、以保护人民身体健康，提高全民族的人口素质。但是，我国的法律并没有明确指出哪些疾病是“医学上认为不应当结婚的疾病”，综合我国《婚姻法》、《母婴保健法》等法律规定以及长期的司法实践，尤其是根据最高人民法院《关于适用〈中华人民共和国婚姻法〉若干问题的解释（一）》，所谓患有医学上认为不应当结婚的疾病，是指从医学角度来看，某人患有某种身体或精神上的疾病，而这种疾病很可能在结婚以后影响到其配偶及后代的健康。严重的遗传性疾病，如果通过结扎或者长期避孕可以避免将疾病传染给后代的，是可以结婚的；重症的精神病，比如精神分裂症和躁狂抑郁症，这样的患者，不应当结婚；痴呆症患者也应禁止结婚。依据《中华人民共和国母婴保健法》第9条和第38条的规定可知，患有艾滋病、淋病、梅毒、麻风病以及医学上认为可能影响结婚和生育的其他传染病的人也应当暂缓结婚。

案例11　妻子婚前隐瞒患有“乙肝”，到底诉请宣告婚姻无效还是起诉离婚更好?

事情是这样的

刘先生是一家商务公司的工作人员，2000年9月，刘先生在一次商务合作中认识了对方合作伙伴的秘书小姐赵某某。赵某某年轻、能干、身材苗条。由于工作关系，两个人来往比较多，关系也越来越密切。到项目合作完毕的时候，刘某某的手与赵某某的手已经紧紧地牵在了一起。尽管双方工作都比较忙，但是两个人的感情还是非常融洽。2001年1月，刘某某与赵某某在当地婚姻登记管理处登记结婚，并且公开举行了结婚仪式。不久，妻子赵某某就怀孕了，作为丈夫，刘某某非常细心地伺候妻子，满心欢喜地憧憬着做爸爸的甜蜜滋味，而且还为小宝宝出生以后的美好生活规划了甜美的蓝图。2001年11月，妻子赵某某临产，生下一个眼睛大大的男孩，刘某某非常高兴。然而，非常不幸的是，这个小男孩出生一个星期便夭折了。刘某某非常伤心，执意要医院仔细检查，给个说法。后来，医院检查得出的结论是，刘某某的妻子赵某某患有严重乙型肝炎并处于活动期，正是因为这个原因，孩子生下来就患有乙肝，不久就夭折了。原来，妻子赵某某在结婚之前就患有严重的乙型肝炎，为达到结婚目的，在婚检中“做了手脚”，将病情隐瞒了下来。

面对妻子的这种欺骗行为和孩子的夭折，刘某某觉得非常气愤，他认为自己真挚的感情受到了玩弄，心灵受到了极大的伤害，无法接受这接二连三的打击。于是，他依据《婚姻法》中的“婚姻无效”条款，向南关区人民法院提起离婚诉讼，将妻子赵某某告上了法庭。

刘某某在起诉中称，2001年，他与妻子赵某某在当地婚姻登记管理处登记结婚。同年11月赵某某生下一子，刘某某认为，依据《婚姻法》中的有关规定，妻子婚前患有医学上认定的不应当结婚的疾病，婚后也尚未治愈，其二人的婚姻关系应为无效。

在案件的审理过程中，原、被告双方都聘请了律师。在法庭上，被告赵某某对自己婚前患有“乙肝”并隐瞒病情与原告刘某某结婚的事实没有否认，她认为自己非常爱赵某某，不想失去他，所以先将病情隐瞒了下来，想等到以后悄悄地治愈。其次，我国《婚姻法》第10条第3项并没有明确规定乙肝为“医学上认为不应当结婚的疾病”，不应当因为自己患有乙肝而婚姻无效。不过，既然事情到了这种地步，她同意离婚，但是提出此案应由婚姻登记管理机关处理，而不应由法院受理。其接受“离婚”，不同意“婚姻无效”。

在查明了基本事实后，受案法院依据我国《婚姻法》第7条、第10条和第12条等有关规定，认定刘某某和赵某某结婚时不符合我国《婚姻法》规定的法定实质要件，属于无效婚姻。最后法院判决：刘某某和赵某某的婚姻无效。

律师专线

本案中，由于被告赵某某的欺骗行为给原告刘某某带来了重大的心理创伤，原告刘某某和被告赵某某之间的婚姻关系破裂似乎已经是不可挽回的。但是同是“婚姻关系”破裂，为何诉讼的被告方赵某某接受“离婚”，而拒绝“婚姻无效”呢？

这其中涉及的关键就是财产分割问题。“婚姻无效”与“离婚”在法律上的性质是截然不同的，其明显区别就体现在财产分割问题上。依据我国《婚姻法》第12条和最高人民法院《关于人民法院审理离婚案件处理财产分割问题的若干具体意见》的相关规定可知，被宣告无效或被撤销的婚姻，当事人同居期间所得的财产如果有协议，就按照协议的规定处理；没有协议的，就按照一般共有的原则分割。也就是说，如有证据证明某些财产是自己的，这些财产就归这一方所有。而“离婚”则不同，大多情况下，婚姻存续期间的财产将按夫妻共同财产进行分割，夫妻对这些财产有平等的所有权和处理权。

在本案中，刘某某和赵某某的婚姻如果按照离婚处理，那家里的财产就应当由赵某某和刘某某平分。如果他们的婚姻被认定为无效婚姻，那赵某某只能对属于自己的那一部分财产有所有权。在赵某某的收入低于刘某某的收入的情况下，他们的婚姻被宣告无效的话，赵某某能分到的财产比离婚的情况下能得到的财产要少。

另外，依据《婚姻法》第34条“女方在怀孕期间、分娩后一年内或中止妊娠后六个月内，男方不得提出离婚。女方提出离婚的，或人民法院认为确有必要受理男方离婚请求的，不在此限”，这是对男方的离婚请求权的限制，是为了保护妇女和儿童的合法权益，但是在有的情况下，当这种保护不必要的时候或者男方有正当理由的时候，人民法院可以受理男方的离婚请求。比如，女方对婴儿有虐待或者遗弃的行为，或者女方婚前患有不宜结婚的疾病，婚后经治不愈的，男方提出离婚也属于有正当理由。

注意

我国《婚姻法》第7条第2款规定患有医学上认为不应当结婚的疾病的人不能结婚。但具体哪些疾病属于不能结婚的疾病，我国的《婚姻法》没有明确规定。但是结合《中华人民共和国母婴保健法》第38条和第10条可知，严重的遗传性疾病，如果通过结扎或者长期避孕可以避免将疾病传染给后代的，是可以结婚的；重症的精神病，比如精神分裂症和躁狂抑郁症，这样的患者，不应当结婚；痴呆症患者也应禁止结婚。依据《中华人民共和国母婴保健法》第9条和第38条的规定可知，患有艾滋病、淋病、梅毒、麻风病以及医学上认为可能影响结婚和生育的其他传染病的人也应当暂缓结婚。

法律规范

中华人民共和国婚姻法

（2001 年 4 月 28 日第九届全国人民代表大会常务委员会第二十一次会议修正，同日公布并施行）

第七条　有下列情形之一的，禁止结婚：

（一）直系血亲和三代以内的旁系血亲；

（二）患有医学上认为不应当结婚的疾病。

第十条　有下列情形之一的，婚姻无效：

（一）重婚的；

（二）有禁止结婚的亲属关系的；

（三）婚前患有医学上认为不应当结婚的疾病，婚后尚未治愈的；

（四）未到法定婚龄的。

第十二条　无效或被撤销的婚姻，自始无效。当事人不具有夫妻的权利和义务。同居期间所得的财产，由当事人协议处理；协议不成时，由人民法院根据照顾无过错方的原则判决。对重婚导致的婚姻无效的财产处理，不得侵害合法婚姻当事人的财产权益。当事人所生的子女，适用本法有关父母子女的规定。

最高人民法院关于适用《中华人民共和国婚姻法》若干问题的解释（一）

（2001 年 12 月 24 日最高人民法院审判委员会第 1202 次会议通过，自 2001 年 12 月 27 日起施行）

第七条　有权依据婚姻法第十条规定向人民法院就已办理结婚登记的婚姻申请宣告婚姻无效的主体，包括婚姻当事人及利害关系人。利害关系人包括：

（一）以重婚为由申请宣告婚姻无效的，为当事人的近亲属及基层组织。

（二）以未到法定婚龄为由申请宣告婚姻无效的，为未达法定婚龄者的近亲属。

（三）以有禁止结婚的亲属关系为由申请宣告婚姻无效的，为当事人的近亲属。

（四）以婚前患有医学上认为不应当结婚的疾病，婚后尚未治愈为由申请宣告婚姻无效的，为与患病者共同生活的近亲属。

第八条　当事人依据婚姻法第十条规定向人民法院申请宣告婚姻无效的，申请时，法定的无效婚姻情形已经消失的，人民法院不予支持。

第九条　人民法院审理宣告婚姻无效案件，对婚姻效力的审理不适用调解，应当依法作出判决；有关婚姻效力的判决一经作出，即发生法律效力。

涉及财产分割和子女抚养的，可以调解。调解达成协议的，另行制作调解书。对财产分割和子女抚养问题的判决不服的，当事人可以上诉。

第十三条　婚姻法第十二条所规定的自始无效，是指无效或者可撤销婚姻在依法被宣告无效或被撤销时，才确定该婚姻自始不受法律保护。

第十四条　人民法院根据当事人的申请，依法宣告婚姻无效或者撤销婚姻的，应当收缴双方的结婚证书并将生效的判决书寄送当地婚姻登记管理机关。

婚姻登记条例

（2003 年 7 月 30 日国务院第十六次常务会议通过，自 2003 年 10 月 1 日起施行）

第六条　办理结婚登记的当事人有下列情形之一的，婚姻登记机关不予登记：

（一）未到法定结婚年龄的；

（二）非双方自愿的；

（三）一方或者双方已有配偶的；

（四）属于直系血亲或者三代以内旁系血亲的；

（五）患有医学上认为不应当结婚的疾病的。

中华人民共和国母婴保健法

（1994 年 10 月 27 日第八届全国人民代表大会常务委员会第十次会议通过，自 1995 年 6 月 1 日起施行）

第九条　经婚前医学检查，对患指定传染病在传染期内或者有关精神病在发病期内的，医师应当提出医学意见；准备结婚的男女双方应当暂缓结婚。

第十条　经婚前医学检查，对诊断患医学上认为不宜生育的严重遗传性疾病的，医师应当向男女双方说明情况，提出医学意见；经男女双方同意，采取长效避孕措施或者施行结扎手术后不生育的，可以结婚。但《中华人民共和国婚姻法》规定禁止结婚的除外。

第三十八条　本法下列用语的含义：

指定传染病，是指《中华人民共和国传染病防治法》中规定的艾滋病、淋病、梅毒、麻风病以及医学上认为影响结婚和生育的其他传染病。

严重遗传性疾病，是指由于遗传因素先天形成，患者全部或者部分丧失自主生活能力，后代再现风险高，医学上认为不宜生育的遗传性疾病。

有关精神病，是指精神分裂症、躁狂抑郁型精神病以及其他重型精神病。

产前诊断，是指对胎儿进行先天性缺陷和遗传性疾病的诊断。

专家释惑

本案涉及的法律问题是婚姻无效的认定。

婚姻自由是我国《婚姻法》的基本原则，但是这并不是说所有的婚姻都是合法有效的，不受限制的。我国法律明确规定了合法有效的婚姻应当具备一些基本的条件，还应排除禁止的情形。其中，禁止结婚的一种情形就是：患有医学上认为不应当结婚的疾病。我国《婚姻法》第7条、第10条，国务院2003年颁布的《婚姻登记条例》第6条等法律条文对此都做了规定。

根据最高人民法院《关于适用〈中华人民共和国婚姻法〉若干问题的解释（一）》，所谓患有医学上认为不应当结婚的疾病，是指从医学角度来看，某人患有某种身体或精神上的疾病，而这种疾病很可能在结婚以后影响到其配偶及后代的健康。法律上禁止患有医学上认为不应当结婚的疾病的人结婚是为防止当事人所患的疾病传染、遗传，以保护人民身体健康，提高全民族的人口素质。

但哪些是医学上认为不应当结婚的疾病，必须由医学鉴定，任何部门不能任意解释。根据目前医学意见，本案被告赵某某所患的乙型肝炎（处于活动期，极具传染性）应属于医学上认为不应当结婚的疾病。同时根据此司法解释的第7条、第9条之规定，申请婚姻无效的案件依法应为人民法院受理。被告婚前向原告及婚姻登记机关隐瞒病史，欺骗婚姻登记机关取得结婚登记，其行为已违法，依法认定婚姻无效。

提醒

2003 年 10 月 1 日开始实施的《婚姻登记条例》对实行婚检采取了新的态度，未作强制性规定，而是由要求结婚的男女双方各自签字声明没有禁止结婚的疾病。另外，该新条例还取消了婚姻登记由单位或村（居）民委员会出具证明的做法，结婚改由当事人作无配偶及与对方没有直系血亲和三代以内旁系血亲关系的签字声明。

案例 12 “贾宝玉与薛宝钗式的婚姻”是否合法有效?

事情是这样的

李某某（男）和黄某某（女）是某县一个交通不便的偏远山村的夫妻，同时他们两人也是一对表兄妹。李某某的父亲与黄某某的母亲是同父异母的兄妹，即李某某应当称黄某某的妈妈为姑姑，而黄某某喊李某某的父亲为舅舅。由于地处偏远小山村，交通不便，山外的姑娘都不愿嫁到山里来。眼看着李某某年龄大了，该娶妻生子了。李某某的父母开始发愁儿子的婚事。后来他们想到自古以来都是亲上加亲，就寻思着考虑将李某某和黄某某撮合到一起。在双方家里长辈的安排下，李某某和黄某某于 1987 年按照当地的风俗，做了酒席，举行了婚礼。随后几年，黄某某生下了一个儿子和一个女儿。只是，黄某某和李某某二人性格并不十分合得来，没有多少共同语言。婚后的生活就这样在平淡中过去。后来，李某某想出去打工，出发前与黄某某商量离婚，但是黄某某没有同意。考虑到孩子还小，而且双方父母也反对，李某某要求离婚的事情没有成为现实。1996 年 1 月，李某某出门到南方城市打工。此后，由于省去路费，还想多赚点钱（因为年底不回家，若是值班的话可以拿双倍工资），李某某出来四年才回去一次。回家后，李某某再次与黄某某商量离婚的事情，然而，黄某某依旧拒绝离婚。李某某依旧回到南方的城市继续打工，在工作中接触到了一位年龄相仿的大嫂，在过年过节为了多拿点工资而不回家的特殊日子里，两人相互照顾，逐渐建立起了很好的感情。一想到黄某某坚持不肯离婚，李某某就很苦恼。2006年7月，李某某在看杂志时，偶然看到了一些介绍婚姻家庭方面法律知识的文章，而且了解到了所在的城市有法律咨询中心。经过一段时间的思考，李某某决定去咨询一下，自己目前该怎么办，怎样才能让黄某某答应离婚。在法律咨询中心，当李某某向志愿者讲述了自己的苦恼后，志愿者大吃一惊，并告诉他，他将近二十年的婚姻都是无效婚姻，他可以向自己户籍所在地的县法院起诉，请求宣告自己与黄某某的婚姻无效。

律师专线

法律咨询中心的志愿者对于李某某所提问题的解答是正确的。因为，李某某与黄某某是表兄妹的关系，在法律上属于三代以内的旁系血亲，彼此不能结婚。尽管由于双方父母的安排，二人实现了事实上的结合，组建了家庭并生了小孩，但是这种两性的结合是目前我国法律所禁止的，其关系不会因为时间的长短而发生性质上的变更。尽管我国旧时有句俗话：亲上加亲。这在婚姻关系上表现为，自古以来就存在很多表亲之间的婚姻，比如众所周知的红楼梦里，贾宝玉与薛宝钗就是表兄妹之间的婚姻。但是有充分的科学依据表明，近亲之间的婚姻通常会增加后代患有诸多疾病的风险，影响优生优育。

因此，由于出生或者血缘形成的近亲属之间不能结婚，即使实现了事实上的结合，这样的婚姻也是绝对无效的婚姻，应当予以禁止，并且不受法律保护。对此，我国《婚姻法》第7条、第10条，《婚姻登记条例》第6条等都做了明确规定。

法律规范

中华人民共和国婚姻法

（2001年4月28日第九届全国人民代表大会常务委员会第二十一次会议修正，同日公布并施行）

第七条　有下列情形之一的，禁止结婚：

（一）直系血亲和三代以内的旁系血亲；

（二）患有医学上认为不应当结婚的疾病。

第十条　有下列情形之一的，婚姻无效：

（一）重婚的；

（二）有禁止结婚的亲属关系的；

（三）婚前患有医学上认为不应当结婚的疾病，婚后尚未治愈的；

（四）未到法定婚龄的。

第十二条　无效或被撤销的婚姻，自始无效。当事人不具有夫妻的权利和义务。同居期间所得的财产，由当事人协议处理；协议不成时，由人民法院根据照顾无过错方的原则判决。对重婚导致的婚姻无效的财产处理，不得侵害合法婚姻当事人的财产权益。当事人所生的子女，适用本法有关父母子女的规定。

最高人民法院关于适用《中华人民共和国婚姻法》若干问题的解释（一）

（2001年12月24日最高人民法院审判委员会第1202次会议通过，自2001年12月27日起施行）

第七条　有权依据婚姻法第十条规定向人民法院就已办理结婚登记的婚姻申请宣告婚姻无效的主体，包括婚姻当事人及利害关系人。利害关系人包括：

（一）以重婚为由申请宣告婚姻无效的，为当事人的近亲属及基层组织。

（二）以未到法定婚龄为由申请宣告婚姻无效的，为未达法定婚龄者的近亲属。

（三）以有禁止结婚的亲属关系为由申请宣告婚姻无效的，为当事人的近亲属。

（四）以婚前患有医学上认为不应当结婚的疾病，婚后尚未治愈为由申请宣告婚姻无效的，为与患病者共同生活的近亲属。

第九条　人民法院审理宣告婚姻无效案件，对婚姻效力的审理不适用调解，应当依法作出判决；有关婚姻效力的判决一经作出，即发生法律效力。

涉及财产分割和子女抚养的，可以调解。调解达成协议的，另行制作调解书。对财产分割和子女抚养问题的判决不服的，当事人可以上诉。

第十三条　婚姻法第十二条所规定的自始无效，是指无效或者可撤销婚姻在依法被宣告无效或被撤销时，才确定该婚姻自始不受法律保护。

第十四条　人民法院根据当事人的申请，依法宣告婚姻无效或者撤销婚姻的，应当收缴双方的结婚证书并将生效的判决书寄送当地婚姻登记管理机关。

婚姻登记条例

(2003年7月30日国务院第十六次常务会议通过，自2003年10月1日起施行)

第六条　办理结婚登记的当事人有下列情形之一的，婚姻登记机关不予登记：

（一）未到法定结婚年龄的；

（二）非双方自愿的；

（三）一方或者双方已有配偶的；

（四）属于直系血亲或者三代以内旁系血亲的；

（五）患有医学上认为不应当结婚的疾病的。

专家释惑

本案例的主要法律问题是，近亲结婚及其法律后果。

我国法律明确规定近亲结婚属于无效婚姻，并且规定了哪些属于被禁止的近亲。我国《婚姻法》第7条第1项规定了“直系血亲和三代以内的旁系血亲”这样的特定范围内的血亲，禁止结婚。直系血亲是指与自己具有直接血缘关系的亲属，即生育自己的和由自己所生育的上下各代亲属。父母子女之间，祖父母、外祖父母和孙子女之间属于直系血亲。旁系血亲相对直系血亲而言，它指与自己具有间接血缘关系的亲属，即除直系血亲以外的、与自己同出一源的血亲。例如，自己与兄弟姐妹及其伯叔姑、姨舅之间就属旁系血亲。三代以内旁系血亲是指同源于祖（外祖）父母的旁系血亲。按照我国《婚姻法》的计算方法，三代以内旁系血亲包括：同源于父母的兄弟姐妹之间（包括同父异母、同母异父的兄弟姐妹）；同源于祖父母的堂兄弟姐妹或者表兄弟姐妹之间；同源于外祖父母的姨表或者舅表兄弟姐妹以及伯、叔、姑、舅、姨、侄子（女）、外甥、外甥女之间。

需要明确的几个问题是：1. 同父异母、同母异父的兄弟姐妹属于两代以内的旁系血亲，不能结婚，但是异父异母的兄弟姐妹，只要不属于三代以内旁系血亲，是不禁止结婚的。2. 直系姻亲比如继母与儿子、公公与儿媳等，他们没有血缘关系，法律没有明文禁止其结婚，但是这与一般的习惯和道德不符，对此应当尽量劝阻其结婚。3. 旁系姻亲（除直系姻亲以外因婚姻而形成的亲属关系）能否结婚，我国法律对此没有规定，只要不违反法律规定，应当不加干涉。4. 对于拟制血亲而言，拟制直系血亲（养父与养女、养子与养母），我国婚姻法没有明确规定，但是规定了拟制直系血亲之间的关系适用《婚姻法》关于父母子女的关系。由此可见拟制直系血亲之间是禁止结婚的。对于拟制旁系血亲（养兄弟姐妹）之间的结婚问题，只要不是三代以内的血缘亲属，是可以登记的。

案例 13　结婚的必备条件是什么？

事情是这样的

小张是一名外地务工青年。一次，在周末休息的时候，小张上街溜达时偶然看见有免费的法律咨询活动，想着自己年龄也老大不小了，家里父母都在催他关心自己的终身大事，而且也在家乡帮他物色了一名邻村的姑娘，准备让他十一期间回去相亲。于是，小张就自己感兴趣的和可能会面临的一些法律问题进行咨询。小张的第一个问题是：结婚要有什么条件？第二个问题是，怎样算是结婚了——摆婚宴酒席还是领结婚证？

律师专线

依据我国《婚姻法》的第 5 条、第 6 条和第 7 条或者依据国务院出台的《婚姻登记条例》第 6 条，可以回答小张咨询的第一个问题，结婚的条件包括两方面——必备条件（第 5 条和第 6 条）和禁止条件（第 7 条）。

至于小张提出的第二个问题，在我国大陆，结婚是以到婚姻登记机关进行登记并领取结婚证为标准，而不是以举办婚宴为标志。

法律规范

中华人民共和国婚姻法

（2001 年 4 月 28 日第九届全国人民代表大会常务委员会第二十一次会议修

正，同日公布并施行）

第五条　结婚必须男女双方完全自愿，不许任何一方对他方加以强迫或任何第三者加以干涉。

第六条　结婚年龄，男不得早于二十二周岁，女不得早于二十周岁。晚婚晚育应予鼓励。

第七条　有下列情形之一的，禁止结婚：

（一）直系血亲和三代以内的旁系血亲；

（二）患有医学上认为不应当结婚的疾病。

婚姻登记条例

（2003 年 7 月 30 日国务院第十六次常务会议通过，自 2003 年 10 月 1 日起施行）

第六条　办理结婚登记的当事人有下列情形之一的，婚姻登记机关不予登记：

（一）未到法定结婚年龄的；

（二）非双方自愿的；

（三）一方或者双方已有配偶的；

（四）属于直系血亲或者三代以内旁系血亲的；

（五）患有医学上认为不应当结婚的疾病的。

专家释惑

这个咨询案例的主要法律问题是法定的结婚条件。

结婚作为男女双方依照法律规定的条件和程序，确立夫妻关系的法律行为，它必须具备一定的条件，履行相应的程序。结婚条件分为两类：一是必须具备的条件，二是禁止结婚的条件。必须具备的条件为：1. 结婚必须男女双方完全自愿，不许一方对他方加以强迫或任何第三者加以干涉；2. 达到法定婚龄。法定婚龄是指法律规定的允许结婚的最低年龄。结婚年龄男不得早于 22 周岁，女不得早于 20 周岁；3. 符合一夫一妻制的基本原则。根据一夫一妻制原则，申请结婚的双方当事人必须是处于单身状态，即无配偶，只能是未婚者，或者是丧偶、离异者。

禁止结婚的条件有：1. 直系血亲和三代以内的旁系血亲；2. 患有医学上认为不应当结婚的疾病，在司法实践中，主要有以下几类：(1) 患性病未治愈的；(2) 重症精神病（包括精神分裂症、躁狂抑郁症和其他精神病发病期间）；(3) 先天痴呆症（包括重症智力低下者）；(4) 非常严重的遗传性疾病。

在实践中，婚姻登记机关会以《婚姻登记条例》第6条的规定进行审查，审查合格就会发给相应的结婚证。该第6条规定的结婚登记条件为：1. 男女双方必须自愿结婚；2. 结婚年龄：男性年满22周岁，女性年满20周岁；3. 双方均无配偶（未婚、离婚、丧偶）；4. 双方没有直系血亲和三代以内旁系血亲关系。

三、婚姻成立的程序要件——结婚登记

内容提要

婚姻作为法律所保护的社会关系，其成立必须具备实质要件和程序要件。婚姻成立的程序要件是《婚姻法》第8条的规定，即，男女双方亲自到婚姻登记机关进行结婚登记，并领取结婚证。如今，没有进行结婚登记、领取结婚证的夫妻关系原则上不受法律保护，除非在1994年《婚姻登记管理条例》颁布前就已经存在的事实婚姻。

结婚登记这一程序随着2003年《婚姻登记条例》的出台，有不少改变，比如，婚前健康检查不再是强制性的；结婚登记不再要求单位出具个人婚姻状况证明；在城市，街道办事处不再办理婚姻登记；在农村，人们可以选择去乡政府或者县民政部门的婚姻登记机构办理婚姻登记。

案例 14　未办结婚证、以传统习俗结婚的婚姻是否受法律保护？

事情是这样的

2004 年 5 月，年方二十的姑娘方某某与邻镇 24 岁的男青年屈某某，经方某某的表嫂介绍相识了。双方以及各自的家长都表示满意，于是同年 8 月，方某某与屈某某结婚了。屈家以传统习俗举办了结婚喜酒，在家里办的酒席有 20 桌，非常热闹。亲戚朋友都知道了方某某和屈某某之间的婚事。不过，方某某和屈某某一直没有去办理结婚证。

2007 年 2 月，男方屈某某与另外一个有夫之妇擦出了火花，屈某某提出要分手。方某某觉得难以接受，因为对于这段婚姻，自己倾注了全部的感情，她不想离婚、不愿分手。努力试过几次后，方某某发现自己难以挽回屈某某的心，心想实在不行的话，离婚也可以，不过想要求屈某某赔偿自己一笔钱作为青春损失。同时，方某某偶然又听说要有结婚证才能离婚。于是，不知道该怎么办的方某某前来律师事务所咨询，打听下列问题：1. 我们（方某某与屈某某）的婚姻受法律保护吗？2. 我们是不是必须通过法院离婚解除关系？3. 如果离婚的话，我们的财产要怎么去分？4. 女方全心全意顾家，男方却有外遇，女方受到的精神损失是否能得到法律保护？

律师专线

面对咨询，律师对于第一个问题的回答是，方某某和屈某某之间不存在受法律保护的婚姻关系，即不是合法的婚姻关系。因为他们两人未经合法的婚姻登记，就不是受保护的合法婚姻。尽管方某某和屈某某从 2004 年 5 月以后就存在事实上的夫妻关系，但那不是事实婚姻，不受法律保护。自从 1994 年《婚姻登记管理条例》出台以后，结婚没有办理婚姻登记的，不再作为事实婚姻关系处理。当然，他们两人的关系可以通过去补办结婚证而变成合法的、受法律保护的婚姻。

对于第二个问题——是不是必须通过离婚解除关系？答案是否定的。因为，方某某和屈某某之间不存在受法律保护的婚姻关系，无婚可离，自然不需要通过法院进行离婚。即使去法院单纯起诉离婚，法院会依据最高人民法院《关于适用〈中华人民共和国婚姻法〉若干问题的解释（一）》第5条，视为解除同居关系处理。因为依据最高人民法院《关于适用〈中华人民共和国婚姻法〉若干问题的解释（一）》第5条第2项可知，如果起诉离婚时，法院会告知方某某和屈某某去补办结婚登记，如果不补办，则会按解除同居关系处理。而依据最高人民法院《关于适用〈中华人民共和国婚姻法〉若干问题的解释（二）》第1条可知，单纯地要求法院解除同居关系（注意：不是要求法院解除非法同居关系），法院不会受理。另外，即便是受法律保护的婚姻，也不一定非要通过法院离婚，双方当事人还可以通过协议离婚。

对于第三个问题——如果离婚的话，我们的财产要怎么去分？律师的回答是，既然不存在合法婚姻，自然方某某和屈某某在2004年5月至2007年2月期间的财产不是夫妻共同财产，不适用夫妻共同财产制（因为夫妻共同财产制表明夫妻对这些财产具有均等处分权），而是一般共有，通俗地说，就是谁赚的钱归谁所有。

对于第四个问题——男方有外遇，女方没有过错，这是否能要求男方屈某某赔偿方某某的精神损失？答案也是否定的。因为，方某某与屈某某的结合是自愿的，如果在2004年5月至2007年2月期间，两人不存在虐待等侵权行为的话，很难说一方有过错，要求对方支付精神损失费，是没有事实和法律依据的，所以这一点很难。

法律规范

中华人民共和国婚姻法

（2001年4月28日第九届全国人民代表大会常务委员会第二十一次会议修正，同日公布并施行）

第五条　结婚必须男女双方完全自愿，不许任何一方对他方加以强迫或任何第三者加以干涉。

第六条　结婚年龄，男不得早于二十二周岁，女不得早于二十周岁。晚婚晚育应予鼓励。

第七条　有下列情形之一的，禁止结婚：

（一）直系血亲和三代以内的旁系血亲；

（二）患有医学上认为不应当结婚的疾病。

第八条　要求结婚的男女双方必须亲自到婚姻登记机关进行结婚登记。符合本法规定的，予以登记，发给结婚证。取得结婚证，即确立夫妻关系。未办理结婚登记的，应当补办登记。

第十七条　夫妻在婚姻关系存续期间所得的下列财产，归夫妻共同所有：

（一）工资、奖金；

（二）生产、经营的收益；

（三）知识产权的收益；

（四）继承或赠与所得的财产，但本法第十八条第三项规定的除外；

（五）其他应当归共同所有的财产。

夫妻对共同所有的财产，有平等的处理权。

第三十一条　男女双方自愿离婚的，准予离婚。双方必须到婚姻登记机关申请离婚。婚姻登记机关查明双方确实是自愿并对子女和财产问题已有适当处理时，发给离婚证。

最高人民法院关于适用《中华人民共和国婚姻法》若干问题的解释（一）

（2001 年 12 月 24 日最高人民法院审判委员会第 1202 次会议通过，自 2001 年 12 月 27 日起施行）

第四条　男女双方根据婚姻法第八条规定补办结婚登记的，婚姻关系的效力从双方均符合婚姻法所规定的结婚的实质要件时起算。

第五条　未按婚姻法第八条规定办理结婚登记而以夫妻名义共同生活的男女，起诉到人民法院要求离婚的，应当区别对待：

（一）一九九四年二月一日民政部《婚姻登记管理条例》公布实施以前，男女双方已经符合结婚实质要件的，按事实婚姻处理；

（二）一九九四年二月一日民政部《婚姻登记管理条例》公布实施以后，男女双方符合结婚实质要件的，人民法院应当告知其在案件受理前补办结婚登记；未补办结婚登记的，按解除同居关系处理。

最高人民法院关于适用《中华人民共和国婚姻法》若干问题的解释（二）

（2003 年 12 月 4 日最高人民法院审判委员会第 1299 次会议通过，自 2004 年 4 月 1 日起施行）

第一条　当事人起诉请求解除同居关系的，人民法院不予受理。但当事人请求解除的同居关系，属于婚姻法第三条、第三十二条、第四十六条规定的“有配偶者与他人同居”的，人民法院应当受理并依法予以解除。

当事人因同居期间财产分割或者子女抚养纠纷提起诉讼的，人民法院应当受理。

专家释惑

这是一个由于没有办理结婚证而被视为同居关系的案例，涉及合法婚姻成立的程序要件及其后果。

结婚作为一种确立夫妻关系的法律行为，必须符合相应的法律要件。其程序要件就是夫妻双方亲自进行结婚登记并领取结婚证。否则，没有结婚证而以夫妻名义生活在一起，如果符合婚姻的实质要件，这种同居行为在 1994 年以后就不再视为事实婚姻，而仅视为同居。这样的同居关系，如果不通过领取结婚证来补正，则不受法律的保护。相应的，男女双方的一些权益也得不到保障，比如相互继承财产等权利。

另外，同居与非法同居不是一个概念。所谓非法同居是指“与有配偶的人进行的同居”，这是受道德所谴责的，同时也受法律的规范。现行的《婚姻法》区分同居与非法同居，采用不同的处理办法。前者是指不属于“与有配偶者同居”的同居现象。对于这种现象，现行婚姻法律制度不进行规范。而对于非法同居，法律则进行规范和调整。这也就是为什么最高人民法院《关于适用〈中华人民共和国婚姻法〉若干问题的解释（二）》第 1 条规定：对于当事人请求解除同居关系（即没有领取结婚证的、单身男女之间的那种同居关系），法院不予受理，而对于当事人请求解除“有配偶者与他人同居的”，法院应当予以受理。

案例15 没有结婚证但是举行婚宴、生了孩子的婚姻是否受法律保护?

事情是这样的

杨某某是一名在小区菜市场卖蔬菜的女摊主，进城务工已经有好几年了。杨某某为人勤快，卖菜时总是非常友好和气。最近她心情不好，因为她遭遇了一个情感变故，在一个偶然的机会，她发现了她老公郑某某在外头有相好的。杨某某自己一天到晚地忙，勤俭节约，每分钱都省着用，都是为了这个家能越过越红火，一想到老公郑某某竟然会作出背叛她的事情，她就非常难过。然而，难过归难过，日子还是要过下去的，毕竟还有孩子。因此，考虑再三后，杨某某决定去律师事务所咨询一下有关的法律规定。

杨某某告诉了律师自己的大概情况，然后提出了问题。2000年杨某某和郑某某（老公）结婚的时候，双方都只有21岁。因为郑某某还没有到法定年龄，他们两人就没有去办结婚证。但是郑某某家里和杨某某家里都摆了酒宴，请了亲朋好友参加婚宴。两年后，即2002年3月，他们的小孩出生了。2004年4月，杨某某和郑某某来到现在所在的城区，在菜市场卖菜。2007年5月，杨某某发现自己的老公郑某某有外遇。现在（2007年9月）郑某某提出要和杨某某离婚。

杨某某的问题是：(1) 她与郑某某这样的夫妻关系是否受到法律的保护？法院是否会判决离婚？(2) 如果郑某某坚持要离婚，杨某某自己也同意，那他们的小孩怎么办？如果杨某某担心小孩子跟着郑某某得不到照顾，尤其是郑某某现在心在另一个女人身上，因此杨某某想小孩归自己抚养，但是如果归自己抚养的话，郑某某是不是应当承担孩子的抚养费？(3) 更严重的是，因为没有办结婚证，现在孩子一直没有上户口，如果杨某某和郑某某就此分开的话，孩子会不会变成黑户上不了户口？她说想跟老公郑某某领了结婚证之后等孩子上了户口后再离婚，这样可行吗？

律师专线

律师对于杨某某询问的第一个问题的回答，首先是：杨某某和郑某某虽然在事实上是夫妻关系，但是他们的婚姻并不受法律保护，不是合法登记的婚姻，也不是事实婚姻，而只是同居关系。因为1994年《婚姻登记管理条例》出台后，新出现的男女未经婚姻登记而以夫妻名义生活的，都不再视为事实婚姻。本案例中，杨某某和郑某某于2000年在家里办了酒席结婚，是在1994年之后的行为，因此他们未经婚姻登记、没有领取结婚证的夫妻关系，只能被视为同居关系，而不是事实婚姻。因此，杨某某和郑某某的关系不受法律保护。其次，如果郑某某或者杨某某没有结婚证而起诉离婚，法院会依据最高人民法院《关于适用〈中华人民共和国婚姻法〉若干问题的解释（一）》第5条的规定，告知他们去办理结婚登记。如果受理案件时还没有补办结婚登记，则以解除同居关系的案件处理。如果只是单纯要求法院宣告解除杨某某与郑某某的同居关系，法院会不予受理。但是如果除了要求法院宣告解除同居关系，还包括请求法院断定孩子的抚养权和抚养费等其他问题，法院会予以受理。因此，对于第一个问题的后半个问题的回答是，如果杨某某和郑某某没有去补办结婚证，法院会在处理财产和孩子抚养等问题时，附带处理宣告解除同居关系。如果杨某某和郑某某去补办了结婚登记，领取了结婚证，则任何一方起诉离婚时，法院会先调解，调解不成时，会以夫妻关系是否完全破裂为标准，进行判断，裁判是否判决离婚。

对于第二个问题，孩子的抚养权，可以归父母任何一方。非婚生子与婚生子具有同等的法律地位，享有同等的法律权利和义务。无论父母是同居或是离婚，父母双方都对小孩有抚养义务。根据《未成年人保护法》，父母离异后，谁抚养小孩要看父母双方谁更具备抚养能力，包括经济能力、道德素质、文化水平等因素。因此，杨某某和郑某某都可以主张对孩子的抚养权，不过都必须举证证明，自己适合抚养孩子。不直接抚养孩子的一方，有义务负担孩子的抚养费，直至孩子成年。因此，如果女方杨某某直接抚养小孩的话，男方郑某某当然有法律上的义务提供孩子的抚养费。在实践中，如果孩子归女方，男方应支付抚养费的标准一般是其实际收入的二到三成。

至于第三个问题，根据我国户口登记的有关的规定，新生婴儿应在出生后一个月内到父亲或母亲户口所在地的户口登记机关办理出生入户登记。需提供的材料：凭计生部门的准生证和婴儿出生医学证明，父母的户口簿、身份证和结婚证。若未有小孩的医学出生证明，可到该孩子出生时所在的村民小组（村委）和当地基层政府出具证明后到派出所上户。当然我国各省市的生育政策会有些不同，上户口的具体做法也会有些许差别。因此，杨某某和郑某某的分手或离婚，都不会使得孩子成为黑户。只不过是，父母没有结婚，会使得孩子上户口的手续更麻烦一点，因为没有结婚证，当然会使得孩子出生前获得准生证（生育证）等材料比较麻烦（原则上无法获取）。如果杨某某与郑某某补办了结婚登记之后，再办理孩子的户口，这也是可行的。

法律规范

中华人民共和国婚姻法

（2001 年 4 月 28 日第九届全国人民代表大会常务委员会第二十一次会议修正，同日公布并施行）

第五条　结婚必须男女双方完全自愿，不许任何一方对他方加以强迫或任何第三者加以干涉。

第六条　结婚年龄，男不得早于二十二周岁，女不得早于二十周岁。晚婚晚育应予鼓励。

第七条　有下列情形之一的，禁止结婚：

（一）直系血亲和三代以内的旁系血亲；

（二）患有医学上认为不应当结婚的疾病。

第八条　要求结婚的男女双方必须亲自到婚姻登记机关进行结婚登记。符合本法规定的，予以登记，发给结婚证。取得结婚证，即确立夫妻关系。未办理结婚登记的，应当补办登记。

第三十一条　男女双方自愿离婚的，准予离婚。双方必须到婚姻登记机关申请离婚。婚姻登记机关查明双方确实是自愿并对子女和财产问题已有适当处理时，发给离婚证。

最高人民法院关于适用《中华人民共和国婚姻法》若干问题的解释（一）

（2001 年 12 月 24 日最高人民法院审判委员会第 1202 次会议通过，自 2001 年 12 月 27 日起施行）

第四条　男女双方根据婚姻法第八条规定补办结婚登记的，婚姻关系的效力从双方均符合婚姻法所规定的结婚的实质要件时起算。

第五条　未按婚姻法第八条规定办理结婚登记而以夫妻名义共同生活的男女，起诉到人民法院要求离婚的，应当区别对待：

（一）一九九四年二月一日民政部《婚姻登记管理条例》公布实施以前，男女双方已经符合结婚实质要件的，按事实婚姻处理；

（二）一九九四年二月一日民政部《婚姻登记管理条例》公布实施以后，男女双方已经符合结婚实质要件的，人民法院应当告知其在案件受理前补办结婚登记；未补办结婚登记的，按解除同居关系处理。

最高人民法院关于适用《中华人民共和国婚姻法》若干问题的解释（二）

（2003 年 12 月 4 日最高人民法院审判委员会第 1299 次会议通过，自 2004 年 4 月 1 日起施行）

第一条　当事人起诉请求解除同居关系的，人民法院不予受理。但当事人请求解除的同居关系，属于婚姻法第三条、第三十二条、第四十六条规定的“有配偶者与他人同居”的，人民法院应当受理并依法予以解除。

当事人因同居期间财产分割或者子女抚养纠纷提起诉讼的，人民法院应当受理。

中华人民共和国户口登记条例

（1958 年 1 月 9 日全国人民代表大会常务委员会第九十一次会议通过）

第七条　婴儿出生后一个月以内，由户主、亲属、抚养人或者邻居向婴儿常住地户口登记机关申报出生登记。

弃婴，由收养人或者育婴机关向户口登记机关申报出生登记。

专家释惑

本案例也是一个关于未经结婚登记的婚姻效力及其影响的案例，主要涉及的问题是，未经婚姻登记的婚姻是否受到法律的保护，以及如何受到法律的保护，非婚生子的法律地位等。

结婚除必须符合法律规定的条件外，还必须履行法定的程序。结婚登记是结婚的必经程序。结婚登记是国家对婚姻关系的建立进行监督和管理的制度。登记制度，可以保障婚姻自由、一夫一妻制原则的贯彻实施，保证婚姻当事人及其子女的合法权益，避免违法婚姻，预防婚姻家庭纠纷的发生，同时也是在婚姻问题上进行法制宣传的重要环节。因此，我国大陆地区对于受法律保护的婚姻不仅强调其实质要件，而且非常强调其程序要件，即通过婚姻登记机关进行登记。

面对国人受传统习俗影响严重，重婚礼而轻登记的现象，大陆地区逐步采取了从认可未经登记的事实婚姻到否认未经登记的婚姻的措施。因此，自 1994 年《婚姻登记管理条例》出台以后出现未经婚姻登记的夫妻关系，就不再视为事实婚姻，不受法律保护，而认为是同居关系，并给予了补救的机会，即补办结婚登记。补办后的婚姻效力并不是从补办之日起计算，而是从事实上具备了婚姻的实质要件之日起计算。比如，一对夫妻，婚礼时男 20 岁，女也是 20 岁，五年后办理结婚登记，这时候他们的婚姻效力是从举办婚礼的两年后即男方满 22 岁，达到法定的 22 周岁的婚龄时计算。结婚的第一年和第二年，当男方没有达到法定婚龄时，男女双方的生活只能被视为同居，不受婚姻法保护，这两年内男方或女方的财产或接受的赠与都不被视为夫妻财产，即夫妻双方并没有当然的同等的处分权，而且一旦任何一方发生意外，另一方也不具有财产继承权。由此可见，婚姻登记这一程序要件所具有的法律上的重要性。

不过，无论是合法婚姻还是同居甚至是非法同居等情形下出生的孩子，都具有同等的法律地位，父母的婚姻状态不影响孩子应享有的法律上的权利。父母都有抚养孩子的法定义务，无论是婚生子还是非婚生子。

案例16 孩子都五岁了，罗某某有必要补办结婚登记吗？什么时候算结婚？

事情是这样的

罗某某现年30岁，现在是长江中下游地区某市郊区乡红星村一组的村民，已经是一个四岁半的小男孩的母亲。2002年4月，罗某某经亲戚介绍后与丈夫肖某某相识，两人于2003年1月在父母的主持下按照当地风俗举办了结婚酒席。举办婚礼之后，罗某某从自己娘家泉陂乡搬到了老公肖某某家即郊区乡居住，并于2004年3月生下了一个小男孩。等小孩一岁多一点的时候，即2005年5月，罗某某和肖某某出去到江苏苏州去打工，孩子在家里由爷爷奶奶带。在打工期间，一次偶然的上街看到关于婚姻家庭的宣传栏，罗某某得知没有办理结婚证的婚姻没有保障。于是，罗某某在工作之余开始关心关于婚姻登记的相关法律知识。但是看了一些日常杂志之后，她还是有些不太清楚的地方，因为有的夫妻两个没有登记的婚姻是事实婚姻，有的是同居，有的是非法同居。为什么同样的都是没有登记会有这些不同的称呼，这些不同的称呼背后到底有什么含义。于是，在一次街头的普法活动中，罗某某特意去咨询了前来开展义务普法活动的志愿者。她告诉普法志愿者自己和老公没有去领结婚证，她想打听一下，自己的孩子都快五岁了，有没有必要去办结婚证？毕竟孩子都这么大了，现在回老家去办结婚证似乎有点难为情，如果不办结婚证，就这样生活下去对未来似乎没有什么区别，孩子还是自己的孩子，老公也是自己的老公，因此第二个问题是，她想了解一下法律上，如果没有结婚证，对她和她的家庭而言到底会有什么样的后果？

义务接受法律咨询的志愿者告诉罗某某，首先，建议她抽空和老公一起亲自回老家去补办结婚登记。具体地点是他们户口所在地的镇政府。因为依据《中华人民共和国婚姻法》的规定，受法律保护的婚姻不仅要达到法定婚龄等结婚的各项实质要件，还要男女双方亲自去办理结婚登记。依据现行婚姻法，没有登记的婚姻并不会随着时间的流逝，随着年份的增加，导致成为合法的受法律保护的婚姻关系。至于第二个问题，在表面上一段时间，甚至是几十年内，如果一切都顺利的话，似乎没有很大的区别，但是如果家里有什么变故的话，没有结婚登记的夫妻关系就会受到影响，比如说，不论是否补办结婚登记，孩子当然都会是自己的孩子，但是老公就不一定是自己的老公了。男女双方中的任何一方变心了，要看上别人了，那离婚和分割财产的时候就很麻烦。因为，双方婚都没有结，都谈不上离婚，如果不补办结婚登记的话，就只能算是要求法院解除同居关系，而单纯的解除同居关系法院是不会去受理的。此外，如果若干年后，一方去世，在没有补办结婚登记的情况下，另一方并不能当然地继承财产。

律师专线

法律义务咨询的志愿者为罗某某进行的解释非常正确。依据我国现行《婚姻法》和关于《婚姻法》的司法解释可知，从 1994 年《婚姻登记管理条例》（现在已经失效，被 2003 年 7 月 30 日通过的《婚姻登记条例》所取代）开始，对于之前没有进行结婚登记的夫妻关系进行了相应的区分：如果在 1994 年 2 月 1 日《婚姻登记管理条例》公布实施之前，没有进行注册登记的夫妻，只要符合婚姻法规定的实质要件——双方均无配偶；双方都达到法定婚龄：男方年满 22 周岁、女方年满 20 周岁；未患有法律规定的禁止结婚的疾病；非直系血亲或三代以内旁系血亲，这样的婚姻就视为事实婚姻，受到法律的保护。如果在 1994 年 2 月 1 日《婚姻登记管理条例》公布实施之后，男女双方即使都符合婚姻法规定的实质要件，如果不办理结婚登记，仍不被视为受法律保护的事实婚姻，即不再承认新的事实婚姻。在这之后出现的男女符合婚姻法结婚实质要件的结合，只有两种可能——一种是进行了结婚登记的合法婚姻关系，另一种是没有进行结婚登记的男女同居关系。

同居关系转向受法律保护的合法婚姻，办法是通过补办结婚证进行补救。补办后的婚姻效力并不是从补办之日起计算，而是从事实上具备了婚姻的实质要件之日起计算。如果不进行补办结婚登记，那么，男女双方在生活中即使一直都相互称呼为夫妻关系，也被周围的人视为夫妻，但是在法律上并不能享受夫妻之间的权利义务——具体而言，包括夫妻之间的财产所有关系以及夫妻之间的人身关系。比如，他们共同生活期间的财产不能视为夫妻共同财产，财产若能证明是谁赚的，就归谁，谁名下的财产就归谁支配，若不能证明具体的财产到底归谁，则视为一般共同财产。一方在同居期间获得的赠与财产，只能算个人财产，而不是双方共同的财产。一方死亡之后，另一方并不能获得相应的抚慰金、遗产等。另外，在人身关系方面表现为，同居中，一方与另外其他人（第三方）进行结合，对方不能通过离婚或起诉重婚来要求对其进行法律制裁。

法律规范

中华人民共和国婚姻法

（2001 年 4 月 28 日第九届全国人民代表大会常务委员会第二十一次会议修正，同日公布并施行）

第五条　结婚必须男女双方完全自愿，不许任何一方对他方加以强迫或任何第三者加以干涉。

第六条　结婚年龄，男不得早于二十二周岁，女不得早于二十周岁。晚婚晚育应予鼓励。

第七条　有下列情形之一的，禁止结婚：

（一）直系血亲和三代以内的旁系血亲；

（二）患有医学上认为不应当结婚的疾病。

第八条　要求结婚的男女双方必须亲自到婚姻登记机关进行结婚登记。符合本法规定的，予以登记，发给结婚证。取得结婚证，即确立夫妻关系。未办理结婚登记的，应当补办登记。

第十七条　夫妻在婚姻关系存续期间所得的下列财产，归夫妻共同所有：

（一）工资、奖金；

（二）生产、经营的收益；

（三）知识产权的收益；

（四）继承或赠与所得的财产，但本法第十八条第三项规定的除外；

（五）其他应当归共同所有的财产。

夫妻对共同所有的财产，有平等的处理权。

最高人民法院关于适用《中华人民共和国婚姻法》若干问题的解释（一）

（2001年12月24日最高人民法院审判委员会第1202次会议通过，自2001年12月27日起施行）

第四条　男女双方根据婚姻法第八条规定补办结婚登记的，婚姻关系的效力从双方均符合婚姻法所规定的结婚的实质要件时起算。

第五条　未按婚姻法第八条规定办理结婚登记而以夫妻名义共同生活的男女，起诉到人民法院要求离婚的，应当区别对待：

（一）一九九四年二月一日民政部《婚姻登记管理条例》公布实施以前，男女双方已经符合结婚实质要件的，按事实婚姻处理；

（二）一九九四年二月一日民政部《婚姻登记管理条例》公布实施以后，男女双方符合结婚实质要件的，人民法院应当告知其在案件受理前补办结婚登记；未补办结婚登记的，按解除同居关系处理。

最高人民法院关于适用《中华人民共和国婚姻法》若干问题的解释（二）

（2003年12月4日最高人民法院审判委员会第1299次会议通过，自2004年4月1日起施行）

第一条　当事人起诉请求解除同居关系的，人民法院不予受理。但当事人请求解除的同居关系，属于婚姻法第三条、第三十二条、第四十六条规定的“有配偶者与他人同居”的，人民法院应当受理并依法予以解除。

当事人因同居期间财产分割或者子女抚养纠纷提起诉讼的，人民法院应当受理。

中华人民共和国继承法

（1985年4月10日第六届全国人民代表大会第三次会议通过，自1985年10月1日起施行）

第十条　遗产按照下列顺序继承：

第一顺序：配偶、子女、父母。

第二顺序：兄弟姐妹、祖父母、外祖父母。

继承开始后，由第一顺序继承人继承，第二顺序继承人不继承。没有第一顺序继承人继承的，由第二顺序继承人继承。

本法所说的子女，包括婚生子女、非婚生子女、养子女和有扶养关系的继子女。

本法所说的父母，包括生父母、养父母和有扶养关系的继父母。

本法所说的兄弟姐妹，包括同父母的兄弟姐妹、同父异母或者同母异父的兄弟姐妹、养兄弟姐妹、有扶养关系的继兄弟姐妹。

专家释惑

本案例主要涉及补办结婚登记的意义作用和不补办的潜在法律后果等法律问题。

结婚，法律上称为婚姻成立法。它是指男女双方依照法律规定的条件和程序，依法确立夫妻关系，并承担由此而产生的权利、义务及其他责任。婚姻关系的成立有三个基本的法律特征：首先，结婚的主体是男女两性。不是由男女两性生理差别的结合，便不构成结婚。其次，结婚行为是法律行为。申请结婚的双方当事人必须遵守法律的规定，履行法律规定的程序，否则，婚姻关系不产生法律后果，即为不受法律保护的无效婚姻。最后，结婚行为的法律后果是，确立双方的夫妻关系，并承担由此而产生的责任、权利、义务。这种已确立的夫妻关系，未经法律程序，任何单位、个人或夫妻双方都无权解除夫妻关系。

婚姻法就是规定关于婚姻关系的成立以及夫妻家庭权利义务关系的法律。我国的《婚姻法》明确规定，只有经过男女双方亲自进行婚姻登记才成立合法婚姻。因此，对于没有进行婚姻登记的事实上的夫妻关系，我国法律规定了相应的补救途径——补办结婚登记。

关于补办结婚登记，我国2001年4月28日公布实施的修正后的《婚姻法》第8条规定“要求结婚的男女双方必须亲自到婚姻登记机关进行结婚登记。符合本法规定的，予以登记，发给结婚证。取得结婚证，即确立夫妻关系。未办理结婚登记的，应当补办登记。”“应当补办登记”是修正后的《婚姻法》提出的，主要是针对符合结婚条件的男女，未经登记而以夫妻名义共同生活的，为了引导他们正确认识婚姻关系和婚姻关系当事人在婚姻关系中的法律地位而增补的一条，对于这类问题，应针对不同情况实事求是地处理。2001 年 12 月 24 日最高人民法院司法解释规定：一、补办结婚登记的，婚姻关系的效力从双方均符合《婚姻法》所规定的结婚的实质要件时算起；二、一九九四年二月一日民政部《婚姻登记管理条例》公布实施之前，男女双方已经符合婚姻实质要件的，但未登记，按事实婚姻处理；一九九四年二月一日民政部《婚姻登记管理条例》公布实施之后，男女双方符合结婚实质要件的，人民法院应当通知其补办结婚登记，未补办结婚登记的，按解除同居关系处理。

补办结婚登记，规范了法律上认可的男女双方符合结婚实质要件的事实婚姻与同居现象，对于历史上遗留的事实婚姻，只要符合最高人民法院有关司法解释的事实婚姻要件的，仍视为事实婚姻，对于不符合事实婚姻要件的，视为同居。

案例 17 外来务工的小刘该如何办理结婚手续？要哪些证件？

事情是这样的

小刘是一名外地来北京工作的务工人员，户口在河南郑州市某县古旦镇。下个月（2007 年 6 月）即将年满 23 周岁。现在他在北京某区一家私营电脑设备公司工作。小刘的女朋友小张也是一名外地来京的务工人员，户口也不在北京，在河北省人才市场。小刘想和自己的女朋友小张在今年十一期间结婚，并且想先办好结婚登记手续，然后举行结婚典礼。由于小刘自己和小张都在北京工作，他不知道结婚登记领取结婚证是在哪里？为了减少不必要的麻烦，小刘想在两人正式办理手续之前，先打听好应该要走的程序和要准备的相关证件和材料。于是，小刘通过法律咨询热线向值班的律师咨询，问题如下：(1) 结婚应当要到哪里去登记？双方目前都在北京工作，是否可以在北京登记结婚？(2) 登记结婚时需要携带什么证件及手续？(3) 他女朋友的户口在河北省人才市场，没有户口簿。没有户口簿只有身份证可以登记吗？

律师专线

对于小刘的咨询，律师的意见分别如下：第一，结婚登记应当到男女双方的任何一方户籍所在地办理，小刘和他的未婚妻可以去小刘的户口所在地河南郑州市某县民政局或该县的古旦镇人民政府进行婚姻登记，也可以去其未婚妻小张的户籍所在地河北省石家庄市登记。就其自身情况而言，因为小张没有户口簿，去小刘的户口所在地办理结婚登记更为便利。

第二，办理结婚登记时，男女双方持相关证件和证明材料，亲自到婚姻登记机关办理，不得委托他人进行。男女双方都应当携带（1）本人常住户口簿或户籍证明（及其复印件）。去男女双方的一方户籍所在地办理时，如果另一方的户口簿的本人页面上没有户口专用章，还需携带整本户口。比如，如果小刘和小张决定去小张的户口所在地的区（县）民政局办理结婚登记，小刘的户口在家里还和自己的爸妈在一个户口簿上，那小刘就应当把自己家的户口簿带去。(2) 居民身份证（及其复印件），临时和正式的身份证都可以，只需要在有效期内，两份身份证的姓名、性别、出生年月日应当完全一致，不一致的婚姻登记机关不予受理。(3) 村（居）委会或单位出具的婚姻状况证明。(4) 提交3张2寸近期半身免冠彩色合影照片（5×3.8cm，背景要红色的），这些照片也可以在婚姻登记处照。不宜着军装、警装等职业服装拍摄结婚登记证件照片。另外，办理结婚登记手续时，还需要填写本人无配偶以及与对方当事人没有直系血亲和三代以内旁系血亲关系的签字声明。婚前检查已经不再是强制性要求，体检证明不是必须提交的材料。

第三，没有户口（户籍）证明时，只有身份证，婚姻登记机关不予受理登记申请。没有自己的户口簿时，采用集体户口的，需将本人户口页原件借出，并将集体户口首页复印并加盖管理部门印章后一同带来。比如，本案例中，小张要从人才市场将自己的户口页面借出来，并加盖人才市场的集体户口的管理部门（派出所）的印章。

法律规范

中华人民共和国婚姻法

（2001年4月28日第九届全国人民代表大会常务委员会第二十一次会议修正，同日公布并施行）

第八条　要求结婚的男女双方必须亲自到婚姻登记机关进行结婚登记。符合本法规定的，予以登记，发给结婚证。取得结婚证，即确立夫妻关系。未办理结婚登记的，应当补办登记。

婚姻登记条例

（2003年7月30日国务院第十六次常务会议通过，自2003年10月1日起施行）

第二条　内地居民办理婚姻登记的机关是县级人民政府民政部门或者乡（镇）人民政府，省、自治区、直辖市人民政府可以按照便民原则确定农村居民办理婚姻登记的具体机关。

中国公民同外国人，内地居民同香港特别行政区居民（以下简称香港居民）、澳门特别行政区居民（以下简称澳门居民）、台湾地区居民（以下简称台湾居民）、华侨办理婚姻登记的机关是省、自治区、直辖市人民政府民政部门或者省、自治区、直辖市人民政府民政部门确定的机关。

第三条　婚姻登记机关的婚姻登记员应当接受婚姻登记业务培训，经考核合格，方可从事婚姻登记工作。

婚姻登记机关办理婚姻登记，除按收费标准向当事人收取工本费外，不得收取其他费用或者附加其他义务。

第四条　内地居民结婚，男女双方应当共同到一方当事人常住户口所在地的婚姻登记机关办理结婚登记。

中国公民同外国人在中国内地结婚的，内地居民同香港居民、澳门居民、台湾居民、华侨在中国内地结婚的，男女双方应当共同到内地居民常住户口所在地的婚姻登记机关办理结婚登记。

第五条　办理结婚登记的内地居民应当出具下列证件和证明材料：

（一）本人的户口簿、身份证；

（二）本人无配偶以及与对方当事人没有直系血亲和三代以内旁系血亲关系的签字声明。

办理结婚登记的香港居民、澳门居民、台湾居民应当出具下列证件和证明材料：

（一）本人的有效通行证、身份证；

（二）经居住地公证机构公证的本人无配偶以及与对方当事人没有直系血亲和三代以内旁系血亲关系的声明。

……

第六条　办理结婚登记的当事人有下列情形之一的，婚姻登记机关不予登记：

（一）未到法定结婚年龄的；

（二）非双方自愿的；

（三）一方或者双方已有配偶的；

（四）属于直系血亲或者三代以内旁系血亲的；

（五）患有医学上认为不应当结婚的疾病的。

第七条　婚姻登记机关应当对结婚登记当事人出具的证件、证明材料进行审查并询问相关情况。对当事人符合结婚条件的，应当当场予以登记，发给结婚证；对当事人不符合结婚条件不予登记的，应当向当事人说明理由。

第八条　男女双方补办结婚登记的，适用本条例结婚登记的规定。

婚姻登记工作暂行规范

（民政部2003年9月25日颁布，2003年10月1日起施行）

第五条　婚姻登记管辖按照行政区域划分。

（一）县、不设区的市、市辖区人民政府民政部门办理双方或者一方常住户口在本行政区域内的内地居民之间的婚姻登记。

省级人民政府可以根据实际情况，规定乡（镇）人民政府办理双方或者一方常住户口在本乡（镇）的内地居民之间的婚姻登记。

（二）省级人民政府民政部门或者其确定的民政部门，办理一方常住户口在辖区内的涉外和涉香港、澳门、台湾居民以及华侨、出国人员的婚姻登记。

办理经济技术开发区、高新技术开发区等特别区域内居民婚姻登记的机关由省级人民政府民政部门提出意见报同级人民政府确定。

婚姻登记机关不得违反上述规定办理婚姻登记。

第六条　具有办理婚姻登记职能的县级以上人民政府民政部门和乡（镇）人民政府应当设置婚姻登记处。

省、市、县（市、区）人民政府民政部门、乡（镇）人民政府设置婚姻登记处，应当形成文件，对外公布并报上级民政部门备案。

关于贯彻执行《婚姻登记条例》若干问题的意见

（民政部　民函〔2004〕76号）

一、关于身份证问题

当事人无法提交居民身份证的，婚姻登记机关可根据当事人出具的有效临时身份证办理婚姻登记。

二、关于户口簿问题

当事人无法出具居民户口簿的，婚姻登记机关可凭公安部门或有关户籍管理机构出具的加盖印章的户籍证明办理婚姻登记；当事人属于集体户口的，婚姻登记机关可凭集体户口簿内本人的户口卡片或加盖单位印章的记载其户籍情况的户口簿复印件办理婚姻登记。

当事人未办理落户手续的，户口迁出地或另一方当事人户口所在地的婚姻登记机关可凭公安部门或有关户籍管理机构出具的证明材料办理婚姻登记。

三、关于身份证、户口簿查验问题

当事人所持户口簿与身份证上的“姓名”、“性别”、“出生日期”内容不一致的，婚姻登记机关应告知当事人先到户籍所在地的公安部门履行相关项目变更和必要的证簿换领手续后再办理婚姻登记。

当事人声明的婚姻状况与户口簿“婚姻状况”内容不一致的，婚姻登记机关对当事人婚姻状况的审查主要依据其本人书面声明。

专家释惑

这是一个关于结婚登记程序要件的咨询。

依据《中华人民共和国婚姻法》（全国人大2001年4月28日修

正)、《婚姻登记条例》(国务院令〔2003〕第387号)和《婚姻登记工作暂行规范》(民政部2003年9月25日颁布)可知,结婚登记必须符合法定条件并经过法定程序。

一、结婚登记条件

1. 男女双方必须自愿结婚。

2. 结婚年龄:男年满22周岁,女年满20周岁。

3. 双方均无配偶(未婚、离婚、丧偶)。

4. 双方没有直系血亲和三代以内旁系血亲关系。

二、结婚登记提交的证件材料

自愿结婚的男女双方在申请结婚登记时,应向婚姻登记机关提交能证明自己合法身份的证明文件及婚姻关系证明。男女双方户籍都在内地的中国公民申请结婚登记时,应提交下列文件证明:

1. 本人常住户口簿、居民身份证。

男女双方各自的身份证上的姓名、性别、出生年月日应当完全一致,不一致的婚姻登记机关不予受理。

当事人无法出具居民户口簿的,婚姻登记机关可凭公安部门或有关户籍管理机构出具的加盖印章的户籍证明办理婚姻登记;当事人属于集体户口的,婚姻登记机关可凭集体户口簿内本人的户口卡片或加盖单位印章的记载其户籍情况的户口簿复印件办理婚姻登记。

当事人未办理落户手续的,户口迁出地或另一方当事人户口所在地的婚姻登记机关,可凭公安部门或有关户籍管理机构出具的证明材料办理婚姻登记。

2. 本人无配偶以及与对方当事人没有直系血亲和三代以内旁系血亲关系的签字声明。曾有过婚姻关系的当事人申请结婚登记,离婚的须持离婚证件,丧偶的须持配偶的死亡证明。有效的离婚证件包括离婚证、解除夫妻关系证明书、人民法院离婚调解书、已发生法律效力的离婚判决书。

3. 当事人提交3张2寸近期半身免冠彩色合影照片。

三、军人证件和婚姻状况证明

军人必须持本人有效军人证件及部队团以上政治部门出具的婚姻状况证明。部队驻地（详细地址）在婚姻状况证明“备注”栏中注明。

四、结婚登记的程序

1. 要求结婚登记的男女双方持所需证件共同到一方常住户口的区、县级市民政局（或镇人民政府）的婚姻登记机关提出申请。申请补办结婚登记或复婚登记的，按照结婚登记程序办理。

2. 双方当事人亲自到婚姻登记机关提出申请，各填写一份《申请结婚登记声明书》。

3. 双方当事人必须在婚姻登记员面前亲自在《申请结婚登记声明书》中“声明人”一栏签名或按指印。

4. 婚姻登记机关对双方提交的证件、声明进行审查，符合结婚登记条件的，准予登记。

四、结婚登记的时限、收费标准

1. 登记时限：经审查，证件、证明材料齐全，符合结婚登记条件的，当场受理、予以登记并发给结婚证。经审查，对不符合法定条件的，退回有关证件、证明，并书面告知理由。

2. 收费标准：国内结婚登记，证书每对9元。

3. 如果对婚姻登记机关的具体行为不服，或者认为其违法，当事人可以按《中华人民共和国行政复议法》和《行政诉讼法》的规定，申请提起行政诉讼和行政复议。

案例18 去哪里办理结婚登记？哪些情形不予登记？

事情是这样的

潘某某是某乡青云村的年轻村民，现年23周岁。潘某某与女朋友余某某（来自同一个乡镇）从2006年8月开始谈恋爱，双方感觉都挺好。于是，2007年的时候，双方商量谈婚论嫁的事宜。与双方家长商量后，潘某某和余某某确定了2007年7月18日去乡里办结婚证，然后再按照当地的风俗，于当年8月在家请客摆酒席。

2007年7月18日上午，潘某某和余某某带上各自的户口簿和身份证，来到乡政府办理结婚登记手续。在填写完表格，提交证件和证明材料后，办事的工作人员告诉潘某某和余某某，必须提前缴纳计划生育押金300元，才能领取结婚证和办理生育证。潘某某怀疑这是乡里乱摊派，而且自己当时没有带这么多的钱，因为随身带的钱是计划用来替余某某和自己买结婚喜宴当天的新衣服的。因此，潘某某不愿意交这300元钱，但是他被告知，不交钱在乡政府这里就办不了结婚证，也拿不到准生证。潘某某和余某某都很犹豫，不知道怎么取舍，既想当天就办好结婚证，又不想交纳这300元钱。于是，潘某某打电话给自己在城里工作的表哥，问问这事情该怎么办。潘某某的表哥在电话里告诉他，要想当天和余某某办好结婚手续，他们还可以去县城，到县民政局的婚姻登记处办理结婚登记手续。

潘某某和余某某虽然心里有些嘀咕，去县里办结婚证，这能行吗？但是既然表哥说了这样行得通，应该没什么问题吧。反正待会买衣服也是要去县城的。于是，潘某某和余某某当即就坐上了开往县城的公共汽车。到了县城稍事休息之后，他们下午两点来到县民政局，填写完表格，递上各自的户口簿和身份证以及村委会开的婚姻状况证明后，办事处的工作人员就对这些材料进行审查，并没有说要交钱的事。办事处的工作人员审查完毕，询问了几个简单信息后宣读了一份文件，之后就给他们办理了结婚登记，要潘某某和余某某各自摁了手印，再在两本证书上加盖了钢印。最后，潘某某和余某某很幸福地拿到了结婚证。

潘某某觉得很庆幸，不用交那几百块钱，又能准时办到结婚证。不过，潘某某自己不太明白的是，为什么乡里打结婚证要交钱，而在县里就不需要？乡里、县里都可以打结婚证，那市里呢，是不是也可以直接去市民政局办理结婚登记手续呢？哪些情形是法律规定的不让登记结婚的情形呢？

律师专线

依据 2003 年开始施行的《婚姻登记条例》第 2 条和第 4 条可知，结婚登记手续应当是到男女一方的户口所在地办理，具体地点可以是县级人民政府的民政部门或乡（镇）政府。所谓的县级人民政府的民政部门，不仅包括县民政局，还包括区民政局，以及县级市的民政局等各类县级行政区划的民政部门。因此，潘某某和余某某有权选择去自己户口所在地的乡政府或者去乡政府的上一级——自己户口所在地的县政府民政局去办理结婚登记。

至于能否去市里的民政局办理结婚登记，由于潘某某所说的市里是指县的上一级行政区划，是地级市，依据现有的《婚姻登记条例》可知，我国大陆地区目前并没有规定地级市的市政府有办理婚姻登记的职能，因此余某某如果想去市里（地级市）的民政局办理结婚登记的话，是行不通的，但是县级市（也就是不设区的市）的民政部门是有权办理结婚登记的部门。

哪些情形是法律规定的不让结婚登记的情形？对于自愿申请结婚的男女双方而言，依据我国《婚姻法》第 6 条和第 7 条可知，有下列情形：

1. 没有达到法律所规定的婚龄，不准结婚登记；

2. 双方属于直系血亲和三代旁系血亲的，不准登记结婚；这是因为：直系血亲和三代旁系血亲的婚姻，均属近亲婚配，其结果是使后代容易具有相同的病态基因，使一些隐性遗传学疾病发病率增高，如先天性聋哑、先天性鱼鳞病、先天性高血压、精神分裂症、先天性心脏病、无脑儿、脊柱裂、癫痫等，为提高全民素质，减少遗传性疾病的发病率，禁止表兄表妹之间的近亲婚配是十分必要的。

3. 患有医学上认为不应结婚的疾病。

“患有医学上认为不应结婚的疾病”主要是指严重遗传性疾病。由于遗传因素先天形成，患者全部或部分丧失生活自理能力，后代再现风险高；双方均为重症智力低下者，均为“患有医学上认为不应当结婚的疾病”。对于要结婚的双方当事人，应当按下列四种情形分别处理：（1）不许结婚。包括直系血亲或三代以内旁系血亲和双方均为重症智力低下者。（2）暂缓结婚。这包括性病患者、麻风病未治愈者、精神分裂症者、躁狂忧郁症和其他精神病在发病期、传染病在隔离期的。(3)可以结婚，但不能生育。(4)可以结婚，但限制生育的性别。

法律规范

中华人民共和国婚姻法

(2001 年 4 月 28 日第九届全国人民代表大会常务委员会第二十一次会议修正，同日公布并施行)

第八条　要求结婚的男女双方必须亲自到婚姻登记机关进行结婚登记。符合本法规定的，予以登记，发给结婚证。取得结婚证，即确立夫妻关系。未办理结婚登记的，应当补办登记。

婚姻登记条例

(2003 年 7 月 30 日国务院第十六次常务会议通过，自 2003 年 10 月 1 日起施行)

第二条　内地居民办理婚姻登记的机关是县级人民政府民政部门或者乡(镇)人民政府，省、自治区、直辖市人民政府可以按照便民原则确定农村居民办理婚姻登记的具体机关。

中国公民同外国人，内地居民同香港特别行政区居民(以下简称香港居民)、澳门特别行政区居民(以下简称澳门居民)、台湾地区居民(以下简称台湾居民)、华侨办理婚姻登记的机关是省、自治区、直辖市人民政府民政部门或者省、自治区、直辖市人民政府民政部门确定的机关。

第四条　内地居民结婚，男女双方应当共同到一方当事人常住户口所在地的婚姻登记机关办理结婚登记。

中国公民同外国人在中国内地结婚的，内地居民同香港居民、澳门居民、台湾居民、华侨在中国内地结婚的，男女双方应当共同到内地居民常住户口所在地的婚姻登记机关办理结婚登记。

专家释惑

这里涉及的是婚姻的程序事项中的到哪里去办理和领取结婚证的问题。自从 2003 年新的《婚姻登记条例》出台，并废除了 1994 年开始施行的《婚姻登记管理条例》后，婚姻登记的受理部门就有些变化了，婚姻登记事项不再由（城区）街道办事处管，而且农村的结婚登记事项，既可以去乡政府，也可以去县政府的民政部门办理。这改变了中国大陆地区近几十年结婚登记，在城区由街道办事处办理，在农村由乡政府办理的局面。

《婚姻登记条例》第2条规定，“内地居民办理婚姻登记的机关是县级人民政府民政部门或者乡（镇）人民政府，省、自治区、直辖市人民政府可以按照便民原则确定农村居民办理婚姻登记的具体机关”。

为什么国家的行政法规要做这样的改变呢？无外乎出于统一的归口管理需要，以及便利群众行使婚姻自主权的需要。因为，一方面，随着社会的不断发展，婚姻登记机关分散、不归口的弊端逐渐显现出来。由于民政部门对街道办事处、乡镇政府没有直接管理权，对于不符合法定婚龄就登记等一些违法登记难以治理，同时，一些乡镇政府常以婚姻登记为关卡，婚姻登记经常成为搭车收费的借口。

为了改变这些潜在的不利现象，国家于2003年新出台的《婚姻登记条例》，明确了归口统一管理登记的原则，改变了在城市由街道办事处、在农村必须由乡镇政府办理婚姻登记的做法。这意味着，今后街道办事处不再办理婚姻登记，乡镇政府不再是农村地区群众办理结婚登记的唯一机关。将婚姻登记机关进行归口，一方面可以方便群众、规范登记制度，另一方面将遏制农村地区借发结婚证搭车收费的现象、减轻农民负担。

案例19　出国人员该如何办理结婚登记？

事情是这样的

房某某现年25岁，从2006年9月开始留学美国。房某某的女朋友赵某某则在国内，在北京的一家公司工作。两人在大学期间是同学，如今都早已经达到法定结婚年龄。两人商量在2007年8月的时候，房某某从美国回来北京，与赵某某办理结婚手续。但是，在房某某和赵某某考虑结婚这一终身大事的时候，房某某突然想到一个问题，自己在美国将近一年了，回到中国结婚会不会需要一些特别的手续？于是，房某某和赵某某一边抽空在网上查找中国关于出国留学人员结婚登记的相关规定，同时在网上向一些婚姻家庭或律师咨询类的网页留言请教。在房某某向某网站提交了相关询问后不久，好几个热心的网友提交了答案或者建议。

网友甲的回答是，赵某某需要准备身份证、户口簿或户口证明，以及单位开具的婚姻状况证明加盖户口所在地派出所的公章；而房某某则需要护照，以及美国他所在州的事务官员出具的婚姻状况证明，并且要翻译成中文；赵某某和房某某还需要共同出具婚姻登记机关制定的医院提供的婚前健康检查证明。网友乙针对网友甲提出的答案提出反对意见，认为依据修改后的《中华人民共和国婚姻法》可知，强制性的婚检不再是结婚登记的必要条件，因此赵某某和房某某不需要再出具婚前健康检查证明了。网友丙认为，对于赵某某需要提供的材料是1. 身份证；2. 户口簿或户口证明文件；3. 本人无配偶以及与对方当事人没有直系血亲和三代以内旁系血亲关系的签字声明。这份声明由赵某某自己签字就可以，而不再需要到单位去开立婚姻状况的证明，也不再需要到派出所去加盖公章。而在国外的男方房某某，依据2003年施行的《婚姻登记条例》可知，他应当提供自己的有效护照（包括复印件下同），还有中华人民共和国驻该美国使（领）馆出具的本人无配偶以及与对方当事人没有直系血亲和三代以内旁系血亲关系的证明，当然，这份证明也可以由他所在的美国当地的公证机关出具并且由州政府相应的官员进行认证。此外，网友丙同意网友乙的意见认为不需要提交婚前健康检查证明，并且指出，赵某某和房某某可直接去北京市民政局婚姻登记处办理结婚登记手续。

问题是，到底哪个网友说的正确呢？房某某和赵某某很困惑。

律师专线

事实上，乙丙两位网友的回答是正确的，而甲存在一些错误的地方，就是是否需要婚前健康检查证明以及是否需要单位开立个人婚姻状况证明。之所以这三位网友的回答不同，主要是他们三个人回答问题时依据的法律规范不同。

网友甲的回答，主要依据的应该是1997年民政部和外交部联合发布的《出国人员婚姻登记管理办法》，尤其是其中的第6条和第7条。《出国人员婚姻登记管理办法》这个法规现在依然有效。而网友乙的回答应该依据的不是《出国人员婚姻登记管理办法》，而是现行的《婚姻法》或《婚姻登记条例》。网友丙的回答依据的是国务院2003年出台的《婚姻登记条例》。其中1997年《出国人员婚姻登记管理办法》和2003年《婚姻登记条例》这两份法规都是有效的，不过在内容上存在冲突。主要的冲突在于，《出国人员婚姻登记管理办法》规定，出国人员结婚需要婚前健康体检证明，而《婚姻登记条例》没有规定。那房某某和赵某某到底依据哪个法律规范去准备结婚登记的文件材料呢?

法律法规对于同一事项的规定上存在冲突的时候，除另有规定外，一般存在以下几个解决的办法：后法优先于前法，特别法优先于一般法。《出国人员婚姻登记管理办法》是1997年施行的，相对于《婚姻登记条例》而言是前法；但同时它相对于《婚姻登记条例》而言，也是特别法，专门规定出国人员的结婚登记，而不是像2003年《婚姻登记条例》那样适用于在中国大陆境内登记的所有人。不过，请注意的是，1997年《出国人员婚姻登记管理办法》和2003年《婚姻登记条例》这两个有效的法规不是同一个位阶的，也就是说这两份文件的出台单位存在等级关系。作为前法和特别法的《出国人员婚姻登记管理办法》是由民政部和外交部联合发布的规章，而作为后法和一般法的《婚姻登记条例》是国务院出台的行政法规，2003年出台的这个后法应当优先适用，因为依据《中华人民共和国立法法》可知，国务院通过的行政法规优先于国务院的部委通过的行政规章。

因此，网友甲提出的需要婚前健康检查证明的内容不正确，而网友乙和网友丙认为不需要婚前健康检查证明的意见正确。

另外，像房某某和赵某某这样的国内居民（户口在中国北京市）和在国外的中国居民之间的婚姻登记，不是去县级民政部门办理，而是县以上的行政单位的民政局办理，即不是去北京市的各区县民政机关办理，而是去北京市民政局的婚姻登记处办理手续。这一点，网友丙的回答也是正确的。

法律规范

婚姻登记条例

（2003 年 7 月 30 日国务院第十六次常务会议通过，自 2003 年 10 月 1 日起施行）

第二条　内地居民办理婚姻登记的机关是县级人民政府民政部门或者乡（镇）人民政府，省、自治区、直辖市人民政府可以按照便民原则确定农村居民办理婚姻登记的具体机关。

中国公民同外国人，内地居民同香港特别行政区居民（以下简称香港居民）、澳门特别行政区居民（以下简称澳门居民）、台湾地区居民（以下简称台湾居民）、华侨办理婚姻登记的机关是省、自治区、直辖市人民政府民政部门或者省、自治区、直辖市人民政府民政部门确定的机关。

第四条　内地居民结婚，男女双方应当共同到一方当事人常住户口所在地的婚姻登记机关办理结婚登记。

中国公民同外国人在中国内地结婚的，内地居民同香港居民、澳门居民、台湾居民、华侨在中国内地结婚的，男女双方应当共同到内地居民常住户口所在地的婚姻登记机关办理结婚登记。

第五条　办理结婚登记的内地居民应当出具下列证件和证明材料：

（一）本人的户口簿、身份证；

（二）本人无配偶以及与对方当事人没有直系血亲和三代以内旁系血亲关系的签字声明。

办理结婚登记的香港居民、澳门居民、台湾居民应当出具下列证件和证明材料：

（一）本人的有效通行证、身份证；

（二）经居住地公证机构公证的本人无配偶以及与对方当事人没有直系血亲和三代以内旁系血亲关系的声明。

办理结婚登记的华侨应当出具下列证件和证明材料：

（一）本人的有效护照；

（二）居住国公证机构或者有权机关出具的、经中华人民共和国驻该国使

（领）馆认证的本人无配偶以及与对方当事人没有直系血亲和三代以内旁系血亲关系的证明，或者中华人民共和国驻该国使（领）馆出具的本人无配偶以及与对方当事人没有直系血亲和三代以内旁系血亲关系的证明。

办理结婚登记的外国人应当出具下列证件和证明材料：

（一）本人的有效护照或者其他有效的国际旅行证件；

（二）所在国公证机构或者有权机关出具的、经中华人民共和国驻该国使（领）馆认证或者该国驻华使（领）馆认证的本人无配偶的证明，或者所在国驻华使（领）馆出具的本人无配偶的证明。

出国人员婚姻登记管理办法

（1997 年 5 月 8 日民政部、外交部发布）

第二条　本办法所称出国人员系指依法出境，在国外合法居留 6 个月以上未定居的中华人民共和国公民。

第三条　出国人员的婚姻登记管理机关是省、自治区、直辖市民政厅（局）指定的县级以上人民政府的民政部门和我驻外使、领馆。

第四条　出国人员中的现役军人、公安人员、武装警察、机要人员和其他掌握国家重要机密的人员不得在我驻外使、领馆和居住国办理婚姻登记。

第五条　出国人员婚姻登记应符合国家有关婚姻法律、法规的规定。

第六条　出国人员在我国境内办理结婚登记，男女双方须共同到一方户籍所在地或出国前户籍所在地的婚姻登记管理机关提出申请。

出国人员在境外办理结婚登记，男女双方须共同到我驻外使、领馆提出申请。出国人员居住国不承认外国使、领馆办理的结婚登记的，可回国内办理；在居住国办理的结婚登记，符合我国《婚姻法》基本原则和有关结婚的实质要件的，予以承认。

第七条　出国人员同居住在国内的中国公民、以及出国人员之间办理结婚登记须提供下列证件和证明：

甲、居住在国内的中国公民

（一）身份证和户口证明；

（二）所在单位或村（居）民委员会出具的婚姻状况证明。

乙、出国人员

（一）护照；

（二）所在单位（国内县级以上机关、社会团体、企事业单位）出具的婚姻状况证明；或我驻外使、领馆出具或经我驻外使、领馆认证的居住国公证机关出具的在国外期间的婚姻状况证明。

持在国外期间的婚姻状况证明且出国前已达法定婚龄的，还须提供出国前所在单位或村（居）民委员会出具的出国前的婚姻状况证明。在我驻外使、领馆办理结婚登记的，须提供国内公证机关出具的婚姻状况公证。婚姻状况公证的有效期为六个月。

居住在国内的中国公民同出国人员在国内登记结婚的还须出具婚姻登记管理机关指定医院出具的婚前健康检查证明。离过婚的，须提供有效的离婚证件。丧偶者，须提供配偶死亡证明。

中华人民共和国立法法

（2000 年 3 月 15 日第九届全国人民代表大会第三次会议通过，自 2000 年 7 月 1 日起施行）

第七十九条　法律的效力高于行政法规、地方性法规、规章。

行政法规的效力高于地方性法规、规章。

第八十三条　同一机关制定的法律、行政法规、地方性法规、自治条例和单行条例、规章，特别规定与一般规定不一致的，适用特别规定；新的规定与旧的规定不一致的，适用新的规定。

第八十四条　法律、行政法规、地方性法规、自治条例和单行条例、规章不溯及既往，但为了更好地保护公民、法人和其他组织的权利和利益而作的特别规定除外。

第八十五条　法律之间对同一事项的新的一般规定与旧的特别规定不一致，不能确定如何适用时，由全国人民代表大会常务委员会裁决。

行政法规之间对同一事项的新的一般规定与旧的特别规定不一致，不能确定如何适用时，由国务院裁决。

专家释惑

这个案例涉及办理婚姻登记手续的法律依据的选择问题。在出国人员的结婚登记问题上，到底该适用1997年《出国人员婚姻登记管理办法》还是2003年的《婚姻登记条例》，基本上运用我国《立法法》第79条和第85条的规定就可以知道怎样处理。

这里需要指出的是，虽然2003年《婚姻登记条例》第5条第3项的用语是“办理结婚登记的华侨应当出具下列证件和证明材料”（华侨）与1997年《出国人员婚姻登记管理办法》中使用的“出国人员”在文字上看似不同，但都指的是同一个意思。出国人员系指依法出境，在国外合法居留6个月以上未定居的中华人民共和国公民，本案例中的男主角房某某这样的留学生就是出国人员的范畴。

那什么是华侨呢？华侨、华人和华裔是同一个意思吗？事实上这三个词，有其相通的方面，但是还是存在明显的区别，区别就在于具有什么样的国籍。

华侨是有中国国籍，但居住在外国或在国外长期生活的人。这些定居在中国之外的华人，他们仍然拥有中国国籍，不包括由国内派出，在外国从事特定工作的人员，比如驻外使领馆工作人员和他们的家属以及企业的派驻国外的人员，因为他们通常是要定期轮换的，留学生也要在国外住到一定年限才算华侨。

华裔是有中国血统，但是国籍不是中国的人，通常指的是定居在国外的华人已经取得中国以外的国籍者（也称为x籍华人）和在国外出生，根据出生国地法律而拥有外国国籍者。也就是说从法律上说他们已经不是中国公民，但是从血统上说他们是华人的后代（后裔）。

华人是具有中国人血统的人，是全世界的拥有中华民族血统的人的总称。也可以指在某一特定区域内的拥有中华民族血统的人，而不论其目前所拥有的国籍。但在实际应用上通常用来指称居住在中国大陆及港澳台之外的其他国家和地区的华人，也就是海外华人。华侨和华裔可以统称为海外华人，简称为华人。

四、事实婚姻、非法同居和重婚

内容提要

事实婚姻、非法同居和重婚是存在一定联系的三个不同的概念。

事实婚姻是指没有配偶的男女未进行结婚登记，便以夫妻名义同居生活，群众也认为是夫妻关系的两性结合。事实婚姻是相对于合法登记的婚姻而言的，是指未经依法登记但符合婚姻实质要件的两性关系，不同于日常生活所言的“事实上的夫妻关系”。

非法同居是指男女双方违反法律规定的同居生活行为，比如姘居。其特点是：男女双方不以夫妻关系相称，双方违反法律规定共同生活。构成事实婚姻和非法同居的前提是不具备结婚的形式要件，即不经登记而同居生活。严格地从法律角度看，并不是所有的同居都是非法同居。符合法律规定（结婚要件）的男女两性之间的同居，只要不违反法律的禁止规定，就是正常的未婚同居。因此，就非法同居一词，要理解何时是法律意义上的非法同居，何时是道德层面上的运用。

重婚是指有配偶的人与他人结婚，或者明知他人有配偶而与之结婚。重婚是被法律严格禁止的违法行为，对此我国《婚姻法》和《刑法》有专门规定。

事实婚姻和非法同居属于民法的调整范围，适用民法和婚姻法等法律来调整。构成事实婚姻和非法同居的前提是不具备结婚的形式要件，即不经登记而同居生活。在一定历史时期，我国法律有条件地承认事实婚姻为合法婚姻。但是非法同居和重婚在任何时候都是非法的。

重婚与事实婚姻的男女都是以夫妻的名义共同生活（以夫妻关系出现，具有共同生活的目的）。但是，重婚属于刑事违法行为，由刑法来调整。构成重婚的前提条件是至少一方已经有法律认可的合法婚姻关系之后，与他人再结婚或者与他人构成事实婚姻关系。

事实婚姻、非法同居和重婚是存在一定联系的三个不同的概念。

事实婚姻通常是指在一定时期内，没有配偶的男女双方符合婚姻法规定的结婚条件，但是没有结婚登记就以夫妻名义同居生活，群众也认为其是夫妻的一种婚姻。

非法同居是指男女双方违反法律规定与他人同居生活的行为。其特点是：男女双方不以夫妻关系相称，双方违反法律规定共同生活。比如姘居，姘居者一方或双方有配偶的人，他们同居显然是在挑战“一夫一妻”的基本法律秩序，同时侵害了合法配偶的权益，这就是非法同居。最高人民法院处理相关案件也特别对解除同居关系作了规定，同居当事人的相关权益是受法律保护的，而非法同居者是不受法律保护。

案例 20 裘某某和薛某某的事实婚姻受法律保护吗？

事情是这样的

原告裘某某是某县下山口镇大义村的一名农村妇女。被告薛某某是某部队的一名文职干部，他与本案原告裘某某自小一起长大，两小无猜、青梅竹马。薛某某比裘某某大三岁，随着年龄的增长，他们两个逐渐相互爱慕。1984 年 1 月，19 岁的薛某某应征入伍。裘某某则还在家乡务农。同年 12 月，双方终于捅破了那层窗户纸，正式建立了恋爱关系，并告知了彼此的家人。此后，薛某某和裘某某之间的书信来往频繁，鸿雁传情，感情日益加深。1988 年 4 月，薛某某回家探亲期间，薛某某的父母和裘某某的父母一起商量之后，在家中摆了酒席，邀请众多亲友参加，薛某某与裘某某拜了天地，成了亲。不过，他们两个没有去办结婚登记。那年薛某某是 22 岁，裘某某是 19 岁。以后薛某某多次探亲回家，双方均以夫妻身份公开同居，共同生活，十分恩爱。裘某某也把薛家作为婆家，侍奉公婆，照顾小叔子、小姑子，里里外外，任劳任怨，深得公婆喜爱。

1989年2月，裘某某生下了他们爱情的结晶，一个女孩。1989年3月，薛某某在部队因为表现出色，被提升为干部。之后，薛某某的思想逐步起了变化，对裘某某开始有意疏远，书信也逐渐减少，裘某某对此有所察觉。因此，1990年9月，薛某某回家探亲的时候，裘某某多次催促薛某某与她一起去补办结婚登记手续。但是，此时的薛某某已经另有打算，不愿去登记，每次都找不同的理由搪塞、拖延。1991年上半年，薛某某写信给裘某某，声称双方仅仅是订立婚约的关系，而不是结婚，婚约是不受法律保护的，并诬蔑说裘某某生活作风有问题，要求断绝双方的婚约关系，以后两人之间什么关系都没有了。

裘某某在家里万万没有想到会有这种结果，她多次写信给薛某某，请他看在孩子的份儿上，念及夫妻情分，不要断绝关系。薛某某的父母和村里的干部也写信劝薛某某回心转意，虽然他和裘某某没有去办结婚登记手续，但是裘某某是薛家的媳妇已是不可更改的事实，全村人都可以作证。但是薛某某一意孤行，不再给裘某某及其女儿寄生活费，也不回家探亲。无奈之下，1992年2月，裘某某起诉到法院，请求法院确认她和薛某某的夫妻关系，保护他们的婚姻。

法院受理案件后，查明：原告裘某某与被告薛某某从小时候开始关系就很好，青梅竹马。“婚后”也很恩爱，1989年3月，薛某某在部队提干后，与裘某某之间的关系开始疏远，原因是提干后的思想变化。1989年，裘某某为薛某某生下一个女儿。原告裘某某与被告薛某某于1988年4月公开举行婚礼，同居时，裘某某自己只有19岁，不到法定婚龄，不完全符合结婚的实质要件。

法院考虑到原告和被告“婚姻基础”和“婚后感情”都很好，而且生了一个女儿，在对双方的不符合法律规定的婚姻行为进行批评教育的基础上，着重教育薛某某珍惜双方已有的感情，考虑裘某某特别是子女的利益，与裘某某到婚姻登记机关补办结婚登记手续。

因此，依据我国《婚姻法》和相关的法律政策，法院判决不予支持原告裘某某关于确认夫妻关系的诉讼请求。

后来，薛某某在法院和家人晓之以理、动之以情的说服教育下，特别是裘某某的真诚回应下，终于承认了自己的错误，决定与裘某某重归于好，去婚姻登记机关办理了结婚登记手续。

律师专线

本案中，原告裘某某与被告薛某某之间的事实上的婚姻关系符合事实婚姻的四个构成要件：裘某某和薛某某都是单身男女，没有配偶；男女双方都具有终身共同生活的目的；男女双方，应当具备公开的夫妻身份（原告和被告以夫妻双方共同生活，亲友和邻居都认为他们是夫妻）；未履行结婚登记手续。

因为原告裘某某与被告薛某某的事实上的婚姻关系是1986年3月15日《婚姻登记办法》施行之后，1994年2月1日《婚姻登记管理条例》施行之前发生的，按照法律规定，这期间的事实婚姻关系，如果在同居时双方符合结婚的实质要件，就可以被确认为事实婚姻，这样的婚姻将受到法律保护。但是在1988年4月，原告裘某某与被告薛某某举行婚礼时（同居时），裘某某自己只有19岁，不到法定婚龄，不完全符合结婚的实质要件。

因此，本案中，裘某某和薛某某的事实婚姻关系不能被法院确认为受到法律保护的事实婚姻，而应当认定为非法同居关系。法院对裘某某要求确认夫妻关系的请求，不予支持，这是正确的。

另外，从本案原告和被告双方的关系看，同居期间双方感情一直较好，并生有一个女儿。而且双方青梅竹马，“婚姻基础”和“婚后感情”都很好，双方发生矛盾的原因是薛某某在部队提干之后，思想起了变化。考虑到这些情况后，法院在对双方的违法行为进行批评教育的基础上，着重教育薛某某珍惜双方已有的感情，考虑裘某某特别是子女的利益，与裘某某到婚姻登记机关补办结婚登记手续，这种做法是正确的。

注意

事实婚姻，这个词有两种含义，但在实践中适用这两种意思的时候经常混同了，在同一个句子里，可能同时适用广义的事实婚姻（或者说事实婚姻关系）和狭义的事实婚姻。比如，这句话“事实婚姻经过法院确认为事实婚姻的……”，前一个就是指广义的事实婚姻，后一个指的是狭义的事实婚姻。

广义的事实婚姻，或者称为事实上的婚姻关系，就是符合关于事实婚姻四个构成要件的事实上婚姻，它包括符合结婚条件、只是没有办理登记手续的事实婚姻，还包括不符合结婚的实质要件，又没有办理结婚登记的事实婚姻。狭义的事实婚姻，仅指受法律承认和保护的、没有办理结婚登记手续的，符合结婚实质要件的婚姻。在实践中，狭义的事实婚姻的效力相当于法定婚姻，其解除要么按照协议离婚的条件要么按照诉讼的程序。这类事实婚姻需要经过法院确认，才具有婚姻的法律效力。在实践中，它主要指1994年以前符合法定结婚实质要件，只是没有结婚登记手续的事实婚姻（其中包括1986年以前在同居时没有符合结婚法定要件，但在要求离婚时，符合结婚实质要件的、没有结婚手续的事实婚姻）。

属于广义的事实婚姻但不属于狭义的事实婚姻的那种婚姻关系，就是指1994年以前的不符合法律规定的结婚的实质要件（不符合《婚姻法》第10条规定），而且没有进行结婚登记的，但满足事实婚姻的四个要件的婚姻关系，或者是在1994年2月1日民政部《婚姻登记管理条例》施行之后没有进行结婚登记但满足法定婚姻的实质要件并且满足事实婚姻的四个构成要件的婚姻。也就是这种事实上的婚姻关系为两种，一种是1994年以前没有符合法定条件的事实婚姻关系（比如本案，原告和被告1987年事实婚姻关系开始的时候，原告没有达到法定婚龄，违反《婚姻法》第10条的规定）；另一种是1994年以后符合法定婚姻要件的，只是欠缺形式要件的事实上的婚姻关系。这类事实上的婚姻关系，在发生“离婚”纠纷时，法院通常认定其为非法同居关系。

法律规范

中华人民共和国婚姻法

（2001年4月28日第九届全国人民代表大会常务委员会第二十一次会议修正，同日公布并施行）

第八条　要求结婚的男女双方必须亲自到婚姻登记机关进行结婚登记。符合本法规定的，予以登记，发给结婚证。取得结婚证，即确定夫妻关系。未办理结婚登记的，应当补办登记。

第十条　有下列情形之一的，婚姻无效：

（一）重婚的；

（二）有禁止结婚的亲属关系的；

（三）婚前患有医学上认为不应当结婚的疾病，婚后尚未治愈的；

（四）未到法定婚龄的。

最高人民法院关于适用《中华人民共和国婚姻法》若干问题的解释（一）

（2001年12月24日最高人民法院审判委员会第1202次会议通过，自2001年12月27日起施行）

第五条　未按婚姻法第八条规定办理结婚登记而以夫妻名义共同生活的男女，起诉到人民法院要求离婚的，应当区划对待：

（一）一九九四年二月一日民政部《婚姻登记管理条例》公布实施以前，男女双方已经符合结婚实质要件的，按事实婚姻处理；

（二）一九九四年二月一日民政部《婚姻登记管理条例》公布实施以后，男女双方符合结婚实质要件的，人民法院应当告知其在案件受理前补办结婚登记；未补办结婚登记的，按解除同居关系处理。

专家释惑

本案涉及的法律问题是事实婚姻的认定和处理。下面从事实婚姻的定义与构成要件、事实婚姻的危害、我国对事实婚姻的现行政策和对事实婚姻的处理这四个主要方面来简单介绍一下事实婚姻问题。

一、事实婚姻的定义和构成要件

事实婚姻是相对于法定婚姻而言的，是指在一定时期内，没有配偶的男女没有进行结婚登记，便以夫妻关系同居生活，群众也认为是夫妻关系的两性结合。但是不是所有的男女未履行结婚登记手续的两性结合，都是事实婚姻？事实婚姻构成还必须具备以下条件：

1. 事实婚姻的男女均无配偶，有配偶则成为事实重婚。

这是区别事实婚姻与事实重婚的主要界限。双方或一方有配偶，都被认为是事实重婚，这是对结婚实质要件的违反，也是对我国婚姻法一夫一妻制原则的践踏。

2. 事实婚姻的男女双方都具有终身共同生活的目的。

这是事实婚姻的内在特征，也是事实婚姻与通奸、姘居等不正当两性关系行为的区别。

3. 事实婚姻的男女双方，应当具备公开的夫妻身份。

也就是说，不仅具有夫妻内在生活的一切内容，而且在外部形式上其夫妻关系为社会所承认。这是事实婚姻与一切隐蔽性、临时性的不正当的两性关系的形式区别。

4. 事实婚姻未履行结婚登记手续。

事实婚姻直接违反了婚姻法关于办理结婚登记手续的规定，这是事实婚姻违法性的主要表现。对结婚形式要件的违反，是事实婚姻与法定婚姻的明显区别。

受法律保护的事实婚姻关系，除了必须具备上述四个构成要件，还必须不违反我国法律关于婚姻的实质要件。也就是说事实婚姻关系分为两大类：一类是受我国法律保护的事实婚姻，这类只是欠缺结婚登记手续的婚姻在法律上具有同法定婚姻同等的地位；另一类事实上的婚姻关系，不仅欠缺结婚登记手续，而且结婚时还违反了我国《婚姻法》第10条的规定，对此，我国针对具体情况（1986年3月15日之前的；1986年3月15日到1994年2月1日之间的；1994年2月1日以后的；具体情况看下文），认定为受法律保护的事实婚姻和不受法律保护的事实上的婚姻关系（非法同居关系）。这两种情况下，以夫妻相称的共同生活的男女之间的权利义务和财产归属都是不同的。

二、事实婚姻的危害

事实婚姻在我国长期存在，比重较大，是一种不容忽视、客观存在的婚姻形式，而且近年来又有发展的趋势。我们必须清楚了解当前大量存在的事实婚姻对社会的诸多危害。这表现在：

1. 事实婚姻的成立，摆脱了国家审查、指导和监督，助长了包办、买卖婚姻、早婚、换婚、童婚甚至重婚的发生，使得法律形同虚设。比如，换婚现象中，有的女性被迫同意家里安排的换婚，自己嫁到男方家，男方家的女性嫁到自己家，两桩婚姻都紧紧连在一起，要是一桩婚姻要离婚，另一桩婚姻也别想维系下去，哪怕这对事实上的夫妻的关系还比较融洽，也被迫得妻离子散。

2. 事实婚姻损害当事人的身心健康，影响优生优育。事实婚姻关系中，有相当一部分违反《婚姻法》规定的结婚条件，使这些必备条件和禁止条件难以实施，或者在事实上为禁止结婚的人开了绿灯，使某些禁止结婚的人也得以成家育子，从而贻害对方和子女的健康，降低人口素质。

3. 事实婚姻的存在，影响法律对婚姻当事人的合法权益进行有效保护。因为，有些事实婚姻，特别是不符合法律规定产生的事实上的婚姻关系对妇女、子女的权益损害比较严重。比如，有的女性，被父母包办了婚姻之后，只有被迫出走，逃往他处安身。而男方家因未娶到媳妇，竟出动数十余人，身带凶器到女方亲友家抢亲，强行结婚。这样一来，人身安全都失去保障，哪里还谈得上什么合法权益受保障，它只能带来婚姻家庭的不稳定，导致婚姻纠纷的增多。

三、我国对事实婚姻的现行政策

根据1989年11月21日最高人民法院《关于人民法院审理未办结婚登记而以夫妻名义同居生活案件的若干意见》、1994年2月1日民政部发布的《婚姻登记管理条例》以及最高人民法院于1994年4月发布的《关于适用新的〈婚姻登记管理条例〉的通知》的内容，认定和处理事实婚姻的主要精神有以下几方面：

1. 凡违反婚姻法规定，未办结婚登记而以夫妻名义同居生活的，不论其是否符合结婚的实质要件，双方自行结婚的事实婚姻关系，其性质都是违法的。处理这类因此而引起的纠纷，应对双方当事人进行严肃的批评教育，指出其行为的违法性和危害性。但基于这类“婚姻”关系形成的原因和案件具体情况的复杂性，为适当保护妇女儿童的合法权益，有利于婚姻家庭关系的稳定，维护安定团结，应从实际出发，在一定时期内有限度地承认事实婚姻关系，然后逐步过渡为不承认主义(1994年2月1日以后开始的事实婚姻)。这是认识和处理事实婚姻的总原则。

2. 1986年3月15日《婚姻登记办法》施行之前，双方未履行结婚登记手续即以夫妻名义同居生活，群众也认为是夫妻关系的，一方向人民法院起诉“离婚”，如起诉时双方符合结婚的法定条件，可认定为事实婚姻关系；如起诉时一方或双方不符合结婚的法定条件，应认定为非法同居关系。

3. 1986年3月15日《婚姻登记办法》施行之后，1994年2月1日《婚姻登记管理条例》施行之前未办结婚登记手续即以夫妻名义同居生活，群众也认为是夫妻关系的，一方向人民法院起诉“离婚”，如同居时双方均符合结婚的法定条件，可认定为事实婚姻关系；如同居时一方或双方不符合结婚的法定条件，应认定为非法同居关系。

4. 自1994年2月1日民政部《婚姻登记管理条例》施行之日，无配偶男女，未办结婚登记即以夫妻名义同居生活，如果男女双方符合结婚实质要件且补办结婚登记的，婚姻关系有效，其效力从双方均符合婚姻法所规定的结婚的实质要件时起算。否则，按非法同居对待，其婚姻关系无效，不受法律保护。

另外，在特殊情况下，也承认事实婚姻。已登记结婚的一方又与第三人形成事实婚姻关系，或事实婚姻关系的一方又与第三人形成新的事实婚姻关系，凡前一个婚姻关系的一方要求追究重婚罪的，无论其行为是否构成重婚罪，均应解除后一个婚姻关系。在重婚问题上承认事实婚姻，是为了贯彻一夫一妻制的原则，防止事实重婚。

5. 事实婚姻的自行解除问题。

事实婚姻的存在形式有两种。一是符合法律规定的结婚条件的事实婚姻（有限的受到法律保护的事实婚姻）；二是不符合结婚条件的事实婚姻关系。针对这两种情况，为维护法律的严肃性和婚姻家庭关系的稳定，保护妇女、儿童的合法权益，在现实社会条件下，对已经形成的事实婚姻要有限制、有条件地予以承认。因此，关于事实婚姻能否自行解除，要分三种情况认定：(1) 凡是男女双方符合结婚条件，虽未办结婚登记，但长期共同生活，或生育子女，形成一种现实的、稳定的婚姻家庭关系的，则产生婚姻的法律效力，双方当事人应自觉承担社会责任，履行法定义务，不得自行解除，亦不允许同时与他人结婚。在这种情况下，应责令其补办结婚登记手续；如果双方自愿解除婚姻关系，应在对子女和财产问题作出妥善处理的情况下到婚姻登记管理机关办理离婚登记。婚姻登记管理机关应予受理，并做调解和好工作，经调解和好的，则为其补办结婚登记；若调解无效，则登记离婚。如果一方要求离婚，或双方同意离婚，但对子女、财产等问题不能达成协议的，则应向人民法院起诉，由人民法院按离婚诉讼程序解决。按此种方式处理的事实婚姻，原则上只针对1994年《婚姻登记管理条例》颁行之前的事实婚姻。(2) 凡是男女双方或一方不符合结婚条件，或同居生活时间不长的，则认定为非法同居，其婚姻关系无效。这种无效是自始无效，当事人可以自行解除，有关部门亦可强制其解除。(3) 自行解除非法同居关系，如果发生子女抚养、财产分割、债务清偿等争执，则应诉请人民法院解决；人民法院应该从保护妇女、儿童和无过错一方的利益出发，依照婚姻法关于离婚的规定和最高人民法院有关解除非法同居关系的解释意见处理。

四、我国对事实婚姻的处理

根据最高人民法院1989年11月21日发布施行的《关于人民法院审理未办结婚登记而以夫妻名义同居生活案件的若干意见》（以下简称《意见》）和最高人民法院《关于适用〈中华人民共和国婚姻法〉若干问题的解释（一）》（2001年12月27日起施行）的内容，处理事实婚姻时应注意以下几点：

1. 对认定确属事实婚姻关系的，应当先进行调解。经调解和好或撤诉的，确认婚姻关系有效，发给调解书或裁定书；经调解不能和好的，应调解或判决准予离婚。事实婚姻关系经法院调解或者判决离婚的，关于子女抚养、夫妻共同财产的分割、夫妻共同债务的清偿及经济帮助等问题，均可按婚姻法的有关规定处理。

2. 对认定确属非法同居关系的，人民法院应按《意见》的规定作如下处理：

(1) 由于双方是非法同居关系，处理其“离婚”问题不适用《婚姻法》第32条第2款的规定，人民法院应不经调解一律判决解除其非法同居关系。

(2) 双方所生子女为非婚生子女。解除非法同居关系时，子女由哪一方抚养，双方协商；协商不成时，应根据子女的利益和双方的具体情况判决。哺乳期内的子女，原则上应由母方抚养，如父方条件较好，母方同意，也可由父方抚养。子女超过10周岁以上的，应征求子女本人的意见，一方将子女送他人收养时，应征得另一方同意。

(3) 同居生活期间双方共同所得的收入和购置的财产，属于一般共有财产。解除非法同居关系时，按一般共有财产处理；同居生活期间双方各自继承或受赠取得的财产，一般应按个人财产对待。

(4) 双方同居期间为共同生产、生活而形成的债权、债务，解除非法同居关系时，可按共同债权、债务关系处理。

(5) 解除同居关系时，一方在共同生活期间患有严重疾病未治愈的，分割财产时应予适当照顾，或者由另一方给予一次性的经济帮助。

(6) 对双方同居生活前一方自愿赠送给对方的财物，可比照赠与关系处理。但一方向另一方索取的财物，则应根据同居生活时间的长短、双方的过错程度，以及他们的经济状况等实际情况，酌情返还。

(7) 同居生活期间一方死亡，另一方要求继承死者遗产的，按最高人民法院《关于适用〈中华人民共和国婚姻法〉若干问题的解释(一)》(2001 年 12 月 27 日起施行) 第 5 条的原则处理。该条规定："未按婚姻法第八条规定办理结婚登记而以夫妻名义共同生活的男女，起诉到人民法院要求离婚的，应当区别对待：(一) 一九九四年二月一日民政部《婚姻登记管理条例》公布实施以前，男女双方已经符合结婚实质要件的，按事实婚姻处理；(二) 一九九四年二月一日民政部《婚姻登记管理条例》公布实施以后，男女双方符合结婚实质要件的，人民法院应当告知其在案件受理前补办结婚登记；未补办结婚登记的，按解除同居关系处理。"

3. 事实婚姻关系离婚时，子女的抚养、财产的分割及对生活困难一方的经济帮助等问题，适用《婚姻法》第 36 条至第 42 条的有关规定，注意照顾妇女和儿童的利益。

4. 对事实重婚的处理。已登记结婚的一方又与第三人形成事实婚姻关系，或事实婚姻关系的一方又与第三人登记结婚，或事实婚姻关系的一方又与第三人形成新的事实婚姻关系，凡前一个婚姻关系的一方要求追究重婚罪的，无论其行为是否构成重婚罪，均应解除后一个婚姻关系。前一个婚姻关系的一方如要求处理离婚问题，应根据其婚姻关系的具体情况进行调解或者作出判决。

案例 21 她面临的是事实婚姻还是非法同居？一定要到法院解除关系吗？

事情是这样的

1989 年，20 岁的张某某（女）开始与一男子李某某同居。双方并没有去领取结婚证，也没有在家乡或者居住的地方举行结婚典礼。在同居的第二年，即 1990 年 10 月，张某某为李某某生下一个儿子。小孩 1 岁的时候（1991 年 10 月），李某某与张某某分手了。之后，李某某一直没联系张某某，也没有支付过孩子的抚养费。张某某自己在临街的家门口开设的小商店过日子，抚养孩子。这样的状况一直到 2005 年 4 月才发生变化。因为孩子的原因，张某某又与李某某开始了同居生活，并且同居到 2008 年。2008 年 2 月两人关系又不好，于是李某某和张某某又分开了。

张某某听说夫妻双方分居三年以上，自然解除婚姻关系，但是自己不懂法律，想打听一下，弄明白自己到底处于什么状态。因此，张某某特意去咨询了某律师事务所的律师，想问：1. 这是非法同居关系，还是事实婚姻？2. 如果是事实婚姻，后面十多年没有联系，这是否可以算自然离婚了？3. 如果是非法同居关系，一定要到法院提出申请解除吗？4. 如果是非法同居关系，不到法院申请解除的话，以后遇到合适的人要结婚，会受法律上的影响吗？

律师专线

对于张某某咨询的第一个问题——她所处的情形到底是非法同居关系，还是事实婚姻？其实应当按照时间段区分看待。首先，在 1989 年到 1991 年 5 月期间，张某某与李某某之间的同居生活，如果当时双方都达到了法定结婚年龄符合结婚的必备要件，而且不存在禁止结婚的疾病、三代以内旁系血亲等禁止性的条件，而且他们对外以夫妻名义共同生活，他们之间的同居应当视为事实婚姻关系。如果他们对外并没有以夫妻关系共同生活，只能算同居关系。因为我国大陆地区的法律对于 1994 年《婚姻登记管理条例》实施（该条例现已失效，被《婚姻登记条例》取代）之前已经存在的、未办理结婚登记但符合结婚实质条件的、以夫妻名义共同生活的，视为事实婚姻。对于1994年上述条例实施以后出现的、未办理结婚登记而以夫妻名义生活的，不再视为事实婚姻，而是视为同居关系。如果共同生活的男女双方去补办了结婚证，即为合法的婚姻，其效力自男女双方符合结婚的实质要件之日起算，而不是从补办结婚证之时起算。其次，在2005年4月至2008年2月期间，张某某与李某某的同居生活，即便双方都是不存在合法配偶的单身人士，而且符合婚姻法规定的结婚的实质要件，但因为未办理结婚登记手续，他们的关系只能被视为同居关系。这时已经不能再适用最高人民法院《关于适用〈中华人民共和国婚姻法〉若干问题的解释（一）》第5条“（一）一九九四年二月一日民政部《婚姻登记管理条例》公布实施以前，男女双方已经符合结婚实质要件的，按事实婚姻处理”的规定了。

至于第二个问题，从1991年到2005年，张某某和李某某都没有联系，这是否可以被认为他们已经自然离婚的问题。首先要说明的是，我国法律上没有自然离婚这个概念，更没有自然离婚的规定。只有婚姻关系自行消亡的情形，那是夫妻配偶死亡时，婚姻关系自行消亡。其次，关于张某某和李某某十多年没有联系，是否构成离婚的问题。这关键还是要看当时同居期间（1989年至1991年期间），张某某和李某某是否符合事实婚姻的条件。如果是符合婚姻法规定的实质条件、并且以夫妻名义共同公开生活的话，构成事实婚姻，则应当去办理离婚协议或者离婚诉讼，才算结束了彼此的关系，也就是说，即便存在十几年没有联系的事实，这也不构成离婚。

而如果，张某某和李某某当时不是以夫妻名义共同生活、或者不符合结婚的实质条件，他们彼此的关系就只能是同居关系。如果是同居关系，1991年李某某与张某某分开，如果分开之前，双方达成了分手的协议，即被视为双方协议解除同居关系。这种协议可以是书面的，也可以是口头的，只要双方都承认即可。

至于第三个问题——同居一定要到法院解除吗？事实上，同居关系不一定要到法院解除，同居双方要是协商达成了一致，并就同居期间的财产和债务等方面事项做好了安排，当事人各自分开就行了。此外，同居不一定就是非法同居，只有有配偶者与他人同居、侵犯了他人合法权益的同居才是非法同居，一般的同居法律并未禁止，根据“法无禁止即可行”的原则，同居不是违法、不是非法，只是法律不保护同居者享有《婚姻法》等法律规定诸如配偶的各种权利。依据最高人民法院《关于适用〈中华人民共和国婚姻法〉若干问题的解释(二)》，可知，如果单纯就解除同居关系去法院起诉，法院不受理，但如果是真的“非法同居”，比如一方有配偶，这时单纯就解除同居关系法院会受理。

至于第四个问题，同居关系，只要双方达成了协议，分手即可，无需到法院申请解除。如果未就子女、财产债务等事项达成一致，最好还是申请法院解除关系并处理这些事项，免得给将来的生活留下隐患。

法律规范

中华人民共和国婚姻法

（2001 年 4 月 28 日第九届全国人民代表大会常务委员会第二十一次会议修正，同日公布并施行）

第八条　要求结婚的男女双方必须亲自到婚姻登记机关进行结婚登记。符合本法规定的，予以登记，发给结婚证。取得结婚证，即确定夫妻关系。未办理结婚登记的，应当补办登记。

第十条　有下列情形之一的，婚姻无效：

（一）重婚的；

（二）有禁止结婚的亲属关系的；

（三）婚前患有医学上认为不应当结婚的疾病，婚后尚未治愈的；

（四）未到法定婚龄的。

最高人民法院关于适用《中华人民共和国婚姻法》若干问题的解释（一）

（2001 年 12 月 24 日最高人民法院审判委员会第 1202 次会议通过，自 2001 年 12 月 27 日起施行）

第四条　男女双方根据婚姻法第八条规定补办结婚登记的，婚姻关系的效力从双方均符合婚姻法所规定的结婚的实质要件时起算。

第五条　未按婚姻法第八条规定办理结婚登记而以夫妻名义共同生活的男

女，起诉到人民法院要求离婚的，应当区别对待：

（一）一九九四年二月一日民政部《婚姻登记管理条例》公布实施以前，男女双方已经符合结婚实质要件的，按事实婚姻处理；

（二）一九九四年二月一日民政部《婚姻登记管理条例》公布实施以后，男女双方符合结婚实质要件的，人民法院应当告知其在案件受理前补办结婚登记；未补办结婚登记的，按解除同居关系处理。

第十五条　被宣告无效或被撤销的婚姻，当事人同居期间所得的财产，按照共同共有处理。但有证据证明为当事人一方所有的除外。

最高人民法院关于适用《中华人民共和国婚姻法》若干问题的解释（二）

（2003 年 12 月 4 日最高人民法院审判委员会第 1299 次会议通过，自 2004 年 4 月 1 日起施行）

第一条　当事人起诉请求解除同居关系的，人民法院不予受理。但当事人请求解除的同居关系，属于婚姻法第三条、第三十二条、第四十六条规定的“有配偶者与他人同居”的，人民法院应当受理并依法予以解除。

当事人因同居期间财产分割或者子女抚养纠纷提起诉讼的，人民法院应当受理。

专家释惑

本案例涉及的主要法律问题是事实婚姻和非法同居关系的认定以及此类关系的解除问题。鉴于本书的相关案例已经详细解释了什么是事实婚姻，什么是非法同居。这里仅稍微介绍和解释一下该如何解除非法同居关系这一问题。

一、对于解除同居关系的诉讼请求

如果是双方无配偶者同居，特别是目前流行的“先同居、后结婚”的这一种情况，如果双方在同居一段时间后，不能结为夫妻关系，一方又担心对方纠缠，诉至法院要求解除同居关系的，人民法院不予受理，应双方自行解除。

如果同居一方是已婚者，即属于“有配偶者与他人同居”的，一方提起诉讼，人民法院应当受理。

二、对财产分割或子女抚养的诉讼请求

同居期间，自然免不了财产的混同，在分手时，自然也不会少了争执。对于“未婚同居”的双方当事人来说，由于同居期间财产分割问题达不成一致意见，可以要求法院判决，法院是受理的。

同居生活期间双方共同所得的收入和购置的财产，按一般共有财产处理。同居生活前，一方自愿赠送给对方的财产，可以照赠与关系处理；一方向另一方索取的财物，可参照最高人民法院《关于贯彻执行民事政策法律若干问题的意见》第18条规定的精神处理，即“借婚姻关系索取的财物，离婚时，如结婚时间不长，或者因索要财物造成对方生活困难的，可酌情返还”。同居期间为共同生产、生活而形成的债权、债务，按共同债权、债务处理。

一方在共同生活期间患有严重疾病未治愈的，分割财产时，应予以适当照顾，或者由另一方给予一次性的经济帮助。

此外，如果同居期间，男女双方生了小孩，对于分手后孩子的抚养费争议，法院也会予以受理。

案例22　易某某在女方离家出走后该如何解除同居关系？

事情是这样的

易某某（男）在自己20岁的时候开始和某个当时只有18岁的女性黄某某同居。双方正式开始同居的时间是2001年3月。2003年6月，黄某某为易某某生下一个儿子。2006年，女方黄某某声称自己与易某某性格不合，离家出走，之后声明不愿意和男方易某某再生活在一起。从2001年开始同居到2006年黄某某出走之前，黄某某和易某某始终都没有领取结婚证。

易某某自己带着儿子生活，觉得很困难，想另外找一个女性开始新的生活。因此，易某某想到了与黄某某解除非法同居关系，但是又怕黄某某因为孩子和感情等问题跑回来闹事。虽然，目前是黄某某自己说她不要小孩也不要什么家产，那还要解除非法同居关系吗？易某某很怕到时候会有什么难缠的事情。通过自己平时看电视、电影了解的一些情节，结合自己的生活经历，易某某想到了去法院请求解除自己与黄某某之间的非法同居关系。但是听别人说，当事人起诉请求解除同居关系的，如果没有“有配偶者与他人同居”的情形，人民法院将不予受理。因此易某某特意咨询相关懂法律的人士，针对自己这样的情况，该怎样来做一个法律上的了断。

律师告诉他，他和黄某某从2001年开始的同居生活，不受法律保护，不属于事实上的婚姻关系。这种未婚同居关系，如果单纯地以解除非法同居关系为由去法院起诉的话，法院不会受理。其次，在女方黄某某离家出走，并表示不愿意与易某某再共同生活的情况下，男方易某某完全有结婚的自由。因为黄某某不具备妻子的身份，不受法律保护。当然，如果要保险起见，易某某可以通过与黄某某协商，达成白纸黑字的分手协议，或者是去法院以请求处理同居财产纠纷或者孩子的抚养问题等为理由，通过法律的方法解除同居关系。

律师专线

易某某咨询的律师所给出的意见是正确的。根据最高人民法院《关于适用〈中华人民共和国婚姻法〉若干问题的解释（二）》第1条的规定：当事人起诉请求解除同居关系的，人民法院不予受理。但当事人请求解除的同居关系，属于《婚姻法》第3条、第32条、第46条规定的“有配偶者与他人同居”的，人民法院应当受理并依法予以解除。当事人因同居期间财产分割或者子女抚养纠纷提起诉讼的，人民法院应当受理。婚姻关系以履行婚姻登记手续作为合法夫妻的依据，未经婚姻登记的婚姻关系不受法律保护。易某某和黄某某二人是未婚同居关系。因此，易某某不能直接以请求解除自己与黄某某的非法同居关系为由，进行起诉。但是，易某某可以凭借以财产分割或子女抚养权为由起诉，在确定财产所有或者子女抚养权的时候，也就意味着对非法同居做了一个了断。

当然，易某某除了可以以财产或子女抚养为理由提起诉讼，请求解除同居并分割共同财产或确定子女抚养权外，他可以采取协议解除的方式来结束与黄某某的同居关系。如果正如女方黄某某所言，她不要小孩也不要什么家产，那么，双方并非一定要通过诉讼解除非法同居关系，可以比较容易地通过协商方式解除彼此同居关系。总之，因为易某某与黄某某之间的同居关系不受法律保护，易某某完全有结婚的自由，如果想有个了断，易某某也可以选择与黄某某进行协商，通过直接签订分手协议的方式解除同居关系。

另外，值得注意的是，现在女方黄某某说她不要孩子，也不要财产，什么也不要。但是，以后女方黄某某仍然存在向男方易某某主张权利的可能。所以，不如通过诉讼的方式到法院进行解决，这样更为明确。

法律规范

中华人民共和国婚姻法

（2001 年 4 月 28 日第九届全国人民代表大会常务委员会第二十一次会议修正，同日公布并施行）

第八条　要求结婚的男女双方必须亲自到婚姻登记机关进行结婚登记。符合本法规定的，予以登记，发给结婚证。取得结婚证，即确定夫妻关系。未办理结婚登记的，应当补办登记。

第十条　有下列情形之一的，婚姻无效：

（一）重婚的；

（二）有禁止结婚的亲属关系的；

（三）婚前患有医学上认为不应当结婚的疾病，婚后尚未治愈的；

（四）未到法定婚龄的。

最高人民法院关于适用《中华人民共和国婚姻法》若干问题的解释（一）

（2001 年 12 月 24 日最高人民法院审判委员会第 1202 次会议通过，自 2001 年 12 月 27 日起施行）

第四条　男女双方根据婚姻法第八条规定补办结婚登记的，婚姻关系的效力从双方均符合婚姻法所规定的结婚的实质要件时起算。

第五条　未按婚姻法第八条规定办理结婚登记而以夫妻名义共同生活的男

女，起诉到人民法院要求离婚的，应当区别对待：

（一）一九九四年二月一日民政部《婚姻登记管理条例》公布实施以前，男女双方已经符合结婚实质要件的，按事实婚姻处理；

（二）一九九四年二月一日民政部《婚姻登记管理条例》公布实施以后，男女双方已经符合结婚实质要件的，人民法院应当告知其在案件受理前补办结婚登记；未补办结婚登记的，按解除同居关系处理。

第十五条　被宣告无效或被撤销的婚姻，当事人同居期间所得的财产，按共同共有处理。但有证据证明为当事人一方所有的除外。

最高人民法院关于适用《中华人民共和国婚姻法》若干问题的解释（二）

（2003 年 12 月 4 日最高人民法院审判委员会第 1299 次会议通过，自 2004 年 4 月 1 日起施行）

第一条　当事人起诉请求解除同居关系的，人民法院不予受理。但当事人请求解除的同居关系，属于婚姻法第三条、第三十二条、第四十六条规定的"有配偶者与他人同居"的，人民法院应当受理并依法予以解除。

当事人因同居期间财产分割或者子女抚养纠纷提起诉讼的，人民法院应当受理。

专家释惑

这里涉及的法律问题主要是如何在法律上解除同居关系。

一、对于解除同居关系的诉讼请求

最高人民法院《关于适用〈中华人民共和国婚姻法〉若干问题的解释（一）》第 5 条可知，如果是双方无配偶者同居，特别是目前流行的"先同居、后结婚"的这一种情况，如果双方在同居一段时间后，不能结为夫妻关系，一方又担心对方纠缠，诉至法院要求解除同居关系的，人民法院不予受理，应双方自行解除。

如果是同居一方是已婚者，即属于"有配偶者与他人同居"的，一方提起诉讼，人民法院应当受理。

此外，没有配偶且又没有婚姻障碍的一男一女以夫妻名义同居生活的，按照我国《婚姻法》的规定，应该补办结婚登记手续。如果向法院提起“离婚”诉讼而又没有补办结婚登记的，人民法院应当依法解除其非法同居关系。如果涉及非婚生子女的抚养问题，可以由双方协商解决，协商不成，人民法院应根据子女的利益和双方的具体情况判断。

二、对财产分割或子女抚养的诉讼请求

同居期间，自然免不了财产的混同，在分手时，自然也不会少了争执。对于“未婚同居”的双方当事人来说，由于同居期间财产分割问题以及债务分担问题达不成一致意见，可以要求法院判决，法院是受理的。

另外，非婚生子女的抚养问题，达不成一致意见的，也可以向法院起诉，要求予以裁决。

案例 23　没有结婚证的同居，男方纠缠不同意解除关系怎么办?

事情是这样的

梁某某，女，湖北省老河口市人，农村户籍。梁某某 35 岁那年，她的丈夫由于交通事故去世。梁某某自己带着一个 10 岁的女儿和 6 岁的儿子生活了大半年。后来，居住在附近的一位本家亲戚看到梁某某带着两个孩子过日子不容易，就于 2001 年 4 月向梁某某介绍了邻村一位妻子已经过世的某男士阙某某。经人介绍认识后，经过简单接触，2001 年 6 月，梁某某就带着两个孩子搬到邻村的阙某某家居住。因缺乏法律知识，梁某某没有与阙某某办理婚登记手续，就直接搬到阙某某家，开始共同居住，发生了事实上的夫妻关系。不到一年的光景，梁某某发现阙某某非常爱喝酒，到了酗酒成性的地步，而且喝酒后常常爱找茬，不是与他人发生口角，就是与梁某某发生口角，甚至有时候还找孩子的麻烦。阙某某逐渐暴露出来的这些坏毛病令梁某某觉得自己与阙某某不适合在一起生活，自己和孩子有了阙某某之后的生活还不如没有他的时候过得舒坦，于是，梁某某向阙某某提出分手，解除同居关系。2003年年底，在一次阙某某酒后滋事与梁某某吵架，发展到动手打架之后，梁某某和自己的孩子正式搬回到自己原来的家中居住。阙某某不同意，动不动就跑到女方梁某某家中吃饭居住，通常还自带酒水。有好几次，阙某某都在酒后无端生事，无理取闹，甚至阻止女方梁某某外出打工供子女上学，要求她回到自己家。看到梁某某对自己的要求无动于衷，后来，阙某某索性跑到梁某某家不走了，赶也不走，别人劝他走也不听。

在一次上街的时候，梁某某在朋友的指点下，特意去咨询了律师，自己这样的没有结婚证的同居生活该怎么解除？针对阙某某这样的骚扰，梁某某自己能否起诉，如何起诉？

律师专线

律师告诉梁某某，在法律上，由于梁某某和阙某某之间没有办理结婚登记手续，从2001年6月开始，梁某某与阙某某的关系就属于不受法律保护的同居关系。这种关系既然不受法律保护，当然可以随时提出分手。依据最高人民法院《关于适用〈中华人民共和国婚姻法〉若干问题的解释（二）》的第1条可知，他们解除关系不需要到法院通过诉讼方式解决，也不能单纯地请求法院解除这种关系。因此，梁某某有权向阙某某提出分手，搬离阙某某的住所。要妥善解除他们之间的关系，也可以由梁某某和阙某某签订一份分手的协议。

其次，针对梁某某搬回到自己家后，阙某某的骚扰，律师建议梁某某及时拨打110报警，由警察对这样的纠纷进行调解。如果情节严重的话，警察会对其进行治安拘留。至于梁某某咨询的该以什么罪名起诉的问题，律师告诉她，就现有情况和情节来看，男方阙某某对女方梁某某的骚扰或者纠缠，还不构成刑法上的犯罪行为，梁某某如果要选择法律诉讼的方式解决问题的话，可以通过民事侵权的诉讼方式起诉阙某某，要求其停止对自己的骚扰，还可以要求经济损失赔偿等。这样做的话，梁某某应当收集好充分的证据。每次的报案记录就是支持民事诉讼的有力证据。

当然，对于阙某某这样的骚扰情形，还可以通过请人私下调解的方式予以处理。

法律规范

中华人民共和国婚姻法

（2001 年 4 月 28 日第九届全国人民代表大会常务委员会第二十一次会议修正，同日公布并施行）

第八条　要求结婚的男女双方必须亲自到婚姻登记机关进行结婚登记。符合本法规定的，予以登记，发给结婚证。取得结婚证，即确定夫妻关系。未办理结婚登记的，应当补办登记。

最高人民法院关于适用《中华人民共和国婚姻法》若干问题的解释（一）

（2001 年 12 月 24 日最高人民法院审判委员会第 1202 次会议通过，自 2001 年 12 月 27 日起施行）

第四条　男女双方根据婚姻法第八条规定补办结婚登记的，婚姻关系的效力从双方均符合婚姻法所规定的结婚的实质要件时起算。

第五条　未按婚姻法第八条规定办理结婚登记而以夫妻名义共同生活的男女，起诉到人民法院要求离婚的，应当区别对待：

（一）一九九四年二月一日民政部《婚姻登记管理条例》公布实施以前，男女双方已经符合结婚实质要件的，按事实婚姻处理；

（二）一九九四年二月一日民政部《婚姻登记管理条例》公布实施以后，男女双方符合结婚实质要件的，人民法院应当告知其在案件受理前补办结婚登记；未补办结婚登记的，按解除同居关系处理。

第十五条　被宣告无效或被撤销的婚姻，当事人同居期间所得的财产，按共同共有处理。但有证据证明为当事人一方所有的除外。

最高人民法院关于适用《中华人民共和国婚姻法》若干问题的解释（二）

（2003 年 12 月 4 日最高人民法院审判委员会第 1299 次会议通过，自 2004 年 4 月 1 日起施行）

第一条　当事人起诉请求解除同居关系的，人民法院不予受理。但当事人请求解除的同居关系，属于婚姻法第三条、第三十二条、第四十六条规定的

“有配偶者与他人同居”的，人民法院应当受理并依法予以解除。

当事人因同居期间财产分割或者子女抚养纠纷提起诉讼的，人民法院应当受理。

专家释惑

这是一个关于未婚同居的案例，涉及未婚同居关系的解除问题。我国《婚姻法》对于同居关系的解除没有明确规定，但是最高人民法院《关于适用〈中华人民共和国婚姻法〉若干问题的解释（二）》中有明确的规定，对于不属于“有配偶者与他人同居”的，法院不会单纯受理解除同居关系的诉讼请求。因为对于不损害他人利益的未婚同居关系，现行法律持不支持，也不干涉的态度。

对于这种同居关系，尽管日常生活中，人们习惯于用道德的言语表达为非法同居，事实上，这在法律意义上而言，并不属于“非法”，只是不受法律保护而已，对于这种同居关系的解除，实践中一种是私下协商，达成分手协议即可。当然，也有的通过法律途径解除，但是通过法律途径解除的时候，一般都会以财产方面为诉由、或者是孩子的抚养问题为诉由，在解决这些问题的同时，请求法院解除同居关系。

如果在解除同居关系时，遭遇一方的纠缠，这时候最好先“晓之以理、动之以情”，说服对方和平友好地分手，这种方式行不通的时候，也可以在搜集证据的情况下，求助于警察或者提起民事诉讼，要求侵权损害赔偿。当然，骚扰的行为严重损害了另一方当事人的利益以致构成犯罪的时候，还可以提请刑事诉讼。但是，请记住法律不是万能的，如要采取法律途径解决问题，一定要记得收集和保护好对自己有利的证据。

案例 24　梁某某该怎样去法院解除非法同居关系？财产是共同共有吗？

事情是这样的

梁某某，女，生于 1982 年。在 1998 年时，当时还属于未成年少女的梁某某与一男子范某某开始了非法同居。一直到现在，梁某某和范某某之间都没有合法的结婚登记手续。梁某某在1999年3月生了一个儿子，在2004年生了一个女儿。到2008年为止的常年的未婚同居期间，梁某某和范某某之间经常打架和吵架，男方范某某更是经常离家出走或者玩失踪，从来不顾家，没有尽过对孩子的抚养责任。在2006年年底时，男方范某某由于盗窃罪入狱一年。

一直到现在，同居期间所生的儿子的读书费用都是梁某某出钱，小女儿在乡下老家由男方范某某的父母抚养。梁某某和范某某没有房子，现居住的房子是租的，家用电器是女方梁某某购买的，家里的存折是以梁某某名义存的，是梁某某近年来打工积攒的钱。如今梁某某觉得自己与范某某实在合不来，根本不想再同居下去，提出分手，但是男方范某某经常骚扰和恐吓女方梁某某，干扰了她的正常生活。

因此，梁某某向某法律义务援助中心打电话诉说情况，并咨询自己该如何解除这种非法同居关系？同居期间的财产到底怎么分？

律师专线

受理咨询的法律援助中心的律师告诉梁某某，她和范某某之间属于非法同居关系，不受法律保护。1998年开始同居时，梁某某是未成年人，她和范某某的同居属于严格意义上的非法同居关系。不过，梁某某成年后，她和男方范某某之间的同居则不属于严格法律意义上的非法同居，而是未婚同居。

现在，梁某某要与男方范某某解除关系可以采取协商或者诉讼这两种办法。协议分手，是指梁某某和范某某之间就分手以及分手后的事项达成协议，具体而言包括就同居期间的财产和孩子的抚养问题进行讨论，达成处理协议即可。

诉讼的方式解除同居关系是指梁某某向当地法院起诉，请求解除自己与范某某之间的同居关系。当然，依据最高人民法院《关于适用〈中华人民共和国婚姻法〉若干问题的解释（二）》，单纯起诉解除同居关系，法院是不予受理的。因此律师告诉梁某某，她可以以要求男方范某某支付孩子的抚养费为理由，或者以分割同居期间的财产为理由，向人民法院起诉。同时在起诉书的诉讼请求中，附带请求解除非法同居关系。比如，起诉书中写明：解除非法同居关系，确认非婚生子女×××、×××由原告抚养，责令被告依法支付抚养费×××

×××元。这样，不仅解决了孩子的抚养费问题，也在判决书中表明依法解除彼此的非法同居关系。

至于同居期间的财产的分配，依据最高人民法院《关于适用〈中华人民共和国婚姻法〉若干问题的解释（一）》第15条的规定可知，对于同居期间的所得，按照共同共有的规则进行处理。即，梁某某和男方范某某都享有同等的份额和同等的权利义务。当然在实践中，划分财产的时候，还会斟酌考虑各自对于财产形成的相应贡献和各自的经济状况。

法律规范

中华人民共和国婚姻法

（2001年4月28日第九届全国人民代表大会常务委员会第二十一次会议修正，同日公布并施行）

第八条 要求结婚的男女双方必须亲自到婚姻登记机关进行结婚登记。符合本法规定的，予以登记，发给结婚证。取得结婚证，即确定夫妻关系。未办理结婚登记的，应当补办登记。

最高人民法院关于适用《中华人民共和国婚姻法》若干问题的解释（一）

（2001年12月24日最高人民法院审判委员会第1202次会议通过，自2001年12月27日起施行）

第四条 男女双方根据婚姻法第八条规定补办结婚登记的，婚姻关系的效力从双方均符合婚姻法所规定的结婚的实质要件时起算。

第五条 未按婚姻法第八条规定办理结婚登记而以夫妻名义共同生活的男女，起诉到人民法院要求离婚的，应当区别对待：

（一）一九九四年二月一日民政部《婚姻登记管理条例》公布实施以前，男女双方已经符合结婚实质要件的，按事实婚姻处理；

（二）一九九四年二月一日民政部《婚姻登记管理条例》公布实施以后，男女双方符合结婚实质要件的，人民法院应当告知其在案件受理前补办结婚登记；未补办结婚登记的，按解除同居关系处理。

第十五条 被宣告无效或被撤销的婚姻，当事人同居期间所得的财产，按共同共有处理。但有证据证明为当事人一方所有的除外。

最高人民法院关于适用《中华人民共和国婚姻法》若干问题的解释（二）

（2003年12月4日最高人民法院审判委员会第1299次会议通过，自2004年4月1日起施行）

第一条　当事人起诉请求解除同居关系的，人民法院不予受理。但当事人请求解除的同居关系，属于婚姻法第三条、第三十二条、第四十六条规定的“有配偶者与他人同居”的，人民法院应当受理并依法予以解除。

当事人因同居期间财产分割或者子女抚养纠纷提起诉讼的，人民法院应当受理。

专家释惑

这里介绍一下未婚同居关系的解除以及同居期间财产的分割问题。

我国最高人民法院《关于适用〈中华人民共和国婚姻法〉若干问题的解释（二）》明确表明，对于不属于非法同居关系的，单纯请求解除同居关系时，法院不予受理，但是就同居财产分割或子女抚养问题起诉的，法院应当依法受理。

同居期间的财产该如何分割呢？2001年新修正后的《婚姻法》和之后通过的司法解释关于同居财产的归属是一个飞跃。过去的司法解释规定，解除非法同居关系，按民法上的一般共有处理。民法上的共有有两种：一种是按份共有；一种是共同共有。按照按份共有，弱势一方的份额肯定少，而共同共有不分份额平等共有，即双方都有同等的权利和义务。现在，即2001年修正后《婚姻法》的司法解释第一次将同居双方的财产关系确定为共同共有，即在财产问题上将双方关系等同于夫妻关系，有利于保护弱者，这是一个非常“善”的规定。

案例 25 有夫之妇与他人同居生子，她是否构成重婚罪？

事情是这样的

1998 年 3 月，女青年吴某某经人介绍认识了当地的男青年张某某。两人相识后发展成为恋爱关系。同年 12 月，吴某某和张某某两人到当地的民政部门办理结婚登记手续。

结婚后的初期，吴某某和张某某的感情还比较好，平时也没有发生什么口角。但是，1999 年 9 月，吴某某生下一名女孩后，吴某某和张某某之间经常为了孩子的问题，发生争吵，互不相让。2000 年 9 月，在夫妻间又一次激烈争吵后，吴某某赌气离家出走，到其他城市打工。在打工的地方，女方吴某某结识了另一名男青年刘某某，双方产生了感情，并于 2001 年双方开始同居生活。2002 年 12 月，女方吴某某在打工的城市为刘某某生下了一个男孩，取名刘某天。吴某某和刘某某两人带着这个小孩子在他们租住的出租房内生活。

2004 年 1 月，吴某某返回家乡要求与在老家的丈夫张某某离婚。张某某不同意离婚，但是当他得知女方吴某某竟然在外地与其他男人同居并且生下一个孩子后，非常愤怒，于 2004 年 2 月 10 日以女方吴某某犯重婚罪为由，向当地法院起诉。

人民法院受理了案件，经过审理，在讨论裁决时，出现了两种不同意见。

第一种意见认为，吴某某在未与其合法丈夫张某某解除婚姻的情况下，又在外与他人同居生子，已构成事实上的重婚，应依法追究吴某某重婚罪的刑事责任。

第二种意见认为，吴某某在其婚姻存续期间虽与他人同居生子，但并未以夫妻名义同居，也未办理婚姻登记，不符合重婚罪的构成要件，因此不构成重婚罪，应依法驳回张某某的诉讼请求。

那么到底应该怎么裁判，应该适用哪一种意见呢？

律师专线

根据我国法律规定，重婚罪是指有配偶而重婚，或明知他人有配偶而与之结婚的行为。构成重婚罪在客观上必须有重婚行为，即（1）已经结婚的人，在婚姻关系存续期间，又与他人结婚，这种结婚可以是通过不法手段取得了合法手续的登记结婚，或者虽未履行结婚登记手续，但正式以夫妻关系共同生活的事实婚姻；（2）有配偶的人，明知他人有配偶而与之结婚的行为。

由上述分析可知，本案中吴某某与张某某为合法夫妻关系。张某某的妻子吴某某跑到外地与他人同居生子，如果其与同居人是以夫妻关系正式生活的，属于事实婚姻，其行为构成重婚罪；如果其仅是与同居人共同生活，并非对外声称是夫妻关系，则属非法同居，虽然是不道德的，但不构成重婚罪。因此，原告律师应当建议原告张某某搜集相关证据以证明被告吴某某与第三人刘某某之间的同居是否以夫妻名义进行，比如出租房的房东的证言；吴某某和刘某某的同事或朋友怎么看待；周围邻居怎么看待他们俩的关系；小孩刘某天的出生记录上的父母姓名是否是吴某某和刘某某的名字。如果能收集到上述证据，这就足以构成重婚罪，属于以夫妻名义公开同居。

但是，如果原告张某某及其律师没有去搜集这些证据，而被告宣称她与刘某某只是偶尔同居或者说姘居，则吴某某虽然在婚姻存续期间与刘某某同居生子，但对外并未声称是夫妻关系，也未办理婚姻登记手续，依据上述分析仅为非法同居，不符合重婚罪的构成要求。这样，对吴某某不能以重婚罪定罪处刑。

法律规范

中华人民共和国刑法

（1979 年 7 月 1 日第五届全国人民代表大会第二次会议通过，1997 年 3 月 14 日第八届全国人民代表大会第五次会议修订）

第二百五十八条　有配偶而重婚的，或者明知他人有配偶而与之结婚的，处二年以下有期徒刑或者拘役。

中华人民共和国婚姻法

（2001 年 4 月 28 日第九届全国人民代表大会常务委员会第二十一次会议修正，同日公布并施行）

第三条　禁止包办、买卖婚姻和其他干涉婚姻自由的行为。禁止借婚姻索取财物。

禁止重婚。禁止有配偶者与他人同居。禁止家庭暴力。禁止家庭成员间的虐待和遗弃。

第四条　夫妻应当互相忠实，互相尊重；家庭成员间应当敬老爱幼，互相帮助，维护平等、和睦、文明的婚姻家庭关系。

第三十二条　男女一方要求离婚的，可由有关部门进行调解或直接向人民法院提出离婚诉讼。

人民法院审理离婚案件，应当进行调解；如感情确已破裂，调解无效，应准予离婚。

有下列情形之一，调解无效的，应准予离婚：

（一）重婚或有配偶者与他人同居的；

（二）实施家庭暴力或虐待、遗弃家庭成员的；

（三）有赌博、吸毒等恶习屡教不改的；

（四）因感情不和分居满二年的；

（五）其他导致夫妻感情破裂的情形。

一方被宣告失踪，另一方提出离婚诉讼的，应准予离婚。

第四十五条　对重婚的，对实施家庭暴力或虐待、遗弃家庭成员构成犯罪的，依法追究刑事责任。受害人可以依照刑事诉讼法的有关规定，向人民法院自诉；公安机关应当依法侦查，人民检察院应当依法提起公诉。

专家释惑

这个案例涉及的主要法律问题是关于重婚罪的界定。

重婚是指有配偶或者明知他人有配偶而与之结婚的违法行为。重婚有以下两种形式：其一，有配偶或者明知他人有配偶而与之登记结婚；其二，有配偶或者明知他人有配偶，不进行结婚登记，但是与之以夫妻名义，持续、稳定地共同居住、生活的行为。如果男女双方没有以夫妻名义，也不是持续、稳定的共同居住、共同生活的，只认定为是姘居这种非法同居关系，而不认定为重婚这种违法犯罪行为。

其中，对于有配偶者又与他人结婚的这类重婚的违法行为（一个人在同一时间内存在两个或两个以上的婚姻关系），须具备两个要件：

1. 当事人一方或者双方已存在有效的婚姻关系，或者说前一婚姻关系仍然有效存续。这是构成重婚的前提条件。如果双方均没有婚姻关系的存在，是未婚、离婚或丧偶的人，自不构成重婚。如果一方或双方虽有婚姻关系，但其婚姻已被宣告无效或被撤销，亦不构成重婚。但是，对于无效婚姻或可撤销婚姻的当事人，在其婚姻未被依法定程序宣告无效或撤销之前，仍属于有配偶的人。

2. 有配偶者与他人结婚，包括两种形式：一是有配偶者又与他人登记结婚，这为法律上的重婚；二是虽未经结婚登记，但又与他人以夫妻关系同居生活，这为事实上的重婚。现实生活中基本上是事实上的重婚为重婚的主要表现形式。

重婚是破坏国家婚姻制度的犯罪行为。我国《刑法》第258条规定："有配偶而重婚的，或者明知他人有配偶而与之结婚的，处二年以下有期徒刑或者拘役。"在司法实践中，同时还可判处重婚者向无过错方予以损害赔偿，依据的是我国《婚姻法》第46条规定，由于重婚导致离婚的，无过错方有权请求损害赔偿。对重婚的处理，在实践中，要依具体情况而有所区别，如果是在正常情况下，应依法处理，而因强迫、包办、受虐待等建立起的婚姻关系人外逃的重婚，或被拐卖建立婚姻关系外逃另外建立婚姻关系的当事人，按重婚论，但是在具体操作上可以处以相应处罚，或者减轻、从轻处罚，可依当事人的要求解除其中一个婚姻关系。

案例26　重婚罪的构成一定要同居吗?

事情是这样的

孙女士最近很苦恼，因为她最近得知与自己结婚十几年的丈夫，竟然背着她在外面和别的女人生了一个小孩子。尽管以前她也察觉到了丈夫的花心和出轨，但每次她认真质疑丈夫的时候，丈夫都以非常诚恳和非常坚决的语气予以否认，并说服她把心放在肚子里，不要疑神疑鬼。孙女士也就每次都不了了之，睁只眼闭只眼地过去了，只要丈夫还很重视这个家，只要他每天都回家。

哪晓得这次，丈夫竟然想“家里红旗不倒，屋外彩旗飘飘”坐享齐人之福。孙女士内心很郁闷，很烦躁，也很后悔。思前想后，孙女士决定打个电话咨询，她所面对的情况，自己如果起诉丈夫犯重婚罪是否可行？她的丈夫与那个女的是偷偷摸摸地偷情，没有公开同居，因为除了出差和加班，孙女士的丈夫基本上每天都是会回家的。这次得知丈夫和那个第三者生了小孩，也是自己非常偶然得知的。

律师专线

受理咨询的律师告诉孙女士，如果没有其他充分有力的证据能够证明她的丈夫与那个第三者是公开同居，而且是以夫妻名义进行同居的话，要告自己的丈夫和那个女的犯有重婚罪非常难，因为难以符合重婚罪的主客观要件。

正如孙女士自己陈述的那样，她丈夫除了出差和加班，都是会回家的。她丈夫和那个第三者之间的越轨行为是偷偷摸摸进行的偷情，朋友都不太清楚孙女士的丈夫和那个第三者之间的关系，也不知道他们是否是夫妻。因此，律师建议孙女士搜集证据，调查附近的居委会、物业、邻居以及朋友以取得证词，看孙女士的丈夫和那个第三者之间是否以夫妻名义出现。同时建议去调查自己的丈夫和那个第三者所生的小孩的情况，比如小孩子的出生证、户口等资料上注明的父母是谁等等。如果，相关证据没办法证明自己的丈夫和那个第三者是以夫妻名义同居生活，即使搜集到的证据能证明孙女士的丈夫和第三者是不正当的男女关系，也不适合重婚罪起诉，即使起诉了，也不能胜诉。

法律规范

中华人民共和国刑法

（1979 年 7 月 1 日第五届全国人民代表大会第二次会议通过，1997 年 3 月 14 日第八届全国人民代表大会第五次会议修订）

第二百五十八条　有配偶而重婚的，或者明知他人有配偶而与之结婚的，处二年以下有期徒刑或者拘役。

中华人民共和国婚姻法

（2001年4月28日第九届全国人民代表大会常务委员会第二十一次会议修正，同日公布并施行）

第三条　禁止包办、买卖婚姻和其他干涉婚姻自由的行为。禁止借婚姻索取财物。

禁止重婚。禁止有配偶者与他人同居。禁止家庭暴力。禁止家庭成员间的虐待和遗弃。

第四条　夫妻应当互相忠实，互相尊重；家庭成员间应当敬老爱幼，互相帮助，维护平等、和睦、文明的婚姻家庭关系。

第四十五条　对重婚的，对实施家庭暴力或虐待、遗弃家庭成员构成犯罪的，依法追究刑事责任。受害人可以依照刑事诉讼法的有关规定，向人民法院自诉；公安机关应当依法侦查，人民检察院应当依法提起公诉。

专家释惑

这个案例的主要法律问题依然是重婚罪的认定问题。

一、重婚罪的概念及其构成

依据我国《刑法》第258条可知，重婚罪，是指有配偶又与他人结婚或者明知他人有配偶而与之结婚的行为。重婚罪的构成要件如下：

（一）客体要件

本罪侵犯的客体是一夫一妻制的婚姻关系。一夫一妻制是我国婚姻法规定的原则，重婚行为破坏了我国社会主义婚姻、家庭制度，必须予以刑事处罚。

（二）客观要件

本罪在客观方面表现为行为人必须具有重婚的行为。即有配偶的人又与他人结婚的，或者明知他人有配偶而与之结婚的，就构成重婚罪。

所谓有配偶，是指男人有妻、女人有夫，而且这种夫妻关系未经法律程序解除尚在存续的，即为有配偶的人；如果夫妻关系已经解除，或者因配偶一方死亡夫妻关系自然消失，即不再是有配偶的人。所谓又与他人结婚，包括骗取合法手续登记结婚的和虽未经婚姻登记手续但以夫妻关系共同生活的事实婚姻。所谓明知他人有配偶而与之结婚的，是指本人虽无配偶，但明知对方有配偶，而故意与之结婚的（包括登记结婚或者事实婚姻）。此种行为是有意破坏他人婚姻的行为。

事实上，根据司法实践经验，重婚行为主要有以下几种类型：

1. 与配偶登记结婚，与他人又登记结婚而重婚，也即两个法律婚的重婚。有配偶的人又与他人登记结婚，有重婚者欺骗婚姻登记机关而领取结婚证的，也有重婚者和登记机关工作人员互相串通作弊领取结婚证的。

2. 与原配偶登记结婚，与他人没有登记却以夫妻关系同居生活而重婚，此即为先法律婚后事实婚型。

3. 与配偶和他人都未登记结婚，但与配偶和他人曾先后或同时以夫妻关系同居而重婚，此即两个事实婚的重婚。

4. 与原配偶未登记而确以夫妻关系共同生活，后又与他人登记结婚而重婚，此即先事实婚后法律婚型。

5. 没有配偶，但明知对方有配偶而与之登记结婚或以夫妻关系同居而重婚。

（三）主体要件

本罪的主体为一般主体，一是有配偶的人，在夫妻关系存续期间又与他人成立婚姻关系；二是没有配偶的人，明知对方有配偶而与之结婚。

（四）主观要件

本罪在主观方面表现为直接故意，即明知他人有配偶而与之结婚或自己有配偶而故意与他人结婚。如果没有配偶一方确实不知对方有配偶而与之结婚或以夫妻关系共同生活的，无配偶一方不构成重婚罪，有配偶一方则构成重婚罪。重婚的动机是多种多样的，有的是喜新厌旧；有的是出于贪图享乐；有的是封建思想作祟等等。但动机不影响本罪的成立。

二、重婚罪的认定

（一）本罪与非罪的界限

在市场经济体制建立与逐步健全的今天，所谓“大款”包“二奶”现象已非常普遍。重婚是一个非常复杂的现象，在处理重婚案件时，罪与非罪的界限往往难以区分。我们认为，应从以下几个方面来区分重婚罪与非罪的界限。

1. 要区分重婚罪与有配偶的妇女被拐卖而重婚的界限。近几年来，拐骗、贩卖妇女的犯罪相当严重。有的妇女已经结婚，但被犯罪分子拐骗、贩卖后被迫与他人结婚，在这种情况下，被拐卖的妇女在客观上尽管有重婚行为，但其主观上并无重婚的故意，与他人重婚是违背其意愿的、是他人欺骗或强迫的结果。

2. 要区分重婚罪与临时姘居的界限。姘居，是指男女双方未经结婚而临时在一起以夫妻名义共同生活，不构成重婚罪。最高人民法院1958年1月27日在《关于如何认定重婚行为问题的批复》中指出：“如两人虽然同居，但明明只是临时姘居关系，彼此以‘姘头’相对待，随时可以自由撤散，或者在约定时期届满后即结束姘居关系的，则只能认为是单纯非法同居，不能认为是重婚。”

（二）本罪与强奸罪的界限

在实践中，有的男人本来就有妻子，但却利用某种关系，采用暴力、胁迫等手段，长期与其他女性过性生活，对外也毫不顾忌，以夫妻关系自居，而女方却由于各种原因不得不屈从。对于这类案件，应按强奸罪论处，不应定重婚罪。区分重婚罪与强奸罪的界限应从以下两方面进行分析：

1. 客体要件不同。重婚罪侵犯的客体是一夫一妻制的婚姻关系。而强奸罪侵犯的客体是妇女性的不可侵犯的权利。

2. 犯罪客观方面不同。重婚罪在客观上表现为两种情况：一是以弄虚作假的手段非法骗取登记结婚。即自己有配偶而又与别人结婚，或者明知他人有配偶而与之结婚的行为。二是凡符合重婚罪主体、主观要件的人，尽管没有进行结婚登记，但公开以夫妻关系长期共同生活在一起，这里既包括经济生活，也包括性生活，在他们之间形成了事实上的婚姻关系。强奸罪在客观方面表现为违背妇女意志，使用暴力、胁迫或者其他手段，强行与之发生性交的行为。

三、处罚

犯重婚罪的，处二年以下有期徒刑或者拘役。

由上述情况可知，孙女士所咨询问题的答案：孙女士的丈夫只是偷情，并没有和第三者以夫妻名义生活同居，因此不构成重婚罪。

五、可撤销的婚姻

内容提要

可撤销婚姻，是指当事人因意思表示不真实而成立的婚姻，通过有撤销请求权的当事人行使撤销请求权，由婚姻登记机关或人民法院撤销该婚姻，使已经发生法律效力的婚姻关系失去其法律效力，并且使之自始无效。这种婚姻，如果有撤销请求权的当事人放弃行使撤销请求权，则婚姻关系继续有效。

受胁迫的婚姻是可撤销的婚姻，这是我国2001年新的《婚姻法》加以明确规定的内容。事实上，我国大陆地区，只有受胁迫的婚姻才是可撤销的婚姻。撤销请求权由受胁迫的当事人行使。所谓“胁迫”一方采取暴是指力、威胁、恐吓等手段，以给对方或对方的亲友的人身自由、健康、荣誉、名誉、财产等造成损害为要挟，迫使对方违背自己的真实意愿作出虚假的意思表示而与之结婚的行为。

受胁迫的婚姻一旦被撤销，则自始无效。

案例 27　被拐卖后领取了结婚证的她能申请撤销婚姻吗？

事情是这样的

吉某某是一名四川籍女子，1979 年 1 月出生于四川某县的山村。1997 年，已经年满 18 周岁的吉某某随同村里的伙伴外出来到南方某省打工。1998 年 6 月份，吉某某试图跳槽寻找新的工作机会，却不幸被人诱骗。人贩子给她喝了一种特殊的饮料，等吉某某醒过来的时候，她已经双手被绑住，嘴巴塞了布条被困在一辆破旧面包车内，而且还有人看守，逃也逃不了，喊也喊不出来。1998 年 8 月，吉某某被人贩子贩卖到陕西某县的一个偏僻的农村，给当地村民王大富做媳妇。被卖到王家后，吉某某多次试图逃跑，都被王大富及其家人给追回来了，还遭到王家人的捆绑和毒打。王大富和他的家人甚至恐吓她："你是我们花了 5000 块钱买回来的媳妇，别想逃走，老老实实、安安心心地待在王家，与王大富结婚，否则就打断你的腿，让你一辈子成为残疾。"经过几次逃跑后的毒打以及数月的监视后，吉某某不敢再逃跑，而且也害怕自己真的被王家的人打成残疾。留得青山在，不怕没柴烧，吉某某想等王大富和他的家人对自己的监视日益放松的时候，自己也稍微了解了这个地方后再寻找机会逃走。不久，吉某某就被告知怀孕了。在怀孕期间，王大富和他的家人对吉某某的看管依然很严。在这期间，吉某某在王大富及其家人的要挟下，领取了结婚证。吉某某于 1999 年 6 月生下了第一个孩子。一直到 2002 年 4 月份，吉某某又生下一个孩子后，王家人对吉某某的看管才稍微松懈一点，开始允许她一个人去村里的小卖部买点盐或酱油之类的简单日用品。2002 年 7 月的一天中午，吉某某让两个孩子吃饱睡着后，以要去村口一户村民家借东西为由，逃出了王大富所在的村。然后，吉某某一下不敢停，直奔马路，恰好搭上了经过附近去镇里的班车，这样才成功逃离被贩卖生活了几年的村庄。

吉某某之后回到自己四川的家。2003 年的 5 月份，吉某某在家人的陪同下来到了陕西的那个地方，向县法院提交了要求撤销与王大富婚姻关系的申请。当地法院受理了案件。在审理过程中，王大富声称，自己与吉某某已经生儿育女了，都有了两个孩子，早已经确立起了夫妻感情。他们的婚姻不属于受胁迫的婚姻。不过，王大富还称，看在儿子和女儿的份上，他同意离婚，但是不同意撤销婚姻。

受案法院经审理后查明，吉某某是四川籍女子，被人贩子贩卖到该地，在被胁迫的情况下与王大富结婚，吉某某并不是自愿结婚，双方并没有感情基础，而且尽管后来生儿育女，却并没有建立夫妻感情。吉某某是在自己恢复人身自由后一年内向法院提出撤销婚姻的请求。据此，法院经审理后判决，依法撤销吉某某与王大富的婚姻关系。

律师专线

法院的判决是正确的。因为2001 年修改后的《中华人民共和国婚姻法》第11 条明确规定了“因胁迫结婚的，受胁迫的一方可以向婚姻登记机关或人民法院请求撤销该婚姻。”吉某某是被人贩子贩卖给王大富，并且在王大富及其家人的看管和胁迫下与王大富共同生活，并领取了结婚证。这属于法律所规定的受胁迫结婚。吉某某被胁迫而与王大富结婚后，人身自由依然受到限制，直到2002 年7 月份逃离该地。从吉某某恢复人身自由开始（即2002 年7 月）到她向法院提起撤销与王大富的婚姻关系的诉讼请求之时（2003 年5 月），这期间不超过一年，符合我国《婚姻法》规定的行使婚姻撤销请求权的时效期间。因此，法院依法撤销吉某某与王大富的婚姻关系的判决是正确的。

法律规范

中华人民共和国婚姻法

（2001 年4 月28 日第九届全国人民代表大会常务委员会第二十一次会议修正，同日公布并施行）

第二条 实行婚姻自由、一夫一妻、男女平等的婚姻制度。

保护妇女、儿童和老人的合法权益。

实行计划生育。

第三条 禁止包办、买卖婚姻和其他干涉婚姻自由的行为。禁止借婚姻索取财物。

禁止重婚。禁止有配偶者与他人同居。禁止家庭暴力。禁止家庭成员间的虐待和遗弃。

第五条　结婚必须男女双方完全自愿，不许任何一方对他方加以强迫或任何第三者加以干涉。

第十一条　因胁迫结婚的，受胁迫的一方可以向婚姻登记机关或人民法院请求撤销该婚姻。受胁迫的一方撤销婚姻的请求，应当自结婚登记之日起一年内提出。被非法限制人身自由的当事人请求撤销婚姻的，应当自恢复人身自由之日起一年内提出。

第十二条　无效或被撤销的婚姻，自始无效。当事人不具有夫妻的权利和义务。同居期间所得的财产，由当事人协议处理；协议不成时，由人民法院根据照顾无过错方的原则判决。对重婚导致的婚姻无效的财产处理，不得侵害合法婚姻当事人的财产权益。当事人所生的子女，适用本法有关父母子女的规定。

最高人民法院关于适用《中华人民共和国婚姻法》若干问题的解释（一）

（2001 年 12 月 24 日最高人民法院审判委员会第 1202 次会议通过，自 2001 年 12 月 27 日起施行）

第十条　婚姻法第十一条所称的“胁迫”，是指行为人以给另一方当事人或者其近亲属的生命、身体健康、名誉、财产等方面造成损害为要挟，迫使另一方当事人违背真实意愿结婚的情况。

因受胁迫而请求撤销婚姻的，只能是受胁迫一方的婚姻关系当事人本人。

第十一条　人民法院审理婚姻当事人因受胁迫而请求撤销婚姻的案件，应当适用简易程序或者普通程序。

第十二条　婚姻法第十一条规定的“一年”，不适用诉讼时效中止、中断或者延长的规定。

第十三条　婚姻法第十二条所规定的自始无效，是指无效或者可撤销婚姻在依法被宣告无效或被撤销时，才确定该婚姻自始不受法律保护。

第十四条　人民法院根据当事人的申请，依法宣告婚姻无效或者撤销婚姻的，应当收缴双方的结婚证书并将生效的判决书寄送当地婚姻登记管理机关。

第十五条　被宣告无效或被撤销的婚姻，当事人同居期间所得的财产，按共同共有处理。但有证据证明为当事人一方所有的除外。

专家释惑

本案例涉及的主要法律问题是可撤销婚姻。可撤销婚姻只有一种，即受胁迫成立的婚姻。虽然法律规定，受胁迫的婚姻可以依法被撤销，但是法律也同时规定了可撤销婚姻必须满足一系列的实质条件。

首先，我们了解一下什么是可撤销的婚姻关系？

所谓可撤销婚姻，是指婚姻当事人一方采取暴力、威胁、恐吓等手段，以给对方或对方的亲友的人身自由、健康、荣誉、名誉、财产等造成损害为要挟，迫使对方违背自己的真实意愿作出虚假的意思表示而与之结婚的行为。这种婚姻关系违背了婚姻自由原则。因此，受胁迫的一方当事人可依法向婚姻登记机关或人民法院请求撤销其婚姻。当事人一方以胁迫为由撤销婚姻关系，须具有以下要件：(1) 须有胁迫的故意。(2) 须有胁迫的行为。该胁迫行为可以是对方当事人，也可以是第三人，还可以是被胁迫方的父母。(3) 胁迫具有违法性。(4) 须有被胁迫人因恐惧心理而为的意思表示，与胁迫行为之间具有因果关系。

注意

胁迫必须是非法的。比如男方对女方说“你不与我结婚，这个白金戒指就不送给你”，这里，男方的言行仅仅是取消赠与的表示，并不构成非法胁迫行为；如果男方对女方说“你不和我结婚，我就去跳楼”，这也不是胁迫，因为不是以女方或女方亲友的相关权益为对象。而如果男方对女方说“你不与我结婚，我就将你家的房子烧了、把你全家杀了”，男方的这种言行就是非法胁迫行为。

另外，撤销权的行使有特定的主体和对象。撤销权人行使撤销权的意思表示须向婚姻登记管理机关或人民法院作出，而不是向相对人作出。

案例 28　束某某能请求法院撤销其受胁迫的婚姻吗？

事情是这样的

2002 年 3 月，来自湖北省某县的女青年束某某在武汉市某饭店打工期间，认识了比她大 4 岁的某工厂职工宋某某。束某某觉得宋某某高大健壮，会让人有安全感。不久，束某某开始与宋某某谈朋友，确立男女恋爱关系。束某某利用一次周末休假的机会，带宋某某回到了自己的家乡，拜见了父母。然而，在经过一段时间的接触和深入了解后，束某某认为他们两人性格不合，不适合继续发展感情，遂提出终止恋爱关系。宋某某对此坚决反对，并多次扬言：束某某如不与他结婚，就杀死她一家。宋某某不仅当着束某某的面这样说，甚至当着束某某同事的面也这样说。慑于宋某某的淫威，2002 年 12 月，束某某违心地与宋某某办理了结婚登记手续。在共同生活期间，宋某某脾气暴躁，自控力差，常常因生活琐事对束某某大打出手。随着矛盾的加剧，束某某决定通过法律手段解除这一痛苦的婚姻关系。2003 年 6 月，束某某向当地法院起诉，声称自己是受宋某某的胁迫而结婚的，请求依法撤销其与宋某某的婚姻关系。在审理过程中，束某某向法庭提供了自己受到胁迫而结婚的证据，包括同事的证言。

法院经审理查明，在 2002 年 12 月束某某与宋某某登记结婚前，宋某某确实对束某某存在多次威胁、恐吓等言行。根据《婚姻法》的有关规定，法院经审理后认为，束某某与宋某某的婚姻属于可撤销婚姻，依法判决予以撤销。

律师专线

本案中，宋某某采用威胁的手段与束某某结婚，声称“束某某如不与他结婚，就杀死她一家。”这是典型的采取威胁、恐吓手段，以给束某某以及束某某的家人的生命健康造成损害相要挟，以迫使束某某违背自己内心真实的想法，被迫与宋某某继续发展感情，并且被迫与之结婚。宋某某的威胁恐吓手段，不仅束某某自己能证明，而且束某某的同事也听过和见过。因此，宋某某的行为属于胁迫。束某某与宋某某的婚姻应当被认定为受胁迫的婚姻，从而可以由束某某请求依法撤销。

束某某在法定期限内提出撤销婚姻的申请，完全符合我国《婚姻法》第11条的明确规定，因此，法院依法撤销这一婚姻的判决是正确的。

被胁迫的婚姻被法院撤销后，束某某的婚姻状况登记应当是“未婚”，而不是“离异”。因为依据《中华人民共和国婚姻法》第12条的规定，“无效或被撤销的婚姻，自始无效。当事人不具有夫妻的权利和义务。”

法律规范

中华人民共和国婚姻法

（2001年4月28日第九届全国人民代表大会常务委员会第二十一次会议修正，同日公布并施行）

第五条　结婚必须男女双方完全自愿，不许任何一方对他方加以强迫或任何第三者加以干涉。

第十一条　因胁迫结婚的，受胁迫的一方可以向婚姻登记机关或人民法院请求撤销该婚姻。受胁迫的一方撤销婚姻的请求，应当自结婚登记之日起一年内提出。被非法限制人身自由的当事人请求撤销婚姻的，应当自恢复人身自由之日起一年内提出。

第十二条　无效或被撤销的婚姻，自始无效。当事人不具有夫妻的权利和义务。同居期间所得的财产，由当事人协议处理；协议不成时，由人民法院根据照顾无过错方的原则判决。对重婚导致的婚姻无效的财产处理，不得侵害合法婚姻当事人的财产权益。当事人所生的子女，适用本法有关父母子女的规定。

最高人民法院关于适用《中华人民共和国婚姻法》若干问题的解释（一）

（2001年12月24日最高人民法院审判委员会第1202次会议通过，自2001年12月27日起施行）

第十条　婚姻法第十一条所称的“胁迫”，是指行为人以给另一方当事人或者其近亲属的生命、身体健康、名誉、财产等方面造成损害为要挟，迫使另一方当事人违背真实意愿结婚的情况。

因受胁迫而请求撤销婚姻的，只能是受胁迫一方的婚姻关系当事人本人。

第十一条　人民法院审理婚姻当事人因受胁迫而请求撤销婚姻的案件，应当适用简易程序或者普通程序。

第十二条　婚姻法第十一条规定的“一年”，不适用诉讼时效中止、中断或者延长的规定。

第十三条　婚姻法第十二条所规定的自始无效，是指无效或者可撤销婚姻在依法被宣告无效或被撤销时，才确定该婚姻自始不受法律保护。

第十四条　人民法院根据当事人的申请，依法宣告婚姻无效或者撤销婚姻的，应当收缴双方的结婚证书并将生效的判决书寄送当地婚姻登记管理机关。

第十五条　被宣告无效或被撤销的婚姻，当事人同居期间所得的财产，按共同共有处理。但有证据证明为当事人一方所有的除外。

专家释惑

这里涉及的主要法律问题是，什么是受胁迫的、可撤销的婚姻?

我国《婚姻法》第11条规定：“因胁迫结婚的，受胁迫的一方可以向婚姻登记机关或人民法院请求撤销该婚姻。”据此，我们不难得知，婚姻关系在“胁迫”的情况下可以申请撤销。这里的“胁迫”，是指婚姻双方当事人一方采取暴力、威胁、恐吓等手段，以给对方或对方的亲友的人身自由、健康、荣誉、名誉、财产等造成损害为要挟，迫使对方违背自己的真实意愿作出虚假的意思表示而与之结婚的行为。当事人因意思表示不真实而成立的婚姻，在结婚的要件上有欠缺。通过有撤销权的当事人行使撤销权，可以使已经发生法律效力的婚姻关系失去法律效力。

当事人一方以胁迫为由撤销婚姻关系，须具有以下要件：(1) 须有胁迫的故意。(2) 须有胁迫的行为。该胁迫行为可以是对方当事人，也可以是第三人，还可以是被胁迫方的父母。(3) 胁迫具有违法性。(4) 须有被胁迫人因恐惧心理而为的意思表示，与胁迫行为之间具有因果关系。

此外，应当指出的是，当事人自登记结婚之日起一年内，或者被非法限制人身自由的当事人自恢复人身自由之日起一年内未请求撤销婚姻的，就不能以胁迫为由请求撤销婚姻，而只能按离婚诉讼程序处理。

案例 29 撤销婚姻请求权应该在多长时间内行使？

事情是这样的

1999 年 10 月，家住江西赣州地区某县的年轻姑娘方某某，在广州打工期间被人贩子拐卖给广东省陆丰市一山区农民陈某某为妻。在人生地不熟而且行动受到严格看管的情况下，方某某逃了几次都不成功。在陈某某的强迫下，方某某与陈某某两人于 1999 年 12 月去当地的乡政府进行了登记结婚。虽然结婚了，方某某依然不愿意留在当地与陈某某共同生活。起初，方某某还在悉心为成功逃离做准备，可是过了一段时间后，她发现其实陈某某对她也不错，尤其是怀孕以后，陈某某对她嘘寒问暖，并且不再严格看管她。于是，方某某想等到生下孩子后再离开，毕竟为陈某某留下了后代，可以对得起陈某某在她怀孕期间对她的种种关心。可是，等到 2000 年 11 月，孩子生下来之后，看到襁褓中整日嗷嗷待哺的婴孩，方某某又舍不得丢下孩子独自离开。此时，陈某某已经不再对方某某进行看管，两人的生活就像正常结婚的夫妻一样。于是，方某某想来想去后决定就不走了。

两年过去了，方某某开始想念自己的家人。于是，方某某开始联系家里，并告诉父母，自己当初是被人贩子拐卖来到陆丰当地的，如今已经有了孩子。方某某的父母知道后，心里一块石头总算落地了，好歹自己的女儿还活着。庆幸之余，方某某的父母在想办法让自己的女儿回到家乡来。在自己的女儿下落不明的这两年里，方某某的父母打听了不少地方、不少人，也了解了不少与失踪、拐卖等问题有关的知识，知道了被拐卖后的婚姻可以撤销。可是，自己的女儿已经有些愿意留在被拐卖的地方了，这种情况下能去法院申请撤销婚姻吗？对此，方某某的父母不是很清楚，于是他们为此专门去咨询了县里民政局的工作人员。接待方某某父母的那位民政局的工作人员告诉他们，目前方某某已经不能向法院提出撤销与陈某某的婚姻了。

律师专线

民政局的工作人员给出的意见是正确的。因为尽管2001年修改后的《中华人民共和国婚姻法》第11条明确规定了“因胁迫结婚的，受胁迫的一方可以向婚姻登记机关或人民法院请求撤销该婚姻。”但是该条同时规定，“受胁迫的一方撤销婚姻的请求，应当自结婚登记之日起一年内提出。”

方某某1999年10月就被人贩子卖到了陈某某所在的村庄。在她怀孕后，陈某某就开始放松对她的看管。此时，方某某就有较大的人身自由，而且就有机会逃离被贩卖的地方。到孩子出生之后，陈某某已经不再对其进行监视或看管。至此，方某某具有完全的人身自由。可是在之后的一年多，方某某没有离开那个地方。由此可知，在恢复人身自由后一年多的时间内，方某某都没有行使婚姻撤销请求权，当然，在她与自己的父母联系了之后，也不能再行使这样的撤销请求权了，因为已经超过了法律明确规定的婚姻撤销请求权行使的法定期间——一年。

法律规范

中华人民共和国婚姻法

（2001年4月28日第九届全国人民代表大会常务委员会第二十一次会议修正，同日公布并施行）

第三条　禁止包办、买卖婚姻和其他干涉婚姻自由的行为。禁止借婚姻索取财物。

禁止重婚。禁止有配偶者与他人同居。禁止家庭暴力。禁止家庭成员间的虐待和遗弃。

第十一条　因胁迫结婚的，受胁迫的一方可以向婚姻登记机关或人民法院请求撤销该婚姻。受胁迫的一方撤销婚姻的请求，应当自结婚登记之日起一年内提出。被非法限制人身自由的当事人请求撤销婚姻的，应当自恢复人身自由之日起一年内提出。

第十二条　无效或被撤销的婚姻，自始无效。当事人不具有夫妻的权利和义务。同居期间所得的财产，由当事人协议处理；协议不成时，由人民法院根据照顾无过错方的原则判决。对重婚导致的婚姻无效的财产处理，不得侵害合法婚姻当事人的财产权益。当事人所生的子女，适用本法有关父母子女的规定。

最高人民法院关于适用《中华人民共和国婚姻法》若干问题的解释（一）

（2001 年 12 月 24 日最高人民法院审判委员会第 1202 次会议通过，自 2001 年 12 月 27 日起施行）

第十条　婚姻法第十一条所称的“胁迫”，是指行为人以给另一方当事人或者其近亲属的生命、身体健康、名誉、财产等方面造成损害为要挟，迫使另一方当事人违背真实意愿结婚的情况。

因受胁迫而请求撤销婚姻的，只能是受胁迫一方的婚姻关系当事人本人。

第十一条　人民法院审理婚姻当事人因受胁迫而请求撤销婚姻的案件，应当适用简易程序或者普通程序。

第十二条　婚姻法第十一条规定的“一年”，不适用诉讼时效中止、中断或者延长的规定。

第十三条　婚姻法第十二条所规定的自始无效，是指无效或者可撤销婚姻在依法被宣告无效或被撤销时，才确定该婚姻自始不受法律保护。

第十四条　人民法院根据当事人的申请，依法宣告婚姻无效或者撤销婚姻的，应当收缴双方的结婚证书并将生效的判决书寄送当地婚姻登记管理机关。

第十五条　被宣告无效或被撤销的婚姻，当事人同居期间所得的财产，按共同共有处理。但有证据证明为当事人一方所有的除外。

专家释惑

本案例涉及的主要法律问题是撤销婚姻请求权的行使期间。受胁迫成立的婚姻是依法可撤销的婚姻。因为胁迫当事人结婚，违反了婚姻自由和结婚完全自愿的原则。所以，法律赋予受胁迫一方撤销该婚姻的权利。受胁迫的一方当事人可依法向婚姻登记机关或人民法院请求撤销。但是法律也同时规定了这种撤销请求权的行使期限。

受胁迫的一方撤销婚姻的请求，应当自结婚登记之日起 1 年内提出。如果受胁迫的一方结婚后的人身自由受到非法限制的，请求撤销婚姻应当自其恢复人身自由之日起1年内提出。这个1年期限属于除斥期间，不适用诉讼时效中止、中断或者延长的规定。即若在法定期间内不行使这种撤销请求权，该权利则归于消灭。法律规定以上的时间限制，既是尊重当事人的主观意愿，同时也是出于维护婚姻稳定的目的。

六、无效婚姻

内容提要

无效婚姻和可撤销婚姻制度都是2001年修改后的《婚姻法》增设的新制度。

无效婚姻，是指欠缺婚姻成立的法定条件而不发生法律效力的男女两性的结合。

婚姻无效包括四种情形：（一）重婚的；（二）有禁止结婚的亲属关系的；（三）婚前患有医学上认为不应当结婚的疾病，婚后尚未治愈的；（四）未到法定婚龄的。

无效或被撤销的婚姻，自始无效。当事人不具有夫妻的权利和义务。同居期间所得的财产，由当事人协议处理；协议不成时，由人民法院根据照顾无过错方的原则判决。

对重婚导致的婚姻无效的财产处理，不得侵害合法婚姻当事人的财产权益。当事人所生的子女，适用本法有关父母子女的规定。

案例30 重婚属于婚姻无效的法定理由

事情是这样的

两年前，时年23岁的女青年韩某某在酒吧当服务员时认识了现在的老公郭某某。一见倾心的两人很快坠入情网并开始谈婚论嫁。由于韩某某和郭某某之间的交往一直瞒着郭家父母，直到结婚登记前郭某某才带女方韩某某见了自家的长辈，因此韩某某和郭某某两人的这段感情并没有得到两位老人的认可和祝福。

2007年3月，韩某某和郭某某一同去当地的民政部门登记结婚了。然而，结婚后没过多久，小两口就为了一些生活琐事闹起了别扭，新娘韩某某一气之下跑到了公婆家告状。没想到，在公公婆婆家，女方韩某某无意间看到一张长得很像郭某某的小男孩照片，在她的追问之下，郭家两位老人竟然告知这是他们的孙子。原来，郭某某早在2000年就已经和他人结婚并育有一子，更令韩某某震惊的是，郭某某和这个孩子的妈妈至今没有离婚。

韩某某听到这一消息，头都大了，感到自己受到了欺骗，非常气愤。韩某某一纸诉状将郭某某告到当地法院。念及郭家两位老人的苦苦相求，她暂不追究郭某某重婚的刑事责任，但是要求法院宣告他们的婚姻无效，同时提出了5万元的损害赔偿。

在法庭上，韩某某情绪激动地回忆她和郭某某结婚登记那天的情节。当时，郭某某显得特别紧张，填表时在"未婚"一栏里打钩时手不停地抖，当时她还以为他身体不舒服，而郭某某竟然还笑着安慰她说："今天我就要结束自己的单身生涯了，所以特别激动。"接着原告韩某某又拿出了一沓病例和单据，并表示，由于郭某某的恶意隐瞒和欺骗，致使她婚前婚后两次做了人流手术，对她的身心造成了很大的伤害。

被告郭某某则辩称当初他和妻子是奉子成婚的，因为性格不合，半年不到自己的妻子就带着孩子回了外地老家，"我们俩实际分居已经有7年多，我以为这段婚姻已经自动解除了。"

法院认为，被告郭某某在未办理离婚手续的情况下，又与原告韩某某登记结婚，已经构成重婚，故原告韩某某要求宣告其与郭某某的婚姻无效的诉讼请求，法院予以支持。据此作出上述判决，原告与被告的结婚证法院予以收缴。经过法官的主持调解，双方当事人就赔偿事项自愿达成协议：被告郭某某于10日内支付原告韩某某精神损害抚慰金5万元。

另外，受案法院也向民政部门发出了司法建议函：在当事人申请婚姻登记时，作为婚姻登记管理部门应当加强审核，避免此类情况的发生。

律师专线

这个案例中，法院的裁判是正确的——宣告郭某某和韩某某的婚姻因郭某某重婚而无效，郭某某支付韩某某相应的婚姻损害赔偿金。

重婚是指有配偶的人又与他人登记结婚的违法行为，或者明知他人有配偶而与他人登记结婚的违法行为。重婚是被法律严格禁止的违法行为。我国《婚姻法》第3条第2款明确规定禁止重婚，同时，重婚还是我国《婚姻法》第10条明文规定的婚姻无效的法定理由，也是《婚姻法》第46条规定无过错方有权请求婚姻损害赔偿的法定理由。本案中，被告郭某某在尚未解除合法婚姻的情形下，又与他人登记结婚，这构成重婚。对于重婚的，不仅要确认重婚者的第二个“婚姻”无效，解除其重婚关系，还应追究重婚者的刑事责任。对此，我国《刑法》第258条有明确的规定。

本案中，原告韩某某在不知被告郭某某已经有配偶的情况下，与之登记结婚，韩某某不构成重婚，她属于后一婚姻关系中的无过错方。因此，在韩某某请求法院宣告自己与郭某某婚姻无效的同时，她有权请求婚姻损害赔偿。

婚姻被法院依法宣告无效后，自始无效，也就是说，从一开始就被视为没有婚姻关系存在。以后原告韩某某结婚时，可以在婚姻状况一栏中注明为“未婚”。也就是为什么原告韩某某起诉时，其诉讼请求是请求宣告婚姻无效，而不是请求解除婚姻关系。

法律规范

中华人民共和国刑法

（1979年7月1日第五届全国人民代表大会第二次会议通过，1997年3月14日第八届全国人民代表大会第五次会议修订）

第二百五十八条　有配偶而重婚的，或者明知他人有配偶而与之结婚的，处二年以下有期徒刑或者拘役。

中华人民共和国婚姻法

（2001 年 4 月 28 日第九届全国人民代表大会常务委员会第二十一次会议修正，同日公布并施行）

第三条　禁止包办、买卖婚姻和其他干涉婚姻自由的行为。禁止借婚姻索取财物。

禁止重婚。禁止有配偶者与他人同居。禁止家庭暴力。禁止家庭成员间的虐待和遗弃。

第四条　夫妻应当互相忠实，互相尊重；家庭成员间应当敬老爱幼，互相帮助，维护平等、和睦、文明的婚姻家庭关系。

第十条　有下列情形之一的，婚姻无效：

（一）重婚的；

（二）有禁止结婚的亲属关系的；

（三）婚前患有医学上认为不应当结婚的疾病，婚后尚未治愈的；

（四）未到法定婚龄的。

第三十二条　男女一方要求离婚的，可由有关部门进行调解或直接向人民法院提出离婚诉讼。

人民法院审理离婚案件，应当进行调解；如感情确已破裂，调解无效，应准予离婚。

有下列情形之一，调解无效的，应准予离婚：

（一）重婚或有配偶者与他人同居的；

（二）实施家庭暴力或虐待、遗弃家庭成员的；

（三）有赌博、吸毒等恶习屡教不改的；

（四）因感情不和分居满二年的；

（五）其他导致夫妻感情破裂的情形。

一方被宣告失踪，另一方提出离婚诉讼的，应准予离婚。

第四十五条　对重婚的，对实施家庭暴力或虐待、遗弃家庭成员构成犯罪的，依法追究刑事责任。受害人可以依照刑事诉讼法的有关规定，向人民法院自诉；公安机关应当依法侦查，人民检察院应当依法提起公诉。

第四十六条　有下列情形之一，导致离婚的，无过错方有权请求损害赔偿：

（一）重婚的；

（二）有配偶者与他人同居的；

（三）实施家庭暴力的；

（四）虐待、遗弃家庭成员的。

婚姻登记条例

（2003 年 7 月 30 日国务院第十六次常务会议通过，自 2003 年 10 月 1 日起施行）

第六条　办理结婚登记的当事人有下列情形之一的，婚姻登记机关不予登记：

（一）未到法定结婚年龄的；

（二）非双方自愿的；

（三）一方或者双方已有配偶的；

（四）属于直系血亲或者三代以内旁系血亲的；

（五）患有医学上认为不应当结婚的疾病的。

第七条　婚姻登记机关应当对结婚登记当事人出具的证件、证明材料进行审查并询问相关情况。对当事人符合结婚条件的，应当当场予以登记，发给结婚证；对当事人不符合结婚条件不予登记的，应当向当事人说明理由。

专家释惑

本案例是一起因重婚而被法院宣告婚姻无效的案件。这里先介绍一下无效婚姻的含义和类型。

一. 无效婚姻的含义

无效婚姻，是指欠缺婚姻成立的法定条件而不发生法律效力的男女两性的结合。无效婚姻的特征：一是男女两性结合的时候不符合婚姻法规定的结婚的实质要件；二是男女当事人以夫妻名义共同生活，生儿育女，甚至举行了公开的结婚仪式，在现实生活中被社会公认为互有夫妻身份关系。婚姻是男女两性以永久共同生活为目的的结合，但作为一种社会形式，只有在符合婚姻成立的实质要件和形式要件时，才能得到社会的承认，才是合法的婚姻，具有婚姻的法律效力，受到法律的承认和保护。反之，则是违法婚姻，为法律所禁止和取缔。

以婚姻为基础的家庭，是社会的基本构成单位，承担着多方面的社会职能。婚姻状况如何，不仅关系到当事人的利益。而且也关系到子女、家庭和社会的利益。在现实生活当中，违法婚姻屡禁不止，因此，必须用法定的条件和程序来规范人们的结婚行为，以保证婚姻质量，使婚姻关系走上健康发展的轨道。为了全面建立防止违法婚姻的法律机制，促进社会和谐的发展，建立无效婚姻制度是十分必要的。

二、无效婚姻的法定情形

依据《中华人民共和国婚姻法》第10条的规定，无效婚姻的法定情形有四种。

（一）重婚。

是指有配偶的人又与他人登记结婚的违法行为，或者明知他人有配偶而与他人登记结婚的违法行为。虽未登记结婚但有配偶的人与他人以夫妻名义同居生活的，亦构成重婚。重婚是被法律严格禁止的违法行为，违反了我国一夫一妻的最基本的婚姻家庭制度，影响家庭稳定和社会安定，冲击计划生育政策。对于重婚的，不仅要确认重婚者的第二个“婚姻”无效，解除其重婚关系，还应追究重婚者的刑事责任。对此，我国《婚姻法》和《刑法》都有明文规定。

（二）有禁止结婚的亲属关系的。

由于自然选择规律的要求，以及长期形成的伦理观念，禁止一定范围的亲属结婚，是各国亲属立法的通例。我国《婚姻法》第10条明确规定，有禁止结婚的亲属关系的婚姻无效；而且第7条也明确规定，直系血亲和三代以内的旁系血亲禁止结婚。

禁止一定范围内的血亲结婚，主要基于两点考虑：一是优生的要求。因为近亲结婚，很容易把双方精神上和肉体上的弱点和缺点集中起来，遗传给下一代，不仅不利于下一代在社会上的生活，也给民族健康和兴旺带来不利后果。二是伦理道德的要求。近亲结婚违背人类长期形成的道德观，因此，法律明确规定一定范围内的血亲不得结婚。

婚姻法所指的直系血亲包括：1. 父母子女间，祖父母、外祖父母与孙子女、外孙子女间。2. 三代以内旁系血亲包括：同源于父母的兄弟姊妹之间（含同父异母、同母异父的兄弟姊妹）；同源于祖父母的堂兄弟姊妹或姑表兄弟姊妹之间；同源于外祖父母的姨表或舅表兄弟姊妹之间以及不同辈的叔、伯、姑、舅、姨与侄（侄女）、甥（甥女）之间。因此，凡直系血亲和三代以内的旁系血亲结婚的，都是无效婚姻。

（三）婚前患有医学上认为不应当结婚的疾病，婚后尚未治愈的。

男女结婚后组成家庭，彼此是共同生活的伴侣，并共同承担抚育子女的义务。法律之所以禁止患有特定疾病的人结婚，目的在于防止当事人所患的疾病传染或遗传给下一代，提高人口素质，以保护后代和民族的健康。因此，对于患有医学上认为不应当结婚的人，其结婚行为是十分有害的，属于无效婚姻。但哪些是医学上认为不应当结婚的疾病，必须由卫生行政管理部门或行政法规来规定。目前，我国有许多地方实行婚前检查制度，全面推广完善婚前检查制度，对防止无效婚姻的发生具有重要意义。为了向公民提供优质保健服务，提高生活质量和出生人口素质，2002 年 6 月 17 日卫生部发布了《婚前保健工作规范（修订）》，其中婚前医学检查第 2 项规定，婚前医学检查的主要疾病包括：（1）严重遗传性疾病：由于遗传因素先天形成，患者全部或部分丧失自主生活能力，子代再现风险高，医学上认为不宜生育的疾病；（2）指定传染病：《中华人民共和国传染病防治法》中规定的艾滋病、淋病、梅毒以及医学上认为影响结婚和生育的其他传染病。（3）有关精神病：精神分裂症、躁狂抑郁型精神病以及其他重型精神病。（4）其他与婚育有关的疾病，如重要脏器疾病和生殖系统疾病等。医学检查单位应向接受婚前医学检查的当事人出具《婚前医学检查证明》，并在“医学意见栏内注明不宜结婚或不宜生育或未发现不宜结婚、生育的意见”。

（四）未到法定婚龄的

根据我国《婚姻法》第10条的规定，未到法定婚龄而登记成立的婚姻无效。婚姻关系中的任意一方当事人，无论其本身有什么过错，如果认为婚姻有法定的无效事由的，有权向法院申请宣告其婚姻无效。

案例31 母亲可以以女儿未达法定婚龄为由请求宣告其婚姻无效吗？

事情是这样的

白某某，男，1984年2月出生，是湖南某市攸县红旗镇人。黄某某，女，1986年2月出生，系湖南省某市浏阳镇人。2004年5月，白某某与黄某某在一次朋友聚会上一见钟情，继而发展了恋爱关系。白某某和黄某某的感情得到了白家和黄家长辈的认可，并于2004年10月，双方举行了订婚仪式。后来，黄某某提出要和白某某一起去广州找工作，于是，双方家长建议他们两人领了结婚证再走。在知道白某某没有达到法律规定的男22周岁，黄某某没有达到法律规定的女20周岁的情况下，双方父母托人，篡改了年龄，又拉关系走后门，终于在2005年2月，帮白某某和黄某某把结婚登记手续办了下来。于是，2005年3月，黄某某和白某某双双来到广州找工作。然而，黄某某和白某某都没有特别的技术，在广州找的工作也仅够自己的温饱和基本开销。同年9月，黄某某就跟随同乡去了广东东莞寻找新的机会。在东莞的时候，黄某某所在的工厂有人追求黄某某，那个人家庭条件不错，黄某某开始一直拒绝这个人的追求，后来不知道是被那个人的殷勤感动了，还是什么原因，黄某某答应试着和这个人交往了起来。2005年年底回家过年的时候，黄某某把这件事情告诉了自己的母亲和姐姐。结果母亲何某某和自己的姐姐都支持自己与东莞的那个人来往，建议自己与白某某离婚。不过，黄某某有些犹豫，毕竟她与白某某是有感情基础的，不好意思向白某某提出离婚。

于是，黄某某的母亲何某某就想了一个办法，悄悄去咨询一些懂点法律的亲戚，问是否有什么办法可以让自己女儿与白某某正式分开，另外再与他人结婚，又不至于让女儿黄某某觉得对白某某情面上过不去。于是那个亲戚建议何某某向法院提出请求法院宣告黄某某和白某某的婚姻无效的申请。

何某某于2006年3月向法院提出起诉，声称自己的女儿黄某某和白某某登记结婚的时候，双方都没有达到法定婚龄，登记结婚的时候，自己的女儿黄某某才19周岁，白某某才21周岁，因此，请求法院宣告黄某某和白某某的婚姻无效。

被申请人白某某声称，自己与黄某某感情很好，不同意何某某提出的宣告婚姻无效的请求，并且请求法院驳回何某某的请求。被申请人黄某某没有到庭，也没有提出任何答辩。

法院经审理查明，黄某某和白某某2005年2月登记结婚，当时双方确实都没有达到法定婚龄，但是在法院受理本案件的时候，即2006年3月的时候，黄某某和白某某都正好分别达到了20周岁和22周岁的法定年龄，宣告婚姻无效的法定情形消失。据此，受案法院审理后裁定：驳回申请人何某某的诉讼请求。

律师专线

本案中，法院的裁判是正确的。依据《中华人民共和国婚姻法》第6条可知，黄某某和白某某在2005年2月登记结婚的时候，都没有达到国家规定的法定结婚年龄，没有满足结婚的实质要件。依据《婚姻登记条例》第6条可知，黄某某和白某某去婚姻登记机关申请登记时，应当被告知不予登记。但是黄某某和白某某的家人通过拉关系走后门的方式拿到了结婚证，通过了结婚登记。但是，我国《婚姻法》第10条同时规定，未达法定婚龄的婚姻属于无效婚姻。因此，黄某某和白某某的婚姻关系是无效的，但是基于婚姻关系在人身关系和财产关系方面的重要性，法律规定在没有通过合法途径由法院正式宣告无效之前，便是有效的婚姻关系。

至于由谁来申请宣告婚姻无效以及怎样宣告婚姻无效，我国的《婚姻法》

和《婚姻登记条例》对此没有详细的规定。依据 2001 年最高人民法院《关于适用〈中华人民共和国婚姻法〉若干问题的解释（一）》第 7 条可知，所谓通过合法途径请求法院宣告无效，是指由婚姻关系的当事人或者当事人的近亲属，具体而言是指黄某某或白某某或者他们的近亲属向法院提出婚姻无效的请求。

但是，同时 2001 年最高人民法院《关于适用〈中华人民共和国婚姻法〉若干问题的解释（一）》第 8 条也指出“当事人依据婚姻法第十条规定向人民法院申请宣告婚姻无效的，申请时，法定的无效婚姻情形已经消失的，人民法院不予支持。”

因此，在 2006 年 3 月，法院经审理后查明，此时黄某某和白某某的实际年龄都已经达到了女 20 周岁、男 22 周岁的法定年龄，法院作出裁定驳回申请人何某某的请求，这一裁决是正确的。

法律规范

中华人民共和国婚姻法

（2001 年 4 月 28 日第九届全国人民代表大会常务委员会第二十一次会议修正，同日公布并施行）

第五条　结婚必须男女双方完全自愿，不许任何一方对他方加以强迫或任何第三者加以干涉。

第六条　结婚年龄，男不得早于二十二周岁，女不得早于二十周岁。晚婚晚育应予鼓励。

第七条　有下列情形之一的，禁止结婚：

（一）直系血亲和三代以内的旁系血亲；

（二）患有医学上认为不应当结婚的疾病。

第八条　要求结婚的男女双方必须亲自到婚姻登记机关进行结婚登记。符合本法规定的，予以登记，发给结婚证。取得结婚证，即确立夫妻关系。未办理结婚登记的，应当补办登记。

第九条　登记结婚后，根据男女双方约定，女方可以成为男方家庭的成员，男方可以成为女方家庭的成员。

第十条　有下列情形之一的，婚姻无效：

（一）重婚的；

（二）有禁止结婚的亲属关系的；

（三）婚前患有医学上认为不应当结婚的疾病，婚后尚未治愈的；

（四）未到法定婚龄的。

婚姻登记条例

（2003年7月30日国务院第十六次常务会议通过，自2003年10月1日起施行）

第六条　办理结婚登记的当事人有下列情形之一的，婚姻登记机关不予登记：

（一）未到法定结婚年龄的；

（二）非双方自愿的；

（三）一方或者双方已有配偶的；

（四）属于直系血亲或者三代以内旁系血亲的；

（五）患有医学上认为不应当结婚的疾病的。

最高人民法院关于适用《中华人民共和国婚姻法》若干问题的解释（一）

（2001年12月24日最高人民法院审判委员会第1202次会议通过，自2001年12月27日起施行）

第七条　有权依据婚姻法第十条规定向人民法院就已办理结婚登记的婚姻申请宣告婚姻无效的主体，包括婚姻当事人及利害关系人。利害关系人包括：

（一）以重婚为由申请宣告婚姻无效的，为当事人的近亲属及基层组织。

（二）以未到法定婚龄为由申请宣告婚姻无效的，为未达法定婚龄者的近亲属。

（三）以有禁止结婚的亲属关系为由申请宣告婚姻无效的，为当事人的近亲属。

（四）以婚前患有医学上认为不应当结婚的疾病，婚后尚未治愈为由申请宣告婚姻无效的，为与患病者共同生活的近亲属。

第八条　当事人依据婚姻法第十条规定向人民法院申请宣告婚姻无效的，申请时，法定的无效婚姻情形已经消失的，人民法院不予支持。

最高人民法院关于适用《中华人民共和国婚姻法》若干问题的解释（二）

（2003 年 12 月 4 日最高人民法院审判委员会第 1299 次会议通过，自 2004 年 4 月 1 日起施行）

第六条　利害关系人依据婚姻法第十条的规定，申请人民法院宣告婚姻无效的，利害关系人为申请人，婚姻关系当事人双方为被申请人。

夫妻一方死亡的，生存一方为被申请人。

夫妻双方均已死亡的，不列被申请人。

专家释惑

本案例涉及的主要问题是申请宣告婚姻无效的主体资格，具体而言是指，以未达法定婚龄为由申请宣告婚姻无效的主体范围以及限制。

对于宣告婚姻无效的申请人，我国《婚姻法》没有作出明确规定，而是由 2001 年最高人民法院《关于适用〈中华人民共和国婚姻法〉若干问题的解释（一）》加以明确。根据最高人民法院《关于适用〈中华人民共和国婚姻法〉若干问题的解释（一）》第 7 条的规定，有权向人民法院申请宣告婚姻无效的主体包括两大类，即婚姻当事人和利害关系人。

（一）婚姻当事人

申请宣告婚姻无效的婚姻当事人仅指结婚当事人，即正式向婚姻登记管理机关提出进行结婚登记申请，要求依法进行结婚登记并获准登记的男人或者女人。经结婚登记成立婚姻关系之后，申请结婚登记的男女受婚姻法律制度的保护，也受婚姻关系的约束，在婚姻关系中享有法定的权利并承担法定的义务。因此，当他们任何一方或者双方认为婚姻具有法定的无效事由的，有权以自己的名义向人民法院提出宣告婚姻无效的申请。

没有申请进行结婚登记或者没有获准登记的男女，如恋爱中的男女、同居中的男女、准备进行结婚登记的男女、被拒绝结婚登记的男女等，都不是结婚当事人，无权申请宣告婚姻无效。

（二）利害关系人

利害关系人是指那些与结婚当事人的婚姻存在法律上权利义务关系的人，他们也有权申请宣告婚姻无效。利害关系人不一定是自然人，在特定情形下也可能是一定组织机构。根据最高人民法院《关于适用〈中华人民共和国婚姻法〉若干问题的解释（一）》的规定，利害关系人的范围因申请宣告婚姻无效的法定事由不同而不同。具体来说，利害关系人是指：第一，以重婚为由申请宣告婚姻无效的，为当事人的近亲属及基层组织；第二，以未到法定婚龄为由申请宣告婚姻无效的，为未达法定婚龄者的近亲属；第三，以有禁止结婚的亲属关系为由申请宣告婚姻无效的，为当事人的近亲属；第四，以婚前患有医学上认为不应当结婚的疾病，婚后尚未治愈为由申请宣告婚姻无效的，为与患病者共同生活的近亲属。

要注意的是，以未达法定婚龄为由申请宣告婚姻无效的利害关系人是未达法定婚龄者的近亲属。什么是近亲属？哪些是近亲属呢？“近亲属”是法律中经常出现的一个概念，根据1988年最高人民法院《关于贯彻执行〈中华人民共和国民法通则〉若干问题的意见（试行）》的规定，近亲属包括配偶、父母、子女、兄弟姐妹、祖父母、外祖父母、孙子女、外孙子女。

因此，本案中，何某某有权作为自己女儿黄某某的近亲属，请求法院宣告黄某某和白某某的婚姻无效。她是合格的请求宣告的主体。假设，当时黄某某满了20周岁，而白某某没有达到22周岁，何某某能否以女婿白某某没有达到法定婚龄为由，请求法院宣告婚姻无效呢？答案是否定的。因为请求宣告婚姻无效的利害关系人必须是未达婚龄者的近亲属。而何某某不是白某某的近亲属。

以未达法定婚龄为由申请宣告婚姻无效的，我国大陆地区的法律还同时规定了相应的限制条件——即请求法院宣告婚姻无效时，未达法定婚龄的当事人已经达到了法定婚龄，就视为法定申请无效的情形消失，不能请求法院宣告无效。

另外，根据最高人民法院《关于适用〈中华人民共和国婚姻法〉若干问题的解释（二）》的规定，申请宣告婚姻无效，可以在无效婚姻关系存续期间提出，也可以在婚姻当事人一方或者双方死亡后一年内提出。婚姻当事人一方死亡的，由生存一方或者利害关系人依法提出宣告婚姻无效的申请；婚姻当事人双方死亡的，由利害关系人依法提出宣告婚姻无效的申请。

案例 32 因重婚而无效的婚姻，存续期间的财产该如何分割?

事情是这样的

张某某，男，本案被告，现在是一家公司的销售经理。张某某喜欢上了自己的女秘书郑某某。郑某某明知道张某某已经有了合法妻子，但经不住张某某的诱惑与之同居，两人后来准备了一些相关证件，在郑某某的家乡又进行了结婚登记。然后，张某某以自己名义购买了一套价值 50 万元的三室一厅商品房，供自己和郑某某居住。

张某某的合法妻子王某某发现了丈夫与郑某某重婚的事实，愤然提出离婚，要求分割夫妻共同财产，并控告张某某和郑某某两人的重婚罪。郑某某提出那套三室一厅商品房是张某某与她同居期间买下并供两人用的，她应该享有一半产权。法院受理后，查明了张某某与郑某某的重婚的事实，以及那套三室一厅的商品房是用张某某的钱购买的事实，据此，法院以重婚罪判处张某某有期徒刑一年，判处郑某某有期徒刑 6 个月，驳回了郑某某要求分割商品房产权的起诉，把商品房作为张某某和王某某的夫妻财产予以分割。

律师专线

本案中，受案法院的裁决是正确的。因为，张某某和郑某某都犯有重婚罪，他们的婚姻应当被认定为无效。宣告无效后，同居期间的财产应当仔细区分，有证据证实属于个人财产的，应当认定为个人财产；无法证实为个人财产的，视为同居期间的共同财产，而不是认定为夫妻共同财产。此外，同居期间财产的分割，不得损害合法婚姻中另一方的合法权益。

所以本案中，张某某在与郑某某同居期间用自己的钱购买的房子，应当认定为是张某某的财产，由于王某某是张某某的合法妻子，房子是在夫妻关系存续期间购买的，因此，该房产应当是王某某和张某某在婚姻存续期间的夫妻共同财产（因为张某某和王某某夫妻间没有实行约定财产制），第三者郑某某对此没有权利主张产权。

法律规范

中华人民共和国刑法

（1979年7月1日第五届全国人民代表大会第二次会议通过，1997年3月14日第八届全国人民代表大会第五次会议修订）

第二百五十八条　有配偶而重婚的，或者明知他人有配偶而与之结婚的，处二年以下有期徒刑或者拘役。

中华人民共和国婚姻法

（2001年4月28日第九届全国人民代表大会常务委员会第二十一次会议修正，同日公布并施行）

第三条　禁止包办、买卖婚姻和其他干涉婚姻自由的行为。禁止借婚姻索取财物。

禁止重婚。禁止有配偶者与他人同居。禁止家庭暴力。禁止家庭成员间的虐待和遗弃。

第四条　夫妻应当互相忠实，互相尊重；家庭成员间应当敬老爱幼，互相帮助，维护平等、和睦、文明的婚姻家庭关系。

第十条　有下列情形之一的，婚姻无效：

（一）重婚的；

（二）有禁止结婚的亲属关系的；

（三）婚前患有医学上认为不应当结婚的疾病，婚后尚未治愈的；

（四）未到法定婚龄的。

第十二条 无效或被撤销的婚姻，自始无效。当事人不具有夫妻的权利和义务。同居期间所得的财产，由当事人协议处理；协议不成时，由人民法院根据照顾无过错方的原则判决。对重婚导致的婚姻无效的财产处理，不得侵害合法婚姻当事人的财产权益。当事人所生的子女，适用本法有关父母子女的规定。

专家释惑

这个案例涉及的主要法律问题是无效婚姻存续期间的财产该如何处理？

无效婚姻因违反法律强制性规定，视为婚姻未成立，这与可撤销婚姻一样。我国《婚姻法》对无效婚姻和可撤销婚姻均采取了溯及既往的立法原则，凡是婚姻被确认为无效或者被撤销，男女双方自始不存在夫妻间的权利和义务关系。无效婚姻存续期间所得的财产，由当事人协议处理；协议不成时，由人民法院根据照顾无过错方的原则判决。

婚姻被确认无效，当事人不具有夫妻的权利和义务。同居前属于个人的财产，归各自所有。同居前一方自愿赠给对方的财物，可按照赠与关系处理。同居期间双方共同创造的财产和经营权，一方未经他方同意擅自处分，另一方提出异议的，该处分行为无效。双方应协议处理同居期间的财产，协议不成的，由人民法院根据照顾无过错方的原则判决。最高人民法院在《关于人民法院审理未办结婚登记而以夫妻名义同居生活案件的若干意见》中的第 8 条规定："人民法院审理非法同居关系的案件……具体分割财产时，应照顾妇女、儿童的利益，考虑财产的实际情况和双方的过错程度，妥善分割。"此外，还有两项特别规定：(1) 一方在非法同居期间患有严重疾病未治愈的，在分割财产时，应予以适当照顾，或者由另一方给予一次性的经济补助。(2) 在同居生活期间一方死亡，另一方是依靠死者抚养且缺乏劳动能力又没有生活来源的人，或者另一方对死者扶养较多，可以分给他（她）适当的遗产。以上这些规定，虽然是针对未办结婚登记的非法同居关系而言的，但对于无效婚姻，也同样具有指导意义。

此外，对于因重婚造成婚姻无效的情况，在分割财产时婚姻法作了明确规定：不得侵犯合法婚姻当事人的财产权益。即在解除因重婚造成的无效婚姻时，凡属于合法婚姻当事人的合法财产，不能分割给第三者。这是针对当前的重婚现象及有的人甘为“二奶”并以此作为挣钱的手段而提出来的。这样规定，有利于遏制“二奶”的非法行为，保障合法妻子的财产权益。

案例 33　无效婚姻案件关于债务和子女的抚养问题

事情是这样的

已婚人士王某某（男）于 2001 年认识了年轻姑娘李某某。王某某自从认识李某某后，便瞒着妻子与李某某在一起另起炉灶，并共同置办了房产、家具等，不久，李某某为王某某生下一个孩子。在这期间，每月王某某都瞒着妻子给李某某一笔数额不小的花销。每个月王某某给的钱，李某某除去自己的开销，还能有一些剩余。李某某就将每个月的剩余积少成多的存了起来，到去年的时候，已经累积有几万元了。

去年王某某因急需用钱向李某某借了 6 万元，并向她打了一张 6 万元的借条，表示三个月内还钱。三个月后，王某某与李某某之间发生了矛盾，李某某将“老公”王某某告上法庭：要求与王某某“离婚”，并要求王某某归还 6 万元钱。

李某某能要回那 6 万元钱吗?

律师专线

本案中，王某某和李某某在非法同居期间生育一个孩子，构成事实上的婚姻，属于重婚，双方不具有夫妻的权利和义务。因此，原告李某某起诉要求离婚，这一诉讼请求是不对的，而应当是请求解除王某某与李某某之间的非法同居关系。受案法院应当予以支持这一诉讼请求。

非法同居期间，王某某和李某某两人共同置办的财产，不能视为夫妻共同财产，应协议处理，否则由法院判决。两人同居期间的开销应共同承担。本案中王某某和李某某之间存在债权和债务关系，王某某应予偿还债务。因此，王某某应当按照借条的规定，偿还李某某6万元人民币。

王某某和李某某所生的子女，享受与合法夫妻所生子女相同的权益，受法律的保护，不亲自抚养孩子的一方，应当支付抚养费。

法律规范

中华人民共和国刑法

（1979年7月1日第五届全国人民代表大会第二次会议通过，1997年3月14日第八届全国人民代表大会第五次会议修订）

第二百五十八条　有配偶而重婚的，或者明知他人有配偶而与之结婚的，处二年以下有期徒刑或者拘役。

中华人民共和国婚姻法

（2001年4月28日第九届全国人民代表大会常务委员会第二十一次会议修正，同日公布并施行）

第三条　禁止包办、买卖婚姻和其他干涉婚姻自由的行为。禁止借婚姻索取财物。

禁止重婚。禁止有配偶者与他人同居。禁止家庭暴力。禁止家庭成员间的虐待和遗弃。

第四条　夫妻应当互相忠实，互相尊重；家庭成员间应当敬老爱幼，互相帮助，维护平等、和睦、文明的婚姻家庭关系。

第十条　有下列情形之一的，婚姻无效：

（一）重婚的；

（二）有禁止结婚的亲属关系的；

（三）婚前患有医学上认为不应当结婚的疾病，婚后尚未治愈的；

（四）未到法定婚龄的。

第十二条　无效或被撤销的婚姻，自始无效。当事人不具有夫妻的权利和义务。同居期间所得的财产，由当事人协议处理；协议不成时，由人民法院根据照顾无过错方的原则判决。对重婚导致的婚姻无效的财产处理，不得侵害合法婚姻当事人的财产权益。当事人所生的子女，适用本法有关父母子女的规定。

专家释惑

这里介绍一下无效婚姻案件中财产、债务与子女问题的处理。

重婚属于无效婚姻。在应当解除的无效的婚姻关系期间，双方当事人的财产并不能视为夫妻共同财产，而是有约定按照约定，没有约定的，区分个人财产和共同财产。对不能证实为个人财产的，认定为同居期间的共同财产，视为共同共有。

关于共同债权、债务问题。对于无效婚姻存续期间的债权、债务问题，要根据实际情况分别处理：1. 如果所享有的债权或所承担的债务纯属个人支配，则另一方对此不享有权利亦不承担义务。2. 如果所享有的债权来源于双方的共同劳动所得、所承担的债务用于共同的生产、生活，则由双方共同享有债权和承担债务。同居期间当事人一方对另一方造成损害的，应当承担损害赔偿责任。

关于子女的抚养问题，当事人的婚姻被确认无效或被撤销后，对当事人所生的子女，享有婚姻法规定的关于父母子女的权利。双方当事人均有抚养、教育子女，承担子女的生活费和教育费的义务。一方抚养子女的，另一方享有探望权。

七、宣告死亡和宣告失踪后的婚姻关系

内容提要

宣告死亡，是公民下落不明达到法定期限，经过利害关系人申请，由人民法院宣告其死亡的一种法律制度。

被宣告死亡的人与配偶的婚姻关系，自死亡宣告之日起消失。死亡宣告被人民法院撤销，如果其配偶尚未再婚的，夫妻关系从撤销死亡之日起恢复；如果其配偶再婚后又离婚或者再婚后配偶又死亡的，则不得认定夫妻关系自行恢复。

宣告失踪，是自然人离开自己的住所，下落不明达到法定期限，经利害人申请，由人民法院宣告其为失踪人的法律制度。

在宣告失踪后，被宣告失踪人的配偶已办理离婚尚未再婚的，被宣告失踪的人重新出现的，应当按照婚姻法的有关规定办理，双方自愿结婚的可以再办结婚登记，不自愿结婚的不能强迫办理结婚登记；配偶离婚后再婚的，原来的婚姻关系不能自然恢复。

案例 34　被宣告死亡的人重新出现后，他的婚姻能自行恢复吗？

事情是这样的

方某华与王某某是一对夫妻，1986 年双方经人介绍后结婚。婚后，方某华和王某某的感情不错，第二年夫妻俩生下一个儿子。方某华在家务农，照顾孩子，将家里收拾得井井有条，闲暇之余她还将地里的农作物也拾掇得不错。丈夫王某某也很勤快，他在一个建筑公司做事，工作比较辛苦，但是王某某还是坚持天天骑自行车回到在郊区的家里。一回家，王某某就帮妻子方某华料理家里和地里的事情。后来 1990 年的时候，丈夫王某某因为一次意外事故，头部受到重伤。经过治疗后，王某某出院，不过他留下了后遗症，头脑有时候是清醒的，和正常人一样，受到惊吓或者其他刺激发病的时候，王某某就变得痴痴呆呆的，不知道自己是谁。

在 1994 年 2 月 7 日，好端端的王某某因为在家门口听到一阵尖锐刺耳的声音而受到惊吓，变得神情恍惚。第二天，方某华有事情出去了，孩子也上学去了，神情恍惚的王某某出去后，就再也没有回来了。就这样王某某离家出走了，下落不明。方某华在附近乡、县曾多次寻找，但一直都杳无音讯。

1999 年 4 月，方某华向法院提出宣告其丈夫王某某死亡的请求。法院受理后，依据法律规定进行审查，最后依法宣告王某某死亡。1999 年

10月，方某华与本市郊区另外一个乡的刘某某再婚，两人依法办理了结婚登记手续。再婚的时候，方某华征求了孩子的意见，将自己的孩子送养给了住在本市市区的一户人家，这户人家依照法律规定办理收养手续。她与刘某某以及刘某某的孩子共同生活。重新组合的一家生活得比较和睦、稳定。可是没想到，2001年4月5日，离家多年的王某某突然回来了，而且神志清醒。王某某回来后不久，听说妻子结婚了，便找到方某华，要求恢复夫妻关系，要她回到自己身边。他说，方某华和他还没有办理离婚手续，她与他人（刘某某）再婚是无效的。他还说方某华不应该把孩子送养给他人，认为方某华这样做没有经过自己同意，单方面送养孩子是无效的。后来，王某某跑到对方家里要将孩子领走。方某华对此一时简直不知所措。后来经过慎重考虑，她决定不能回到王某某身边，但是想将孩子领回到王某某身边。可是王某某多次上门来找她，而且还向她要孩子。方某华于是陷入了深深的痛苦和矛盾之中。经人指点后，她来到了本市的一家律师事务所，向律师咨询她的再婚（后来与刘某某的婚姻）是否合法有效，她与王某某还有什么关系，她能不能将自己的孩子领回到王某某身边？

律师专线

听完方某华的讲述后，接待咨询的律师首先向方某华介绍和解释了我国《民法通则》和《婚姻法》相关规定，特别是最高人民法院《关于贯彻执行〈中华人民共和国民法通则〉若干问题的意见（试行）》第37条的规定。然后律师肯定地告诉她，自从王某某被人民法院依法宣告死亡的判决生效的那天开始，她和王某某之间的婚姻就结束了，夫妻关系自然也消灭，不需要再办理离婚手续。之后，她有权利再婚。因此，她后来与他人（刘某某）依法再婚的权利应当受到法律的保护，这次婚姻是合法有效的。王某某以方某华没有和他办离婚登记手续为理由，要求恢复夫妻关系，这种理由没有法律依据，也不符合法律的规定。

至于孩子，律师先告诉她我国关于收养的法律规定和态度，然后根据她的具体情况进行分析，她和王某某的孩子已经由在市区的那户人家经过法律规定的程序合法收养了，法律保护合法的收养关系，因此，如果那户人家不存在虐待、遗弃她的孩子的情况，那她就没有权利向那户人家要求领回孩子，解除收养关系（双方协议解除收养关系的除外）。另外，王某某也没有权利向那户人家要求领回孩子。因为宣告死亡的一个法律后果就是民事法律关系消灭。依据最高人民法院《关于贯彻执行〈中华人民共和国民法通则〉若干问题的意见（试行）》第38条的规定可知，王某某不能仅仅因为送养孩子没有经过自己的同意，而要求解除这个已经合法成立的收养关系。

不过律师还向方某华指出，王某某可以向人民法院申请撤销对其的死亡宣告，他和方某华的夫妻关系已经终止了，不能自行恢复，但是她继承王某某遗产的那部分财产如果王某某要求她返还，她就有义务返还这些财产。

法律规范

中华人民共和国民法通则

（1986年4月12日第六届全国人民代表大会第四次会议通过，自1987年1月1日起施行）

第二十条　公民下落不明满二年的，利害关系人可以向人民法院申请宣告他为失踪人。

战争期间下落不明的，下落不明的时间从战争结束之日起计算。

第二十一条　失踪人的财产由他的配偶、父母、成年子女或者关系密切的其他亲属、朋友代管。代管有争议的，没有以上规定的人或者以上规定的人无能力代管的，由人民法院指定的人代管。

失踪人所欠税款、债务和应付的其他费用，由代管人从失踪人的财产中支付。

第二十二条　被宣告失踪的人重新出现或者确知他的下落，经本人或者利害关系人申请，人民法院应当撤销对他的失踪宣告。

第二十三条　公民有下列情形之一的，利害关系人可以向人民法院申请宣告他死亡：

（一）下落不明满四年的；

（二）因意外事故下落不明，从事故发生之日起满二年的。

战争期间下落不明的，下落不明的时间从战争结束之日起计算。

第二十四条　被宣告死亡的人重新出现或者确知他没有死亡，经本人或者利害关系人申请，人民法院应当撤销对他的死亡宣告。

有民事行为能力人在被宣告死亡期间实施的民事法律行为有效。

第二十五条　被撤销死亡宣告的人有权请求返还财产。依照继承法取得他的财产的公民或者组织，应当返还原物；原物不存在的，给予适当补偿。

最高人民法院关于贯彻执行《中华人民共和国民法通则》若干问题的意见（试行）

（1988年4月2日最高人民法院公布，自1998年4月2日起施行，法（办）发〔1988〕6号）

37. 被宣告死亡的人与配偶的婚姻关系，自死亡宣告之日起消灭。死亡宣告被人民法院撤销，如果其配偶尚未再婚的，夫妻关系从撤销死亡宣告之日起自行恢复；如果其配偶再婚后又离婚或者再婚后配偶又死亡的，则不得认定夫妻关系自行恢复。

38. 被宣告死亡的人在被宣告死亡期间，其子女被他人依法收养，被宣告死亡的人在死亡宣告被撤销后，仅以未经本人同意而主张收养关系无效的，一般不应准许，但收养人和被收养人同意的除外。

39. 利害关系人隐瞒真实情况使他人被宣告死亡而取得其财产的，除应返还原物及孳息外，还应对造成的损失予以赔偿。

40. 被撤销死亡宣告的人请求返还财产，其原物已被第三人合法取得的，第三人可不予返还。但依继承法取得原物的公民或者组织，应当返还原物或者给予适当补偿。

专家释惑

本案涉及的主要法律问题是被宣告死亡对婚姻关系的后果。我们应当分两步理解这个法律问题，首先要理解什么是“宣告死亡”；其次才是宣告死亡的后果，特别是它对婚姻关系的后果。

宣告死亡，是公民下落不明达到法定期限，经过利害关系人申请，由人民法院宣告其死亡的一种法律制度。根据我国《民法通则》的规定，宣告死亡必须具备以下三个要件：

1. 受宣告人下落不明满4年（意外事故为2年）；

2. 经利害关系人申请。利害关系人的范围及顺序为：（1）配偶；（2）父母、子女；（3）兄弟姐妹、祖父母、外祖父母、孙子女、外孙子女；（4）其他有民事权利义务关系的人。同一顺序的利害关系人，有的申请宣告死亡，有的不同意宣告死亡，则应当宣告死亡。如果宣告死亡只是为了清偿债务，而不同意宣告死亡的利害关系人愿意承担被宣告死亡人的债务，也可以不宣告死亡。

3. 必须经过人民法院依据法定程序宣告。人民法院受理宣告死亡申请后，应当发出公告寻找，公告期为1年。但是因为意外事故下落不明，经过有关机关证明其不可能生还的，公告期为3个月。公告期满后，人民法院依法根据受宣告人死亡事实的确定与否，作出判决。

宣告死亡，意味着作为法律主体的自然人的消灭，通俗地说就是，在法律意义上这个人已经死了。宣告死亡具有以下法律后果：1. 被宣告死亡的公民与他人之间现存的各种民事法律关系归于消灭。比如，婚姻关系终止、财产继承开始。2. 有民事行为能力的人在被宣告死亡期间实施的民事法律行为有效。也就是说，当被宣告死亡的时间与自然死亡的时间不一致的时候，被宣告死亡的法律效果依然有效，但是自然死亡之前实施的民事法律行为与被宣告死亡引起的法律后果相抵触的，则以其实施的民事法律行为为准，他人不得主张无效。因为宣告死亡只是在法律上的一种推定，事实上这个人可能在实际生活中还活着。因此《民法通则》第24条第2款作出这样的规定。

正因为宣告死亡只是法律上的一种推定，所以，法律还规定了如果被宣告死亡、被宣告失踪的人重新出现后的补救措施及其处理：1. 撤销死亡宣告。法院在接受利害关系人申请或者被宣告人本人申请后，依法撤销死亡宣告。2. 对被撤销宣告死亡的人的财产的处理。这个被撤销宣告死亡的人有权利请求他人返还财产。依照《继承法》取得其财产的公民和组织应当返还原物，原物已经不存在的，应当适当补偿。不过，这个被撤销宣告死亡的人的这种返还原物的请求权不具有对世性，而只能对继承他的财产的继承人行使，即他不能要求合法取得这项财产的第三人返还原物。3. 对婚姻关系的处理。被撤销宣告死亡的人的配偶如果没有再婚的话，夫妻关系自撤销死亡宣告之日自行恢复，如果这个配偶再婚后又离婚或者再婚后的配偶死亡，则不能认定为夫妻关系自行恢复。比如本案中，在王某某被宣告死亡后，方某华再婚，所以方某华与王某某之间的夫妻关系就不可能自行恢复。4. 其他人身关系。被宣告死亡的人在被宣告死亡期间，子女被他人依法收养的，该收养关系受法律保护，被宣告死亡的人不能单方面以该收养未经其同意为理由主张该收养关系无效。5. 如果利害关系人隐瞒真实情况造成他人被宣告死亡而取得财产的，除应当返还原物和孳息外，还应当对造成的损失予以赔偿。

提醒

宣告失踪和宣告死亡都是一种法律上的推定。宣告失踪的目的在于稳定财产的流转关系，通过宣告失踪结束该人与相对人之间财产关系的不确定状态，从而维护公民的财产权利和社会经济秩序的稳定。我国《民法通则》第20条、第21条和第22条明确规定了宣告失踪的情形和条件及其法律后果。

宣告死亡的目的是结束该人与他人在人身关系上和财产关系上的不确定状态，特别是人身关系。因此，宣告死亡与宣告失踪不是必然联系的。也就是说宣告失踪不是宣告死亡的必经程序。

案例35　妻子为再婚申请宣告丈夫死亡，构成重婚罪

事情是这样的

杨某某（男）与王某某（女）于1994年1月经人介绍认识后，经过交往确立了恋爱关系。双方经过大半年的顺利交往后，于1994年11月去婚姻登记机关进行了结婚登记。

1996年2月，丈夫杨某某从原单位辞职到某城市工作，同年5月，

杨某某被新单位派往非洲某国工作。杨某某到外国后，在工作之余一直与妻子王某某保持联络，并经常寄回生活费以及当地的小礼物。

1999年秋天，妻子王某某在舞厅跳舞的时候，认识了某年轻男子。没有丈夫在身边的王某某遇到这个嘴巴甜蜜、长相不错的男子之后，大有相见恨晚的感慨。于是，经过一周几次相邀跳舞之后，王某某与该男子就情深意切起来，把自己的丈夫杨某某忘到了脑后。不久王某某甚至把该男子带回自己家过夜。由于该男子性格开朗、甜言蜜语不断，王某某想把这个男子据为己有。经过一段时间的思考后，王某某觉得与该男子结婚，并在恰当的时候为他生下孩子，才能牢牢拴住这个男子的心。

2000年5月，王某某向当地人民法院提出申请，以自己的丈夫杨某某连续四年下落不明为由，请求法院宣告丈夫杨某某死亡。受案法院依据合法程序发布了公告，后来依法判决宣告杨某某死亡。拿到杨某某被法院宣告死亡的判决后，王某某把结婚时杨某某购买的商品房出卖，并处理了家里的家具等物件，提取了银行存款。2000年8月，王某某与自己在舞厅认识的那名男子登记结婚，之后好言劝服这名新的老公随自己到南方某城市求职和定居，美其名曰"为我们的美好将来努力奋斗"。

2001年5月，男方杨某某结束了自己在非洲某国的五年工作，回到国内。然而，杨某某回到昔日自己的家时，早已物是人非，自己的钥匙再也打不开那把锁，妻子王某某的电话也再也接不通。杨某某在门口等到傍晚的时候，才见到回家的人。掏钥匙打开原来自己家门的人告诉杨某某，自己是依据合法手续购买这套房子的。这时的杨某某觉得两腿发软，脑袋嗡嗡响，天旋地转的。第二天，杨某某醒来后，赶紧打电话给自己出国前记得的妻子王某某的公司找她，该公司的工作人员告诉杨某某说王某某这个人早在一年前就已经离开了公司，新的去向不知，也没有人知道她新的联系方式。

杨某某回到国内一边工作，一边寻找王某某的下落。终于在2001年10月的时候，杨某某偶然得知了王某某的电话号码，赶紧联系王某某。可是多次电话联系，王某某都拒绝搭理杨某某，也不肯与其见面。后来在2001年12月的时候，杨某某得知自己已经被王某某申请宣告死亡，并且王某某已经与另外的男人登记结婚远走他乡。于是，杨某某依法向人民法院提出撤销对自己的死亡宣告，另外还提出了刑事自诉，要求追究王某某的刑事责任。

受理案件的法院经审理查明相关事实后，认为王某某明知自己丈夫杨某某的下落，而故意隐瞒事实，编造杨某某下落不明的虚假理由，恶意申请宣告杨某某死亡，并且又与某男子登记结婚，王某某的行为已经构成重婚罪。法院经审理后依法判决被告人王某某犯重婚罪，判处有期徒刑1年；判令王某某返还杨某某的合法财产，返还这些财产的合理孳息共计3000元人民币，并赔偿杨某某的损失合计人民币8000元。

律师专线

本案例中，妻子王某某为了达到占有相关财产并与他人结婚的目的，故意隐瞒真实情况，请求法院宣告自己的丈夫杨某某死亡。因此，法院后来判决王某某应当返还不法侵占的杨某某的财产，返还这些财产的合理孳息，并赔偿杨某某的损失合计8000元，这是正确的。因为依据最高人民法院《关于贯彻执行〈中华人民共和国民法通则〉若干问题的意见（试行）》第39条的规定："利害关系人隐瞒真实情况使他人被宣告死亡而取得其财产的，除应返还原物及孳息外，还应对造成的损失予以赔偿。"就本案而言，王某某的恶意导致的杨某某被宣告死亡并不能发生夫妻财产中杨某某的那部分被法定继承的效果，即尽管杨某某被法院依法宣告死亡，王某某继承的杨某某的财产仍然需要返还，由于王某某系故意隐瞒真实情况导致杨某某被宣告死亡，因此还要返还这些财产的孳息（就是利息等），还要负责赔偿杨某某的损失。

法院还依法认定王某某犯有重婚罪。这一裁决也是合法正当的。虽然，宣告死亡在法律后果上被视为真实的事实上的死亡，从死亡宣告的判决生效之日起，婚姻关系自行消灭，生存的一方可以与他人再行结婚，夫妻财产发生法定继承关系。但是本案中，杨某某定期寄回生活费，王某某在明明知道自己丈夫杨某某具体下落的情况下却故意隐瞒事实，导致杨某某被宣告死亡，王某某在主观上存在故意，而且是恶意，因此，由于王某某的恶意导致的杨某某被宣告死亡并不能发生婚姻关系自然消亡的合法效果，即王某某与杨某某的婚姻关系仍然处于存续期间，而这存续期间王某某又与他人结婚，由此构成了重婚罪，要承担相应的刑事法律责任。

注意

重婚，是指有配偶的人又与他人结婚或以夫妻名义共同生活的行为，或明知他人有配偶而与之结婚或者与之以夫妻名义共同生活的行为。重婚包括法律上的重婚和事实上的重婚两种情况。法律上的重婚指前婚尚未解除又与他人登记结婚的，事实上的重婚指前婚尚未解除又与他人形成事实婚姻的。根据有关司法解释，有配偶的人与他人以夫妻名义同居生活的，或者明知他人有配偶而与之以夫妻名义同居生活的，仍应按重婚定罪处罚。

重婚罪的法律依据是我国《婚姻法》第 45 条和我国《刑法》第 258 条。

法律规范

中华人民共和国民法通则

（1986 年 4 月 12 日第六届全国人民代表大会第四次会议通过，自 1987 年 1 月 1 日起施行）

第二十条 公民下落不明满二年的，利害关系人可以向人民法院申请宣告他为失踪人。

战争期间下落不明的，下落不明的时间从战争结束之日起计算。

第二十一条 失踪人的财产由他的配偶、父母、成年子女或者关系密切的其他亲属、朋友代管。代管有争议的，没有以上规定的人或者以上规定的人无能力代管的，由人民法院指定的人代管。

失踪人所欠税款、债务和应付的其他费用，由代管人从失踪人的财产中支付。

第二十二条 被宣告失踪的人重新出现或者确知他的下落，经本人或者利害关系人申请，人民法院应当撤销对他的失踪宣告。

第二十三条　公民有下列情形之一的，利害关系人可以向人民法院申请宣告他死亡：

（一）下落不明满四年的；

（二）因意外事故下落不明，从事故发生之日起满二年的。

战争期间下落不明的，下落不明的时间从战争结束之日起计算。

第二十四条　被宣告死亡的人重新出现或者确知他没有死亡，经本人或者利害关系人申请，人民法院应当撤销对他的死亡宣告。

有民事行为能力人在被宣告死亡期间实施的民事法律行为有效。

第二十五条　被撤销死亡宣告的人有权请求返还财产。依照继承法取得他的财产的公民或者组织，应当返还原物；原物不存在的，给予适当补偿。

最高人民法院关于贯彻执行《中华人民共和国民法通则》若干问题的意见（试行）

（1988 年 4 月 2 日最高人民法院公布，自 1988 年 4 月 2 日起施行，法（办）发〔1988〕6 号）

37. 被宣告死亡的人与配偶的婚姻关系，自死亡宣告之日起消灭。死亡宣告被人民法院撤销，如果其配偶尚未再婚的，夫妻关系从撤销死亡宣告之日起自行恢复；如果其配偶再婚后又离婚或者再婚后配偶又死亡的，则不得认定夫妻关系自行恢复。

38. 被宣告死亡的人在被宣告死亡期间，其子女被他人依法收养，被宣告死亡的人在死亡宣告被撤销后，仅以未经本人同意而主张收养关系无效的，一般不应准许，但收养人和被收养人同意的除外。

39. 利害关系人隐瞒真实情况使他人被宣告死亡而取得其财产的，除应返还原物及孳息外，还应对造成的损失予以赔偿。

40. 被撤销死亡宣告的人请求返还财产，其原物已被第三人合法取得的，第三人可不予返还。但依继承法取得原物的公民或者组织，应当返还原物或者给予适当补偿。

中华人民共和国刑法

（1979 年 7 月 1 日第五届全国人民代表大会第二次会议通过，1997 年 3 月 14 日第八届全国人民代表大会第五次会议修订）

第二百五十八条 有配偶而重婚的，或者明知他人有配偶而与之结婚的，处二年以下有期徒刑或者拘役。

中华人民共和国婚姻法

（2001 年 4 月 28 日第九届全国人民代表大会常务委员会第二十一次会议修正，同日公布并施行）

第四十五条 对重婚的，对实施家庭暴力或虐待、遗弃家庭成员构成犯罪的，依法追究刑事责任。受害人可以依照刑事诉讼法的有关规定，向人民法院自诉；公安机关应当依法侦查，人民检察院应当依法提起公诉。

专家释惑

这里涉及的主要法律问题是宣告死亡对婚姻关系的后果及其例外。

宣告死亡是一种法律的推定死亡，由特定的利害关系人向法院依法申请。一个人被宣告死亡意味着作为法律主体的自然人的消灭，通俗地说就是在法律意义上这个人已经死了。法律设置宣告死亡制度，其目的是结束被宣告死亡的该人与他人在人身关系上和财产关系上的不确定状态，特别是人身关系方面。宣告死亡具有以下法律后果：1. 被宣告死亡的公民与他人之间现存的各种民事法律关系归于消灭。比如，婚姻关系终止、财产继承开始。2. 有民事行为能力的人在被宣告死亡期间实施的民事法律行为有效。因为宣告死亡只是在法律上的一种推定，事实上这个人可能在实际生活中还活着。因此《民法通则》第 24 条第 2 款作出这样的规定。

正因为宣告死亡只是法律上的一种推定，所以，法律还规定了如果被宣告死亡、被宣告失踪的人重新出现后的补救措施及其处理。1. 撤销死亡宣告。法院在接受利害关系人申请或者被宣告人本人申请后，依法撤销死亡宣告。2. 对被撤销宣告死亡的人的财产的处理。这个被撤销宣告死亡的人有权利请求他人返还财产。依照继承法取得其财产的公民和组织应当返还原物，原物已经不存在的，应当适当补偿。不过，这个被撤销宣告死亡的人的这种返还原物的请求权不具有对世性，而只能对继承他的财产的继承人行使，即他不能要求合法取得这项财产的第三人返还原物。3. 对婚姻关系的处理。被撤销宣告死亡的人的配偶如果没有再婚的话，夫妻关系自撤销死亡宣告之日自行恢复，如果这个配偶再婚后又离婚或者再婚后的配偶死亡，则不能认定为夫妻关系自行恢复。4. 其他人身关系。被宣告死亡的人在被宣告死亡期间，子女被他人依法收养的，该收养关系受法律保护，被宣告死亡的人不能单方面以该收养未经其同意为理由主张该收养关系无效。5. 如果利害关系人隐瞒真实情况造成他人被宣告死亡而取得财产的，除应当返还原物和孳息外，还应当对造成的损失予以赔偿。

案例 36　配偶被宣告失踪后，另一方还要先离婚才能结婚?

事情是这样的

钱某某（女）与范某某（男）于 1996 年结婚。结婚后，小夫妻俩和公公婆婆居住在一起。结婚后第二年，钱某某为范某某生下了一个健康可爱的儿子。随着孩子的逐渐成长，为了给孩子提供好一点的学习条件和生活条件，作为丈夫和父亲的范某某决定到南方去打工。范某某的这一决定得到了妻子和自己父母的理解和支持。于是 1999 年，范某某就告别父母和妻儿来到广州打工。

范某某去南方打工后，经常与家里的妻子保持联系，每个月都往家里打电话，并经常往家中寄钱供妻子、儿子和父母生活。可是到了 2001 年初，范某某就突然与妻子和家人失去了一切联系。家人想尽办法也无法找到范某某。

后来，经人指点，钱某某向当地法院申请宣告范某某失踪。2006 年 9 月，钱某某和她的公公婆婆收到了法院宣告失踪的判决书。与公公婆婆一起居住的钱某某一直都很孝敬他们老两口，因此，两个老人也都替钱某某着想，劝她趁年轻改嫁。

正好小罗（男）三年前因车祸失去了妻子，于是善良的公公婆婆决定撮合小罗和自己的媳妇在一起。经过考虑后，钱某某和小罗决定结婚，但是在领取结婚证时，负责婚姻登记的人却对钱某某说，她需要先办了与被宣告失踪的范某某之间的离婚手续才能再婚。

钱某某认为范某某都已经被宣告为失踪，怎么还需要离婚呢，钱某某对此表示不理解。于是她咨询了相关法律工作者。

律师专线

受理咨询的律师告诉钱某某，婚姻登记处的工作人员的说法是正确的，即夫妻一方被宣告失踪后对方再婚还要办理离婚手续。这是法律设定的宣告失踪制度的性质所决定的。

《中华人民共和国民法通则》第 20 条规定："公民下落不明满二年的，利害关系人可以向人民法院申请宣告他为失踪人。"人民法院按照我国《民事诉讼法》的特别程序进行审理，在查清被申请宣告失踪人的财产、指定临时管理人或采取诉讼保全措施并发出公告，公告期满半年后，就根据被宣告失踪人的失踪事实作出宣告失踪的判决，指定失踪人的财产代管人。由此可以看出，公民被宣告为失踪人，其民事权利能力并不因此而消灭，因而也就不产生其财产所有权转移的法律后果，与失踪人的人身有关的民事法律关系也不变化，比如婚姻关系是不发生变化的。也就是说，虽然钱某某的丈夫范某某被宣告为失踪人，但他与钱某某的婚姻关系仍未变化，钱某某和范某某仍为夫妻关系。因此，在钱某某的丈夫范某某被宣告失踪的情况下，她要是准备再婚，首先要先将原婚姻关系合法解除——通过诉讼的方式。也就是说，钱某某应向法院提起离婚诉讼，由法院将婚姻关系、财产及儿子的抚养问题一并作出处理，法院判决离婚生效后，钱某某才能与小罗结婚，合法领取结婚证。

法律规范

中华人民共和国民法通则

（1986 年 4 月 12 日第六届全国人民代表大会第四次会议通过，自 1987 年 1 月 1 日起施行）

第二十条　公民下落不明满二年的，利害关系人可以向人民法院申请宣告他为失踪人。

战争期间下落不明的，下落不明的时间从战争结束之日起计算。

第二十一条　失踪人的财产由他的配偶、父母、成年子女或者关系密切的其他亲属、朋友代管。代管有争议的，没有以上规定的人或者以上规定的人无能力代管的，由人民法院指定的人代管。

失踪人所欠税款、债务和应付的其他费用，由代管人从失踪人的财产中支付。

第二十二条　被宣告失踪的人重新出现或者确知他的下落，经本人或者利害关系人申请，人民法院应当撤销对他的失踪宣告。

第二十三条　公民有下列情形之一的，利害关系人可以向人民法院申请宣告他死亡：

（一）下落不明满四年的；

（二）因意外事故下落不明，从事故发生之日起满二年的。

战争期间下落不明的，下落不明的时间从战争结束之日起计算。

第二十四条　被宣告死亡的人重新出现或者确知他没有死亡，经本人或者利害关系人申请，人民法院应当撤销对他的死亡宣告。

有民事行为能力人在被宣告死亡期间实施的民事法律行为有效。

中华人民共和国民事诉讼法

（1991 年 4 月 9 日第七届全国人民代表大会第四次会议通过，2007 年 10 月 28 日第十届全国人民代表大会常务委员会第三十次会议修正，自 2008 年 4 月 1 日起施行）

第一百六十九条　被宣告失踪、宣告死亡的公民重新出现，经本人或者利害关系人申请，人民法院应当作出新判决，撤销原判决。

专家释惑

这是一个关于宣告失踪后，另一方配偶的婚姻关系如何处理的案例。

宣告失踪是指自然人离开自己的住所，下落不明达到法定期限，经利害关系人申请，由人民法院宣告其为失踪人的法律制度。宣告失踪的目的在于结束失踪人财产关系的不确定状态，保护失踪人的利益和利害关系人的利益。《民法通则》第 21 条规定："失踪人的财产由他的配偶、父母、成年子女或者关系密切的其他亲属、朋友代管。代管有争议的，没有以上规定的人或者以上规定的人无能力代管的，由人民法院指定的人代管。”最高人民法院《关于贯彻执行〈中华人民共和国民法通则〉若干问题的意见（试行）》第30条规定，人民法院指定失踪人的财产代管人，应当根据有利于保护失踪人财产的原则来进行，如果《民法通则》第21条规定的代管人不宜作代管人的，法院可以另行指定。

宣告失踪只是一种法律拟制的失踪制度，下落不明的公民在人民法院宣告他失踪或者宣告其死亡后如果重新出现，人民法院应当依据民事诉讼法规定，经本人或者利害关系人的申请，作出如下处理决定：

1. 作出新判决，撤销原判决。人民法院经查明确系本人重新出现，应当作出新判决。新判决的内容是撤销原判决和其他必要的事项。

2. 关于财产的处理。新判决作出后，被宣告失踪或者被宣告死亡的财产代管人应当向被宣告失踪又重新出现的人返还财产。被宣告死亡又重新出现的人如果要求返还被继承的财产，继承人应当返还原物；原物不在的，应当给予适当补偿；发生争议的，另外起诉，由人民法院按民事案件审判。

3. 关于婚姻关系。在宣告失踪后，被宣告失踪人的配偶已办理离婚尚未再婚的，被宣告失踪的人重新出现的，应当按照婚姻法的有关规定办理，双方自愿结婚的可以再办结婚登记，不自愿结婚的，不能强迫办理结婚登记；配偶离婚后再婚的，原来的婚姻关系不能自然恢复。在宣告失踪后配偶未办理离婚，在宣告死亡后配偶未再婚，则婚姻关系自然存续。在宣告死亡后配偶已婚的，原婚姻关系不能自然恢复。这一点上宣告失踪与宣告死亡有很大的不同。宣告死亡在于以此结束因公民长期下落不明而产生的民事权利和义务不确定状态。一旦宣告死亡，被宣告人的民事权利能力终止，其婚姻关系也终止。自然人被宣告失踪后，被宣告失踪人与其配偶的婚姻关系仍然存在，并不自动终止，双方均不得再婚，否则构成重婚。要想终止婚姻关系，必须由一方向人民法院提起离婚诉讼。

(1)《民法通则》第二章第三节第20条至第25条，及最高人民法院《关于贯彻执行〈中华人民共和国民法通则〉若干问题的意见（试行）》第24条至第40条。这些法律条文从实体上具体规定了公民下落不明时，一定条件成就后，其利害关系人可以向人民法院宣告其失踪或死亡。其中下落不明满两年，可以提出宣告失踪申请；下落不明满四年，或意外事故发生之日起下落不明满二年，可以提出宣告死亡申请。宣告失踪主要的法律后果是失踪人财产得到代管，宣告死亡的主要法律后果是死亡人财产的继承，婚姻关系的消灭。宣告失踪不是宣告死亡的必经程序。

（2）《民事诉讼法》第十五章第三节第166条至第169条，及最高人民法院《关于适用〈中华人民共和国民事诉讼法〉若干问题的意见》第194条至第196条，对宣告失踪、宣告死亡做了程序性的规定。其中重申了宣告失踪、死亡的条件，规定人民法院受理程序为：接收申请后发出寻找下落不明人的公告，宣告失踪的，公告期为三个月；宣告死亡的，公告期为一年，在意外事故中下落不明的人，经有关机关证明不可能生还的，公告期为三个月。公告期届满，人民法院作出宣告或者驳回的判决。若被宣告人重新出现，经本人或其利害关系人的申请，人民法院应作出新判决，撤销原判决。

法律设置宣告失踪、死亡的制度其意义主要是结束当事人财产、人身、婚姻关系的不确定状态。典型表现如债务人下落不明，债权人提出宣告失踪申请，以便从法院为债务人指定的财产代管人处获得自己债权的实现。又如丈夫下落不明后，其妻提出宣告死亡申请，以使原婚姻关系解除，共同财产得到分割。

4. 基于宣告失踪、死亡的法律规范为授权性规范，在日常生活中，自然人在下落不明时，其利害关系人通过找寻后，可能会默认该自然人已无生还的可能，而不一定向人民法院提出宣告申请。该自然人下落不明前生活环境中认识该自然人的其他非利害关系人，也可能会默认其已无生还可能（这样的默认一般以不存在纠纷为前提）。

第三章　离　　婚

一、离婚的途径

内容提要

我国婚姻法规定夫妻关系的解除有两种合法方式——协议离婚和诉讼离婚。

协议离婚，也叫登记离婚，婚姻关系的当事人依法提交法定的材料后，由婚姻登记机关依法办理离婚登记。双方就财产、债务和孩子的抚养等问题达成一致，形成了离婚协议是进行离婚登记的前提。但是不具有完全民事行为能力人以及结婚登记不在中国境内的涉外婚姻，不能通过登记离婚解除婚姻关系。

诉讼离婚，俗称打离婚官司，是由夫妻中一方向有管辖权的法院提起离婚起诉，由受案法院对离婚案件进行管辖和处理的一种解除婚姻关系的合法方式。主要适用于一方不同意离婚的情形、或者双方就财产、债务和子女抚养问题没有达成一致的情形、一方或双方为无民事行为能力或限制行为能力人的离婚、不在中国内地办理结婚登记的情形，以及未办理结婚登记的但为法律所承认的事实婚姻的解除。法庭主持的调解是合法婚姻的离婚诉讼所必经的程序。

法律为了保护特定时期内的妇女和婴儿的合法利益，对于男方的起诉权在程序上存在时间限制。

案例37 未达成房产分割协议，他可否主张协议离婚？怎样领取离婚证？

事情是这样的

刘某某（男）与关某某（女）于2001年3月结婚，婚后二人基于工作繁忙等原因，一直都没有生育。结婚时，刘某某和关某某对婚后共同财产做了约定，即AA制。后来，男方刘某某在工作中认识了另外一名女同事张某某。刘某某和张某某在工作生活接触中，逐渐产生了感情。于是，刘某某向自己的妻子关某某提出离婚要求，说两人感情不和，不适宜再生活在一起。

本来，关某某同意跟刘某某到婚姻登记机关进行登记离婚，因为她认为两人都忙于工作，现在没有感情了，分开也可以，登记离婚更方便。于是两人坐下来，认真谈离婚协议书的起草。对于家具、银行存款等，刘某某和关某某都很快达成了一致分割意见，不过，在两人居住的房子的房产归属问题上出现了分歧。房子是刘某某在婚前以自己的名义购买的，1999年刘某某购买这套房子时的价格是15万人民币，但是婚后夫妻两人共同还贷了约6万块钱，房产证上也写的是刘某某的名字。因此，刘某某主张房子归自己，然后由刘某某向关某某补偿7万块钱。女方关某某不同意，因为现在房价涨得利害，拿着这7万块钱自己别说买一套房子，充其量只能买半间房子。关某某想房子归自己，然后自己再补偿男方刘某某8万块钱。于是在这个问题上刘某某和关某某一时出现了僵局，双方决定，过一星期等双方再好好考虑后，决定房子的归属问题。

眼看房子的归属问题一下子解决不了，刘某某心里有点着急。因为他不愿意去法院打离婚官司，认为打离婚官司耗时又费力，而且可能闹得周围的人都知道。于是他打电话咨询某律师事务所的律师，想请教一下，在其夫妻存续期间的财产问题都达成一致，只是房子归属出现争议的时候，他和关某某的婚姻能否通过登记离婚的方式得到解除？

律师专线

律师告诉刘某某，在夫妻双方对房产问题的归属没有达成一致的情况下，他不能通过登记离婚的方式领到离婚证。

因为离婚证是男女双方合法解除夫妻关系的法律文书，领取离婚证之时，就是夫妻关系终止之日。通过婚姻登记机关进行离婚登记，由婚姻登记机关向申请离婚登记的夫妻颁发离婚证时，必须经下列法定程序：一、婚姻登记机关受理申请离婚登记的夫妻提出的申请、并核查其应当提交的身份证、户口、结婚证等法律文件；二、婚姻登记机关明确告知申请离婚登记的夫妻关于《婚姻法》规定的登记离婚的条件；三、询问关于离婚协议的内容及意愿是否一致，有异议的应当重新协商达成一致；四、询问关于子女抚养及财产、债务的处理是否有异议，如有，应当重新协商一致；五、填写《申请离婚登记声明书》，并在婚姻登记员面前签名或按手印；六、当事人在婚姻登记员面前宣读《申请离婚登记声明书》，填写《离婚登记处理表》。申请离婚登记的当事人在履行上述程序后，婚姻登记员按下列步骤颁发离婚证书：一、向双方当事人再次核实姓名、出生日期、离婚意愿；二、婚姻登记员告知其领取离婚证后双方的法律关系，与子女的关系及各自应尽义务；三、在《离婚登记处理表》上签名或者按手印。本栏必由当事人亲自办理，不得由他人代理；四、注销双方的结婚证，颁发离婚证，宣布解除双方夫妻关系。

由上述规定可知，就财产的归属和分割问题达成一致，这是婚姻登记机关颁发离婚证的重要条件之一，也是双方的离婚协议书的重要内容。本案例中，刘某某和关某某就房产这样重要的财产没有达成一致，不能认为是双方有达成一致的离婚协议书。因此，对刘某某而言，要么是与妻子关某某协商，就房子的归属问题达成一致，再通过协议离婚的办法解除婚姻关系，要么是通过到法院起诉的方式寻求婚姻关系的解除。

法律规范

中华人民共和国婚姻法

（2001 年 4 月 28 日第九届全国人民代表大会常务委员会第二十一次会议修正，同日公布并施行）

第三十一条　男女双方自愿离婚的，准予离婚。双方必须到婚姻登记机关申请离婚。婚姻登记机关查明双方确实是自愿并对子女和财产问题已有适当处理时，发给离婚证。

婚姻登记条例

（2003 年 7 月 30 日国务院第十六次常务会议通过，自 2003 年 10 月 1 日起施行）

第十条　内地居民自愿离婚的，男女双方应当共同到一方当事人常住户口所在地的婚姻登记机关办理离婚登记。

中国公民同外国人在中国内地自愿离婚的，内地居民同香港居民、澳门居民、台湾居民、华侨在中国内地自愿离婚的，男女双方应当共同到内地居民常住户口所在地的婚姻登记机关办理离婚登记。

第十一条　办理离婚登记的内地居民应当出具下列证件和证明材料：

（一）本人的户口簿、身份证；

（二）本人的结婚证；

（三）双方当事人共同签署的离婚协议书。

办理离婚登记的香港居民、澳门居民、台湾居民、华侨、外国人除应当出具前款第（二）项、第（三）项规定的证件、证明材料外，香港居民、澳门居民、台湾居民还应当出具本人的有效通行证、身份证，华侨、外国人还应当出具本人的有效护照或者其他有效国际旅行证件。

离婚协议书应当载明双方当事人自愿离婚的意思表示以及对子女抚养、财产及债务处理等事项协商一致的意见。

第十二条　办理离婚登记的当事人有下列情形之一的，婚姻登记机关不予受理：

（一）未达成离婚协议的；

（二）属于无民事行为能力人或者限制民事行为能力人的；

（三）其结婚登记不是在中国内地办理的。

第十三条　婚姻登记机关应当对离婚登记当事人出具的证件、证明材料进行审查并询问相关情况。对当事人确属自愿离婚，并已对子女抚养、财产、债务等问题达成一致处理意见的，应当当场予以登记，发给离婚证。

专家释惑

本案例涉及的主要问题是婚姻关系解除的方式选择问题。这里简要介绍一下解除婚姻关系的方式和主要程序。

离婚，是一种法律行为，是指解除已婚男女双方的婚姻关系的法律行为，必须符合离婚的条件，履行必经的法律程序。离婚有两种形式：1. 登记离婚（通称协议离婚）；2. 起诉离婚。

登记离婚（协议离婚），是指已婚的男女双方自愿达成离婚协议，并对子女抚养、财产分割、债务承担达成一致意见，在民政局申请离婚登记解除夫妻关系的行为。其主要法律依据是《中华人民共和国婚姻法》第31条的规定，“男女双方自愿离婚的，准予离婚。”登记离婚应由申请离婚的夫妻双方向民政局婚姻登记机关递交书面申请，填写《离婚申请表》，民政局婚姻登记机关查明确系夫妻双方自愿离婚，申请书是双方真实意思的表达，并且对家庭共同财产和子女的抚养、教育、医疗费的分担、债务的分担等达成协议，民政局婚姻登记机关在收到离婚申请书之日起30日内作出准予离婚决定，收缴双方当事人的结婚证书，发给离婚证。

起诉离婚，俗称打离婚官司，其主要法律依据是《婚姻法》第32条的规定：“男女一方要求离婚的，可由有关部门进行调解或直接向人民法院提出离婚诉讼。”起诉离婚，是指夫妻双方单方提出离婚，另一方不同意离婚或者虽然双方都同意离婚，但在共同财产的分割和对子女的抚养、教育、医疗费等的问题上未达成协议，离婚诉讼当事人可向人民法院递交离婚诉讼状，人民法院受理后一般采取两种方式解决：一是调解离婚，是指离婚的双方当事人在法院的调解下，就财产分割、子女养育等问题达成一致，人民法院批准其离婚并制作离婚民事调解书，作为双方当事人的离婚法律文书。二是判决离婚，是指人民法院在调解无效的情形下，就离婚案件的具体情况和夫妻共同财产和子女养育等作出离婚判决。一般情况下，判决离婚的情形所需要的时间是人民法院自立案之日起1~3个月作出判决，最长不超过6个月。

案例38　精神病患者宋某某的协议离婚有效吗？

事情是这样的

宋某某（女）于2000年5月与范某某（男）登记结婚。2001年10月，宋某某因为自己在怀孕期间受到惊吓，导致经常性的疑神疑鬼，有时候还不吃不喝。后来，经医院诊断，认定宋某某已经患有精神分裂症。范某某多次带宋某某前往数家大型医院治疗，尽管宋某某的病症得到了一些缓解，但是还是没有治愈。不过，到2003年年底的时候，宋某某清醒的时间间隔越来越长。

2004年3月29日，宋某某在清醒的状态下，和范某某一起来到居住地所在的区政府民政机关的婚姻登记部门，办理了协议离婚登记。宋某某和范某某对双方的财产和债务做了了断，协议规定在范某某名下的、由范某某婚前出资购买的房子归范某某所有，但暂时可以归宋某某居住到2005年元旦，家里的债务总计两万元由范某某负担，家里的现金和存款等一人一半。基于稳定宋某某情绪的考虑，登记离婚后，范某某依旧和宋某某居住在原先那套房子里。家里的一切开销依然由范某某支付。后来，宋某某的父母知道了自己的女儿与范某某协议离婚的事情后，表示反对，并且于2004年7月28日代宋某某向当地的区人民法院提出诉讼，请求法院宣告宋某某和范某某的离婚协议无效。

受理案件后，法院在审理的过程中，原告方提出若干证据证明，宋某某患有精神病，尚未治愈，在与范某某办理离婚协议时，仍旧在服药治疗。经原告方的申请，受案法院依法委托司法鉴定机构对宋某某的精神状况进行了司法鉴定。经鉴定，认为宋某某有明确的精神病史，患有间歇性的精神分裂症，尚未治愈。依据这一鉴定结论，受案法院认定，宋某某属于限制性民事行为能力人，在与范某某办理离婚登记手续时，缺乏充分的辨认能力。因此，法院判决，原告宋某某和被告范某某于

2004 年 3 月 29 日的协议离婚无效。一审法院判决后，原告宋某某和被告范某某都没有提起上诉。

律师专线

登记离婚或称协议离婚，这是法律规定的解除婚姻关系的合法方式。但是，登记离婚有一个前提条件，就是办理离婚登记是双方当事人的真实意思表示。离婚协议涉及夫妻双方的人身关系和财产关系，属于平等民事主体之间的协议，因此，当事人双方必须具备完全的民事行为能力。否则，如果当事人不具备完全的民事行为能力，依据我国 1986 年《民法通则》第 58 条规定就是无效的。此外，我国的《婚姻登记条例》第 12 条也规定，当事人为无民事行为能力人或者限制民事行为能力人的，对于此类人员的离婚登记申请，婚姻登记机关不予受理。

所以，办理离婚登记时，夫妻双方必须具备完全的民事行为能力，否则，其离婚登记因为此类瑕疵而无效。也就是说，精神病患者最好的办法是通过诉讼离婚的方式解除婚姻关系。

法律规范

中华人民共和国民法通则

（1986 年 4 月 12 日第六届全国人民代表大会第四次会议通过，自 1987 年 1 月 1 日起施行）

第五十八条 下列民事行为无效：

（一）无民事行为能力人实施的；

（二）限制民事行为能力人依法不能独立实施的；

（三）一方以欺诈、胁迫的手段或者乘人之危，使对方在违背真实意思的情况下所为的；

（四）恶意串通，损害国家、集体或者第三人利益的；

（五）违反法律或者社会公共利益的；

（六）经济合同违反国家指令性计划的；

（七）以合法形式掩盖非法目的的。

无效的民事行为，从行为开始起就没有法律约束力。

婚姻登记条例

（2003年7月30日国务院第十六次常务会议通过，自2003年10月1日起施行）

第十条　内地居民自愿离婚的，男女双方应当共同到一方当事人常住户口所在地的婚姻登记机关办理离婚登记。

中国公民同外国人在中国内地自愿离婚的，内地居民同香港居民、澳门居民、台湾居民、华侨在中国内地自愿离婚的，男女双方应当共同到内地居民常住户口所在地的婚姻登记机关办理离婚登记。

第十一条　办理离婚登记的内地居民应当出具下列证件和证明材料：

（一）本人的户口簿、身份证；

（二）本人的结婚证；

（三）双方当事人共同签署的离婚协议书。

办理离婚登记的香港居民、澳门居民、台湾居民、华侨、外国人除应当出具前款第（二）项、第（三）项规定的证件、证明材料外，香港居民、澳门居民、台湾居民还应当出具本人的有效通行证、身份证，华侨、外国人还应当出具本人的有效护照或者其他有效国际旅行证件。

离婚协议书应当载明双方当事人自愿离婚的意思表示以及对子女抚养、财产及债务处理等事项协商一致的意见。

第十二条　办理离婚登记的当事人有下列情形之一的，婚姻登记机关不予受理：

（一）未达成离婚协议的；

（二）属于无民事行为能力人或者限制民事行为能力人的；

（三）其结婚登记不是在中国内地办理的。

第十三条　婚姻登记机关应当对离婚登记当事人出具的证件、证明材料进行审查并询问相关情况。对当事人确属自愿离婚，并已对子女抚养、财产、债务等问题达成一致处理意见的，应当当场予以登记，发给离婚证。

专家释惑

这里涉及的主要法律问题是登记离婚的条件是什么？

依据我国《婚姻法》和《婚姻登记条例》的规定，离婚可以采取自愿登记离婚和诉讼离婚两种方式。其中，自愿登记离婚必须符合一定的条件。具体而言，包括以下条件：

（一）申请离婚的双方当事人必须是办理过结婚登记的合法婚姻关系当事人，如果是非法同居，事实婚姻当事人均无条件提出登记离婚，因此，凡无结婚证或夫妻关系证明书的登记离婚申请人，婚姻登记机关均不受理。

（二）申请离婚的双方当事人应为完全民事行为能力人。所谓完全民事行为能力，是指能对离婚法律行为的法律后果承担民事责任的能力，依据我国《民法通则》规定，年满 18 周岁、精神状况正常、能完全辨认其行为及其后果的公民是具有完全民事行为能力的人。凡不具备完全民事行为能力的人，只能由其代理人按诉讼离婚的方式提出，解决婚姻关系问题。

这里顺便解释一下什么是限制民事行为能力人。与完全民事行为能力人相对应的概念是，无民事行为能力人和限制民事行为能力人。后两类人的认定和判断主要是依据年龄和精神状况等因素。限制民事行为能力，是指公民不具有完全民事行为能力，只具有受到限制的部分民事行为能力。限制民事行为能力人包括下列两种：1. 10 周岁以上的未成年人。《民法通则》第 12 条规定："十周岁以上的未成年人是限制民事行为能力人，可以进行与他的年龄、智力相适应的民事活动；其他民事活动由他的法定代理人代理，或者征得他的法定代理人的同意。"十周岁以上的未成年人是指十周岁以上十八周岁以下的公民，但是十六周岁以上不满十八周岁的、以自己的劳动收入为主要生活来源的公民除外。2. 不能完全辨认自己行为的精神病人。《民法通则》第 13 条第 2 款规定："不能完全辨认自己行为的精神病人是限制民事行为能力人，可以进行与他的精神健康状况相适应的民事活动；其他民事活动由他的法定代理人代理，或者征得他的法定代理人的同意。"

至于无民事行为能力人，则是指不满 10 周岁的未成年人或者是不能辨认自己行为的精神病人。此类人员由其法定代理人代理民事活动。

（三）离婚申请书是申请离婚双方当事人的真实意思的表示，并据此承担法律后果。登记离婚最重要的条件是夫妻双方自愿离婚，这种自愿的行为是排除一切外界的阻挠、干涉，完全发自内心的自愿行为。因此，双方必须亲自到婚姻登记机关递交申请，陈述理由。

（四）申请登记离婚的双方当事人就家庭共同财产、债权、债务及子女的抚养或对生活困难一方的帮助达成协议，并自觉履行这种承诺。

（五）双方必须亲自到婚姻登记机关共同提出登记离婚申请。离婚，是家庭婚姻关系发生重大变更的法律行为，它涉及离婚当事人的各种权利，是一种重要的民事法律活动，不得请人代理、代替，以达到确实维护当事人的一切利益的目的。

由上述条件可知，精神病患者不能通过“协议”进行离婚。根据法律规定，婚姻关系是一种身份关系，因此一般说来，对于婚姻关系中实体性的权利义务，只能由当事人自己提出主张才行。而精神病患者在法律上称为“限制民事行为能力人”或者“无民事行为能力人”，没有控制能力和辨认能力，自己不能够对自己的所作所为负责。也就是说，本案例中宋某某虽然“答应”离婚了，实际上她却可能连“离婚”的后果也不清楚。这种情况下，她的“答应”又有什么意义呢？正因为如此，我国《婚姻登记条例》才规定，办理离婚登记的当事人属于无民事行为能力人或者限制民事行为能力人，婚姻登记机关不予受理其离婚登记申请。也就是说，这样的人离婚不能用“协议”方式，而必须通过诉讼，让法院来判决。

提醒

结婚后，由于疾病或者其他原因而导致婚姻关系的一方丧失了全部或者部分民事行为能力的，夫妻双方要离婚的话，不能采取签订离婚协议的方式，而应当采取诉讼离婚的方式。否则，该离婚协议无效。

案例 39　为计划外生育协议假离婚，妻子章某某人财两空

事情是这样的

章某某（女）与杨某某（男）是夫妻，两人 1995 年登记结婚。次年，即 1996 年生下一个女孩。婚后章某某和杨某某的感情一直很好。1999 年，章某某再次怀孕，几经考虑后，还是决定生下孩子，这回章某某又生了一个女孩。

2001 年，夫妻两人将家里的全部积蓄折合 3 万多元，投资开办了一个小的木材加工厂。这个加工厂在杨某某和章某某夫妻二人的经营下，生意很红火，收入也很可观。有了钱，解决了温饱进入小康之后，夫妻二人开始想着家里的人丁兴旺的问题，总觉得还是要有一个儿子好。于是，杨某某与章某某商量，让章某某计划外再生育一胎，而章某某也觉得自己要是没有生下儿子，有点对不住杨某某和父母。

为逃避处罚，出于省钱的考虑，章某某听信杨某某所设想的假离婚方案，即双方假离婚，但是暗中保持夫妻关系就可以不受处罚。于是，2003 年 11 月 2 日，章某某在杨某某准备好的离婚协议书上签了字，同意协议离婚。离婚协议书上规定：两个女孩中大孩子为女方章某某抚养，小孩子归男方杨某某抚养，杨某某每年支付 1000 元给章某某作为大孩子的抚养费直至孩子满了 18 周岁；双方约定家里的房子和家具都归女方章某某所有，而木材加工厂以及厂内的机器设备归男方杨某某所有，杨某某名下的存折归杨某某所有。

在这样的离婚不离家的假离婚之后几个月，杨某某在邻近的一个镇又开设了一家木材加工厂。杨某某说新工厂刚开始运作，需要好好看管，免得出差错。于是，杨某某开始经常不回到章某某所在的家里住宿。如此几个月之后，章某某偶然听说，杨某某已经在邻近的那个镇与一个年轻姑娘同居生活。章某某这才意识到自己上当受骗了，计划外生育是假，办离婚是真。

于是，章某某向当地的县人民法院起诉，请求法院确认原先的离婚

协议书无效。后来在案件受理之后，章某某变更了诉讼请求，请求法院重新分割夫妻关系存续期间的共同财产，包括木材加工厂的厂房、木材、厂内的机械设备约5万元，并且重新分割杨某某名下的银行存款4万元。

在法院审理案件过程中，杨某某坚决不承认存在欺诈的故意，不承认是假离婚，而是坚决主张离婚协议书是在章某某和杨某某双方自愿协商的结果，是双方自由意思的表达，该协议书合法有效，不同意再行分割财产。

经审理，人民法院认为，婚姻自由既包括结婚自由，也包括离婚自由。原被告双方已经就离婚问题、子女的抚养问题和财产的分割达成了协议，并且在民政部门办理了登记离婚手续，领取了离婚证。现在原告章某某没有证据表明，在签订离婚协议书的时候，杨某某存在欺诈或胁迫的证据，而且被告杨某某也不承认自己存在欺诈，因此，2003年杨某某和章某某双方签订的离婚协议书应当被认定为是双方真实意思的表示。最后，法院认定章某某提出的重新分割夫妻关系存续期间的财产这一诉讼请求，不予支持，从而判决驳回章某某的诉讼请求。

律师专线

本案中，法院适用法律正确。因为，本案中，章某某和杨某某2003年11月2日签署的离婚协议书已经就离婚、子女抚养和财产分割这些问题达成了一致意见。婚姻登记机关据此为双方办理的离婚登记手续是合法无误的。至于章某某认为自己是因为受到杨某某的欺骗，是为了免除计划外生育的处罚，而与杨某某假离婚的。这一主张之所以不被受案法院所支持，是因为一般民事案件强调的是“谁主张，谁举证”这样的原则，而本案中，原告章某某没有提供足够的证据来证明杨某某欺骗自己签署了离婚协议书。在没有充分证据证明的情况下，即使事实的真相可能确实是杨某某欺骗妻子，以计划外生育逃避处罚为借口骗取了章某某同意签署离婚协议书，章某某的主张也因为得不到证据支持而不被法院认可，离婚协议书的真实有效性不能否定。因此，章某某和杨某某之间的婚姻关系和财产关系只能是按照之前的离婚协议书确定。

提醒

婚姻关系是一种重要的法律关系，只有在合法有效的婚姻关系存续的前提下，夫妻之间的合法权益才能得到法律的保护，否则只能是当事人自己承担相应的不利后果。因此，当事人在签署离婚协议书时，一定要慎重，不要轻信另一方的口头承诺，对自己的权益要有清醒地认识。

法律规范

中华人民共和国婚姻法

（2001 年 4 月 28 日第九届全国人民代表大会常务委员会第二十一次会议修正，同日公布并施行）

第三十一条　男女双方自愿离婚的，准予离婚。双方必须到婚姻登记机关申请离婚。婚姻登记机关查明双方确实是自愿并对子女和财产问题已有适当处理时，发给离婚证。

婚姻登记条例

（2003 年 7 月 30 日国务院第十六次常务会议通过，自 2003 年 10 月 1 日起施行）

第十条　内地居民自愿离婚的，男女双方应当共同到一方当事人常住户口所在地的婚姻登记机关办理离婚登记。

中国公民同外国人在中国内地自愿离婚的，内地居民同香港居民、澳门居民、台湾居民、华侨在中国内地自愿离婚的，男女双方应当共同到内地居民常住户口所在地的婚姻登记机关办理离婚登记。

第十一条　办理离婚登记的内地居民应当出具下列证件和证明材料：

（一）本人的户口簿、身份证；

（二）本人的结婚证；

（三）双方当事人共同签署的离婚协议书。

办理离婚登记的香港居民、澳门居民、台湾居民、华侨、外国人除应当出具前款第（二）项、第（三）项规定的证件、证明材料外，香港居民、澳门居民、台湾居民还应当出具本人的有效通行证、身份证，华侨、外国人还应当出具本人的有效护照或者其他有效国际旅行证件。

离婚协议书应当载明双方当事人自愿离婚的意思表示以及对子女抚养、财产及债务处理等事项协商一致的意见。

第十二条　办理离婚登记的当事人有下列情形之一的，婚姻登记机关不予受理：

（一）未达成离婚协议的；

（二）属于无民事行为能力人或者限制民事行为能力人的；

（三）其结婚登记不是在中国内地办理的。

第十三条　婚姻登记机关应当对离婚登记当事人出具的证件、证明材料进行审查并询问相关情况。对当事人确属自愿离婚，并已对子女抚养、财产、债务等问题达成一致处理意见的，应当当场予以登记，发给离婚证。

专家释惑

这个案例是实践中并不少见的假离婚，甚至是骗离婚案件。

“假离婚”通常是指基于逃避债务转移夫妻共同财产、基于逃避责任抗拒赔偿、基于骗取房屋拆迁补偿款、骗取福利分房、基于多占宅基地或者基于规避计划生育政策等诸多现实原因，而由合法夫妻设计的规避义务或责任的离婚事件。

骗离婚，是指当事人一方为了自己不可告人的目的，捏造虚假的事实或者隐瞒某种真实情况，向对方许诺先离婚后复婚，从而骗取对方同意离婚的违法离婚行为。骗离婚的特征是：第一，要求离婚的一方是真实的意愿，但又故意向对方表明自己离婚的目的不是真离婚，从而使对方处于一种被蒙骗的状态，确信离婚只是一种实现某种目的的手段，因而同意离婚。第二，一方提出离婚完全是以不复婚为目的，而另一方在办理离婚手续后，则期待所谓目的的实现以后恢复夫妻关系。第三，骗离婚行为结果的唯一性，即一方提出离婚，是想自始至终要解除夫妻关系，彻底摆脱对方，离婚后或独居、或与他人再婚，根本没有复婚的意思。第四，骗离婚既是当事人一方的欺骗行为，又是一种基于欺骗而产生双方同意的离婚行为，这种行为从根本上违反了婚姻自由、自愿的原则，破坏了正常的婚姻家庭关系。

法律虽然赋予公民离婚自由的权利，也即解除婚姻关系的自由。也就是说，夫妻感情确已破裂，双方均有权提出离婚，任何人不能加以干涉。但任何权利都必须在法律规定的范围内行使，个体的自由必须存在于社会秩序之内，任何个体追求个人的利益冲破了秩序的允许界限时，就会受到限制。离婚自由的权利同样应受到限制，这点在《婚姻法》的条款中也有具体规定，处理离婚的机关在实践中更应当慎之又慎。“假离婚”以及“骗离婚”现象的存在与蔓延，滋生于当前社会诚信水平不高、社会管理制度不完善等大背景之下，同时又反过来对构建和谐社会构成威胁，具有严重的社会危害性。而且，在实践中，计划赶不上变化，经常出现“赔了夫人又折兵”的情形，因此，相关当事人对待自己的权益一定要慎之又慎。

案例 40　妻子李某某流产手术后，男方能提出离婚吗？

事情是这样的

阙某某，男，现年 35 岁，供职于一家电脑公司。李某某，女，现年 33 岁，在某市一家商场做出纳。阙某某和李某某自 2003 年登记结婚以来，感情不是特别好，两个人的性格有些合不来，经常会为一点小事发生矛盾。2004 年，阙某某和李某某在掏出所有积蓄的情况下，通过银行贷款买了一套两室两厅的小公寓。之后就是办手续、搞装修、买家具和还房贷等比较费心而且琐碎的事情。但是从房子装修到还贷款，夫妻俩都经常发生分歧，甚至吵架。从 2005 年开始，阙某某就觉得自己厌倦了这种没有感觉到温馨而只有唠叨、戒备或争执的家庭生活，就对妻子李某某说出了离婚的想法。但是，李某某不同意离婚，认为这主要是两个人在生活中还没有学会相互体谅和宽容，只要多一点时间就可以适应下来，于是离婚的念头和事情就慢慢拖下来了。但是自从 2005 年 10 月间，阙某某和李某某之间的一次大的争吵，导致了家里摔碗摔碟，地上一片狼藉，令阙某某觉得这个家再也没有办法维持下去了，没有办法和谐、温馨地生活在同一个屋檐下。于是，阙某某打定主意要和妻子李某某离婚。在协商离婚不成的情况下，阙某某准备上法院起诉要求离婚。但是，正在他准备请律师草拟起诉状的时候，他接到了妻子李某某打来的电话，告知自己怀孕了。这令阙某某很苦恼，经过与李某某的多次反复沟通之后，后来李某某终于同意去医院做了人工流产手术。

阙某某知道女方在怀孕期间和生小孩之后一年内，男方不得起诉离婚。但是，李某某这样的人工流产手术，是否也还属于怀孕期间呢？阙某某能在李某某做完人工流产手术后多久提出离婚诉讼呢？对此，阙某某不太清楚，因此，他去了本市的一家律师事务所，向值班律师咨询，李某某流产手术会不会妨碍或限制自己行使要求离婚的起诉权利？如果有限制的话，他在多长的期间内不得起诉离婚？

律师专线

面对阙某某的咨询，律师告诉他，在他妻子李某某人工流产手术后6个月内，他不得向人民法院起诉离婚，即使起诉了，法院也会不予受理。人工流产手术，用医学术语被称为“中止妊娠”。依据《中华人民共和国婚姻法》第34条，女方在中止妊娠后6个月内，男方不得提出离婚，除非法院认为有必要受理男方的离婚请求。由此可知，李某某流产后6个月内，阙某某行使离婚请求的诉讼权利将依法受到限制。

法律规范

中华人民共和国婚姻法

（2001年4月28日第九届全国人民代表大会常务委员会第二十一次会议修正，同日公布并施行）

第三十一条　男女双方自愿离婚的，准予离婚。双方必须到婚姻登记机关申请离婚。婚姻登记机关查明双方确实是自愿并对子女和财产问题已有适当处理时，发给离婚证。

第三十二条　男女一方要求离婚的，可由有关部门进行调解或直接向人民法院提出离婚诉讼。

人民法院审理离婚案件，应当进行调解；如感情确已破裂，调解无效，应准予离婚。

有下列情形之一，调解无效的，应准予离婚：

（一）重婚或有配偶者与他人同居的；

（二）实施家庭暴力或虐待、遗弃家庭成员的；

（三）有赌博、吸毒等恶习屡教不改的；

（四）因感情不和分居满二年的；

（五）其他导致夫妻感情破裂的情形。

一方被宣告失踪，另一方提出离婚诉讼的，应准予离婚。

第三十四条 女方在怀孕期间、分娩后一年内或中止妊娠后六个月内，男方不得提出离婚。女方提出离婚的，或人民法院认为确有必要受理男方离婚请求的，不在此限。

专家释惑

本案例涉及的主要法律问题是一个关于离婚诉讼请求权的限制问题。法律规定婚姻自由，不仅包括结婚自由，还包括离婚自由。但是，如同结婚必须符合相应的实质要件和程序要件一样，离婚也必须符合相应的标准和条件。关于离婚诉讼请求权的程序上的约束就是一项条件。比如，《中华人民共和国民事诉讼法》规定，判决不准离婚后，男女双方在6个月内不得再行提起离婚诉讼。这是为了给婚姻关系的当事人相应的充分时间对自己的婚姻进行再三审视，使之三思而后行。同样的我国《婚姻法》第34条也规定“女方在怀孕期间、分娩后一年内或中止妊娠后六个月内，男方不得提出离婚。”这样规定是为了保护女性的身体和心理健康。原来1980年《中华人民共和国婚姻法》第27条就是现行的2001年修改的《中华人民共和国婚姻法》第34条的对应条款，但是1980年的婚姻法没有规定妇女“中止妊娠”后，对男方提出离婚请求权的限制，这是在2001年《婚姻法》修改后新增加进去的，体现了对妇女权益保护的提高。因为，人工流产手术也是手术，对妇女的身心健康具有影响，女方需要一定的时间进行调整。

但是，请注意这里说的只是在女方怀孕、分娩以及中止妊娠这种特定时期内，对男方提出离婚请求权的限制，对女方则没有这种限制。

二、离婚案件的管辖等相关问题

内容提要

离婚案件属于民事案件，离婚案件的管辖法院的确定，适用民事诉讼法的管辖规定，即一般情况下适用“原告就被告”原则，即提起诉讼的一方应到被告的住所地或经常居住地所属的有管辖权的法院起诉，当然，法律另有规定的情形除外。

离婚案件，和其他民事案件一样，当事人的主张要得到支持，适用的举证规则是“谁主张谁举证”原则。

尽管离婚自由是婚姻自由的应有之意，但是法律为了防止当事人也对男方滥用诉权，以及给予要求离婚的当事人和好的机会，还规定了要求离婚的程序权利在特定的情形下的限制。比如，一审判决不准离婚，在六个月内不得基于同样的事实和理由再次起诉。

案例 41　夫妻外出打工多年，离婚应该向哪个法院起诉?

事情是这样的

曹某某（男）和万某某（女）是一对中年夫妻，来自四川某县的磐石村。曹某某和万某某于1990年结婚，并分别于1991年和1994年生下两个孩子。从1998年春节过后，曹某某和万某某就一起离开老家，来到广东某市下面的一个县打工，孩子留给自己的父母照顾。2000年9月，曹某某和万某某回了老家，将孩子都接到了广东他们打工的地方。但是，从2005年开始，曹某某和万某某就经常为了家里的事情吵架。频繁的争吵让人感到心烦，也不利于孩子的成长。于是，在一次免费的普法活动中，曹某某前去请教来普法的工作人员，像他这样的情况，夫妻和孩子的户口都在老家，如果要和妻子万某某离婚的话，该向哪个法院起诉？

律师专线

受理咨询的工作人员先问清楚了曹某某和万某某来本地多长时间，得到答复后，他告诉曹某某，他可以向她妻子万某某目前打工的县法院起诉。因为，依据我国的《民事诉讼法》，一般民事案件，除了法律另有规定外，采取的是原告就被告的原则，离婚案件也适用这一规则，即向被告的户籍所在地的县或者区法院起诉（但法律另有规定除外），户籍所在地与经常居住地不一致的，则向经常居住地的人民法院起诉。经常居住地是指，公民离开自己的居住地到现居住地的时间在起诉之前已经超过了一年以上（在医院住院就医除外）。依据最高人民法院《关于适用〈中华人民共和国民事诉讼法〉若干问题的意见》，如果夫妻双方离开住所地超过一年，一方起诉离婚的案件，由被告经常居住地人民法院管辖；没有经常居住地的，由原告起诉时居住地的人民法院管辖。

本案例中，曹某某和万某某虽然户口都在四川的某县，那里是他们的户籍地。但是自从1998年以后，万某某和曹某某他们就已经在广东的某县，一直工作和居住到现在。因此，他们现在居住的广东某县属于万某某和曹某某的经常居住地。如果要离婚，曹某某可以直接在这起诉要求离婚。

法律规范

中华人民共和国民事诉讼法

（1991年4月9日第七届全国人民代表大会第四次会议通过，2007年10月28日第十届全国人民代表大会常务委员会第三十次会议修正，自2008年4月1日起施行）

第十八条　基层人民法院管辖第一审民事案件，但本法另有规定的除外。

第二十二条　对公民提起的民事诉讼，由被告住所地人民法院管辖；被告住所地与经常居住地不一致的，由经常居住地人民法院管辖。

对法人或者其他组织提起的民事诉讼，由被告住所地人民法院管辖。

同一诉讼的几个被告住所地、经常居住地在两个以上人民法院辖区的，各该人民法院都有管辖权。

第二十三条　下列民事诉讼，由原告住所地人民法院管辖；原告住所地与经常居住地不一致的，由原告经常居住地人民法院管辖：

（一）对不在中华人民共和国领域内居住的人提起的有关身份关系的诉讼；

（二）对下落不明或者宣告失踪的人提起的有关身份关系的诉讼；

（三）对被劳动教养的人提起的诉讼；

（四）对被监禁的人提起的诉讼。

最高人民法院关于适用《中华人民共和国民事诉讼法》若干问题的意见

（1992年7月14日最高人民法院公布，自1992年7月14日起施行）

一、管辖

4. 公民的住所地是指公民的户籍所在地；法人的住所地是指法人的主要营业地或者主要办事机构所在地。

5. 公民的经常居住地是指公民离开住所地至起诉时已连续居住一年以上的地方。但公民住院就医的地方除外。

6. 被告一方被注销城镇户口的，依照《民事诉讼法》第二十三条规定确定管辖；双方均被注销城镇户口的，由被告居住地的人民法院管辖。

7. 当事人的户籍迁出后尚未落户，有经常居住地的，由该地人民法院管辖。没有经常居住地，户籍迁出不足一年的，由其原户籍所在地人民法院管辖；超过一年的，由其居住地人民法院管辖。

11. 非军人对军人提出的离婚诉讼，如果军人一方为非文职军人，由原告住所地人民法院管辖。

离婚诉讼双方当事人都是军人的，由被告住所地或者被告所在的团级以上单位驻地的人民法院管辖。

12. 夫妻一方离开住所地超过一年，另一方起诉离婚的案件，由原告住所地人民法院管辖。夫妻双方离开住所地超过一年，一方起诉离婚的案件，由被告经常居住地人民法院管辖；没有经常居住地的，由原告起诉时居住地的人民法院管辖。

13. 在国内结婚并定居国外的华侨，如定居国法院以离婚诉讼须由婚姻缔结地法院管辖为由不予受理，当事人向人民法院提出离婚诉讼的，由婚姻缔结地或一方在国内的最后居住地人民法院管辖。

14. 在国外结婚并定居国外的华侨，如定居国法院以离婚诉讼须由国籍所属国法院管辖为由不予受理，当事人向人民法院提出离婚诉讼的，由一方原住所地或在国内的最后居住地人民法院管辖。

15. 中国公民一方居住在国外，一方居住在国内，不论哪一方向人民法院提起离婚诉讼，国内一方住所地的人民法院都有权管辖。如国外一方在居住国法院起诉，国内一方向人民法院起诉的，受诉人民法院有权管辖。

16. 中国公民双方在国外但未定居，一方向人民法院起诉离婚的，应由原告或者被告原住所地的人民法院管辖。

专家释惑

本案例涉及的主要法律问题是如何确定诉讼离婚的有管辖权的法院。

首先，从级别管辖而言，离婚诉讼，属于民事案件，其受案法院是县级区人民法院。

其次，从地域管辖看，一般是原告就被告，即向被告的住所地（户籍所在地）法院提出。但是，如果夫妻一方离开住所地超过一年（住院治疗除外），另一方起诉离婚的案件，由原告住所地人民法院管辖。但是，如果夫妻双方都离开住所地超过一年，一方起诉离婚的案件，依然由被告经常居住地人民法院管辖；没有经常居住地的，由原告起诉时居住地的人民法院管辖。不过，军人离婚法律另有规定。

提醒

离婚诉讼属于民事诉讼，离婚的诉讼请求要得到法院的受理必须符合我国民事诉讼法的规定。关于起诉条件，我国《民事诉讼法》第108条规定了起诉必须符合的条件：“（一）原告是与本案有直接利害关系的公民、法人和其他组织；（二）有明确的被告；（三）有具体的诉讼请求和事实、理由；（四）属于人民法院受理民事诉讼的范围和受诉人民法院管辖。”所以，除了法律明文规定的诸如在判决不准离婚后6个月内不得基于同一事实和理由再行起诉、女方在孕期和哺乳期内男方不得起诉离婚等特殊规定外，只要符合《民事诉讼法》上述第108条的规定，法院就应当受理该案件。

案例42　对两年不回家的丈夫，她该申请离婚还是申请宣告其失踪？

事情是这样的

郭某某（女）和丈夫戴某某1995年登记结婚。戴某某原先在村里是泥瓦匠，后来揽活越来越多，索性成立了一个建筑队，做起了包工头。组建建筑队后，作为包工头的戴某某生意越来越红火，赚的钞票日益翻倍，成了暴发户。不知道是不是应验了那句老话：男人有钱就变坏，这个戴某某自从腰包变鼓之后，就开始不太回家了。2003年的时候，戴某某认识了一个年轻的三陪小姐，以前是在“花丛”留恋的戴某某对这个三陪小姐确实情有独钟，认真起来，说要离了家里的被他视为“黄脸婆”的结发妻子，换上这个三陪小姐。郭某某不同意，和他闹过，也和他谈过，可是戴某某都不为所动。后来，郭某某闹着也累了，看着也烦了，同意了和戴某某离婚，但是条件是要求戴某某给自己一笔抚养费，并给两人共同的孩子一笔足够上完中学读完大学的费用。对此，戴某某口头上表示了答应。可是，戴某某离开家里后，就没有再回来办手续，当然也就没有付这些费用给郭某某及其孩子。从2004年1月一直到2006年3月，戴某某都没有再出现在郭某某的面前。

郭某某想到自己现在已经34岁了，年龄不算太大，也还有机会寻求自己的新生活。可是，这婚一日不离，不办妥离婚手续，要开始新生活就觉得不踏实。而戴某某却优哉游哉地和那个三陪小姐同居了这几年，听说这个第三者还给戴某某生了孩子。面对这种情况，郭某某很是郁闷。同时也在考虑，如果自己主动提出离婚的话，那自己和自己的孩子的权益能否得到保障？法院会不会同意在戴某某不出席的情况下判决离婚？另外，戴某某虽然活着，但是最近几年丝毫没有照管过家里和孩子，没有尽到做丈夫和父亲的职责，对郭某某和孩子而言，戴某某活着和死了一样，因此，在戴某某两年多没有联系家里的情况下，郭某某能否请求宣告其失踪？到底离婚还是宣告其失踪，哪一种能更好地保障自己和孩子的权益？

律师专线

面对郭某某的问题，律师首先告诉她，这种情况下，她只能选择离婚，而不能去申请宣告失踪。因为宣告失踪虽然只需要下落不明两年就可以由利害关系人申请。但是这个程序的前提是下落不明，而戴某某并不是下落不明，只是没有回家，也不联系郭某某和孩子而已。事实上，郭某某是知道戴某某大概在哪个小区居住的。因此，戴某某不能算下落不明，郭某某也就不能申请启动宣告失踪的程序。

其次，主动提出离婚并不会损害她和孩子的利益。即主动提出离婚与被动地接受离婚，对她和孩子的权益而言，没有什么本质的区别。离婚时，夫妻财产分割，以及过错损害赔偿和孩子的抚养费，这些都是依法进行处理的。丈夫有外遇、并且与他人同居，这种情况下，受害者郭某某无论是主动还是被动离婚，依据我国《婚姻法》第 39 条，都应当得到自己应得的那份夫妻共同财产，依据《婚姻法》第 46 条还可以要求损害赔偿。至于孩子，无论那种情况，依据我国《婚姻法》第 36 条、第 37 条和第 38 条，不抚养孩子的一方应当支付适当的抚养费，履行自己做父母的职责和义务。

第三，郭某某起诉，而戴某某不出席的情况下，如果戴某某经法庭的两次合法传唤仍然不到庭的话，法院可以缺席判决。不过，无论是否缺席审理，最终是否判决离婚，由法院定夺，而法院作出裁决的标准是夫妻双方感情是否已经破裂。而夫妻双方感情是否破裂的检验标准还是要依赖证据说话。证据越充分，胜诉把握越大。

法律规范

中华人民共和国婚姻法

（2001 年 4 月 28 日第九届全国人民代表大会常务委员会第二十一次会议修正，同日公布并施行）

第三十二条　男女一方要求离婚的，可由有关部门进行调解或直接向人民法院提出离婚诉讼。

人民法院审理离婚案件，应当进行调解；如感情确已破裂，调解无效，应准予离婚。

有下列情形之一，调解无效的，应准予离婚：

（一）重婚或有配偶者与他人同居的；

（二）实施家庭暴力或虐待、遗弃家庭成员的；

（三）有赌博、吸毒等恶习屡教不改的；

（四）因感情不和分居满二年的；

（五）其他导致夫妻感情破裂的情形。

一方被宣告失踪，另一方提出离婚诉讼的，应准予离婚。

第三十六条　父母与子女间的关系，不因父母离婚而消除。离婚后，子女无论由父或母直接抚养，仍是父母双方的子女。

离婚后，父母对于子女仍有抚养和教育的权利和义务。

离婚后，哺乳期内的子女，以随哺乳的母亲抚养为原则。哺乳期后的子女，如双方因抚养问题发生争执不能达成协议时，由人民法院根据子女的权益和双方的具体情况判决。

第三十七条　离婚后，一方抚养的子女，另一方应负担必要的生活费和教育费的一部或全部，负担费用的多少和期限的长短，由双方协议；协议不成时，由人民法院判决。

关于子女生活费和教育费的协议或判决，不妨碍子女在必要时向父母任何一方提出超过协议或判决原定数额的合理要求。

第三十八条　离婚后，不直接抚养子女的父或母，有探望子女的权利，另一方有协助的义务。

行使探望权利的方式、时间由当事人协议；协议不成时，由人民法院判决。

父或母探望子女，不利于子女身心健康的，由人民法院依法中止探望的权利；中止的事由消失后，应当恢复探望的权利。

第三十九条　离婚时，夫妻的共同财产由双方协议处理；协议不成时，由人民法院根据财产的具体情况，照顾子女和女方权益的原则判决。

夫或妻在家庭土地承包经营中享有的权益等，应当依法予以保护。

第四十条　夫妻书面约定婚姻关系存续期间所得的财产归各自所有，一方因抚育子女、照料老人、协助另一方工作等付出较多义务的，离婚时有权向另一方请求补偿，另一方应当予以补偿。

第四十一条　离婚时，原为夫妻共同生活所负的债务，应当共同偿还。共同财产不足清偿的，或财产归各自所有的，由双方协议清偿；协议不成时，由人民法院判决。

第四十二条　离婚时，如一方生活困难，另一方应从其住房等个人财产中给予适当帮助。具体办法由双方协议；协议不成时，由人民法院判决。

第四十六条　有下列情形之一，导致离婚的，无过错方有权请求损害赔偿：

（一）重婚的；

（二）有配偶者与他人同居的；

（三）实施家庭暴力的；

（四）虐待、遗弃家庭成员的。

专家释惑

这是一个关于离婚诉讼的咨询。然而，有必要解释一下宣告失踪的问题，以及在当事人下落不明的情况下，配偶可选择的保护权益的补救措施。

首先，什么是宣告失踪？宣告失踪的条件和程序是什么？

宣告失踪，是指经利害关系人的申请，由法院依照法定条件和程序，宣告下落不明满一定期限的公民为失踪人的一种特殊的民事法律制度。

（一）宣告失踪的条件和程序

我国《民法通则》具体规定了以下宣告失踪的条件和程序：

宣告失踪条件。（1）公民离开其住所下落不明。所谓："下落不明"，是指公民离开最后居住地后没有音信的状况。（2）公民下落不明的状况超过2年期限。下落不明的起算时间，从公民音信消失之次日起算。如果公民在战争期间下落不明的，应当从战争结束之日的次日起算。

宣告失踪的程序。（1）由利害关系人提出申请。申请宣告失踪的利害关系人，包括被申请宣告失踪人的配偶、父母、子女、兄弟姐妹、祖父母、外祖父母、孙子女、外孙子女以及被申请宣告失踪人的债权人、合伙人等其他与被申请宣告失踪人有民事权利义务关系的人。(2) 人民法院依照民事诉讼程序宣告失踪。人民法院审理宣告失踪案件，应当查清被申请宣告失踪人的财产，指定财产管理人或者采取诉讼保全措施，发出寻找失踪人的公告。公告期间为半年，期间届满，人民法院根据被申请宣告失踪人的失踪事实是否得到确认，作出宣告失踪的判决或终结审理的裁定。如果判决宣告为失踪人，应当同时指定失踪人的财产代管人。

（二）宣告失踪的后果

根据《民法通则》第21条规定，宣告失踪的后果是："失踪人的财产由他的配偶、父母、成年子女或者关系密切的其他亲属、朋友代管。代管有争议的，没有以上规定的人或者以上规定的人无能力代管的，由人民法院指定的人代管。失踪人所欠税款、债务和应付的其他费用，由代管人从失踪人的财产中支付。"

（三）失踪宣告的撤销

依照《民法通则》的规定，被宣告失踪的人重新出现或者确知他的下落，经本人或者利害关系人申请，人民法院应当撤销对他的失踪宣告。

由上述内容可知，为什么郭某某尽管是利害关系人，尽管戴某某连续2年多没有联系家里，但是还是无权申请其丈夫戴某某为失踪的人，不适合采用宣告失踪来保护自己的利益。因为，戴某某并不是真的下落不明。

但是，如果当事人真的是下落不明的情况，而不是戴某某那样故意不跟家里联系但是别人知道他在哪里的情形，下落不明的当事人的配偶确实可以选择请求宣告失踪，也可以请求诉讼离婚缺席判决的方式来保护自己的利益。

案例43　法院判决不准离婚，金某某一定要六个月之后才能再起诉吗？

事情是这样的

金某某，男，1962年出生。李某某，女，1968年出生。金某某和李某某于2003年经人介绍后认识。由于两人都属于离异人士，都想找个伴，搭伙过日子。因此，经人介绍后不久，金某某和李某某就开始交往上了，不久，两人就开始共同生活。半年后，即2003年11月，金某某和李某某去办理了结婚登记手续。婚后一个月内，双方因生活琐事数次发生争吵。这导致原本感情基础就不是特别牢靠的夫妻感情逐渐淡薄。感情的淡薄导致争吵的加剧，从而到了这样的一种局面：金某某和李某某两人的日常交流除了争吵之外，其他沟通很少。于是，金某某就搬到自己的父母家居住。

2004年3月，对这种有家还不如无家的局面彻底感到灰心的金某某向法院起诉，要求与李某某离婚。原告金某某诉称，自己与李某某经人介绍相识，婚前双方缺乏了解，草率结婚，婚后矛盾逐渐显现，双方争吵不断，并且双方婚后只有很短时间居住在一起，大部分时间原告居住在自己父母家中。现在原、被告夫妻感情已荡然无存，故请求人民法院判决准予双方离婚。被告李某某辩称，金某某与自己的感情还好，如果没有感情，两人也不会登记结婚。婚后两人是有争吵，但这主要是因为两个人对彼此的生活习惯还不够了解和熟悉，需要一段时间的磨合。因此，两人的感情并没有破裂，自己不同意离婚。

受理案件的法院经审理后查明了事实，并认为：金某某和李某某夫妻间确实存在争吵，但尚未构成根本性分歧和矛盾，可见夫妻感情尚未破裂，因此判决不准予金某某和李某某离婚。

法院判决生效后，原告金某某继续居住在自己父母家中，被告李某某曾经数次要求自己的丈夫——原告金某某回家居住，均被原告拒绝。后来被告李某某便经常到原告的父母家中要求其回家，并伴有相关争吵。金某某的父母都是六七十岁了，而且母亲身体不太好，需要照顾和静养。李某某这样的吵闹行为严重影响了原告及其父母的正常生活。金某某数次都想跑到法院，要求再次起诉离婚，可是想到一审判决生效后6个月内不得再行起诉的规定，只好忍住。2004年5月7日，被告李某某在原告金某某的父母家中，与原告金某某又一次发生了争吵，并转化为动手打架。在争执和打架过程中，李某某还把金某某父母家的一些家具打碎或摔碎了，并对金某某的父母进行辱骂，称他们袒护自己的儿子，挑拨自己与金某某的关系，还声称以后天天会来这里。经原告金某某的父母报警后，由派出所前来处理，才平息李某某与金某某之间的争端。在这次之后，李某某又与金某某在金某某的父母家发生过几次争执。

2004年6月23日，觉得忍无可忍的金某某再一次来到区法院，再次起诉要求与李某某离婚。金某某声称，法院不准离婚的判决生效后，自己与李某某的感情非但没有转好，反而因被告李某某经常到金某某的父母家中吵闹而更加淡薄，现在夫妻感情完全破裂，请求法院查明事实，依法判决准予双方离婚。

区法院受理了金某某的起诉。经审理后，法院认为：第一次诉讼判决不准予离婚后，原、被告双方感情并未出现好转。相反，被告李某某多次到原告金某某父母家中大吵大闹，影响了原告及其父母的正常生活秩序。现在夫妻感情已经完全破裂。2004年8月，区法院判决：准予原告金某某与被告李某某离婚。

被告李某某对该判决表示不服，向上级人民法院上诉。她声称，原告金某某在第一次判决不准离婚后仅3个月又再次向法院起诉离婚。区法院（一审法院）受理了该案并作出离婚判决，这违反了有关“不准离婚判决生效后6个月内，原告不得再次向人民法院起诉离婚的规定”。因此原审法院程序违法，请求依法撤销一审法院的离婚判决。

二审法院经审理后认为：区法院第一次判决不准离婚后，上诉人

（一审被告）又多次到被上诉人（一审原告）金某某父母家中吵闹，影响了金某某和金某某家人的正常生活秩序，这可以认定为出现了新的情况，在此情形下，被上诉人（一审原告）再向人民法院起诉离婚，不受6个月的限制。一审法院认定事实清楚，适用法律正确。2004年10月，二审法院作出终审判决：驳回上诉人的上诉请求，维持原判。

律师专线

本案中，法院的判决是正确的。可能有人会觉得，原告金某某没有遵守6个月的时间限制，这难道合法吗？

尽管《中华人民共和国民事诉讼法》第111条第7项规定，“判决不准离婚和调解和好的离婚案件，判决、调解维持收养关系的案件，没有新情况、新理由，原告在六个月内又起诉的，不予受理”，但这不能解读为，判决不准离婚后，6个月内绝对不得再起诉要求离婚，有权在6个月内原告再起诉的情形是，出现了新情况，具有新理由。

虽然，一般情况下，原告再次起诉确实要受到6个月的时间限制。本案被告李某某也正是依据这一点认为一审法院程序违法，请求二审法院撤销一审法院的离婚判决。但是被告李某某忽略了此条规定的前提条件，那就是——如果没有新情况、新理由，原告确实在6个月内不得再次提起离婚诉讼，但是如果出现新情况、新理由的则不受此条规定的限制。

本案中，被告李某某在判决不准离婚后，到原告金某某父母家中的吵闹行为，以及闹到需要派出所来处理的吵架与打架事件，可以被认为是构成夫妻感情破裂的新情况和新理由，因此，原告金某某有权再次起诉，而法院依法认定原告可以在6个月内再次起诉，并在审理后作出离婚判决。

法律规范

中华人民共和国民事诉讼法

（1991年4月9日第七届全国人民代表大会第四次会议通过，2007年10月28日第十届全国人民代表大会常务委员会第三十次会议修正，自2008年4月1日起施行）

第一百一十一条　人民法院对符合本法第一百零八条的起诉，必须受理；

对下列起诉，分别情形，予以处理：

（一）依照行政诉讼法的规定，属于行政诉讼受案范围的，告知原告提起行政诉讼；

（二）依照法律规定，双方当事人对合同纠纷自愿达成书面仲裁协议向仲裁机构申请仲裁、不得向人民法院起诉的，告知原告向仲裁机构申请仲裁；

（三）依照法律规定，应当由其他机关处理的争议，告知原告向有关机关申请解决；

（四）对不属于本院管辖的案件，告知原告向有管辖权的人民法院起诉；

（五）对判决、裁定已经发生法律效力的案件，当事人又起诉的，告知原告按照申诉处理，但人民法院准许撤诉的裁定除外；

（六）依照法律规定，在一定期限内不得起诉的案件，在不得起诉的期限内起诉的，不予受理；

（七）判决不准离婚和调解和好的离婚案件，判决、调解维持收养关系的案件，没有新情况、新理由，原告在六个月内又起诉的，不予受理。

中华人民共和国婚姻法

（2001 年 4 月 28 日第九届全国人民代表大会常务委员会第二十一次会议修正，同日公布并施行）

第三十二条　男女一方要求离婚的，可由有关部门进行调解或直接向人民法院提出离婚诉讼。

人民法院审理离婚案件，应当进行调解；如感情确已破裂，调解无效，应准予离婚。

有下列情形之一，调解无效的，应准予离婚：

（一）重婚或有配偶者与他人同居的；

（二）实施家庭暴力或虐待、遗弃家庭成员的；

（三）有赌博、吸毒等恶习屡教不改的；

（四）因感情不和分居满二年的；

（五）其他导致夫妻感情破裂的情形。

一方被宣告失踪，另一方提出离婚诉讼的，应准予离婚。

专家释惑

这是一起夫妻一方当事人在法院判决不准离婚后6个月内第二次提出离婚并被人民法院依法受理的案件。这里涉及的主要法律问题是，准予离婚的法定情形及其限制问题，尤其是关于判决不准离婚后通常6个月内不得再起诉的这一规定的理解问题。

我国现行《婚姻法》第32条在1980年《婚姻法》的基础上，增加列举了应当予以离婚的四种情形。上述四种情形，并非婚姻当事人诉讼离婚的必备条件。是否准予离婚的判断标准是夫妻感情是否破裂。夫妻感情破裂的表现形式有很多种，对于不属于该条列举的应当准予离婚的情形时，法律为维护法律的尊严，同时给予处于矛盾中的夫妻一个冷静思考终身大事的机会，我国的《民事诉讼法》专门规定了，“判决不准离婚和调解和好的离婚案件……没有新情况、新理由，原告在六个月内又起诉的，不予受理”。对于这样一项规定，该如何理解呢？

首先，这不是对婚姻自由权破坏，只是对离婚诉讼的诉权行使的一种限制，即两次基于同样的理由的离婚诉讼间隔为6个月。法律之所以这样规定，主要原因是：（1）民事诉讼中有“一事不再理”的规则，虽然离婚诉讼并不完全适用这一规则，即可以以同样的理由再次起诉，但是为了尽量维护法律的尊严和判决的稳定性，减少滥用诉讼权的情况，在时间上对行使起诉权进行一定的限制是必要的。(2）给予婚姻关系当事人一个冷静思考的时间，减少或避免由于当事人情绪化或考虑不周的情况下，轻率离婚，从而损害自己的重大的精神和物质利益，破坏自己的幸福。

其次，这种6个月间隔的限制不是绝对的。还有一个前提条件的规范——如果有新情况、新理由，原告可以随时再次起诉，不受这一规定的限制。在实践中，如果，被告实施了伤害夫妻感情的行为，或者存在擅自转移财产的行为，抑或是存在家庭暴力等，都被视为出现了新情况，或者新理由。比如，本案例中，原审原告认为，被告李某某到自己的父母家打闹，不仅严重影响了自己的生活，还影响了自己的父母的生活，这是一种不同于之前的情形，可以被视为新情形，事实上，法院也是这样认为的，因此予以受理。

再次，6个月的限制针对的只是原审原告的诉权，原审被告在6个月内起诉要求离婚并不受这6个月的限制。假设本案例中，最初法院判决不准离婚后，金某某还是住在自己的父母家，而李某某要求其回来的请求得到拒绝后，觉得没有意思再在一起共同生活，从而向法院提出要求离婚，则不需要考虑这6个月的限制。

案例44　离婚诉讼撤诉后，杨某某能否重新起诉？

事情是这样的

杨某某是某县青云镇临里村的卫生所负责人，现年28岁，作为一名在县里接受过文化和专业培训的中青年妇女，她负责全村农民的卫生保健工作和育龄妇女的计划生育工作。1988年10月，22岁的杨某某经人介绍认识了青云镇的罗某某。两个人的交往得到了家人的支持。杨某某和罗某某相互之间也觉得比较满意，尽管杨某某觉得罗某某的性格有点多疑，但是罗某某认为这全都是因为爱杨某某，杨某某最后也接受了这一个说法。1989年12月，杨某某和罗某某办理了结婚登记手续，并且举行了婚礼。结婚后一段时间，夫妻俩的感情挺不错的。

结婚后的第二年，也就是1990年5月，杨某某开始在罗某某家所在村的卫生所工作。由于杨某某为人热情开朗，经常外出为村民治病，还动员育龄妇女计划生育，注意自身的卫生保健，因而，在临里村颇有人缘。1992年10月，杨某某被推为村卫生所的负责人，工作变得更加忙了，基于工作的应酬也多了一些。对此，罗某某却认为杨某某“顾外不顾家，爱出风头”。在杨某某回家的时候，罗某某经常生闷气或者是故意挑起夫妻间的口角。后来，又无端怀疑杨某某有作风问题，便限制杨某某的外出，规定杨某某不能随便与他人来往，不许一个人走亲访友、外出开会。杨某某当然不同意这么多的限制，她告诉杨某某自己纯粹是工作需要，根本没有任何越轨行为或者不良行为，让他不要一天到晚胡思乱想。结果，罗某某与杨某某两个人为了这件事情大吵了一架，罗某某还打了杨某某。杨某某请村委会的干部前来主持公道，做罗某某的工作。罗某某却不理会，反而诬蔑前来调解的干部别有用心，甚至质问村干部与杨某某是不是有奸情，将前来调解的干部赶走。杨某某和罗某某之间的夫妻关系出现了僵局。正好这个时候，杨某某怀孕了，就不再外出，主要是在卫生所里待着。后来，罗某某乘机为杨某某请了一年的长假。在怀孕期间和生下儿子以后，罗某某对杨某某的态度发生了改变，不再轻易生气或者吵架，对杨某某照顾得非常周到，体贴入微，夫妻关系又回到了当初的比较和谐的时光。

休完（罗某某请的）假期和自己的产假后，杨某某要求去村卫生所上班。罗某某认为孩子太小，需要杨某某的照料，以此为由他要求妻子杨某某不要去上班了，他更希望杨某某以后不要工作了，在家里带孩子，操持家务。1995 年 2 月以后，杨某某重新回到卫生所工作。看见杨某某去工作天天都那么开心，罗某某又开始不高兴，经常干涉杨某某的工作。有一天，杨某某与一名男村干部去镇里开会，晚上比较晚才回家，罗某某对此耿耿于怀，有事没事就拿这件事情含沙射影地说杨某某作风有问题。杨某某为此与罗某某大吵了一架。一气之下，杨某某带着孩子回到了邻村自己的娘家。第三天，杨某某向县法院递交了离婚诉状。接到起诉状副本的罗某某，赶紧到杨某某的娘家去向杨某某认错。在法庭调查中，罗某某承认了自己的错误，声称自己之所以干涉杨某某的工作，是因为“太爱她了”，看见杨某某工作能力强，经常抛头露面，外出开会，还多次受到领导的表扬，便唯恐杨某某的名气大了之后看不起自己，同自己离婚，这样自己就会失去她。罗某某保证以后再也不这样做了。法庭依法进行了调解，于是杨某某看在年幼的孩子的分上原谅了罗某某，同意不要求离婚，撤回了起诉，同罗某某一起回了家。回家之后的罗某某觉得自己很没有面子，差点被老婆甩了，他总觉得自己的判断是正确的，杨某某肯定有什么事情瞒着他或者喜欢上了别人，要不为什么天天都不愿意准时下班回家。罗某某想来想去觉得这一切都是因为杨某某的工作，因而对杨某某的工作看得更紧了，有时候还去监视工作中的杨某某，看她有没有和别人鬼混。有一天中午，罗某某在镇上办事，远远地看见杨某某和一个男的在一条幽静的路上走着，两个人还很亲密的样子。罗某某赶紧不露声色地从后面走，想赶上他们。可是，他们两个马上依依不舍地挥手道别了。罗某某对此怒不可遏。回到家后，罗某某不停地盘问杨某某那个人是谁，她和那个人是什么关系。杨某某告诉他，那是一个高中的同学，很久没有见过面了，这次在镇上是偶然遇到的，她不知道罗某某当天也在镇上，所以没有叫罗某某与那个同学认识。罗某某对这样的答复不满意，觉得杨某某没有说实话，被自己撞见了还不说真话。于是，罗某某索性关紧门窗，将杨某某关在家里，不让其外出，限制其人身自由。当杨某某不服从他的安排，伺机跑出去，被罗某某发现后，罗某某还狠狠地打了她。就这样，杨某某被罗某某关在家里，不准外出，也没有办法向外求救，稍有偷跑出去求救的迹象，就被拖回来打骂。这样的日子过了 20 天，杨某某才找到一个机会溜了出来。杨某某出来之后，最想做的事情就是结束这段婚姻，她要和罗某某离婚。但是，她恍惚记得上次法院的人说过“在撤回离婚起诉后，6 个月内不能再提起离婚诉讼”。于是，杨某某来到了县城，向一家律师事务所的律师咨询，她这种情况到底还能不能离婚，能不能在半年内再向法院起诉。

律师专线

听了杨某某的叙述后，对于她提出的这个问题，值班的宋律师作了详细的回答。宋律师先向她介绍了我国关于离婚的一些法律规定。我国《民事诉讼法》第 111 条第 7 项明确规定了“判决不准离婚和调解和好的离婚案件，原告撤诉和按撤诉处理的离婚案件，没有新情况、新理由，原告在六个月内起诉的，不予受理”。这个规定是基于维持家庭的稳定和培养夫妻感情而制定的，同时也是对那些视离婚为儿戏的人一种限制。但这个规定也不是对离婚撤诉后所有案件都是这样处理，对离婚撤诉后发现有新情况、新理由的是不受时间限制的。像杨某某提出的这种情况，其丈夫在她撤诉后不是痛改前非而是变本加厉地对她进行猜忌，甚至是打骂和限制人身自由，这种打骂已危及她的人身安全，虽然法律上对“新情况、新理由”没有详细界定，但像杨某某所提到的这种情况，可以被认为已构成“新情况、新理由”，完全可以不受撤诉后重新起诉的时间限制，可以在撤诉后6个月内重新起诉。但需要提醒的是，对罗某某的这种打骂、限制人身自由的家庭暴力行为，杨某某应该及时取得证据或进行证据保全，具体办法可以让邻居写出证言，对现场进行拍照留证以及让法医对其受伤情况进行鉴定等，只有这样她的再次离婚起诉才会在撤诉后6个月内被受理，同时也会对法官正确处理他们的离婚诉讼提供有力的证据，切实保护自己的合法权益。

宋律师还提醒杨某某如果她觉得罗某某的打骂行为，严重侵害了自己的权益，还可以在离婚的同时，递交刑事自诉状，追究罗某某的刑事责任和要求损害赔偿。

法律规范

中华人民共和国民事诉讼法

（1991年4月9日第七届全国人民代表大会第四次会议通过，2007年10月28日第十届全国人民代表大会常务委员会第三十次会议修正，自2008年4月1日起施行）

第一百一十一条　人民法院对符合本法第一百零八条的起诉，必须受理；对下列起诉，分别情形，予以受理：

（一）依照行政诉讼法的规定，属于行政诉讼受案范围的，告知原告提起行政诉讼；

（二）依照法律规定，双方当事人对合同纠纷自愿达成书面仲裁协议向仲裁机构申请仲裁、不得向人民法院起诉的，告知原告向仲裁机构申请仲裁；

（三）依照法律规定，应当由其他机关处理的争议，告知原告向有关机关申请解决；

（四）对不属于本院管辖的案件，告知原告向有管辖权的法院起诉；

（五）对判决、裁定已经发生法律效力的案件，当事人又起诉的，告知原告按照申诉处理，但人民法院准许撤诉的裁定除外；

（六）依照法律规定，在一定期限内不得起诉的案件，在不得起诉的期限内起诉的，不予受理；

（七）判决不准离婚和调解和好的离婚案件，判决、调解维持收养关系的案件，没有新情况、新理由，原告在六个月内又起诉的，不予受理。

中华人民共和国婚姻法

（2001 年 4 月 28 日第九届全国人民代表大会常务委员会第二十一次会议修正，同日公布并施行）

第四条　夫妻应当相互忠实，相互尊重；家庭成员间应当敬老爱幼，相互帮助，维护平等、和睦、文明的家庭关系。

第十五条　夫妻双方都有参加生产、工作、学习和社会活动的自由，一方不得对他方加以限制或干涉。

第三十四条　女方在怀孕期间、分娩后一年内或中止妊娠后六个月内，男方不得提出离婚。女方提出离婚的，或人民法院认为确有必要受理男方离婚请求的，不在此限。

第四十三条　实施家庭暴力或虐待家庭成员，受害人有权提出请求，居民委员会、村民委员会以及所在单位应当予以劝阻、调解。

对正在实施的家庭暴力，受害人有权提出请求，居民委员会、村民委员会应当予以劝阻；公安机关应当予以制止；

实施家庭暴力或虐待家庭成员，受害人提出请求的，公安机关应当依照治安管理处罚的法律规定予以行政处罚。

最高人民法院关于适用《中华人民共和国婚姻法》若干问题的解释（一）

（2001 年 12 月 24 日最高人民法院审判委员会第 1202 次会议通过，自 2001 年 12 月 27 日起施行）

第一条　婚姻法第三条、第三十二条、第四十三条、第四十五条、第四十六条所称的“家庭暴力”，是指行为人以殴打、捆绑、残害、强行限制人身自由或者其他手段，给其家庭成员的身体、精神等方面造成一定伤害后果的行为。持续性、经常性的家庭暴力，构成虐待。

专家释惑

这个咨询案例涉及的两个主要的法律问题是离婚的诉权的条件限制和离婚的举证责任及其证据。

一、离婚的诉权的条件限制

我国法律将婚姻自由规定为我国《婚姻法》的基本原则，这包括结婚自由和离婚自由。离婚自由主要体现在夫妻双方自愿离婚的，可以亲自到婚姻登记机关办理协议离婚登记手续；如果一方起诉离婚，另一方不同意的，在诉讼中，法院以夫妻关系是否完全破裂为标准作出裁决，如果确实已经完全破裂，准予离婚，如果没有完全破裂，只是存在一些误会，则应当调解和好或者判决不准离婚。

但是，法律对于提起离婚诉讼的权利（离婚诉权）也作出了一些特殊的规定，主要存在以下三项例外：

1. 对现役军人配偶离婚诉权的限制

我国《婚姻法》第 33 条规定：“现役军人的配偶要求离婚，须得军人同意……”这一规定主要在于保护现役军人的婚姻关系。关于这一规定，应当要明白：现役军人是指在解放军和武警部队服役的、具有军籍的人员，不包括退役军人、复员军人、转业军人和军事单位中不具有军籍的职工；配偶是指军人的非军人配偶，如果夫妻双方都是军人就不适用这条限制；这条规定限制只是军人的配偶，对现役军人本人提出离婚没有限制，而且只适用于一方要求离婚的情形，不适用于双方合意的离婚。当然这一例外规定本身还有一个例外，那就是如果现役军人自己有重大过错，那配偶要求离婚就可以不必须征得该军人的同意。

2. 在孕期等特定情形下对男方离婚诉权的限制

我国《婚姻法》第 34 条规定：“女方在怀孕期间、分娩后一年内……男方不得提出离婚。”我国《妇女权益保障法》第45条规定：“女方在……终止妊娠后六个月内男方不得提出离婚。”这两条还同时规定如果女方提出离婚的，就不受这个期限的限制。这些规定在于保护产妇、孕妇等特殊情形下妇女的身心健康，并且有利于胎儿、婴儿的健康发育，也有利于计划生育工作的开展。

3. 特定情形下对男女双方离婚诉权的限制

我国《民事诉讼法》第111条第7项明确规定：“判决不准离婚和调解和好的离婚案件，判决、调解维持收养关系的案件，没有新情况、新理由，原告在六个月内又起诉的，不予受理。”这个规定主要是为了维持家庭的稳定和培养夫妻感情，同时也是对那些视离婚为儿戏的人的一种限制。这条规定的例外是如果有新情况、新理由就不受此期限的限制。

二、离婚的举证责任和证据负担

我国《民事诉讼法》第64条规定：“当事人对自己提出的主张，有责任提供证据。”而对于离婚案件来说，有其自身的特殊性，当事人除了请求法院解除婚姻关系外，还常常涉及共同财产分割、债务清偿、子女抚养等问题。人民法院审理离婚案件，判决是否准许离婚，以当事人双方夫妻感情是否破裂为标准。对于夫妻感情是否确已破裂的认定与处理，人民法院需要从当事人的婚姻基础、婚后感情、离婚原因、有无和好可能等方面进行调查。离婚当事人起诉，应向人民法院提供以下几方面的证据：

1. 提供婚姻关系存在的有效证明。如结婚证书、户口簿、身份证、居委会或单位证明。

2. 证明婚后感情的证据。婚后感情是好、坏或一般的具体事例证明；分居时间和原因的证明。

3. 提供子女的基本情况和抚养状况的证明材料。是否婚生、收养，继子女、成年子女经济是否独立、子女与父母的关系、夫妻双方对未成年子女抚养的条件。

4. 引起感情破裂的主要原因的证据材料。如生理有缺陷或精神病且难以治愈，应提供专门医院的鉴定结论；对于第三者插足引起的离婚案件，要提供第三者介入事实的证据材料。

5. 曾进行过离婚诉讼，应提供原审案件法律文书，撤诉的应提供撤诉的准确时间。

6. 提供有无和好可能的证据材料，包括所在单位领导或调解组织及亲友做和好工作的情况，诉讼前双方是否分居或共同生活、双方关系的现状等证明材料。

7. 对精神病、痴呆症、性病等患者的离婚案件，要提供患病是在婚前还是婚后，结婚时有无隐瞒、病情轻重，要求离婚时病情如何，医院诊断证明等证据。

8. 提供双方收入情况及生活现状的证据材料，有无其他经济负担，有无债权、债务的证据，有存款应提供储蓄所名称、储蓄种类、存折户名、存入日期、账号和金额，如有债权、债务，应提供借据或证人证言等证据材料。

9. 提供财产性质及清单，如夫妻个人财产、共同财产或者是子女及家庭其他成员的清单，有争议的财产应提供财产的来源和取得时间的证据材料。

10. 提供住房情况的证据材料，现住房的租赁契约（私有、公有房产证的复印件）。是单位管房的，还应提供房管单位对安置住房的意见。

11. 对抚养独生子女发生争议的，除征求子女意见外，还应提供有利于子女健康成长的理由及相关的证据，能够抚养的理由及相关的证据，如已做绝育手术、再婚有困难等的证明。

12. 发生在夫妻关系存续期间的债务，一方提出为单独债务的，由主张一方举证。

13. 提供其他与本案有关的证据。

提醒

我国《婚姻法》第34条是对男方提出离婚的请求权的限制，这一限制是为了保护妇女、儿童的合法权益，不是对男方的离婚请求权的实体剥夺，而是一种程序上的限制（时间推迟）。所谓的“人民法院认为确有必要受理男方离婚请求的，不在此限”，是指在男方有正当理由的时候，不受这种时间的限制。包括以下方面：1. 女方婚后主动与他人发生关系而怀孕，比如女方与他人通奸而怀孕；女方卖淫而怀孕；女方与他人非法姘居或重婚而怀孕；2. 在女方怀孕、分娩或者中止妊娠的日子里，男方的生命受到女方的威胁或者合法权益受到女方的严重侵害；3. 女方对婴儿有虐待、遗弃行为；4. 女方婚前患有不宜结婚的疾病，婚后经治不愈或者不宜生育的，男方提出离婚也是“确有必要”；5. 或者在这个法律规定的特殊保护期限内，女方下落不明。这说明没有必要对女方进行特殊保护。

案例45　离婚案件的被告不在国内，该如何起诉？

事情是这样的

这是一个离婚案件，本案原告王某某是中国籍男子，原系江西省丰城矿务局工程处医院主治医师，已退休，居住在江西省丰城矿务局工程处家属区楼房内。本案被告陈某某，原任江西省洛市矿务局职工医院副院长，在美国俄亥俄州医科大学攻读医学博士，居住在美国俄亥俄州哥伦布市。

王某某和陈某某经人介绍认识后开始了自由恋爱。1960年4月，当时27岁的王某某与23岁的陈某某自愿登记结婚。婚后一段时间内两人的感情还可以。随后共同生活的日子里，陈某某生育了两个女儿一个儿子，现在这些子女都已经长大成人。从1974年开始，王某某和陈某某双方因家庭琐事而产生了矛盾。后来矛盾没有得到解决，彼此的关系反而越来越僵，最后夫妻二人将经济分开，同在一个屋檐下，却各忙各的事情，夫妻感情逐渐淡漠。1980 年，陈某某由江西省丰城矿务局工程队卫生所调往江西省洛市矿务局职工医院工作后，便很少回丰矿的家中。1988 年 9 月，陈某某赴美国探亲，就再也没有回来。在此期间，陈某某和王某某双方的通讯等联系逐渐减少，后来陈某某索性中断了书信联系。原告王某某和陈某某的工作单位以及有关部门曾多次劝被告陈某某早日回家团聚，但是被告陈某某对此置之不理。后来，王某某辗转从别人那里打听到了陈某某的近况。原来陈某某在美国参加了托福考试，后来申请到了一家美国的学校，在美国留下来读书了。

因此，原告王某某以夫妻感情已经破裂为理由，向江西省宜春地区中级人民法院起诉，要求与被告陈某某离婚；并提供家庭财产清单：古式家具大小 7 件、缝纫机 1 台、自行车 1 辆、黑白电视机 1 部、收录机 1 部、洗衣机 1 台、电风扇 3 台；夫妻没有共同存款和债务。

被告陈某某人在美国，没有回到中国来应诉，但是她委托了律师，并且提交了答辩状。陈某某声称：她对原告王某某提出夫妻感情已破裂的诉讼理由没有任何异议，并同意离婚；对原告王某某提供的夫妻共同财产证明属实，同意全部归王某某所有；各人的衣物归各人所有。

宜春地区中级人民法院经过审理认为：原告王某某与被告陈某某系自由恋爱结婚，感情基础不错。婚后夫妻感情也还不错，都有固定的工资收入。王某某与陈某某生育了二女一子（子女们现在都已经成家立业）。从 1974 年开始，原、被告因家庭矛盾和性格等原因，经济上开始分开，各自处理各自的人情事务往来。在此之后，王某某与陈某某的夫妻感情开始逐渐淡漠。1980 年，陈某某经要求主动调往洛市矿务局职工医院工作后，很少回丰矿家中，她与丈夫王某某形成了分居事实。这种事实上的分居一直持续到陈某某到美国探亲的时候。1988 年 9 月，被告陈某某获准赴美国探亲，后来通过托福考试，被美国俄亥俄州医科大学录取并获得了奖学金，成为自费留美学生。被告陈某某留美期间，几乎断绝了与原告王某某的信件来往。原、被告双方均感夫妻感情已破裂，应准予解除婚姻关系。

据此，宜春地区中级人民法院依照《中华人民共和国婚姻法》的规定主持原告和被告双方的调解。经调解，原告与被告（陈某某委托自己的律师进行）双方于1994年4月14日自愿达成如下协议，并由法院予以确认：（一）原告王某某要求与被告陈某某离婚，陈某某表示同意；（二）夫妻共同财产中的古式家具大小7件、缝纫机1台、自行车1辆、黑白电视机1部、收录机1部、洗衣机1台、吊扇2台、落地电风扇1台，归王某某所有；其余在各自处的财产及衣物归各自所有。

律师专线

原告王某某诉被告陈某某离婚一案，宜春地区中级人民法院主持调解，当事人双方自愿达成离婚协议，从程序到实体，处理是完全正确的。从原、被告的婚姻基础、婚后感情、离婚原因、夫妻关系现状和有无和好可能等方面综合分析，原、被告夫妻感情确已破裂，实无和好的可能。双方从1980年以来就长期分居，尤其是被告陈某某赴美国探亲、自费留学以后，几乎断绝与原告王某某的一切来往。可见，其夫妻关系已名存实亡。根据最高人民法院《关于人民法院审理离婚案件如何认定夫妻感情确已破裂的若干具体意见》第7条“因感情不和分居已满3年，确无和好可能的”，应视为夫妻感情确已破裂的规定，应认定原告王某某与被告陈某某夫妻感情确已破裂。因此，法院主持他们双方调解离婚是正确的。

法律规范

中华人民共和国婚姻法

（2001年4月28日第九届全国人民代表大会常务委员会第二十一次会议修正，同日公布并施行）

第三十一条　男女双方自愿离婚的，准予离婚。双方必须到婚姻登记机关申请离婚。婚姻登记机关查明双方确实是自愿并对子女和财产问题已有适当处理时，发给离婚证。

第三十二条　男女一方要求离婚的，可由有关部门进行调解或直接向人民法院提出离婚诉讼。

人民法院审理离婚案件，应当进行调解；如感情确已破裂，调解无效，应准予离婚。

有下列情形之一，调解无效的，应准予离婚：

（一）重婚或有配偶者与他人同居的；

（二）实施家庭暴力或虐待、遗弃家庭成员的；

（三）有赌博、吸毒等恶习屡教不改的；

（四）因感情不和分居满二年的；

（五）其他导致夫妻感情破裂的情形。

一方被宣告失踪，另一方提出离婚诉讼的，应准予离婚。

中华人民共和国民事诉讼法

（1991 年 4 月 9 日第七届全国人民代表大会第四次会议通过，2007 年 10 月 28 日第十届全国人民代表大会常务委员会第三十次会议修正，自 2008 年 4 月 1 日起施行）

第二十三条 下列民事诉讼，由原告住所地人民法院管辖；原告住所地与经常居住地不一致的，由原告经常居住地人民法院管辖：

（一）对不在中华人民共和国领域内居住的人提起的有关身份关系的诉讼；

（二）对下落不明或者宣告失踪的人提起的有关身份关系的诉讼；

（三）对被劳动教养的人提起的诉讼；

（四）对被监禁的人提起的诉讼。

专家释惑

这是一起因夫妻感情不和长期分居，而被认定为感情破裂的离婚案件。依据我国《婚姻法》（2001 年修订）第 32 条可知，夫妻双方感情事实上已经破裂，继续维系这种名存实亡的婚姻对原告和被告双方都没有好处。本案有一个特殊的地方就是，一方当事人在国内，另一方当事人在国外。对于这种案件，不是适用一般的“原告就被告原则”，而是由原告所在地的法院管辖。对此我国《民事诉讼法》第 23 条第 1 项有明确的规定。对不在我国领域内居住的人提起的有关身份关系的诉讼，由原告住所地的人民法院管辖。本案中，宜春地区中级人民法院作为原告住所地的法院，根据本地区的情况决定由其作一审受理，是完全正确的。

案例 46　怎样向法院交纳离婚案件的诉讼费?

事情是这样的

朱某某是一名中年的农民，专门饲养鸡鸭等家禽出卖。这些年，朱某某一直觉得和自己的老婆感情不和，他想提出离婚，但是他老婆不答应。朱某某想，如果不能好和好散，估计只有去法院见了，通过打离婚官司应该是可以解脱这个让人不舒服的婚姻。但是朱某某内心很担忧的一件事就是，这打官司得要花多少钱呢？一定要交钱才能打官司吗？要交什么费用呢？打离婚官司会涉及哪些费用？该怎样向受理案件的法院交纳婚姻家庭案件的诉讼费用？他要准备多少钱？

带着这些问题，朱某某特意去打了咨询电话，咨询律师。

律师专线

受理咨询的律师告诉朱某某，依据 1991 年《中华人民共和国民事诉讼法》第 107 条和 2007 年施行的国务院制定的《诉讼费用交纳办法》可知，婚姻家庭案件也是需要交纳诉讼费用的。

案件的诉讼费包括案件的受理费和申请费以及其他比如勘查费、鉴定费、公告费、证人出庭时的交通费和住宿费以及误工补贴费、证据保全的费用、执行判决或裁定或调解协议的实际支出费用等。

案件受理费，一般由原告方预交，案件审理后，由被告方承担的原则。具体程序如下，当原告向有管辖权的法院起诉后，法院会在 7 日内决定是否立案，如果法院决定立案，法院会同时通知原告方预交案件受理费。官司打完后，一方败诉的，法院一般会判决败诉方承担诉讼费，如果双方都有责任的，法院会根据双方责任大小分担诉讼费。在上述案件中，案件受理费也是由上诉人预交。上诉人的上诉状向第一审法院提交时，应当预交上诉案件的受理费，当时不交的，原审法院（第一审法院）应当通知上诉人 5 日内提交受理费。如果上诉人直接向第二审法院提交上诉状的，可以直接向二审法院交纳受理费，若不交，第二审法院会责成原审法院通知上诉人在 5 日内预交，逾期没有预交上诉案件受理费的，按照自动放弃上诉处理。

对于离婚案件的受理费，依据 2007 年开始施行的《诉讼费用交纳办法》第 13 条可知，离婚案件的受理费一般每件 50 元至 300 元。涉及财产分割的离婚案件，如果财产总额不超过 20 万元的，不另行交纳；超过 20 万元的部分，按照 0.5% 交纳。

至于鉴定费、公告费等其他费用，是由审理案件的法院根据具体情况，决定双方当事人应当分担的份额，并不完全按照谁败诉谁负担的原则。离婚案件诉讼费用的负担由双方当事人协商解决；协商不成的，由人民法院决定。

法律规范

中华人民共和国民事诉讼法

（1991 年 4 月 9 日第七届全国人民代表大会第四次会议通过，2007 年 10 月 28 日第十届全国人民代表大会常务委员会第三十次会议修正，自 2008 年 4 月 1 日起施行）

第一百零七条　当事人进行民事诉讼，应当按照规定交纳案件受理费。财产案件除交纳案件受理费外，并按照规定交纳其他诉讼费用。

当事人交纳诉讼费用确有困难的，可以按照规定向人民法院申请缓交、减交或者免交。

收取诉讼费用的办法另行制定。

诉讼费用交纳办法

（2006 年 12 月 8 日国务院第 159 次常务会议通过，自 2007 年 4 月 1 日起施行）

第二条　当事人进行民事诉讼、行政诉讼，应当依照本办法交纳诉讼费用。

本办法规定可以不交纳或者免予交纳诉讼费用的除外。

第六条　当事人应当向人民法院交纳的诉讼费用包括：

（一）案件受理费；

（二）申请费；

（三）证人、鉴定人、翻译人员、理算人员在人民法院指定日期出庭发生的交通费、住宿费、生活费和误工补贴。

第七条　案件受理费包括：

（一）第一审案件受理费；

（二）第二审案件受理费；

（三）再审案件中，依照本办法规定需要交纳的案件受理费。

第八条　下列案件不交纳案件受理费：

（一）依照民事诉讼法规定的特别程序审理的案件；

（二）裁定不予受理、驳回起诉、驳回上诉的案件；

（三）对不予受理、驳回起诉和管辖权异议裁定不服，提起上诉的案件；

（四）行政赔偿案件。

第十条　当事人依法向人民法院申请下列事项，应当交纳申请费：

（一）申请执行人民法院发生法律效力的判决、裁定、调解书，仲裁机构依法作出的裁决和调解书，公证机构依法赋予强制执行效力的债权文书；

（二）申请保全措施；

（三）申请支付令；

（四）申请公示催告；

（五）申请撤销仲裁裁决或者认定仲裁协议效力；

（六）申请破产；

（七）申请海事强制令、共同海损理算、设立海事赔偿责任限制基金、海事债权登记、船舶优先权催告；

（八）申请承认和执行外国法院判决、裁定和国外仲裁机构裁决。

第十一条　证人、鉴定人、翻译人员、理算人员在人民法院指定日期出庭发生的交通费、住宿费、生活费和误工补贴，由人民法院按照国家规定标准代为收取。

当事人复制案件卷宗材料和法律文书应当按实际成本向人民法院交纳工本费。

第十二条　诉讼过程中因鉴定、公告、勘验、翻译、评估、拍卖、变卖、仓储、保管、运输、船舶监管等发生的依法应当由当事人负担的费用，人民法院根据谁主张、谁负担的原则决定由当事人直接支付给有关机构或者单位，人民法院不得代收代付。

人民法院依照民事诉讼法第十一条第三款规定提供当地民族通用语言、文字翻译的，不收取费用。

第十三条　案件受理费分别按照下列标准交纳：

（一）财产案件根据诉讼请求的金额或者价额，按照下列比例分段累计交纳：

1. 不超过1万元的，每件交纳50元；

2. 超过1万元至10万元的部分，按照2.5%交纳；

3. 超过10万元至20万元的部分，按照2%交纳；

4. 超过20万元至50万元的部分，按照1.5%交纳；

5. 超过50万元至100万元的部分，按照1%交纳；

6. 超过100万元至200万元的部分，按照0.9%交纳；

7. 超过200万元至500万元的部分，按照0.8%交纳；

8. 超过500万元至1000万元的部分，按照0.7%交纳；

9. 超过1000万元至2000万元的部分，按照0.6%交纳；

10. 超过2000万元的部分，按照0.5%交纳。

（二）非财产案件按照下列标准交纳：

1. 离婚案件每件交纳50元至300元。涉及财产分割，财产总额不超过20万元的，不另行交纳；超过20万元的部分，按照0.5%交纳。

……

（六）当事人提出案件管辖权异议，异议不成立的，每件交纳50元至100元。

省、自治区、直辖市人民政府可以结合本地实际情况在本条第（二）项、第（三）项、第（六）项规定的幅度内制定具体交纳标准。

第十五条　以调解方式结案或者当事人申请撤诉的，减半交纳案件受理费。

第十六条　适用简易程序审理的案件减半交纳案件受理费。

第十七条　对财产案件提起上诉的，按照不服一审判决部分的上诉请求数额交纳案件受理费。

第十八条　被告提起反诉、有独立请求权的第三人提出与本案有关的诉讼请求，人民法院决定合并审理的，分别减半交纳案件受理费。

第二十二条　原告自接到人民法院交纳诉讼费用通知次日起 7 日内交纳案件受理费；反诉案件由提起反诉的当事人自提起反诉次日起 7 日内交纳案件受理费。

上诉案件的案件受理费由上诉人向人民法院提交上诉状时预交。双方当事人都提起上诉的，分别预交。上诉人在上诉期内未预交诉讼费用的，人民法院应当通知其在 7 日内预交。

申请费由申请人在提出申请时或者在人民法院指定的期限内预交。

当事人逾期不交纳诉讼费用又未提出司法救助申请，或者申请司法救助未获批准，在人民法院指定期限内仍未交纳诉讼费用的，由人民法院依照有关规定处理。

第五十三条　案件审结后，人民法院应当将诉讼费用的详细清单和当事人应当负担的数额书面通知当事人，同时在判决书、裁定书或者调解书中写明当事人各方应当负担的数额。

需要向当事人退还诉讼费用的，人民法院应当自法律文书生效之日起 15 日内退还有关当事人。

专家释惑

这里简要介绍一下打官司的交费问题。

现在人们知道打官司（进行诉讼），是需要向人民法院交纳案件受理费等诉讼费用的。要求法院处理婚姻家庭案件，当然也不例外，需要交纳相关费用。这主要包括案件的受理费和其他相关费用，比如鉴定费等。诉讼费用一般由败诉方负担，胜诉方自愿承担的除外。部分胜诉、部分败诉的，人民法院根据案件的具体情况决定当事人各自负担的诉讼费用数额。共同诉讼当事人败诉的，人民法院根据其对诉讼标的的利害关系，决定当事人各自负担的诉讼费用数额。不过，离婚案件诉讼费用的负担由双方当事人协商解决；协商不成的，由人民法院决定。民事案件的原告或者上诉人申请撤诉，人民法院裁定准许的，案件受理费由原告或者上诉人负担。

案例 47　都是短信惹的祸，离婚时杨某某的手机短信能否作为证据?

事情是这样的

杨某某，男，居住在沈阳某小区。2006 年 1 月，杨某某与谈了 2 年的女朋友赵某某正式登记结婚，婚后夫妻感情较好。不过，近日赵某某和杨某某的关系闹僵了。两人关系闹僵的源头是杨某某手机中的短信。2008 年 5 月的一个周末，杨某某在卫生间洗澡，手机放在电视机前的茶几上，老婆赵某某就在茶几边上的沙发上坐着看电视。突然，杨某某的手机提示有短信，赵某某没有多想，就直接顺手拿过手机打开短信看。这条短信的内容让妻子赵某某出了一身冷汗，真是不看不知道，一看吓一跳。“老大，那次见面后，我就一直默默地喜欢你，可总是说不出口。今天借别人的手机，鼓起勇气给你发了这个短信。如果有缘的话，请发短信 OK 到 ××××找我。”赵某某想到自己的老公年轻有为，刚 30 岁就已经是销售部副经理，经常在外面跑业务。这几天刚和同事一起出游回来。难不成自己的枕边人已经变心？于是，赵某某拿着手机去质问杨某某是怎么回事？杨某某一看短信的内容，顿时觉得头大，但是又有点拿捏不定，因为杨某某上大学的时候在宿舍是老大，有时候宿舍兄弟也会在教室称他老大，因此，一看到“老大”这一言辞，杨某某有点意外，但又觉得可能是自己认识的人。因为杨某某非常急于把这个问题解释清楚，即自己不知道对方是谁，没有婚外恋。可是，没想到越着急越解释不清楚。赵某某和杨某某之间引发了激烈的口角，由手机短信再联想到杨某某平时都不陪自己逛街等诸多“恶行”，赵某某对杨某某提出了连她自己都意识不到的词：离婚。

第二天，赵某某上班的时候，特意去查了手机暧昧短信能否作为丈夫有婚外情的证据，能否作为判决离婚的依据。一方面，赵某某觉得这个可恶的短信本身就是罪证，足以证明杨某某的出轨，另外，赵某某也担心就这样的短信，法院会不会受理她的离婚请求。

赵某某在网上看到了下面两则关于手机短信引发的离婚新闻案例，但结果各异。

一则案例是：五一假期结束后，北京西城区人民法院就审理了一起离婚案，王先生手举“缴获”的手机，径直来到法院，口口声声说手机能证实妻子李某红杏出墙，并要求离婚，但最终其诉讼请求并没有得到法院的支持。原来，五一节晚上，王先生闲来无事，坐在自家客厅沙发上看电视。突然，一阵手机短信铃声响起，王先生一看是妻子李某放在茶几上的手机发出的。当时李某正巧在厕所，王先生灵机一动，顺手抄起手机，翻开短信。结果吓了他一跳，原来是一条情爱短信，从短信内容看，发送短信的人与李某的关系非同一般。再翻阅以往的短信，王先生发现手机内储存着好几条情爱短信，而且都是同一个号码发出的。经询问，妻子李某说这是单位一个女孩子开的玩笑，不必当真。但王先生晚上却辗转反侧，夜不成寐。于是悄悄起身，拿起李某的手机，按照短信发出的号码，将电话打过去，接听的是一个带着睡意的男人声音。王先生据此认定妻子李某有外遇，立即把熟睡的李某推醒，双方吵闹成一团。在法庭上，李某大呼冤枉，不承认自己有外遇，也不同意离婚。对于手机短信内容，她解释说是男同事开玩笑过了头，自己因为不会使用短信功能，所以该短信内容没有删除。同时，不希望男同事出庭作证，怕事情张扬出去，自己在同事中无法相处。法院审理后认为，手机短信作为电子证据的一种，其证据效力相对较弱。因为手机号码完全可能被人误发或恶作剧，仅凭几条情爱短信，并不能说明妻子红杏出墙，王先生又没有其他证据加以佐证。因此，法院对其诉讼请求予以驳回。

另外一则案例是一起女方起诉离婚的案件。女方提出离婚，理由是男方长期对其实行精神虐待，在双方同屋分居期间，男方变本加厉地对其频繁地发送具有强烈侮辱和骚扰内容的手机短信，使其精神受到极度刺激和巨大伤害，已丧失共同生活的基础和可能，请求解除夫妻关系；而男方为达到继续故意折磨女方的目的，在法庭上以双方感情很好、感情未破裂为由坚决不同意离婚。庭审中，女方代理律师向法庭当场显示了男方发送至女方手机上的、具有侮辱和骚扰内容的恶意短信（已现场制成书面记录）和发送短信手机机主为男方的证据……对律师提出的以上证据，男方无言以对。本案涉及的手机短信证据，获得了法官的认可，从而最终满足了女方提出的离婚要求并保护了女方的合法财产权益。

这两则案例都是原告以手机短信作为主要证据请求法院支持原告的诉讼请求，但是判决的结果却完全不相同。第一则案例中，原告方的请求被法院驳回，没有以手机短信作为断案依据，而第二则案例中，短信被法官采信为判案依据。这让赵某某觉得很糊涂，于是，赵某某决定去咨询律师事务所的律师，听听专业人士的分析——到底什么时候手机短信可以作为证据，什么时候不能作为证据，以及在多大程度上手机短信能作为法官断案的依据。

律师专线

虽然是否判决离婚，这是要由法官来判断夫妻双方感情是否完全破裂。然而，判断是否感情破裂，法官主要依据双方提交的证据来判断。

随着科技的发达，手机的普及，很多人闹离婚，尤其是涉及婚外情的离婚时都会留意手机短信，将手机短信作为证据支持自己的诉讼请求。但手机短信能否作为证据呢？我国《民事诉讼法》明确规定了“书证、物证、视听资料、证人证言、当事人的陈述、鉴定结论、勘验笔录”等七种证据形式。然而，手机短信并不属于这七种证据形式之一，但是这并不表明它不可以作为证据。事实上，随着科技的发达，电子商务的兴起，电子邮件等电子资料日益普及，从而导致了电子邮件等新型证据在实践中得到认可。手机短信，如果从内容上看，发信人明确表明了身份，又说得很清楚，有明确的收信人、发信人，是比较完整的文字载体，可以作为证据线索存在。从民事诉讼角度看，短信可以归纳到电子信件当中，从本质上讲与E-mail是一样的，但前提是确定使用手机的机主身份。

那些内容清楚明确，而且能确定手机机主身份的手机短信可以作为证据，但不一定能作为定案的依据。是否能作为判案的依据，还必须符合我国《民事诉讼法》和从2002年开始施行的最高人民法院《关于民事诉讼证据的若干规定》所规范的各项条件——内容真实有效、收集程序合法、符合客观关联性。由于手机信息容易修改、篡改，因此手机信息作为证据最好有其他证据的有力支持，形成完整的证据链。

从赵某某查阅的两则案例可知，第一则案例，原告方仅仅凭妻子手机中的几条不被妻子承认的暧昧短信，就认定妻子有婚外情，却没有其他证据支持其诉讼请求，该手机短信息作为证据的证明力就很弱。因为手机短信易被伪造、篡改且不留痕迹。而第二则案例中，原告方提交的证据——手机短信内容明确，确定了手机机主的身份，最重要是的这些信息的内容得到了被告的承认。依据最高人民法院《关于民事诉讼证据的若干规定》，尤其是第68条、第69条和第70条可知，该案中的手机短信，客观、真实、合法地反映了案件事实，手机短信作为新类型证据，体现了它的证据效力。

而从赵某某与自己的丈夫杨某某闹的矛盾可知，单凭一条手机短信而请求法院判决解除婚姻关系，这一请求很难得到支持。且不说短信内容的真假，单凭一条短信而无其他有较强证明力的证据难以确认夫妻感情破裂。

法律规范

最高人民法院关于民事诉讼证据的若干规定

（2001年12月6日最高人民法院审判委员会第1201次会议通过，自2002年4月1日起施行）

第六十八条　以侵害他人合法权益或者违反法律禁止性规定的方法取得的证据，不能作为认定案件事实的依据。

第六十九条　下列证据不能单独作为认定案件事实的依据：

（一）未成年人所作的与其年龄和智力状况不相当的证言；

（二）与一方当事人或者其代理人有利害关系的证人出具的证言；

（三）存有疑点的视听资料；

（四）无法与原件、原物核对的复印件、复制品；

（五）无正当理由未出庭作证的证人证言。

第七十条　一方当事人提出的下列证据，对方当事人提出异议但没有足以反驳的相反证据的，人民法院应当确认其证明力：

（一）书证原件或者与书证原件核对无误的复印件、照片、副本、节录本；

（二）物证原物或者与物证原物核对无误的复制件、照片、录像资料等；

（三）有其他证据佐证并以合法手段取得的、无疑点的视听资料或者与视听资料核对无误的复制件；

（四）一方当事人申请人民法院依照法定程序制作的对物证或者现场的勘验笔录。

中华人民共和国民事诉讼法

（1991 年 4 月 9 日第七届全国人民代表大会第四次会议通过，2007 年 10 月 28 日第十届全国人民代表大会常务委员会第三十次会议修正，自 2008 年 4 月 1 日起施行）

第六十三条　证据有下列几种：

（一）书证；

（二）物证；

（三）视听资料；

（四）证人证言；

（五）当事人的陈述；

（六）鉴定结论；

（七）勘验笔录。

以上证据必须查证属实，才能作为认定事实的根据。

第六十四条　当事人对自己提出的主张，有责任提供证据。

当事人及其诉讼代理人因客观原因不能自行收集的证据，或者人民法院认为审理案件需要的证据，人民法院应当调查收集。

人民法院应当按照法定程序，全面地、客观地审查核实证据。

第六十七条　经过法定程序公证证明的法律行为、法律事实和文书，人民法院应当作为认定事实的根据。但有相反证据足以推翻公证证明的除外。

第六十八条　书证应当提交原件。物证应当提交原物。提交原件或者原物确有困难的，可以提交复制品、照片、副本、节录本。

提交外文书证，必须附有中文译本。

第六十九条　人民法院对视听资料，应当辨别真伪，并结合本案的其他证据，审查确定能否作为认定事实的根据。

中华人民共和国婚姻法

（2001 年 4 月 28 日第九届全国人民代表大会常务委员会第二十一次会议修正，同日公布并施行）

第三十二条　男女一方要求离婚的，可由有关部门进行调解或直接向人民法院提出离婚诉讼。

人民法院审理离婚案件，应当进行调解；如感情确已破裂，调解无效，应准予离婚。

有下列情形之一，调解无效的，应准予离婚：

（一）重婚或有配偶者与他人同居的；

（二）实施家庭暴力或虐待、遗弃家庭成员的；

（三）有赌博、吸毒等恶习屡教不改的；

（四）因感情不和分居满二年的；

（五）其他导致夫妻感情破裂的情形。

一方被宣告失踪，另一方提出离婚诉讼的，应准予离婚。

第四十六条　有下列情形之一，导致离婚的，无过错方有权请求损害赔偿：

（一）重婚的；

（二）有配偶者与他人同居的；

（三）实施家庭暴力的；

（四）虐待、遗弃家庭成员的。

专家释惑

这个案例涉及的主要法律问题是，手机短信能否作为证据？什么情况下手机短信才能得到采信。这里将简单介绍一下这两个问题。

一、手机短信能否作为民事证据

手机信息不是我国《民事诉讼法》和相关司法解释明文规定的证据种类。但是法律总是有一定的滞后性，尤其是在科技发达的时代，因此，我们要依据法律规定的证据标准来判断，在具体案件中，手机短信能否作为证据。

依照我国法律规定和学理意见，民事证据分为七种类型，分别是：书证、物证、视听资料、证人证言、当事人的陈述、鉴定结论、勘验笔录。这七种传统证据的采用标准通常可归纳为客观性标准、关联性标准与合法性标准。因此，判断一个事物能否作为证据采用，必须考察其是否具备证据的“三性”。

证据的客观性指证据作为已发生的案件事实的客观遗留，是不以人们的主观意志为转移的客观存在。手机短信作为移动通讯营运商信号网络连接的一种新型通讯方式，其主要工作原理是把人们所表达的意思转化为数字信号，并通过信号网络传输至对方手机，呈现在对方的手机屏幕上。在网络信号正常的情况下，手机短信一旦由发出方发出，即在接收方的手机上有直观显示，并在移动通讯营运商的服务器上有相应的记录。从一条手机短信的基本内容来看，存储于收件箱的信息均带有发信人名称、发信人的手机号码、发信时间等具体资料，而且移动运营商的操作系统中也有相应记录。因此，手机短信，这种以数据电文形式表现其所载内容的新型客观存在，应该符合证据标准的客观性要求。

证据的关联性指证据必须与需要证明的案件事实或其他争议事实具有一定的联系。也就是说，一个证据必须有助于证明案件事实或其他争议事实，因此关联性又可以称为证据的“证明性”。就手机短信而言，每一个手机号码均对应一个唯一的用户，手机短信的收发只能在特定的两个手机号码之间进行，也即是特定的两个手机用户之间进行，这种对应关系可以由移动通讯营运商与用户的服务协议来证明。在没有其他相反证据的情况下，两个特定的手机号码之间的短信收发可以认定为两个特定的用户之间在特定的时间发生的通讯行为。由此看来，手机短信与案件事实也存在关联性的可能。前提是证明相关手机号码为当事人所有。

判断证据的第三项标准是关于证据的合法性问题。尽管作为证明根据的材料无论是否具备合法性，都可以称为证据，但是每一件证据能否在具体的司法和执法活动中被采用，还要看其是否具备合法性。合法性的标准应包括主体合法、形式合法与程序合法三层含义，即提供证据的主体（主要针对人证而言）、证据的形式（主要针对鉴定与现场勘验笔录而言）和证据的收集程序或提取方法必须符合法律的有关规定。

二、手机短信是否可以被采信

如果依据我国民事诉讼法和相关司法解释以及学理，手机短信可以作为一种新型的证据形式，接下来需要判断的是，什么时候手机短信可以被采信，成为法官判断案件的依据。

首先，手机短信是一种间接证据。鉴于手机短信可以被伪造、篡改后不留痕迹，同时受环境、技术的影响容易出错，因此手机短信应当被归入间接证据的范畴。

其次，作为间接证据，手机短信息必须结合其他证据综合判断手机短信的证明力。间接证据是与案件主要事实有间接联系的材料，只能佐证与案件有关的个别情节或片断，而不能直接证明案件的主要事实。但把若干间接证据联结起来，经过综合分析和推理，对于查明案件主要事实也具有十分重要的作用。所以，应结合全案的其他证据来综合判断其证据效力。具体的考察方面应包括：取证环节是否完整，证据形式是否存在瑕疵，与其他证据是否矛盾，等等。

因此，针对目前不断出现的新类型证据（另如，以电子邮件和手机短信等为代表的电子证据），立法者应在总结司法实践经验的基础上，规范该类证据的收集程序、认证程序、认证方式，为符合客观性、关联性、合法性的新类型证据扫清作为诉讼证据的法律障碍。

提醒

由于手机短信容易不小心删除，而且容易被编辑修改，建议当事人寻求比较妥当的方法保存短信息，比如，可以通过拍照保存图片或者请求进行公证保存。因为经过公证的证据，其证明力更强，除非有充分的相反证据能证明该公证证据无效。

案例 48　离婚时，录音作为证据需注意什么问题？是否可作为认定婚外情的重要证据？

事情是这样的

利某某（男）于1999年与经人介绍的女朋友凌某某登记结婚。2004年，妻子凌某某怀孕后生下一个女孩。丈夫利某某从2002年开始就从原单位出来，改行做了自负盈亏的个体出租车司机。利某某每个月都把相关营业收入交给妻子凌某某管理和保存。由于利某某勤快、肯吃苦、拉活多，相应的收入也更多一些。从2002年开始跑出租到2006年底的这段时间内，陆续交给妻子凌某某管理和保存的现金有14万多元。2007年年初开始，凌某某和利某某之间的关系恶化，并开始了各睡一房的分居生活。过了两个月后，两人开始商量协议离婚。妻子凌某某要求丈夫利某某每个月付给孩子抚养费400元，房子归她和孩子，一来是方便孩子读书，二来是因为这个房子是凌某某单位集资建房所购买的房产。利某某不同意，因为房子是两人的婚姻存续期间于2000年购买的，属于共同财产，而且自己从2002年开出租以来，陆续交给凌某某保管的现金有14万多，这些钱应该还给自己，是自己辛苦劳动所得。

由于凌某某和利某某关于夫妻共同财产的分割问题上存在较大分歧，难以达成离婚协议书。于是，男方利某某只好向法院起诉，通过诉讼的方式进行离婚。男方利某某主张房子是夫妻共同财产，应当一人一半，或者折价后享有房产的一方支付给对方一半的现金。此外，还有14万现金是夫妻共同财产。在庭审中，女方凌某某坚持男方利某某交给自己的钱都被用作了家庭开支，手中所剩无几。二人之间除了现居住的商品房外，没什么共同财产可分割。后来，男方利某某出示了一份录音，这是2007年4月凌某某和利某某双方协商离婚时的谈话录音，当时利某某趁女方凌某某不注意的时候偷偷录下来的。在录音中，凌某某和利某某共同计算了大概每年交到凌某某手中的现金，凌某某承认自己收到了利某某累积交给自己保管的142000元，同时还承认除了5万多一点被用作生活开支，这些钱还剩下9万元没有花费。

法院审理后认为，被告凌某某虽然不承认还有共同存款将近10万，但是她没有出具足够的证据证明这142000元全部都用作了家庭共同生活的开支，应承担举证不利的法律后果。同时，经过专门鉴定可以认定，原告利某某提供的录音未经过剪辑，而且被告凌某某也承认录音中的另一方为自己。因此，法院依法判决，解除凌某某和利某某二人的婚姻关系，14万夫妻共同财产中现存的9万元二人各得4.5万；双方现居住的商品房一套归凌某某，但凌某某必须支付给利某某该房屋市场价格的一半，即7万元；孩子归凌某某抚养，利某某每月支付抚养费300元人民币。

律师专线

这个案例中，男女双方都愿意离婚，对孩子的抚养问题没有争议，争议的主要是男方利某某赚取的并且交给女方凌某某打理的夫妻共同财产。对于这部分现金，争议的不是男方有没有交付给女方凌某某这些钱，而是这些钱是不是已经花完了？

面对这一问题，最关键的是证据的出示。女方凌某某主张这些钱已经被作为家庭共同生活开支花完，但是没有令人信服的证据证明。而男方则主张这些钱还存在，而且应该归自己，当然从法律上而言，至少一半应该归自己。男方有录音证据证明，现在这些钱还大部分存在，这份录音虽然是男方偷偷录下的，但是女方凌某某没有否认录音的一方当事人为自己。因此这份录音证据经专家鉴定为没有经过剪辑的真实录音后，被法院采信，作为法院断案的依据。因此，法院的裁判正确。

法律规范

最高人民法院关于民事诉讼证据的若干规定

（2001年12月6日最高人民法院审判委员会第1201次会议通过，自2002年4月1日起施行）

第六十八条　以侵害他人合法权益或者违反法律禁止性规定的方法取得的证据，不能作为认定案件事实的依据。

第六十九条　下列证据不能单独作为认定案件事实的依据：

（一）未成年人所作的与其年龄和智力状况不相当的证言；

（二）与一方当事人或者其代理人有利害关系的证人出具的证言；

（三）存有疑点的视听资料；

（四）无法与原件、原物核对的复印件、复制品；

（五）无正当理由未出庭作证的证人证言。

第七十条　一方当事人提出的下列证据，对方当事人提出异议但没有足以反驳的相反证据的，人民法院应当确认其证明力：

（一）书证原件或者与书证原件核对无误的复印件、照片、副本、节录本；

（二）物证原物或者与物证原物核对无误的复制件、照片、录像资料等；

（三）有其他证据佐证并以合法手段取得的、无疑点的视听资料或者与视听资料核对无误的复制件；

（四）一方当事人申请人民法院依照法定程序制作的对物证或者现场的勘验笔录。

中华人民共和国民事诉讼法

（1991 年 4 月 9 日第七届全国人民代表大会第四次会议通过，2007 年 10 月 28 日第十届全国人民代表大会常务委员会第三十次会议修正，自 2008 年 4 月 1 日起施行）

第六十三条　证据有下列几种：

（一）书证；

（二）物证；

（三）视听资料；

（四）证人证言；

（五）当事人的陈述；

（六）鉴定结论；

（七）勘验笔录。

以上证据必须查证属实，才能作为认定事实的根据。

第六十四条　当事人对自己提出的主张，有责任提供证据。

当事人及其诉讼代理人因客观原因不能自行收集的证据，或者人民法院认为审理案件需要的证据，人民法院应当调查收集。

人民法院应当按照法定程序，全面地、客观地审查核实证据。

第六十七条　经过法定程序公证证明的法律行为、法律事实和文书，人民法院应当作为认定事实的根据。但有相反证据足以推翻公证证明的除外。

第六十九条　人民法院对视听资料，应当辨别真伪，并结合本案的其他证据，审查确定能否作为认定事实的根据。

中华人民共和国婚姻法

（2001 年 4 月 28 日第九届全国人民代表大会常务委员会第二十一次会议修正，同日公布并施行）

第三十二条　男女一方要求离婚的，可由有关部门进行调解或直接向人民法院提出离婚诉讼。

人民法院审理离婚案件，应当进行调解；如感情确已破裂，调解无效，应准予离婚。

有下列情形之一，调解无效的，应准予离婚：

（一）重婚或有配偶者与他人同居的；

（二）实施家庭暴力或虐待、遗弃家庭成员的；

（三）有赌博、吸毒等恶习屡教不改的；

（四）因感情不和分居满二年的；

（五）其他导致夫妻感情破裂的情形。

一方被宣告失踪，另一方提出离婚诉讼的，应准予离婚。

专家释惑

这里介绍一下录音证据在实践中被采信的条件问题。

在实践中，录音证据要被法院采信，成为判决案件的依据，必须同时具备以下条件：

一、当事人出具的录音证据必须是真实的。录音证据的真实性表现为，该录音未经剪辑、剪接或者伪造，前后连接正常紧密，内容未经篡改，具有原始性和连贯性。有的当事人为了让事实更加清楚和明晰，或者为了方便法官倾听，而以翻录的方式仅保存对自己有利的证据，这反而导致证据失真，不可信，从而失去该录音证据的证明力。

二、录音证据的合法性。合法性这一条件是相对于非法证据而言的。依据最高人民法院出台的《关于民事诉讼证据的若干规定》的司法解释第68条，把“非法证据”严格限定在“以侵害他人合法权益或者违反法律禁止性规定的方法取得的证据”的范围。这就是说，过去未获他人同意而取得的录音、录像材料，只要不是以侵害他人合法权益（如违反社会公共利益和社会公德侵犯他人隐私，或者以欺诈、胁迫的方式迫使对方说出违背本意的对自己不利的话）或者违反法律禁止性规定的方法（如擅自将窃听器安装到他人住处进行窃听）取得的，将不得视为非法证据，而能作为定案的证据使用。

三、对方认可该录音资料，或者虽然对方提出了反对意见但没有充分的证据加以证明，即反驳理由不成立的。依据最高人民法院出台的《关于民事诉讼证据的若干规定》的司法解释第70条可知，一方当事人提出的有其他证据佐证并以合法手段取得的、无疑点的视听资料或者与视听资料核对无误的复制件，对方当事人提出异议但没有足以反驳的相反证据的，人民法院应当确认其证明力。

注意

认定婚外情时，注意收集五类重要证据：

一、“保证书”“道歉书”等，婚外情突然被曝光，一方情急之下写下保证书等表示悔改，这是婚外情的关键证据；

二、嫖娼事件等，通常有警方介入，有警方的笔录；

三、单位查实职工的婚外情后，有时会对其生活作风问题作出处理；

四、双方来往的书信、短信、电子邮件等，此类证据除书面证据外，短信、电子邮件等因为存在修改和删除等可能，建议先将这些内容进行公证，再提交法院，其证明力更强；

五、捉奸在床，收集这类证据难度很大，但可以通过拍照或者摄像等作为确凿证据。

三、离婚的标准和法定情形

内容提要

我国婚姻法规定法院判断是否准予离婚的实质标准是“夫妻感情是否已破裂”。“夫妻感情是否已破裂”法律对此没有明确的界定，在实践中法官主要依据夫妻双方婚姻成立的基础、婚后感情的发展、离婚的原因、有无和好的可能等方面进行裁量。尽管法律没有界定夫妻感情是否完全破裂的含义和具体标准，不过我国婚姻法明确列举了一些在调解无效的情况下应当予以判决离婚的法定情形，这体现在《中华人民共和国婚姻法》第32条，具体包括：（一）重婚或有配偶者与他人同居的；（二）实施家庭暴力或虐待、遗弃家庭成员的；（三）有赌博、吸毒等恶习屡教不改的；（四）因感情不和分居满二年的；（五）其他导致夫妻感情破裂的情形。

案例49　老公因婚外情要求离婚，能否得到支持？

事情是这样的

邢某某，男，某公司的销售部经理。宋某某，女，某商场的销售员。邢某某和宋某某经人介绍相识后，发展了恋爱关系。两人谈恋爱谈了一年后，即2000年，在长辈们的祝福下，邢某某和宋某某去办理了结婚证书，并举行了结婚典礼。婚后第二年，即2001年，宋某某为邢某某生下了两人爱情的结晶——一个健康可爱的小女孩，从此，邢某某和宋某某进入了三口之家的幸福生活。

2002年，邢某某在外地出差，拓展本公司在外地的业务时，认识了另外一个公司的年轻漂亮的女业务员唐某某。邢某某和唐某某两人一见钟情，大有相见恨晚的感慨。两人很快来电，产生了危险的爱的火花，随即发展为婚外情。邢某某由于与唐某某发展了婚外情，开始乐不思蜀，向公司总部请求延长在外地的出差时间。但是，很快公司总部批准延长了的出差时间也过去了，邢某某不得不恋恋不舍地回到了公司总部，回到了家，回到了妻子和孩子的身边。然而，邢某某和唐某某依旧保持频繁的短信和电话联络，仿佛进入了热恋的第二春。由于唐某某的介入，邢某某和宋某某之间的夫妻关系出现了裂痕，邢某某对妻子宋某某经常横挑鼻子竖挑眼，对宋某某日渐冷淡。而且，邢某某还在回来之后，多次前往唐某某所在的城市探望唐某某，每次都发生了两性关系。妻子宋某某也逐渐发现了这些不正常的举动，并且证实了邢某某的婚外越轨行为，但是看在自己的女儿还很小，需要一个健康家庭的分上，宋某某忍了，并恳请邢某某体谅自己的苦心。但是，在第三者唐某某的调唆下，邢某某还是于2004年4月向法院提出了离婚诉讼，请求法院解除自己与宋某某之间的婚姻关系，但是妻子宋某某坚决不同意离婚，并恳请法院判决驳回原告邢某某的离婚请求。

受案法院以两人感情基础较好，夫妻关系尚未完全破裂，有和好可能为由，判决不准离婚。

律师专线

本案例中，法院判决不准离婚是合理合法的。尽管我国2001年修正后的《婚姻法》第32条明确规定，有配偶者与他人同居的，如果调解不成，法院应当准予离婚。这是新修正的《婚姻法》增加的一条规定。但是，该款规定的是，有配偶者与他人同居的情况，而且是在调解不成的情况下，满足这两项条件的情况下，法院才应当判决离婚。即同时满足这两项条件可以视为“夫妻感情破裂”。请注意，同居与婚外恋、婚外性行为不是一回事。婚外恋或婚外性行为（俗称通奸），并不是判断夫妻关系破裂的法定理由。

所以，本案中，尽管有婚外情的丈夫邢某某主动提出离婚，态度坚决，尽管是邢某某与第三者唐某某有通奸行为，但是邢某某与唐某某并不够成同居关系，因此，不适用我国《婚姻法》第32条第2款第1项的规定。邢某某请求与妻子宋某某离婚的这一诉讼请求，就需要法官结合邢某某与宋某某夫妻关系的基础、矛盾的程度、有无和好的可能等诸多因素一起考虑，判断夫妻关系是否已经破裂。本案的受案法院的法官，认定邢某某和宋某某之间的夫妻关系尚未破裂的结论是合法的。

当然，如果一审法院判决不准离婚后，邢某某在6个月后又起诉，要求离婚的，依据最高人民法院《关于人民法院审理离婚案件如何认定夫妻感情已经破裂的若干问题具体意见》可知，法院判决不准离婚后，有过错方又起诉离婚，确无和好可能的，经调解无效的，可以依法判决离婚。由这一规定可知，是否判决离婚由法院的法官自由裁量酌处。

法律规范

中华人民共和国婚姻法

（2001年4月28日第九届全国人民代表大会常务委员会第二十一次会议修正，同日公布并施行）

第三十二条　男女一方要求离婚的，可由有关部门进行调解或直接向人民法院提出离婚诉讼。

人民法院审理离婚案件，应当进行调解；如感情确已破裂，调解无效，应准予离婚。

有下列情形之一，调解无效的，应准予离婚：

（一）重婚或有配偶者与他人同居的；

（二）实施家庭暴力或虐待、遗弃家庭成员的；

（三）有赌博、吸毒等恶习屡教不改的；

（四）因感情不和分居满二年的；

（五）其他导致夫妻感情破裂的情形。

一方被宣告失踪，另一方提出离婚诉讼的，应准予离婚。

最高人民法院关于适用《中华人民共和国婚姻法》若干问题的解释（一）

（2001年12月24日最高人民法院审判委员会第1202次会议通过，自2001年12月27日起施行）

第二条　婚姻法第三条、第三十二条、第四十六条规定的“有配偶者与他人同居”的情形，是指有配偶者与婚外异性，不以夫妻名义，持续、稳定地共同居住。

专家释惑

本案涉及的主要问题是离婚标准的判断。这里需要理解的一个问题是通奸行为与“有配偶者与他人同居”之间的区分。

通奸是指双方或一方有配偶的男女之间发生婚外性行为。

有配偶者与他人同居，是指有配偶者与婚外异性，不以夫妻名义，持续、稳定地共同居住。又称为姘居。有配偶者与他人同居，或者明知他人有配偶仍与其同居的行为，为法律所禁止，甚至有些行为还可能触犯法律，如重婚罪、破坏军人婚姻罪等。是否构成姘居，这种非婚的非法同居关系，应从双方关系的稳定性、持续性及共同居住生活等方面进行认定。禁止有配偶者与他人同居是修正后的《中华人民共和国婚姻法》为保障一夫一妻制原则而新增加的禁止性规定。

通奸行为不是法定的离婚理由，即不属于夫妻关系完全破裂的法定理由，不是一有通奸行为，就可以被法院判决离婚。而有配偶者与他人同居，则是我国《婚姻法》第32条明文规定的夫妻关系完全破裂的法定理由。

注意

同居一般是指异性之间未办理结婚登记手续，而在一起持续、稳定地共同居住。如果双方都未婚而在一起长期居住的，法律并无禁止，也不提倡。如果两人都是未婚者而自愿发生性关系的行为不能称为通奸。有配偶者与他人同居，或者明知他人有配偶仍与其同居的行为就属于通奸。

案例 50　小丽不能生育能作为男方离婚的理由吗？

事情是这样的

小丽，女，现为某单位文员。2002 年，小丽开始与男青年周某某谈恋爱。在与自己的男朋友周某某恋爱 3 年后，小丽与周某某走进了婚姻殿堂。结婚后，小丽和周某某夫妻两人也能恩爱相处，两人的感情与婚前谈恋爱时一样好。但 2006 年，小丽身体不适，到医院检查后得知，自己需要被切除子宫。为了健康着想，小丽做了切除子宫的手术。不过，在手术之后，丈夫周某某与小丽的关系发生了一些变化。尤其是当看到其他同事或者邻居抱着小宝宝的时候，周某某对小丽的脸色就不是很好。后来，周某某扬言要与小丽离婚，他嫌小丽不能给他生小孩。

为此，小丽也很苦恼，不过她还是不希望离婚。因此，小丽特意去咨询律师，不能生育能否作为丈夫提出离婚的正当理由？法院会判决离婚吗？

律师专线

婚姻自由是我国婚姻法明确规定的一项基本原则，它包括结婚自由和离婚自由。因此，当周某某觉得自己与小丽无法再共同生活在一起时，他有权提出离婚。周某某可以以他自己认为合法正当的理由提出离婚，包括以小丽不能生育为理由，不过，这些理由能否被法院所采纳则是另一回事。也就是，提什么理由是当事人自己的意愿，而是否能离婚，当事人的理由和请求能否被法院所采纳，是另一回事。

依据我国《婚姻法》第 32 条的规定："男女一方要求离婚的，可由有关部门进行调解或直接向人民法院提出离婚诉讼。人民法院审理离婚案件，应当进行调解；如感情确已破裂，调解无效，应准予离婚。"由此可知，夫妻应否离婚，应该以感情是否破裂为依据。夫妻关系能否维持，完全取决于夫妻之间有无真实感情，并不取决于妻子能否生育。尽管生育子女，是夫妻生活的一项重要内容。所以，周某某因为妻子小丽不能生育而提出离婚诉讼，如果周某某没有提出具体的证据证明两人夫妻关系已经破裂，无法共同生活的，则人民法院是不会支持其诉讼请求。

法律规范

中华人民共和国婚姻法

（2001年4月28日第九届全国人民代表大会常务委员会第二十一次会议修正，同日公布并施行）

第三十二条　男女一方要求离婚的，可由有关部门进行调解或直接向人民法院提出离婚诉讼。

人民法院审理离婚案件，应当进行调解；如感情确已破裂，调解无效，应准予离婚。

有下列情形之一，调解无效的，应准予离婚：

（一）重婚或有配偶者与他人同居的；

（二）实施家庭暴力或虐待、遗弃家庭成员的；

（三）有赌博、吸毒等恶习屡教不改的；

（四）因感情不和分居满二年的；

（五）其他导致夫妻感情破裂的情形。

一方被宣告失踪，另一方提出离婚诉讼的，应准予离婚。

专家释惑

这里涉及的问题是诉讼离婚时，什么是判断离婚的标准。

在发生离婚诉讼时候，法院判断是否应当判决离婚的标准就是夫妻感情是否已经破裂，这主要依据夫妻婚前基础、婚后感情、对夫妻关系的危害程度以及责任方的认错态度等多方面的因素来加以衡量。女方不能生育并不是离婚的法定理由。

根据《婚姻法》的有关规定和审判实践经验，按最高人民法院1989年12月13日（民）发34号《关于人民法院审理离婚案件如何认定夫妻感情确已破裂的若干具体意见》规定，凡属下列情形之一的，视为夫妻感情已破裂。一方坚决要离婚，经调解无效，可依法判决准予离婚。

1. 一方患有法定禁止结婚疾病的，或一方有生理缺陷，或其他原因不能发生性行为，且难以治愈的。

2. 婚前缺乏了解，草率结婚，婚后未建立起夫妻感情，难以共同生活的。

3. 婚前隐瞒了精神病，婚后经治不愈，或者婚前知道对方患有精神病而与其结婚，或一方在夫妻共同生活期间患精神病，久治不愈的。

4. 一方欺骗对方，或者在结婚登记时弄虚作假，骗取《结婚证》的。

5. 双方办理结婚登记后，未同居生活，无和好可能的。

6. 包办、买卖婚姻，婚后一方随即提出离婚的，或者虽共同生活多年，但确未建立起夫妻感情的。

7. 因感情不和分居已满 3 年，确无和好可能的，或者经人民法院判决不准离婚后又分居满 1 年，互不履行夫妻义务的。

8. 一方与他人通奸、非法同居，经教育仍无悔改表现，无过错一方起诉离婚，或者过错方起诉离婚，对方不同意离婚，经批评教育，处分，或在人民法院判决不准离婚后，过错方又起诉离婚，确无和好可能的。

9. 一方重婚，对方提出离婚的。

10. 一方好逸恶劳，有赌博等恶习，不履行家庭义务，屡教不改，夫妻难以共同生活的。

11. 一方被依法判处长期徒刑，或其违法、犯罪行为严重伤害夫妻感情的。

12. 一方下落不明满 2 年，对方起诉离婚，经公告查找确无下落的。

13. 受对方的虐待、遗弃，或者受对方亲属虐待，或虐待对方亲属，经教育不改，另一方不谅解的。

14. 因其他原因导致夫妻感情确已破裂的。

案例 51 遭丈夫的暴力虐待，妻子请求离婚能否得到支持？

事情是这样的

洪某某（男）经人介绍后认识了彭某某（女）。双方交往半年后，洪某某发现彭某某虽然话不多，但是为人老实贤惠，彭某某发现男方洪某某勤快体贴，很讨人欢喜。于是，彭某某就答应了嫁给洪某某，双方于 1998 年 9 月去办理了结婚登记，并按照当地风俗，举行了结婚酒宴。

结婚后，彭某某发现了洪某某的另一面，不做家务事，认为那是女人的事情，除了这点大男子主义外，他还不太爱干净，经常臭袜子随便放，衣服从来都是扔给彭某某洗。对此，彭某某有时会提醒或劝告洪某某注意这些生活细节，但是洪某某听不进去，有时候甚至直接摔门而出或者开口骂人。

后来，洪某某所在单位因为改制实行下岗分流，洪某某因为一次酗酒在上班时差点酿成了事故，于是 2002 年被单位精简下岗了。下岗后，洪某某心情不好，更是变本加厉地喝酒买醉，喝醉了回家后乱打乱闹，2002 年 4 月和 6 月的时候，彭某某就被洪某某多次殴打，手臂上和腿上好几处被打青，脖子被掐得青紫。彭某某告诉了双方父母自己被殴打的事情，亲戚和邻居也劝过和指责过洪某某，但是他每次被指责的时候都表现出后悔的样子在彭某某面前忏悔，甚至保证再也不打彭某某了。可是，2002 年 10 月的时候，洪某某又在酒后重重殴打了妻子彭某某。当时事发于傍晚，彭某某做好饭菜等洪某某回家吃饭，可是等了很久，菜都开始凉了，洪某某还没有回来，彭某某就先吃饭了，吃完后洗碗收拾厨房。带着酒气的洪某某回到家的时候，因为前不久刚找到的工作上的不顺利，他趁机拿妻子彭某某出气。借口彭某某不等他吃饭，眼里没有他这个老公为由，洪某某对彭某某进行谩骂，继而殴打，彭某某为保护自己在躲闪之余也与洪某某扭打了起来。气愤的洪某某跑到厨房，拿着菜刀威胁妻子彭某某，幸亏彭某某及时跑到门口、拉开大门跑出去喊救命，否则后果不堪设想。在拨打了 110 之后，晚上彭某某被迫跑到朋友家住下，再也不敢回家。

伤心的彭某某于2002年11月向当地人民法院提起离婚诉讼。而洪某某在案件审理过程中，又故伎重演，甚至痛哭流涕地忏悔，说自己是爱彭某某的，不是要伤害她，只不过自己的脾气有点暴躁，今后一定好好改，他请彭某某也请法官再给他一次机会，他一定好好珍惜。在受案法院主持的调解过程中，彭某某说自己的容忍已经到了极限，坚决要求离婚，坚决反对调解和好，并声称如果不离婚，说不定哪天自己被洪某某酒后发疯砍死或砍成残疾都有可能。

在调解不成的情况下，法庭依法判决解除洪某某与彭某某的婚姻关系。

律师专线

本案例中，法院的判决是合理合法的。因为本案被告，即丈夫洪某某对其妻子彭某某的行为构成家庭暴力，甚至可以说其行为构成了虐待罪。依据我国《婚姻法》第3条和第32条以及最高人民法院《关于适用〈中华人民共和国婚姻法〉若干问题的解释（一）》第1条的规定可知，受案法院有权在调解不成的情况下，判决解除洪某某和彭某某的婚姻关系。

我国2001年修订的《婚姻法》首次将家庭暴力纳入了法律规定中。该法第32条第2款第2项规定了家庭暴力是判断夫妻关系是否完全破裂的法定标准之一。不过，该条并未界定什么是家庭暴力，而是由最高人民法院的司法解释作出界定。最高人民法院《关于适用〈中华人民共和国婚姻法〉若干问题的解释（一）》第1条对家庭暴力的规定为："行为人以殴打、捆绑、残害、强行限制人身自由或者其他手段，给其家庭成员的身体、精神等方面造成一定伤害后果的行为。"本案例中，洪某某作为丈夫从2002年开始，尤其是在4月、6月和10月期间曾经多次殴打妻子彭某某，导致彭某某手臂、腿和脖子多处青紫，10月的时候甚至拿菜刀威胁和殴打妻子彭某某，这些行为给彭某某的身体和精神造成了损害，以至于后来彭某某都不敢回家居住。从本案例的这些事实可知，洪某某对彭某某的行为已经构成了婚姻法上的家庭暴力，彭某某有权提出离婚，还有权提出婚姻损害赔偿，这些请求应该得到法院的支持。彭某某甚至还可以提起刑事自诉起诉洪某某构成虐待罪。受案法院在女方彭某某坚决要求离婚的情况下，依法在调解不成时判决准予离婚，这是合法合理的。

此外，依据《关于人民法院审理离婚案如何认定夫妻感情确已破裂的若干具体意见》“一方好逸恶劳，有赌博等恶习，不履行家庭义务，屡教不改，夫妻难以共同生活的，视为夫妻感情已破裂。一方坚决要离婚，经调解无效，可依法判决准予离婚”，也可以再次证明法院的裁决是正确的。

注意

家庭暴力和虐待罪之间相互联系，却有区别。家庭暴力一般属于民事侵权范畴。经常性的、持续性的家庭暴力，就可能构成刑法上的犯罪，即虐待罪。这是一个量变导致质变的过程。

法律规范

中华人民共和国婚姻法

（2001 年 4 月 28 日第九届全国人民代表大会常务委员会第二十一次会议修正，同日公布并施行）

第三条　禁止包办、买卖婚姻和其他干涉婚姻自由的行为。禁止借婚姻索取财物。

禁止重婚。禁止有配偶者与他人同居。禁止家庭暴力。禁止家庭成员间的虐待和遗弃。

第三十二条　男女一方要求离婚的，可由有关部门进行调解或直接向人民法院提出离婚诉讼。

人民法院审理离婚案件，应当进行调解；如感情确已破裂，调解无效，应准予离婚。

有下列情形之一，调解无效的，应准予离婚：

（一）重婚或有配偶者与他人同居的；

（二）实施家庭暴力或虐待、遗弃家庭成员的；

（三）有赌博、吸毒等恶习屡教不改的；

（四）因感情不和分居满二年的；

（五）其他导致夫妻感情破裂的情形。

一方被宣告失踪，另一方提出离婚诉讼的，应准予离婚。

第四十三条　实施家庭暴力或虐待家庭成员，受害人有权提出请求，居民委员会、村民委员会以及所在单位应当予以劝阻、调解。

对正在实施的家庭暴力，受害人有权提出请求，居民委员会、村民委员会应当予以劝阻；公安机关应当予以制止。

实施家庭暴力或虐待家庭成员，受害人提出请求的，公安机关应当依照治安管理处罚的法律规定予以行政处罚。

第四十五条　对重婚的，对实施家庭暴力或虐待、遗弃家庭成员构成犯罪的，依法追究刑事责任。受害人可以依照刑事诉讼法的有关规定，向人民法院自诉；公安机关应当依法侦查，人民检察院应当依法提起公诉。

第四十六条　有下列情形之一，导致离婚的，无过错方有权请求损害赔偿：

（一）重婚的；

（二）有配偶者与他人同居的；

（三）实施家庭暴力的；

（四）虐待、遗弃家庭成员的。

最高人民法院关于适用《中华人民共和国婚姻法》若干问题的解释（一）

（2001 年 12 月 24 日最高人民法院审判委员会第 1202 次会议通过，自 2001 年 12 月 27 日起施行）

第一条　婚姻法第三条、第三十二条、第四十三条、第四十五条、第四十六条所称的“家庭暴力”，是指行为人以殴打、捆绑、残害、强行限制人身自由或者其他手段，给其家庭成员的身体、精神等方面造成一定伤害后果的行为。持续性、经常性的家庭暴力，构成虐待。

专家释惑

这是关于离婚的法定情形的案例。我国法院判决离婚的标准是以夫妻感情是否完全破裂为标准，同时法律还明确列举了一些法定情形视为夫妻感情完全破裂。其中家庭暴力、虐待就是被列举的法定情形之一。这里简要介绍一下我国婚姻法律关于家庭暴力的规定和界定。

一、"家庭暴力"在我国婚姻法律中的规定

2001年《婚姻法》修改之前，"家庭暴力"一词，从未在中国的"法律"中出现过。家庭成员间施暴的行为，较轻者视而不见，重者一般以暴力干涉婚姻自由、虐待、遗弃等罪名依刑法处理；依照民事法律给受害人以损害赔偿的实为罕见。

家庭暴力被纳入婚姻家庭法律是基于妇女人权逐步得到重视和法治观念的发展。家庭暴力虽说是自古以来就存在的，看似习以为常的现象，甚至被认为是"解决家庭矛盾的一种方法"，但是，随着国际妇女运动的发展，随着人们人权观念的增强，权利意识的提高，随着家庭暴力背后家庭关系中权力控制关系的揭示，越来越多的"家庭暴力"被揭露出来。目前世界已有40多个国家制定了反对家庭暴力的专门法律、法规。中国立法机关在法学、社会学、妇女学界和女权运动的推动下，在2001年修改的《婚姻法》总则中增加了关于"家庭暴力"条款。"家庭暴力"一词在中国法律史上第一次成为法律术语，应用到法律条文中。2001年修改后的《婚姻法》中增加了"禁止家庭暴力"的规定，同时设有对社区、公安、法院、检察院关于制止家庭暴力职责的原则性规定，第一次将"家庭暴力"概念引入中国法律，并加以禁止性规定。

婚姻法中关于家庭暴力的规定主要体现在2001年修改后的《婚姻法》第3条、第32条、第43条、第45条和第46条的规定。

我国最高人民法院关于家庭暴力的规定主要是最高人民法院2001年12月出台了最高人民法院《关于适用〈中华人民共和国婚姻法〉若干问题的解释（一）》第1条。

二、家庭暴力在我国婚姻法律中的界定

家庭暴力在广义上讲，指的是在具有血亲或姻亲关系的家庭成员之间，行为人以殴打、捆绑、强行限制人身自由等手段给他人造成身体、精神、性等方面伤害的行为。家庭暴力的形式多种多样，包括肉体上的伤害，如殴打、体罚、捆绑、行凶、残害、限制人身自由等行为；也包括精神上的折磨，通常表现为以威胁、恐吓、咒骂、讥讽、肆意凌辱人格等方法，造成对方精神上痛苦，心理上压抑，神经极度紧张等。与肉体伤害相比，其对受害人身心的危害，有时绝不亚于前者。此外，家庭暴力还应包括性虐待和婚内强奸。性虐待是性变态中的施虐行为，即通过在对方身上造成肉体痛楚与精神屈辱来满足自己的性欲。婚内强奸也应看作是一种家庭暴力。还包括不作为方式的家庭暴力，如言辞侮辱、患病不治疗、居住上的歧视性待遇等。因此第 48 届联合国大会通过的《消除对妇女的暴力行为宣言》将对妇女的暴力定义为三方面：身体暴力、性暴力和心理暴力。

不过，相比而言，我国立法界定的家庭暴力的外延较为狭窄。

最高人民法院《关于适用〈中华人民共和国婚姻法〉若干问题的解释（一）》对家庭暴力进行了界定。该解释的第 1 条将家庭暴力界定为："行为人以殴打、捆绑、残害、强行限制人身自由或者其他手段，给其家庭成员的身体、精神等方面造成一定伤害后果的行为。"最高人民法院的这一解释回避了心理暴力等问题，对家庭暴力采用了狭义解释，并将经常性、持续性地以不作为形式伤害家庭成员作为虐待，而非家庭暴力。最高人民法院解释中的"家庭暴力"概念范畴，更多地考虑了当事人及司法机关的取证困难，考虑了中国民众观念上的认知能力，考虑了更好地增强受害者和司法机关对家庭暴力的"敏感度"，之后作出的折中的界定。

笔者认为，这一界定的外延尽管过于狭窄，但是我国婚姻家庭法律毕竟将"家庭暴力"纳入了法治轨道，这是一个不容忽视的进步，法律公开宣称即使在家庭中施暴，也是违法犯罪行为，受害者应受到保护。这是中国法律在惩治暴力、保护受害人人权方面的一项进步。这对于彻底摧毁家长制、父权制传统文化的余毒，对于促进两性平等民主和谐家庭关系的形成，对于建设中国可持续发展的和谐社会具有重大的意义。

案例 52 丈夫好赌博，妻子张某某要求离婚能否胜诉？

事情是这样的

刘某某（男）与张某某（女）于 1999 年相识相恋，并于 2000 年 10 月登记结婚。婚后两人感情很好，家庭幸福，不久张某某为刘某某生下一个健康漂亮的小女孩。孩子 2 岁的时候，刘某某同张某某商量把孩子托付给自己的父母，即孩子的爷爷奶奶照看，夫妻双双全力去盘下一家小饭店。经过刘某某和张某某的辛勤劳动、和气经营，一年后，即 2004 年年底的时候这家小饭店的生意日渐红火，夫妻俩的营业额和收入都大幅度增加。随着收入的增加，小饭店雇的人手也增加了几个，刘某某开始有些空闲，也同时认识了一批所谓的朋友。在这些所谓的朋友的鼓动下，刘某某开始与其他人打牌赌博。最初的时候，刘某某是小打小闹式的，以休闲为主、赌博助兴的方式参与这些人的打牌活动。可是，到后来，刘某某的赌博心理日渐被勾起，已经不再是那个凭辛勤劳动、苦心经营、注重开源节流的刘某某了，而是热衷于一夜暴富，执迷于赌博，妄想通过赌博赚钱和扳本的人。这样的刘某某已经无心顾及小饭店的经营，因此，原本生意红火的小饭店因为刘某某的痴迷赌博无心经营，而生意惨淡，继而关张。

面对刘某某的这些行为，妻子张某某也曾经多次规劝，温言软语用了，生气发火吵架也用了，甚至还威胁说如果刘某某继续赌博，她就与刘某某离婚。尽管当面刘某某对于妻子张某某的这些劝告都点头称是，甚至保证不再赌博，可是过不了多久，刘某某手痒，想打牌的时候，刘某某便把妻子张某某的这些劝告当作耳旁风，左耳朵进右耳朵出。看到自己的规劝丝毫没有起到作用，张某某非常生气，对刘某某也日渐产生隔阂，因此，张某某和刘某某之间的夫妻感情日渐冷淡。

这样刘某某不仅仅是因为赌博导致小饭店亏本关闭，而且 2 年后，即 2007 年的时候，刘某某把自己和妻子张某某结婚多年来省吃俭用存下来的积蓄也偷偷拿出去输光了，不仅输光了家当，还欠下了一屁股赌债。妻子张某某得知这一切后，对其冷淡之外剩下的是深深地失望。于是，2007 年 5 月的时候，妻子张某某向当地人民法院起诉，要求与刘某某离婚。在一审法院依法主持调解的过程中，由于妻子张某某坚持要求离婚，态度坚决，调解不成，于是一审法院判决准予离婚。对此，男方刘某某不服，提出上诉，同年二审法院经审理，驳回了刘某某的上诉请求，维持了一审判决结果。

律师专线

本案例中，法院的判决是正确的。经过审理，在调解不成的情况下，受理案件的法院认定原告张某某和被告刘某某之间的夫妻关系完全破裂，从而判决准予离婚。二审法院维持原判。这说明，这两审法院都认为张某某和刘某某的夫妻关系已经破裂。

虽然刘某某和张某某之间婚前具有很好的感情基础，婚后初期也过得很幸福，但是刘某某痴迷于赌博，面对自己妻子苦口婆心的规劝，没有任何实质性的悔改，没有尽到照顾家庭的责任和义务，导致了夫妻矛盾的激化，引起了夫妻双方感情破裂。这属于最高人民法院《关于人民法院审理离婚案件如何认定夫妻感情确已破裂的若干具体意见》列明的夫妻感情破裂的情形。

因此，在调解无效，没有和好可能的情况下，法院依据《中华人民共和国婚姻法》第 32 条的规定，判决解除张某某和刘某某之间的婚姻关系。这是合法正当的判决，因为具有赌博等恶习屡教不改的，可以视为夫妻感情已经破裂的法定情形。

提醒

本案例中，张某某和刘某某离婚分割财产和分担债务时，女方张某某不需要承担刘某某赌博所欠债务。赌博是我国大陆地区法律明确禁止的，所谓的“赌债”，不属合法有效的债权债务关系，理所当然也不受法律保护。因为赌博或偿还赌债向他人借款的，也不应属夫妻共同债务，离婚时应以赌博者个人分得的财产负责偿还他个人的这些债务。

法律规范

中华人民共和国婚姻法

（2001 年 4 月 28 日第九届全国人民代表大会常务委员会第二十一次会议修正，同日公布并施行）

第三十二条　男女一方要求离婚的，可由有关部门进行调解或直接向人民法院提出离婚诉讼。

人民法院审理离婚案件，应当进行调解；如感情确已破裂，调解无效，应准予离婚。

有下列情形之一，调解无效的，应准予离婚：

（一）重婚或有配偶者与他人同居的；

（二）实施家庭暴力或虐待、遗弃家庭成员的；

（三）有赌博、吸毒等恶习屡教不改的；

（四）因感情不和分居满二年的；

（五）其他导致夫妻感情破裂的情形。

一方被宣告失踪，另一方提出离婚诉讼的，应准予离婚。

最高人民法院关于适用《中华人民共和国婚姻法》若干问题的解释（二）

（2003 年 12 月 4 日最高人民法院审判委员会第 1299 次会议通过，自 2004 年 4 月 1 日起施行）

第二十四条　债权人就婚姻关系存续期间夫妻一方以个人名义所负债务主张权利的，应当按夫妻共同债务处理。但夫妻一方能够证明债权人与债务人明确约定为个人债务，或者能够证明属于婚姻法第十九条第三款规定情形的除外。

最高人民法院关于人民法院审理离婚案件如何认定夫妻感情确已破裂的若干具体意见

（1989 年 12 月 13 日）

人民法院审理离婚案件，准予或不准离婚应以夫妻感情是否破裂作为区分的界限。判断夫妻感情是否确已破裂，应当从婚姻基础、婚后感情、离婚原因、夫妻关系的现状和有无和好的可能等方面综合分析。根据婚姻法的有关规定和审判实践经验，凡属下列情形之一的，视为夫妻感情确已破裂。一方坚决要求离婚，经调解无效，可依法判决准予离婚。

1. 一方患有法定禁止结婚疾病的，或一方有生理缺陷，或其他原因不能发生性行为，且难以治愈的。

2. 婚前缺乏了解，草率结婚，婚后未建立起夫妻感情，难以共同生活的。

3. 婚前隐瞒了精神病，婚后经治不愈，或者婚前知道对方患有精神病而与其结婚，或一方在夫妻共同生活期间患精神病，久治不愈的。

4. 一方欺骗对方，或者在结婚登记时弄虚作假，骗取《结婚证》的。

5. 双方办理结婚登记后，未同居生活，无和好可能的。

6. 包办、买卖婚姻、婚后一方随即提出离婚的，或者虽共同生活多年，但确未建立起夫妻感情的。

7. 因感情不和分居已满 3 年，确无和好可能的，或者经人民法院判决不准离婚后又分居满 1 年，互不履行夫妻义务的。

8. 一方与他人通奸、非法同居，经教育仍无悔改表现，无过错一方起诉离婚，或者过错方起诉离婚，对方不同意离婚，经批评教育，处分，或在人民法院判决不准离婚后，过错方又起诉离婚，确无和好可能的。

9. 一方重婚，对方提出离婚的。

10. 一方好逸恶劳、有赌博等恶习，不履行家庭义务、屡教不改，夫妻难以共同生活的。

11. 一方被依法判处长期徒刑，或其违法、犯罪行为严重伤害夫妻感情的。

12. 一方下落不明满 2 年，对方起诉离婚，经公告查找确无下落的。

13. 受对方的虐待、遗弃，或者受对方亲属虐待，或虐待对方亲属，经教育不改，另一方不谅解的。

14. 因其他原因导致夫妻感情确已破裂的。

专家释惑

本案例涉及的主要法律问题是离婚的判断标准——夫妻一方有赌博恶习屡教不改的，经调解无法达成协议的，可视为夫妻感情完全破裂，即一方痴迷赌博，屡教不改的，可以作为离婚的法定理由。

我国法律关于判决离婚的标准，除了概括性规定“夫妻感情破裂”这一实质性标准外，还具体列举了调解无效时“应准予离婚”的五种情形，视为感情已经破裂。赌博或吸毒等恶习是严重伤害夫妻感情的行为，如果夫妻一方染上此种恶习，屡教不改的，往往会耗费家庭财产，不再履行家庭义务。因此，我国2001年修正的《婚姻法》第32条在总结司法实践经验的基础上，将“有赌博或吸毒等恶习屡教不改”作为可判决准予离婚的列举情形之一。不过，适用这一项时，应当注意两个问题：其一，赌博、吸毒等行为必须达到了成为恶习，并且屡教不改的程度，如果偶尔的赌博、吸毒行为或者已经过教育改正的，不能构成判决离婚的法定理由；其二，除了吸毒、赌博行为外，其他恶习比如酗酒、嫖娼、卖淫、淫乱等严重危害夫妻感情的，也应当成为离婚的理由。

案例53 分居达四年，夫妻一方请求离婚能否得到支持?

事情是这样的

吴某某（男）与贾某某（女）自由恋爱一年后于1996年10月登记结婚。婚后的共同生活因为吴某某和贾某某两人都对柴米油盐酱醋茶这样的日常琐事估计不足，发现两人婚姻生活远不如原先各自住在家里的恋爱时光，经常为了诸如家务事之类的琐事吵架，男方吴某某觉得贾某某再也没有以前的温柔，唠叨得心烦，甚至泼辣，而女方贾某某也觉得特别冤枉，发现吴某某不爱收拾家，不爱卫生细节，而且再也没有婚前的浪漫、体贴和斯文。

1998年9月的时候，吴某某由于与妻子贾某某的家庭生活杂乱而心烦，申请调到本市的另外一个区工作。尽管两个区就相隔一个多小时的路程，吴某某借口工作需要对贾某某说一周只在周末回来一次。吴某某内心是希望两人分开一段时间，看距离能否产生美感。分开生活的初期，这种一周见面一次的生活确实带来了一些新鲜感，双方见面时更少顾及家里的家务事，也因此减少了相关事项的争执。但是，时间一长，吴某某和贾某某都感觉到了这样的周末夫妻也不是很好，于是又商量着每天都回家的生活。这样，家庭琐事以及双方家里的事情又成了夫妻俩经常争执的渊源和导火索。由于吴某某和贾某某在争执的时候都很好强，互不相让，争吵得头脑发热的时候都不会冷静下来，因此往往一个小事情就导致争执升级，愈演愈烈，每次争吵到后来吴某某和贾某某都早已不是当时争吵之初的内容了。每次激烈的争吵都严重损害了夫妻感情。

2000 年 2 月的时候，由于吴某某和贾某某两人性格不和，都觉得难以共同生活下去。在一次激烈的争吵之后，吴某某搬出去住了。从此夫妻俩开始了因感情不和的分居生活。在分居期间，各自赚的钱归各自支配使用，经济上独立，互不负抚养义务。2002 年 3 月，吴某某和贾某某两人经双方父母和亲友的调解和劝导，恢复共同生活。在恢复了共同生活期间，吴某某和贾某某又一次因为吴某某的弟弟向他们借钱的事情发生了争吵，导致了夫妻感情再次恶化。2002 年 11 月，双方再次分居。2003 年 2 月，男方吴某某以自己和妻子贾某某长期分居已达 3 年为由，向当地人民法院提起离婚诉讼，请求判决准予离婚。

在案件审理过程中，被告即女方贾某某不同意离婚，认为自己和吴某某虽然分居过，但是双方分居后又于 2002 年 8 月恢复了夫妻共同生活，从 2002 年 11 月重新分居到现在，还不足 3 个月，因此不满足法律规定的分居 2 年的规定，此外，夫妻双方还是有感情的。但是，吴某某坚决要求离婚，说自己和贾某某已经没有感情了，结婚后经常争吵，每次的争吵足以令彼此筋疲力尽，还妨碍了工作。此外，双方分居时间很长，从 1998 年 9 月到现在，已经累积达 4 年了，因此请求法院判决离婚。

在调解不成的情况下，审理此案的法官持两派意见，一种观点认为应当判决离婚，因为原告吴某某和被告贾某某数次分居，符合我国《婚姻法》第 32 条规定的分居满 2 年的情形；一种观点认为，不应判决准予离婚，认为我国《婚姻法》第 32 条规定的分居 2 年应当是连续不间断的分居，吴某某和贾某某之间数次分居，中间曾经恢复共同生活，这说明夫妻感情没有破裂或者没有完全破裂。最后一次分居才3个月，不满足法律规定的分居2年的情形。经过合议庭商议，法院最后判决准予离婚。

律师专线

本案例中，法院最后判决准予离婚也是适当的。我国法律关于诉讼离婚的判断标准是夫妻感情是否已经破裂。我国《婚姻法》第32条规定了这一实质条件的同时，还列举了五种具体的判断夫妻感情已经破裂的法定理由。其中"因感情不和分居满两年"就是一种法定情形，但是法律并没有界定怎样确定分居的两年，是必须连续不断的分居两年，期间不能中断，不能有关于性生活等方面的接触呢，还是前后分居可以累积？不过，实践中，司法机关一般采用分居两年应当连续，不能中断，即不能中间恢复共同生活。如果，夫妻感情不和，分居两年，而且经法庭调解无效，无法达成和好，则法庭可以当然判断为"夫妻感情已破裂"，从而判决离婚。

但是，为什么本案中，原告和被告于2008年8月结束了长达两年多的分居，重新恢复了夫妻共同生活，从2002年11月重新分居到现在起诉离婚只有3个多月，法院在调解无效的情况下判决离婚，也是正确的呢？因为本案的受案法院判断是否准予判决吴某某和贾某某离婚的实质标准是夫妻感情已经破裂，而不一定要按照分居达两年的规定。在本案中，原告和被告自1996年结婚以来经常争吵，深深地伤害了彼此的感情，尽管双方曾经努力试图维持较好的感情，但是分居和恢复分居等方法都失败了，从结婚到现在，双方因感情不和而分居的时间超过了在一起的时间，此外法庭调解的时候双方达不成和好的协议。这说明，吴某某和贾某某二人婚后感情不好，也没有和好的可能，由此可以判断贾某某和吴某某的感情已经破裂，无法再共同生活，因此法院判决准予离婚也是正确的。

法律规范

中华人民共和国婚姻法

（2001年4月28日第九届全国人民代表大会常务委员会第二十一次会议修正，同日公布并施行）

第三十二条　男女一方要求离婚的，可由有关部门进行调解或直接向人民法院提出离婚诉讼。

人民法院审理离婚案件，应当进行调解；如感情确已破裂，调解无效，应准予离婚。

有下列情形之一，调解无效的，应准予离婚：

（一）重婚或有配偶者与他人同居的；

（二）实施家庭暴力或虐待、遗弃家庭成员的；

（三）有赌博、吸毒等恶习屡教不改的；

（四）因感情不和分居满二年的；

（五）其他导致夫妻感情破裂的情形。

一方被宣告失踪，另一方提出离婚诉讼的，应准予离婚。

专家释惑

本案例涉及的主要法律问题是诉讼离婚的判断标准和“因感情不和分居满两年”这一法定情形的理解。因为关于前一问题，本章节的其他案例已经有阐述，这里仅仅针对后一问题稍作解释。

分居是指夫妻人为地中止相互之间的共同生活的一种状态，通常是男方或者女方搬离原来的共同的居所后的状态。夫妻双方因为感情不和长期分居，互不履行夫妻间的义务，是夫妻感情破裂的重要的外在表现，因此法律允许以分居达一定期间作为判决离婚的法定条件。比如，我国《婚姻法》第 32 条第 2 款第 4 项。但是要适用这一项规定，必须注意两个问题：第一，夫妻分居的原因必须是夫妻感情不和，而不能是其他的诸如工作、出差、学习或者治疗疾病等客观原因而分开生活。后面的这些类型的分居不属于婚姻法上的分居。第二，分居必须具有一定的持续性，因此分居两年应当是连续分居两年，而不是断断续续的分居。当然分居期间如果双方有偶尔的接触是正常的。此外，也不能以夫妻之间是否发生性行为作为判断分居与否的标准。

当然，离婚并不一定要求分居，即使分居未达两年，或者不是连续不断地达两年，如果夫妻双方感情已经破裂，也可能被判定准予离婚。

案例 54 为躲债假离婚，假戏真做，人财两空

事情是这样的

席某某与丈夫陈某某 1988 年登记结婚。婚后双方的感情一直很好。1990 年席某某为陈某某生下了一个大胖儿子，小日子过得也舒坦。1994 年男方陈某某辞去公职，带上夫妻两个人所有的积蓄南下海南闯荡，挣来的钱全部寄回家里，经席某某之手存入银行。随着陈某某事业上的成功，存单上的数额慢慢由四位数变成了五位数、六位数。

2001 年春节期间，陈某某从海南回家。有一天，陈某某说那边生意上出了麻烦，需要一大笔钱。席某某说那好办，你把家里的存款拿去，先补上这个“窟窿”。可男方又说，万一花了这些钱还不够，还不完债怎么办？说不定他还得“蹲局子”，连累了老婆孩子，让他于心何忍？不如两人先办个假离婚，过了这一段风头再复婚。

为孩子着想，席某某对丈夫这个提议也爽快地同意了。于是，第二天席某某就和陈某某到当地法院办理离婚手续。在受案法院主持调解过程中，席某某按照事先的设计，答应了离婚调解。最后形成的离婚调解书规定：“商品房两套以及这些房屋内的家具都归女方席某某；各自名下的存款归各自所有。”事实上，这些夫妻存款主要是用席某某的名义存储的。这样，席某某就和自己的丈夫陈某某办理了离婚手续。

由于陈某某 2002 年接连几次生意亏了，陈某某决定先暂时结束在海南的生意，冷静下来修养一段时间再作考虑。于是 2002 年，陈某某回到与席某某共同生活的家。或许是长期分开生活久了，陈某某和席某某重新在一起生活反倒不适应，有时候会为了家庭琐事发生矛盾，陈某某觉得席某某不够体贴。2002 年 11 月 15 日，陈某某和席某某为了一点小事，又斗气了。陈某某摔门出去，到酒吧喝酒解闷去了。可是，当天傍晚，陈某某在回家的时候，在一家茶餐厅看见席某某正与一中年男子非常幸福地谈笑风生。看到这，陈某某血往上涌，心想我先前辛辛苦苦在外面挣钱，你倒好，拿着老子的钱到处享受。一想到这火冒三丈的陈

某某冲进去对席某某一顿辱骂，让席某某当时非常难堪。这一事件之后第二天，席某某就向法院起诉，要求人民法院判令陈某某立即搬出自己所有的房屋，因为依据年初两人的离婚协议，这房子归席某某所有。

在案件受理后，陈某某辩称，这房子和另外一套房子其实都是自己挣钱购买的，席某某一个月才一千块钱不到，根本买不起这样的房子，当时之所以会在离婚协议上同意把房产给席某某是因为逃避可能的追债，不是为了把房子赠与席某某，这份协议应当无效。既然这些房子是夫妻关系存续期间购买的，应当属于夫妻共同财产。因此，自己有权居住，拒绝搬出。

人民法院在受理案件后，经过审理，认定公民的合法财产受法律保护，他人不得侵犯。本案争议的商品房在2002年2月份在原告和被告离婚之际，双方已经自愿达成协议，该房产归原告即女方席某某所有。虽然这种对夫妻共同财产的分割，不能产生对抗第三人的法律效力，但是对协议双方具有约束力，应予以遵守。现在被告陈某某仍然居住在已经归原告席某某所有的房屋内，这侵犯了原告的权利，现应予以迁出。

一审法律判决后，被告陈某某不服判决，提起了上诉，但是二审法院驳回了上诉人（原审被告）陈某某的上诉请求，维持了原审判决。

律师专线

这是夫妻双方为了实现逃避债务的非法目的，而草率离婚的典型案件，实践中，也称之为假离婚事例。本案当事人，陈某某和席某某为了实现躲避债务的目的，采用离婚的方式，通过离婚调解协议将双方共同财产绝大部分归女方席某某所有。离婚后，虽然陈某某和席某某还共同生活，但是他们实质上是一种同居关系，不再具有夫妻间的权利义务关系。

在陈某某和席某某发生矛盾的情况下，因为女方席某某不承认这份协议和那次离婚是为了逃避债务，而陈某某没办法举出充分有利的证据，证明此次离婚确实是为了逃避债务，因此，2002年初，陈某某和席某某的离婚调解书是有效的，对当事人而言是有法律约束力的。所以，根据这份通过调解结案后形成的离婚调解书，陈某某和席某某婚姻存续期间的房产都归女方席某某所有。现在席某某要求陈某某搬离自己所有的房屋，这一要求是合法的，因为法律保护公民的财产。

所以，陈某某只能搬离那套房子。而本案一审和二审法院的判决都是正确的。

因此，再次提醒婚姻关系当事人签署离婚协议或者调解协议时，必须慎重，不能为了实现一时的目的而草率签署。

注意

本案例中，陈某某和席某某离婚时达成的调解书中规定，夫妻存续期间的房产都归席某某所有，其他的主要财产也都归席某某所有。这份协议中的规定只是对协议当事方，即席某某和陈某某之间有效，不能对抗第三人。也就是说，席某某和陈某某这样的分割财产实现逃避债务的规定，不能真正达到逃避债务的目的。因为依据《合同法》，债权人有权请求行使撤销权。

法律规范

中华人民共和国婚姻法

（2001 年 4 月 28 日第九届全国人民代表大会常务委员会第二十一次会议修正，同日公布并施行）

第三十二条　男女一方要求离婚的，可由有关部门进行调解或直接向人民法院提出离婚诉讼。

人民法院审理离婚案件，应当进行调解；如感情确已破裂，调解无效，应准予离婚。

有下列情形之一，调解无效的，应准予离婚：

（一）重婚或有配偶者与他人同居的；

（二）实施家庭暴力或虐待、遗弃家庭成员的；

（三）有赌博、吸毒等恶习屡教不改的；

（四）因感情不和分居满二年的；

（五）其他导致夫妻感情破裂的情形。

一方被宣告失踪，另一方提出离婚诉讼的，应准予离婚。

第三十九条　离婚时，夫妻的共同财产由双方协议处理；协议不成时，由人民法院根据财产的具体情况，照顾子女和女方权益的原则判决。

夫或妻在家庭土地承包经营中享有的权益等，应当依法予以保护。

第四十条　夫妻书面约定婚姻关系存续期间所得的财产归各自所有，一方因抚育子女、照料老人、协助另一方工作等付出较多义务的，离婚时有权向另一方请求补偿，另一方应当予以补偿。

第四十一条　离婚时，原为夫妻共同生活所负的债务，应当共同偿还。共同财产不足清偿的，或财产归各自所有的，由双方协议清偿；协议不成时，由人民法院判决。

第四十七条　离婚时，一方隐藏、转移、变卖、毁损夫妻共同财产，或伪造债务企图侵占另一方财产的，分割夫妻共同财产时，对隐藏、转移、变卖、毁损夫妻共同财产或伪造债务的一方，可以少分或不分。离婚后，另一方发现有上述行为的，可以向人民法院提起诉讼，请求再次分割夫妻共同财产。

人民法院对前款规定的妨害民事诉讼的行为，依照民事诉讼法的规定予以制裁。

最高人民法院关于适用《中华人民共和国婚姻法》若干问题的解释（一）

（2001 年 12 月 24 日最高人民法院审判委员会第 1202 次会议通过，自 2001 年 12 月 27 日起施行）

第十七条　婚姻法第十七条关于“夫或妻对夫妻共同所有的财产，有平等的处理权”的规定，应当理解为：

（一）夫或妻在处理夫妻共同财产上的权利是平等的。因日常生活需要而处理夫妻共同财产的，任何一方均有权决定。

（二）夫或妻非因日常生活需要对夫妻共同财产做重要处理决定，夫妻双方应当平等协商，取得一致意见。他人有理由相信其为夫妻双方共同意思表示的，另一方不得以不同意或不知道为由对抗善意第三人。

第十八条　婚姻法第十九条所称“第三人知道该约定的”，夫妻一方对此负有举证责任。

最高人民法院关于适用《中华人民共和国婚姻法》若干问题的解释（二）

（2003 年 12 月 4 日最高人民法院审判委员会第 1299 次会议通过，自 2004

年4月1日起施行）

第九条 男女双方协议离婚后一年内就财产分割问题反悔，请求变更或者撤销财产分割协议的，人民法院应当受理。

人民法院审理后，未发现订立财产分割协议时存在欺诈、胁迫等情形的，应当依法驳回当事人的诉讼请求。

中华人民共和国合同法

（1999年3月15日第九届全国人民代表大会第二次会议通过，自1999年10月1日起施行）

第七十四条 因债务人放弃其到期债权或者无偿转让财产，对债权人造成损害的，债权人可以请求人民法院撤销债务人的行为。债务人以明显不合理的低价转让财产，对债权人造成损害，并且受让人知道该情形的，债权人也可以请求人民法院撤销债务人的行为。

撤销权的行使范围以债权人的债权为限。债权人行使撤销权的必要费用，由债务人负担。

专家释惑

这里简要介绍一下假离婚问题及其特点与应对。

一、假离婚的主要情形

（一）为逃债转移共同财产。夫妻一方因生产经营不善，或长期低收入高消费，导致欠下沉重债务。面对债权人的追讨，为了赖债，迅速与配偶离婚，且在分割夫妻共同财产时，协议内容中的权利、义务明显不对等，财产都归配偶所有，自己则孑然一身，离婚后行踪不定。债权人将其找到，债务人以“空手”相对，令债权人毫无办法，即使起诉到法院，胜诉后也难以执行。

（二）逃避责任，抗拒赔偿。“假离婚”的夫妻一方是侵权责任人，由于重大侵权行为给受害人造成了巨额经济损失。为推卸将来应承担的法律责任，侵权责任人一方面与受害人周旋，拖延受害人到法院起诉的时间，另一方面则加紧办理离婚登记手续，将财产权给将来不承担赔偿责任的配偶方，造成侵权人无力赔偿的假象。

（三）骗取房屋拆迁补偿款。在旧城改造和城市扩建过程中，部分老城区或城市近郊区域内的住户需要予以拆迁安置。由于拆迁补偿政策对无房户有一定照顾，甚至部分补偿款项以户为单位发放。于是一些住户得知拆迁消息后，为获取更多的补偿款或住房安置面积，夫妻双方紧急离婚，或者住房归一方所有，或者由一户分为两户，骗取非法利益。

（四）逃避政策，计划外生育。实行计划生育是我国的基本国策，是每个公民的义务。可有些人受多子多福、重男轻女等旧思想的影响，总是想方设法多生、超生。为达到超生目的，在女方怀孕后就办理了假离婚手续，待孩子生下后再行复婚。

（五）多占宅基地。按照土地管理部门的有关规定，城镇居民每一户头宅基使用面积均有一定的限制，否则，超出部分由有关部门调出安排给他人，或征收高额土地使用费。

实践中，也有些夫妻是为了骗取低保、出国等原因而“假离婚”。

二、假离婚的基本特点

“假离婚”相对于夫妻感情确已破裂，难以共同生活的真离婚，有以下特点：一是“假离婚”的双方当事人没有争议或虽有争议但经婚姻登记机关或者人民法院稍作调解工作即能达成一致协议。“假离婚”的夫妻双方对夫妻感情是否确已破裂大多没有争议，但对导致“夫妻感情破裂”的原因却陈述不清，往往以性格不合，志趣不一为借口，双方并没有法定情形，即1989年11月最高人民法院《关于人民法院审理离婚案件如何认定夫妻感情确已破裂的若干意见》中所列举的13种情形。二是对夫妻共同财产的处理，通常不作分割。“假离婚”的夫妻共同财产一般全部归抚育子女的一方，或者作象征性的分割，有的干脆在离婚请求前即协议将全部、大部财产给对方或者直接全部让给子女，并且还打着“照顾妇女、儿童、老人权益”的幌子。三是子女抚养没有争议。为了达到“假离婚”的目的，双方当事人对待子女抚养同样不会产生太大的争议。由于“假离婚”的双方对子女抚养费的法律规定不太了解，在办理离婚过程中，往往是抚养子女的一方提出多少，另一方即答应多少，根本不考虑自己的收入，承受能力以及当地的生活水平，而协议确定一个不太切合实际的数额，有的甚至以共同财产折抵抚养费用或者协议直接放弃，从而在形式上侵害了子女的合法权益。

三、假离婚的应对

“假离婚”者以婚姻自由为借口和护身符，在实践中具有较强的隐蔽性。要实际上杜绝“假离婚”、消除“假离婚”的社会危害并不容易，这需要社会各方面的共同努力。

（一）严格以《婚姻法》确立的“感情确已完全破裂”标准作为离婚的法定条件。人民法院办理离婚案件时，不能盲目求快，片面地追求结案率，必须在查明感情状况等事实的基础上进行调解。对于感情基础好，离婚理由不充分，但双方都强烈要求法院立即发出离婚调解书的，可以拒绝当事人的无理要求，并决定按照普通程序审理，防止“假离婚”案的发生。婚姻登记机关也应按照《婚姻登记条例》的要求，对离婚申请细致审查，必要时，适当延长审查时间，主动进行调查。有关单位和个人对离婚者的意思表示真实性产生怀疑时，应及时向婚姻登记机关或人民法院反映，做到早发现、早处理。

（二）加强对离婚财产分割协议的审查。对一方主动放弃全部财产并承担全部债务、显失公平的，法院和婚姻登记机关要查明有无不正当目的。一旦发现债务人有“假离婚”的迹象，法院可依照《民事诉讼法》第136条的规定，裁定中止离婚诉讼，并依法公告债权人到法院进行债权登记，待债务查清并妥善处置后，再恢复离婚案件的审理。

（三）采取有效措施，做好“假离婚”的事后补救工作。“假离婚”发生后如何处理，法律没有明文规定。我们认为下列方法较为可行：债权人发现债务人以诉讼方式骗取离婚，影响了债权的实现且裁判已经生效的，应当及时报告人民法院，由法院按再审程序对离婚中财产分割部分进行再审；债权人发现债务人以行政登记方式骗取离婚，影响了债权的实现且离婚已经获准的，债权人可以依据《合同法》第74条规定对财产分割协议中债务人放弃财产的行为行使撤销权。债权人撤销请求权制度，即当事人在协议离婚时未向婚姻登记机关如实申报债权债务或债权人确因法定理由未能及时申报债权的，债权人有权通过民事诉讼程序，行使撤销请求权，由人民法院依法对离婚协议中的财产和债务方面的内容进行审查，并对恶意逃避债务的约定宣告撤销。

法院在执行中发现被执行人“假离婚”逃避债务的，可在离婚案件财产部分再审之后，或申请执行人行使撤销权之后，确认执行财产的范围，予以执行。其他因“假离婚”致使权利受侵害的主体（如负责拆迁补偿的部门、低保金发放部门），参照上述方法办理以避免损失。

（四）加强宣传，严格管理。针对“假离婚”现象，人民法院应和民政部门、计生部门、基层群众组织紧密协作，共同筑起一道防范和制裁假离婚行为的防线。人民法院受理假离婚案件结案后，对查证确实的假离婚者，要向有关单位发出司法建议，给予党纪政纪处分。对以假离婚掩盖离婚行为的还应追究刑事责任。

四、离婚时与财产有关的案例

内容提要

我国婚姻法（大陆地区）规定夫妻财产制度实行有约定从约定，无约定则适用夫妻共同财产制度。夫妻关于财产所有制的约定必须采取书面形式。

所谓夫妻共同财产制是指，除法律另有规定，夫妻关系存续期间的工资、投资收益、知识产权收益、获赠财产等各种所得收入都视为夫妻共同财产，双方具有同等的权益。相应的，夫妻关系存续期间的债务，除非另有规定，也被视为夫妻共同债务，夫妻双方具有连带赔偿责任。

案例 55 口头约定财产 AA 制在离婚时不被支持

事情是这样的

潘某某（女）在 22 岁那年父母遭遇车祸先后去世。由于潘某某是独生女，她依法继承了父母留下的全部财产，包括一套面积为 103 平方米的商品房；一本面值为 10 万元人民币的定期存款以及房子内的彩电、冰箱等全部家具。第二年，即 1999 年，潘某某经人介绍认识了男青年郑某某，两人互生好感，遂确立了恋爱关系。2000 年 1 月，潘某某和郑某某登记结婚。同年 4 月，潘某某得到了其父亲生前投稿于近日出版的书籍的稿酬 5 万元，存入银行潘某某的户头下。

因为潘某某对自己要求比较高，潜心写作，不愿意过早生育，为此与自己的丈夫郑某某存在矛盾，多次发生口角。于是，潘某某和郑某某于 2002 年 3 月 5 日口头约定今后双方财产和消费采取 AA 制，即今后夫妻采取分别财产制，各自赚钱归各自所有和支配，每个月双方各自出 700 元作为日常开支用度。

2003 年，潘某某的一本书签约了出版社，将于该书出版后得到稿酬 4 万元人民币。这之后一个月，潘某某在一次外出时遭遇车祸腿部受伤，获得赔偿的医疗费、误工费等共计 15 万元人民币。2004 年，潘某某和郑某某觉得彼此过不下去了，同意离婚，但是双方对夫妻财产的划分没有达成协议，双方分歧比较大，潘某某认为所有上述提及的钱和财物都应当归自己所有，因为房子和存款以及得到的父亲的稿酬都是自己继承过来的父母的财产，而且是婚前财产，婚后自己出版书预期的稿酬和自己因车祸的赔偿 15 万元都应当归自己，因为 2002 年 3 月开始，潘某某和自己的丈夫郑某某就开始了约定财产制，各自赚的钱归各自所有和支配。但是潘某某的丈夫郑某某不同意，他认为上述钱财，除了房子外都是夫妻共同财产，应该一人一半。

为此，潘某某咨询律师事务所的律师，想请教一下到底哪些钱应当归自己所有？

律师专线

律师告诉潘某某，她和自己的丈夫郑某某于2002年3月口头对财产制的约定无效，因为没有采取法律所要求的书面形式。没有书面形式和证据就不能认定这种约定具有法定的效果。因此，就财产的所有权而言，潘某某从自己父母那里继承的房子一套、10万元的定期存款以及婚后才拿到手的自己父亲的稿酬5万，都属于潘某某的婚前个人财产；而在婚姻存续期间，潘某某于2003年签署出版合同的可预期利益4万元应当属于夫妻共同财产，她和郑某某享有同等所有权；对于潘某某腿部受伤所赔偿的医疗费和误工费15万元人民币而言，除了专门用于治疗其腿部的那部分钱之外，这15万的剩余部分应当视为夫妻共同财产，郑某某与王某某享有同等的所有权。

法律规范

中华人民共和国婚姻法

（2001年4月28日第九届全国人民代表大会常务委员会第二十一次会议修正，同日公布并施行）

第十七条　夫妻在婚姻关系存续期间所得的下列财产，归夫妻共同所有：

（一）工资、奖金；

（二）生产、经营的收益；

（三）知识产权的收益；

（四）继承或赠与所得的财产，但本法第十八条第三项规定的除外；

（五）其他应当归共同所有的财产。

夫妻对共同所有的财产，有平等的处理权。

第十八条　有下列情形之一的，为夫妻一方的财产：

（一）一方的婚前财产；

（二）一方因身体受到伤害获得的医疗费、残疾人生活补助费等费用；

（三）遗嘱或赠与合同中确定只归夫或妻一方的财产；

（四）一方专用的生活用品；

（五）其他应当归一方的财产。

第十九条　夫妻可以约定婚姻关系存续期间所得的财产以及婚前财产归各自所有、共同所有或部分各自所有、部分共同所有。约定应当采用书面形式。

没有约定或约定不明确的，适用本法第十七条、第十八条的规定。

夫妻对婚姻关系存续期间所得的财产以及婚前财产的约定，对双方具有约束力。

夫妻对婚姻关系存续期间所得的财产约定归各自所有的，夫或妻一方对外所负的债务，第三人知道该约定的，以夫或妻一方所有的财产清偿。

最高人民法院关于适用《中华人民共和国婚姻法》若干问题的解释（一）

（2001年12月24日最高人民法院审判委员会第1202次会议通过，自2001年12月27日起施行）

第十九条　婚姻法第十八条规定为夫妻一方所有的财产，不因婚姻关系的延续而转化为夫妻共同财产。但当事人另有约定的除外。

最高人民法院关于适用《中华人民共和国婚姻法》若干问题的解释（二）

（2003年12月4日最高人民法院审判委员会第1299次会议通过，自2004年4月1日起施行）

第十一条　婚姻关系存续期间，下列财产属于婚姻法第十七条规定的“其他应当归共同所有的财产”：

（一）一方以个人财产投资取得的收益；

（二）男女双方实际取得或者应当取得的住房补贴、住房公积金；

（三）男女双方实际取得或者应当取得的养老保险金、破产安置补偿费。

第十二条　婚姻法第十七条第三项规定的“知识产权的收益”，是指婚姻关系存续期间，实际取得或者已经明确可以取得的财产性收益。

专家释惑

这里涉及的主要问题是夫妻财产制中的约定财产制。

夫妻财产关系派生于夫妻身份关系，它包括夫妻财产所有权、夫妻间的扶养关系及夫妻继承权等内容，其核心是夫妻财产的所有权问题。

夫妻财产所有制又称婚姻财产制，是关于夫妻婚前财产和婚后所得财产的归属、管理、使用、收益、处分以及债务的清偿、婚姻解除时清算等方面的法律制度。依据我国现行《婚姻法》，我国大陆地区夫妻财产制度可以分为法定财产制和约定财产制两种。我国目前的《婚姻法》第17条、第18条、第19条对夫妻财产所有权作出了规定。第17、18条是法定财产制的规定，第17条规定了属于夫妻共同所有的财产，第18条规定了属于夫妻个人所有的财产。第19条是关于约定财产制的规定，夫妻之间可以通过书面协议来约定夫妻之间财产的归属，有约定的按照约定执行，没有约定的按照第17条、第18条的规定执行。这就等于夫妻可以对其所有的财产进行约定，在没有约定的情况下才按照法律的规定进行处理，法律充分尊重了夫妻的财产归属问题上的意思自由。这种法律规定近似于合同法的规定，充分的意思自治。在通常情况下，“约定财产制”的适用优先于“法定财产制”。夫妻约定财产制体现于夫妻间的财产“协议”。

“夫妻财产协议”也称“婚姻财产协议”，它是夫妻（或准备结婚的）双方就其财产关系而依照法律精神，在平等、自愿基础上订立的一种契约性文书，其婚前、婚后均可订立。

但是我国法律同时规定，夫妻财产协议必须采取书面形式订立。没有采取书面形式者不产生约定财产制的法律效果，而是按照法定财产制进行财产分割。

书面约定的夫妻财产协议，在夫妻之间是有效的，但是不能对抗第三人，即此类夫妻约定财产协议，只有夫妻证明第三人知道或理应知道的时候，才能对第三人有效，否则，即便夫妻之间该约定财产协议有效，但对外（对第三人）时，还得适用法定财产制。

另外，夫妻之间的财产协议在双方一致同意的情况下，可以依据法定程序进行变更或解除。

注意

“夫妻财产协议”与单纯的“婚前财产公证”不尽相同。婚前财产公证只是证明各自婚前已经拥有的私有财产，而“夫妻财产协议”不仅要明确“已有”财产的权属关系，同时还将约定夫妻未来新增财产的权属关系，即对夫妻（一方或双方）未来所得财产的归属形式、支配方式、继承方式等财产关系及债务责任进行约定。因为订立“夫妻财产协议”（以下简称“协议”）的目的是：为了明确夫妻双方各自的私有（独有）财产，约定婚姻存续期间所得财产以及婚前财产的归属形式，避免日后可能产生的“财产损失”和“分割纠纷”，规定双方的权利与义务，建立平等和谐的家庭关系。

联系本案

还有一个值得提醒的问题是如何判断知识产权中的财产性收益的分配。依据我国最高人民法院《关于适用〈中华人民共和国婚姻法〉若干问题的解释（二）》第 12 条的规定，婚姻关系存续期间，实际取得或已经明确可以取得的知识产权的财产性收益为夫妻共同所有。据此，对于在婚姻关系存续期间内已经明确、但实际取得却在离婚之后的这部分知识产权性收益，也应为夫妻共同所有。比如，本案例中潘某某 2003 年签署的出版合同约定可以从出版时获得的稿酬 4 万元，而潘某某于结婚后实际获得的自己父亲书稿的稿酬则属于其个人婚前财产。实践中，可以知识产权财产性收益已经明确的时间是否在婚姻关系存续期间内，作为判断该部分收益归属的标准，具体如下：1. 知识产权财产性收益明确的时间在婚前的，即使收益实际取得在婚后，该收益仍为个人婚前财产；2. 知识产权财产性收益明确的时间在婚姻关系存续期间的，则无论收益的实际取得是在婚姻关系存续期间，还是在离婚之后，该收益均为夫妻共同所有；3. 知识产权财产性收益明确的时间在离婚后的，该收益为个人财产。

案例 56 婚前房产是否随着婚姻生活年限变更为共同财产?

事情是这样的

现年 38 岁的离异女士王某某经人介绍认识了丧偶的张先生，两人交往比较顺利，最近准备登记结婚。由于王某某和张先生双方都是再婚，各有一个小孩。为了筹备结婚，王某某出钱购买了一套住宅，购房合同上登记的是王某某的名字。

另外，女方王某某自己还有一个店面，现在出租收取租金。这两件不动产都是王某某的个人财产。为避免结婚后女方王某某和男方张某某双方因财产问题发生纠纷，经济条件比较好的女方王某某希望与张先生作婚前财产公证，但男方张某某不愿意公证。为了免得伤和气，王某某没有坚持，而是先去咨询律师事务所的律师，不去公证可能导致的不利后果。

王某某的问题是，如果自己和张某某结婚，双方对婚前财产没有公证的话，婚后王某某的这两项不动产是不是就转化为夫妻共同财产了?

律师专线

受理咨询的律师告诉王某某，不用担心，婚前购买的房子和她自己的店铺这些财产是她的婚前财产，如果没有相反的约定，就不会因为她与张某某结婚而变成夫妻共同财产，无论他们的婚姻存续多久。

尽管在 2001 年我国《婚姻法》的修正案出台以前，我国最高人民法院 1993 年印发的《关于人民法院审理离婚案件处理财产分割问题的若干具体意见》中规定了几种特殊情况，其中第 6 条规定就是婚前属于个人的财产，结婚若干年后视为夫妻共同财产。该规定指出：“一方婚前个人所有的财产。婚后由双方共同使用、经营、管理的，房屋和其他价值较大的生活资料经过 8 年，贵重的生活资料经过 4 年，可视为夫妻共同财产。”这是说，结婚之后，婚姻延续一段时间，婚前的个人财产就可以转化为夫妻共同财产。这就是从 1993 年到 2001 年 12 月 27 日前，人民法院审判离婚案时所依据的司法解释。但是，2001 年 12 月 25 日最高人民法院公告公布施行的最高人民法院《关于适用〈中华人民共和国婚姻法〉若干问题的解释（一）》已对 1993 年高法的这项司法解释进行了实质性的否定，该司法解释第 19 条指出：“婚姻法第十八条规定为夫妻一方所有的财产，不因婚姻关系的延续而转化为夫妻共同财产。但当事人另有约定的除外。”依据相同事项上，后法优于前法的规则可知，关于婚前财产的地位应当适用修改后的《婚姻法》，即只要是婚前财产，无论是什么类型的婚前财产，只要没有相反的约定，这些财产就一直是婚前财产。

2001年12月25日最高人民法院副院长曹建明在公布《婚姻法》司法解释（一）的新闻发布会上，在谈到夫妻财产的这条规定时指出：“这与原来的司法解释是不同的。”

可见，我国《婚姻法》规定夫妻财产遵循的是有约定从约定，无约定从法定。所以，本案例中，王某某的店面是她的个人财产，不会因婚姻关系的延续而变为夫妻共同财产。至于王某某与张先生为筹备结婚购买的住房，也是王某某的个人财产，只要她有证据证明（如房产证）这是自己婚前购买的个人财产，它同样不因婚姻关系的延续而转化为共同财产。当然，如果王某某没有证据证明是她个人在结婚登记之前购买的个人财产，司法实践通常作为夫妻共同财产处理。所以，保存相关证据非常重要。

法律规范

中华人民共和国婚姻法

（2001年4月28日第九届全国人民代表大会常务委员会第二十一次会议修正，同日公布并施行）

第十七条　夫妻在婚姻关系存续期间所得的下列财产，归夫妻共同所有：

（一）工资、奖金；

（二）生产、经营的收益；

（三）知识产权的收益；

（四）继承或赠与所得的财产，但本法第十八条第三项规定的除外；

（五）其他应当归共同所有的财产。

夫妻对共同所有的财产，有平等的处理权。

第十八条　有下列情形之一的，为夫妻一方的财产：

（一）一方的婚前财产；

（二）一方因身体受到伤害获得的医疗费、残疾人生活补助费等费用；

（三）遗嘱或赠与合同中确定只归夫或妻一方的财产；

（四）一方专用的生活用品；

（五）其他应当归一方的财产。

第十九条　夫妻可以约定婚姻关系存续期间所得的财产以及婚前财产归各自所有、共同所有或部分各自所有、部分共同所有。约定应当采用书面形式。没有约定或约定不明确的，适用本法第十七条、第十八条的规定。

夫妻对婚姻关系存续期间所得的财产以及婚前财产的约定，对双方具有约束力。

夫妻对婚姻关系存续期间所得的财产约定归各自所有的，夫或妻一方对外所负的债务，第三人知道该约定的，以夫或妻一方所有的财产清偿。

最高人民法院关于适用《中华人民共和国婚姻法》若干问题的解释（一）

（2001 年 12 月 24 日最高人民法院审判委员会第 1202 次会议通过，自 2001 年 12 月 27 日起施行）

第十九条　婚姻法第十八条规定为夫妻一方所有的财产，不因婚姻关系的延续而转化为夫妻共同财产。但当事人另有约定的除外。

专家释惑

这个案例涉及的主要法律问题是关于夫妻共同财产和夫妻婚前个人财产的现行法律规定的理解。

2001 年修正的我国大陆地区适用的《婚姻法》与之前的 1980 年《婚姻法》和相应司法解释具有很大的不同，其中一项重要的、特别突出的变革就是关于夫妻财产问题的规定。具体表现为以下几个方面：

第一，以列举与概括、明确与模糊的例示性规范技术形式，确立婚后所得有限共同财产制作为法定财产制。依这部修正后的《婚姻法》第 17 条的规定可知：夫妻在婚姻关系存续期间所得的下列五类财产，属于夫妻共同所有：（1）工资、奖金；（2）生产、经营的收益；（3）知识产权的收益；（4）继承或赠与所得的财产，但遗嘱或赠与合同中确定只归夫或妻一方的财产除外；（5）其他应当归共同所有的财产。此外，该法第 19 条规定，夫妻对婚姻关系存续期间所得的财产约定不明确的，应为共同财产。

第二，与有限共同财产制相对应，明确界定了个人所有财产。2001年修正的《婚姻法》第18条规定：夫妻一方的财产包括以下五种情形：(1) 一方的婚前财产；(2) 一方因身体受到伤害获得的医疗费、残疾人生活补助费等费用；(3) 遗嘱或赠与合同中确定只归夫或妻一方的财产；(4) 一方专用的生活用品；(5) 其他应归一方的财产。这里明确了婚前财产属于个人财产，不会因为婚姻关系的持续时间而有所改变。

第三，与法定财产制相对应，基本建立了约定财产制度，规范了约定财产的形式、财产制的选择范围、夫妻财产约定的内外法律效力，配设了约定分别财产制时的补偿制度。其具体的法律规定体现为修正后的《婚姻法》第19条和第40条。其中第19条规定：夫妻可以约定婚姻关系存续期间所得的财产以及婚前财产归各自所有、共同所有或部分各自所有、部分共同所有。约定应当采用书面形式。没有约定或约定不明确的，适用法律关于夫妻共同财产和一方个人财产的规定。夫妻对婚姻关系存续期间所得的财产以及婚前财产的约定，对双方具有约束力。夫妻对婚姻关系存续期间所得的财产约定归各自所有的，夫或妻一方对外所负的债务，第三人知道该约定的，以夫或妻一方所有的财产清偿。该《婚姻法》第40条规定："夫妻书面约定婚姻关系存续期间所得的财产归各自所有，一方因抚育子女、照料老人、协助另一方工作等付出较多义务的，离婚时有权向另一方请求补偿，另一方应当予以补偿。"

第四，为强化夫妻对共同财产的平等权利，督促和引导共同财产权的合法行使，确保共同财产对婚姻家庭的经济功能的有效释放。在法律责任一章中引进民法调整方法，设置了不正当行使共同财产权的民事法律后果。修正后的《婚姻法》第47条规定："离婚时，一方隐藏、转移、变卖、毁损夫妻共同财产，或伪造债务企图侵占另一方财产的，分割夫妻共同财产时，对隐藏、转移、变卖、毁损夫妻共同财产或伪造债务的一方，可以少分或不分。离婚后，另一方发现有上述行为的，可以向人民法院提起诉讼，请求再次分割夫妻共同财产。”人民法院对其中妨害民事诉讼的行为，依照民事诉讼法的规定予以制裁。

第五，关于夫妻对共同财产的平等处理权（第17条第2款）、离婚时共同财产的分割（第39条）和离婚时债务的清偿（第41条）三个重要法律问题，修正后的《婚姻法》基本沿用了1980年《婚姻法》的规定。其中，对离婚时夫妻共同财产的分割，仍坚持三个原则：一是当事人意思自治、协议处理的原则；二是协议不成，由法院根据具体情况自由裁量的原则；三是在自由裁量时，要体现特殊保护、照顾子女和女方权益判决的原则。鉴于农村普遍存在的家庭土地承包经营，不仅承包经营权是一项重要的财产权，而且承包经营的收益是农民的生活保障和家庭的主要财产来源，所以修正后的我国《婚姻法》第39条第2款专门规定：“夫或妻在家庭土地承包经营中享有的权益等，应当依法予以保护。”这一新增内容反映了当前农村实际，立法旨意在于保护男娶女嫁、女到男家的传统婚配模式下离婚妇女对承包土地所享有的各种权益。

上述五个方面构成我国修正后的《婚姻法》确立的夫妻财产制规则体系，它加重了婚姻法对夫妻财产关系的调整，突出了夫妻财产制的立法地位；规定得更为具体和细密，增强了可操作性。在立法上显示出婚前财产、婚后共同财产、婚后个人财产、约定财产、约定不明财产、未列举的模糊财产等多元财产形式，原则性与灵活性相结合，反映了夫妻财产构成和动态运行的复杂性，切合社会生活实际。

案例57　离婚时如何区分家庭共同财产与夫妻共有财产？这些祖传古画归谁？

事情是这样的

齐某验出身于书香门第，是某市机械工程二局的一名工程师。李某芳是本市第二人民医院的一名护士。1980年春天，齐某验经人介绍与李某芳相识，并恋爱。交往一段时间后，彼此都觉得对方合适，同年年底，两人在与双方父母沟通之后结婚。由于齐某验是家里唯一的孩子，他结婚后，没有单独组织小家庭，而是一直与妻子住在自己父母家里，与父母亲王某某和齐某某共同生活。1984年4月，齐某验和李某芳生下一个儿子，名为齐小斌。1986年5月，王某某的丈夫齐某某因心脏病突发，经抢救无效逝世。齐某某过世后，齐家没有进行家庭财产分割，齐某验和李某芳继续与母亲王某某共同生活。

日子总是在平淡中过去，齐某验对这种平淡的婚姻生活日益感到厌倦。于是，1994年3月，齐某验向李某芳提出离婚，李某芳不同意。随后，齐某验向人民法院提起离婚诉讼。经过法庭调解，齐某验和李某芳双方都同意离婚，就儿子齐小斌的抚养问题也达成了协议。但财产分割问题还存在争议。对于齐某验祖上遗留的16幅古画应当归谁所有，双方争议较大。齐某验认为这是祖上传下来的，应归自己所有；李某芳认为这属于夫妻共同财产，应归自己一半。

在诉讼过程中，齐某验的母亲王某某和儿子齐小斌，以有独立请求权的第三人的身份参加诉讼，主张这16幅古画是王某某和齐小斌的共同财产，理由是齐某验的父亲去世时留有口头遗嘱，所遗古画，一半由王某某所有，一半归自己的孙子齐小斌所有。齐某验、王某某都主张存在这样的一份口头遗嘱，声称当时情况危急，齐某某没有办法、也不可能在当时立下书面遗嘱，只能在病房向妻子王某某和儿子齐某验交代身后事。在齐某某过世后，王某某和齐某验想到这些祖上遗留的古画都是传给家里人的，齐家又只有一根独苗，最终都是归齐小斌所有，所以，也就没有着手将病危中的齐某某的口头遗嘱事后补记下来，做成书面的遗嘱。李某芳否认存在这样的口头遗嘱，仍主张这些古画为家庭共同财产，自己也对古画享有权利。

本案在法庭审理过程中有两种意见。

一种意见认为，该古画是齐家祖上遗留的财产，在没有其他证据的情况下，应认定为是王某某夫妇共同共有。本案第三人王某某所主张的齐某某的口头遗嘱有效。齐某某死时用口头遗嘱的方式对这些古画做了处理，即王某某享有一半的所有权，齐小斌有一半的所有权，等于将自己的份额处分给了孙子，这种遗嘱内容有效。故这 16 幅古画既不是齐某验、李某芳的夫妻共同财产，也不是家庭共同财产，权属明确，齐某验和李某芳均无权分割。

另一种意见认为，李某芳的主张也有道理。首先，这批古画既然是齐某验祖上所遗留，视为家庭共同财产不无道理，那齐某验对这些古画也有所有权。齐某验和李某芳结婚并共同生活超过 8 年，对齐某验享有的财产份额，李某芳有权要求分割。其次，即使这些古画不算作家庭共有财产，而看成是齐某验父母的夫妻共有财产，李某芳还是可以对这些古画享有一定的权利。因为，齐父临终前做的口头遗嘱所具有的效力存在疑问。如果不存在没有利害关系的第三人证明齐某某的口头遗嘱确实存在或者其他的相关证据，该遗嘱不能被视为具有法律效力的遗嘱。本案中口头遗嘱不产生法律效力的话，那 16 幅古画被视为王某某和齐某某的夫妻共有财产，在齐某某死后，这种共有关系不存在了。其中，齐某某对这些古画享有的权利应当视为遗产，按照继承法的规定，由王某某和齐某验进行继承。因此，对齐某验享有的份额，李某芳有权要求参与分割。

法庭最后采纳了第二种意见，认为李某芳对这些古画也有继承权，有权对齐某验依法享有的继承份额进行分割。对于法庭作出的离婚判决，齐某验和李某芳都没有进行上诉。

律师专线

一般情况下，离婚案件涉及的主要问题就是孩子的抚养问题和夫妻财产的分割。本案涉及是其中的财产分割问题。

本案中，齐某验和李某芳离婚时，关于夫妻财产的认定，争议的问题主要是那 16 幅古画的归属。这就要判断清楚，这些古画是他们夫妻的共有财产还是家庭共有财产，或者是别人的财产（比如齐某验的母亲王某某的财产或者是齐小斌的财产）。

作为本案第三人，王某某主张的齐某某的口头遗嘱，由于存在瑕疵，又没有相关证据证明，本案各当事人的意见又不能达成一致，因此该口头遗嘱不能认定为有效遗嘱。因而，这些古画不能只视为齐小斌和王某某的财产。但也没有任何证据表明，这些古画像李某芳主张的那样，是齐某验和李某芳的夫妻共有财产，也不是家庭共有财产。

在齐某某过世前后，这些古画的归属存在差异。由于这些古画是齐家所祖传的，齐某某过世前，可看作是齐某某和王某某夫妻共同共有财产。在齐某某过世后，王某某和齐某某对这些古画的共有关系就不再存在了，此时这 16 幅古画就应进行分割，王某某一半，8 幅。齐某某一半，8 幅。齐某某这 8 幅画就应当作为遗产，由继承人加以继承。

因此，依据继承法，这 16 幅画应做以下分割。这些古画的一半由王某某享有（8 幅），另一半应由齐某验和王某某作为第一顺序的继承人，各继承其中的一半（即齐某验和王某某各继承 4 幅）。这样，遗产继承完毕后，王某某拥有 8 幅，继承 4 幅，共 12 幅；齐某验继承 4 幅。根据我国《婚姻法》第 17 条关于继承或赠与所得的财产，除遗嘱或赠与合同已明确规定只归一方所有的财产除外，应为夫妻共有财产，齐某验继承的这 4 幅古画应当作为齐某验与李某芳夫妻的共同财产，李某芳有权主张分割其中夫妻共同共有的那部分，即可分得 2 幅古画。

注意

夫妻共有财产和夫妻个人财产，是两个有联系又相互区别的概念。离婚进行财产分割时，必须判断清楚夫妻财产的范围。这需要将夫妻共有财产和夫妻个人财产正确地区分开来。

夫妻共有财产，又称夫妻共同财产，是指夫妻在婚姻关系存续期间所得的财产，夫妻另有规定的除外。婚姻关系存续期间，是指男女双方登记结婚之日起，至双方离婚或一方死亡之日止的期间。我国《婚姻法》第 17 条明确规定了夫妻共同财产的范围。

夫妻个人财产，主要是指夫妻婚前归个人所有的财产，或婚后双方约定归个人所有的财产。但是如果婚前归个人所有的财产，但是婚后进行了重大的修理和改造的，应属于夫妻共有财产，一些重要的生产、生活资料，婚前归个人所有，婚后经过了长期的共同使用的，也归夫妻共同所有。

另外，夫妻双方还可以通过协商确定财产的归属，只要不违背法律的规定，可以依据夫妻双方的约定。

法律规范

中华人民共和国婚姻法

（2001 年 4 月 28 日第九届全国人民代表大会常务委员会第二十一次会议修正，同日公布并施行）

第十七条　夫妻在婚姻关系存续期间所得的下列财产，归夫妻共同所有：

（一）工资、奖金；

（二）生产、经营的收益；

（三）知识产权的收益；

（四）继承或赠与所得的财产，但本法第十八条第三项规定的除外；

（五）其他应当归共同所有的财产。

夫妻对共同所有的财产，有平等的处理权。

第十八条　有下列情形之一的，为夫妻一方的财产：

（一）一方的婚前财产；

（二）一方因身体受到伤害获得的医疗费、残疾人生活补助费等费用；

（三）遗嘱或赠与合同中确定只归夫或妻一方的财产；

（四）一方专用的生活用品；

（五）其他应当归一方的财产。

中华人民共和国继承法

（1985 年 4 月 10 日第六届全国人民代表大会第三次会议通过，自 1985 年 10 月 1 日起施行）

第十条　遗产按照下列顺序继承：

第一顺序：配偶、子女、父母。

第二顺序：兄弟姐妹、祖父母、外祖父母。

继承开始后，由第一顺序继承人继承，第二顺序继承人不继承。没有第一顺序继承人继承的，由第二顺序继承人继承……

第十三条　同一顺序继承人继承遗产的份额，一般应当均等。

对生活有特殊困难的缺乏劳动能力的继承人，分配遗产时，应当予以照顾。

对被继承人尽了主要扶养义务或者与被继承人共同生活的继承人，分配遗产时，可以多分。

有扶养能力和有扶养条件的继承人，不尽扶养义务的，分配遗产时，应当不分或者少分。

继承人协商同意的，也可以不均等。

第十六条　公民可以依照本法规定立遗嘱处分个人财产，并可以指定遗嘱执行人：

公民可以立遗嘱将个人财产指定由法定继承人的一人或者数人继承。

公民可以立遗嘱将个人财产赠给国家、集体或者法定继承人以外的人。

第十七条　公证遗嘱由遗嘱人经公证机关办理。

自书遗嘱由遗嘱人亲笔书写，签名，注明年、月、日。

代书遗嘱应当有两个以上见证人在场见证，由其中一人代书，注明年、月、日，并由代书人、其他见证人和遗嘱人签名。

以录音形式立的遗嘱，应当有两个以上见证人在场见证。

遗嘱人在危急情况下，可以口头立遗嘱。口头遗嘱应当有两个以上见证人在场见证。危急情况解除后，遗嘱人能够用书面或者录音形式立遗嘱的，所立的口头遗嘱无效。

第十八条　下列人员不能作为遗嘱见证人：

（一）无行为能力人、限制行为能力人；

（二）继承人、受遗赠人；

（三）与继承人、受遗赠人有利害关系的人。

专家释惑

本案涉及的法律问题主要是家庭共同财产与夫妻共有财产的区分和口头遗嘱生效的法律要件。

离婚案件的财产分割，应首先确定夫妻共有财产的范围。在夫妻与其他亲属共同生活的家庭，分割夫妻共同财产，必须先将夫妻共有财产在家庭共有财产中分开，然后才能进行分割。

夫妻共有财产和家庭共有财产，是两个既有联系又有区别的法律概念，都是一种共同共有财产的形式。在共同共有关系的存续期间，这种形式的财产不分份额，每个共有人（比如丈夫和妻子）都平等地享受权利和承担义务，都无权请求分割这共有财产。

家庭共有财产是指家庭成员在家庭共同生活关系存续期间，共同创造、共同所得的财产，比如家庭成员共同接受赠与的财产。总之，家庭共有财产是家庭成员的共同劳动收入和所得。本案中，李某芳关于这16幅古画是家庭共有财产的主张不能成立，原因就是，这些画不是她作为家庭成员时，各家庭成员的共同劳动收入和所得。家庭共有财产只有在家庭生活关系终止以后，才能进行分割。

家庭共有财产和家庭财产的概念也是不同的。前者的范围小于后者。家庭财产指家庭成员共同所有的财产和各成员各自所有的财产的总和，它包括家庭共有财产、夫妻共有财产和夫妻个人财产、成年子女个人所有的财产、其他家庭成员各自所有的财产（比如，八九岁的儿童接受赠与获得的财产）等。

本案的另一个法律问题是口头遗嘱的效力。口头遗嘱是遗嘱的一种，是指遗嘱人用口头表述的方式对其遗产进行处分的一种遗嘱形式。我国继承法规定，遗嘱人只有在危险情况下，比如生命垂危或自然灾害、军事战争等危及其生命的情况下，才能采用口头遗嘱的形式，并且，应当有两个以上见证人（一般要求是与继承没有利害关系的第三人）在场见证，将遗嘱人的口头遗嘱作出记录，注明年、月、日，见证人和记录人签名。如果因为情况紧急，不能当场记录的，由见证人补记，注明年、月、日，见证人和补记人签名。危急情况解除后，遗嘱人能够用书面或其他形式立遗嘱时，原先所立的口头遗嘱无效。《继承法》第18条对见证人的条件也作了明确规定。本案齐某某的口头遗嘱以王某某和齐某验作为遗嘱的见证人，不符合法律规定的条件，因此无效。

提醒

口头遗嘱异常灵活，难以取证，因此，法律对其有严格限制。在公证遗嘱、自书遗嘱（即自己书写的遗嘱）、代书遗嘱、录音遗嘱和口头遗嘱中，它的证明力也是最弱的。其中，公证遗嘱具有最强的证明力。

案例58 买断工龄款和破产安置补偿费是否属于夫妻共同财产?

事情是这样的

廖先生于1977年10月参加工作，单位是某市一家制冷设备厂。1986年4月，廖先生与当时23岁的姑娘李某某结婚。李某某在一家矿山机械厂工作。2002年11月，李某某与单位解除劳动合同，领取买断工龄款43900元。为了以后的家庭生活，廖先生和李某某商量把这笔钱存入了银行，存单名字为李某某的名字，定期5年。第二年，即2003年2月，李某某在一家私营企业找到了一份工作。2004年6月，廖先生的单位因为经营不善，被债权人向法院申请宣告破产。作为破产单位的职工，廖先生领取到了破产安置补偿费36500元。廖先生在与妻子商量后，也把这笔钱存入银行，以便将来有个保障，同时自己积极到外面寻找工作。最后在一家服务公司找到一份后勤方面的工作，工资不高，但是管吃管住。

2007年10月的时候，李某某提出要和廖先生离婚，并且要求平分廖先生那36500元破产安置费。廖先生不同意离婚，当然也不同意平分自己的破产安置费，但是也想好了最坏的打算就是离婚并且平分财产。

于是，廖先生到某家律师事务所咨询律师，自己这样的情况该如何应对：(1) 万一妻子到法院起诉，打官司的时候，自己不同意离婚，法院会不会判决离婚，并且判决平分自己的破产安置费。(2) 如果要平分财产的话，妻子李某某的买断工龄款是不是自己也可以要求平分？

律师专线

律师告诉廖先生，依照我国婚姻方面的法律制度可知，法院判断是否准许离婚时的实质依据是——夫妻感情是否已经破裂，在受理离婚案件后审理过程中，法院还会主持调解，即调解夫妻间的矛盾，看当事人是否能达成一致意见，这有三种可能：一种是能调解和好，则当事人撤诉，通俗地说就是不打离婚官司了；第二种是，经过调解，当事人达成一致，都同意离婚，原告撤诉，婚姻当事人去婚姻登记机关进行离婚登记；第三种是，经过调解，无效，即双方达不成一致，由法院进行判决，当然法院可能判决离婚，也可能判决不准离婚。而判决是否准许离婚会从夫妻婚前基础、婚后感情、出现夫妻矛盾的根源与性质、有无和好的可能等方面进行判断。因此，从廖先生的角度看，如果不想离婚，他还可从很多角度去劝导妻子李某某放弃离婚的想法，好好过日子。即使李某某不听从这些劝导，坚决要求离婚，法院也不一定会判决离婚。

其次，就廖先生那36500元破产安置补偿费而言，依据我国《婚姻法》第17条“其他应当归共同所有的财产”以及最高人民法院《关于适用〈中华人民共和国婚姻法〉若干问题的解释（二)》第11条可知，破产安置补偿费属于夫妻共同财产。在廖先生与其妻子李某某在起诉前的婚姻生活中没有特别约定的情况下，夫妻共同财产应当原则上在夫妻间进行同等分配，当然实践中，出现的婚龄没有工龄长，甚至婚龄比工龄时间少很多的情况下，基于公平考虑，会以婚龄占该人的工龄的比例来分配属于夫妻共同财产的破产安置补偿费。比如，就廖先生目前的情况而言，如果最终非得离婚的话，在他工龄有27年，婚龄有18年的情况下，他的破产安置补偿费至少是18/27，即2/3的破产安置补偿费应当被视为夫妻共同财产，从而在他和李某某之间平分。

当然，如果最终廖先生的妻子李某某坚决要求离婚时，廖先生也有权要求针对李某某的“买断工龄”款进行分割。虽然目前关于“买断工龄款”属于什么性质，立法和司法解释均没有明确提到，下面根据立法和司法解释的精神和原则，可以确定的是“买断工龄款”应当属于夫妻共同财产，至少其中企业给职工的经济补偿金应当属于夫妻共同财产，予以同等分割。

什么是买断工龄款。所谓“买断工龄”，是我国一些国有企业在改革过程中安置富余人员的一种办法，即参照职工在企业的工作年限（工龄长短）、工资水平、工作岗位等条件，结合企业的实际情况，经企业与职工双方协商，报有关部门批准，由企业一次性支付给下岗员工一定数额的货币，从而解除企业和富余职工之间的劳动关系，把职工推向社会的一种形式。说白了，“买断工龄款”就是企业按工龄长短，一次性地补偿下岗工人一笔钱，这个数额是每年工龄的买断数额 × 工龄年限的总额。从此以后，该职工和企业脱离关系，医疗、养老、教育、住房以及其他一切都与企业无关。每一年工龄补多少钱，与企业的现状和支付能力有关。效益好的企业多一些，效益差的企业少一些。

至于“买断工龄款”到底是夫妻共同财产还是一方的个人财产，有不同观点。有观点认为，买断工龄款是企业对职工下岗后的生活费补偿，是为了保障其基本生存需要的费用，具有一定的专属性。最高人民法院《关于适用〈中华人民共和国婚姻法〉若干问题的解释（二）》（以下简称《婚姻法解释（二）》）第 11 条规定，以及《中华人民共和国婚姻法》第 17 条规定的“其他应当归共同所有的财产”中，并没有包括买断工龄款。因此，认为职工的买断工龄款应属个人财产。然而，也有观点认为，买断工龄款与破产安置补偿费属相同性质，《婚姻法解释（二）》中，把破产安置补偿费确认为夫妻共同财产。因此，认为职工的买断工龄款也应属夫妻共同财产。实际上，买断工龄款，是企业自行确定的对被解除劳动关系的劳动者的一种经济补偿，而这种经济补偿，与职工在企业的工作年限、工资水平、工作岗位等条件密切相关。其是根据职工以前的工作成果来确定的，而不是根据职工以后的工作成果来确定的。也就是说，买断工龄款是夫妻双方实际取得或者应当取得的利益。这一点与破产安置补偿费相同，因为，破产安置补偿费也是根据职工以前的工作成果来确定的，而不是根据职工以后的工作成果来确定的。

婚后取得的“买断工龄款”，如果夫妻没有特殊的约定，则应当属于夫妻共同财产。根据《婚姻法》第 19 条规定的原则和精神，即夫妻可以约定婚姻关系存续期间所得的财产以及婚前财产归各自所有、共同所有或者部分各自所有、部分共同所有。没有约定或者约定不明的，适用《婚姻法》第 17 条、第 18 条的规定。所以，我国婚姻法采取的是以约定夫妻财产所有制为主，法定夫妻财产所有制为辅这两种形式。即在婚姻法中规定，哪些财产应属于夫妻一方所有的财产，哪些财产应属于夫妻共同财产，但是，夫妻双方有约定的除外。也就是说，双方有约定财产归属的，约定优先，即是不是一方财产或共同财产的，只要双方约定是，它就可以是。至于买断工龄款，在《婚姻法》中并没有明确提到，也就是说，它是属于《婚姻法》第 17 条规定的其他应当归共同所有的财产，还是属于《婚姻法》第 18 条规定的其他应当归一方的财产，不明确。但是，由于买断工龄款与破产安置补偿费属相同性质，因此，其应属于《婚姻法》第 17 条规定的其他应当归共同所有的财产。根据《婚姻法解释（二）》第 11 条第 2、3 项的规定，男女双方实际取得或者应当取得的住房补贴、住房公积金、养老保险金、破产安置补偿费属夫妻共同财产的司法解释原则和精神。所以，在夫妻双方没有约定的情况下，根据法定夫妻财产所有制的规定，以及《婚姻法解释（二）》第 11 条第 2、3 项规定的原则和精神，实际取得或者应当取得的买断工龄款，可以认定为属于夫妻共同财产的范畴。

但是，工龄买断款，实质是职工与单位解除劳动合同的获得的经济补偿金。它是基于工作而产生，并非单纯基于人身关系而产生。因此，判断其财产属性应以取得的时间为标准。具体而言，属于参加工作后结婚以前的工龄补偿款应该属于个人财产；婚后工龄补偿款，则应该计入夫妻共同财产。简单地将工龄买断补偿款划归夫妻共同财产或个人财产都是不符合法律规定与立法精神的。

因此，就廖先生所反映的材料来看，他妻子李某某的买断工龄款 43900 元已经实际取得，关于这 43900 元的买断工龄款，他妻子和廖先生之间并没有约定是否归一方个人所有，还是归夫妻共同所有。虽然《婚姻法解释（二）》第 11 条规定，以及《中华人民共和国婚姻法》第 17 条规定的“其他应当归共同所有的财产”中，没有包括买断工龄款，但是，由于买断工龄款与破产安置补偿费属相同性质，根据《婚姻法解释（二）》第 11 条第 2、3 项的规定，男女双方实际取得或者应当取得的住房补贴、住房公积金、养老保险金、破产安置补偿费属夫妻共同财产的司法解释原则和精神，这笔买断工龄款，在廖先生和他妻子李某某双方没有约定的情况下，根据法定夫妻财产所有制的规定，应属于夫妻共同财产，即廖先生有权主张分割这些“买断工龄款”。只不过是，在实践中基于婚前婚后财产的区分，李某某这些“买断工龄款”中属于她结婚前的那些工作年限的工龄款应当属于她的个人财产；李某某与廖先生结婚后的工作年限的工龄款属于夫妻共同财产，应当进行同等分割。

注意

“买断工龄”一词在国家规范的文件中从来未出现过，“买断工龄”的说法既不规范也是不准确的。所谓“买断工龄”的做法，充其量是一种企业支付高额经济补偿，协商解除劳动合同的行为。职工与企业解除了合同，结束劳动关系，只是与原企业做了了断，它对职工未来就业不产生丝毫影响。职工离开了原来企业后有两种可能，一是进入失业状态，停止缴纳国家规定的各种社保缴费，但原工龄仍然保留；二是被新单位录用，进了新单位，该职工的工龄同样保留，国家规定的各种社保缴费由新单位承担，一分都不能少。无论失业还是新企业工作到退休，均按连续工龄和社保年限享受国家规定的退休待遇。因此，职工的工龄是根本买不断的。至于“买断工龄”的价格，完全由企业根据自身的承受能力决定，国家并无限定。

法律规范

中华人民共和国婚姻法

（2001 年 4 月 28 日第九届全国人民代表大会常务委员会第二十一次会议修正，同日公布并施行）

第十七条　夫妻在婚姻关系存续期间所得的下列财产，归夫妻共同所有：

（一）工资、奖金；

（二）生产、经营的收益；

（三）知识产权的收益；

（四）继承或赠与所得的财产，但本法第十八条第三项规定的除外；

（五）其他应当归共同所有的财产。

夫妻对共同所有的财产，有平等的处理权。

第十八条　有下列情形之一的，为夫妻一方的财产：

（一）一方的婚前财产；

（二）一方因身体受到伤害获得的医疗费、残疾人生活补助费等费用；

（三）遗嘱或赠与合同中确定只归夫或妻一方的财产；

（四）一方专用的生活用品；

（五）其他应当归一方的财产。

最高人民法院关于适用《中华人民共和国婚姻法》若干问题的解释（一）

（2001 年 12 月 24 日最高人民法院审判委员会第 1202 次会议通过，自 2001 年 12 月 27 日起施行）

第十九条　婚姻法第十八条规定为夫妻一方所有的财产，不因婚姻关系的延续而转化为夫妻共同财产。但当事人另有约定的除外。

最高人民法院关于适用《中华人民共和国婚姻法》若干问题的解释（二）

（2003 年 12 月 4 日最高人民法院审判委员会第 1299 次会议通过，自 2004 年 4 月 1 日起施行）

第十一条　婚姻关系存续期间，下列财产属于婚姻法第十七条规定的“其他应当归共同所有的财产”：

（一）一方以个人财产投资取得的收益；

（二）男女双方实际取得或者应当取得的住房补贴、住房公积金；

（三）男女双方实际取得或者应当取得的养老保险金、破产安置补偿费。

专家释惑

这里我们需要了解两个问题：一是买断工龄款是否属于夫妻共同财产；二是破产安置费在离婚时该如何分割？

所谓“买断工龄”，实际上是企业自行确定的对被解除劳动关系的劳动者的一种经济补偿。由该职工在企业实际工作年限应得的经济补偿和再就业补偿金两部分组成。

夫妻共同财产与个人财产的基本特性不同。我国法律规定，夫妻在婚姻关系存续期间所得的财产，一般归夫妻共同所有。是否婚后取得是划分共同财产与个人财产的一个首要标准，所以共同财产基本特性表现在取得时间方面。修改后的《婚姻法》增加了有关个人财产的规定。从该法第18条所列举的几项个人财产来看，除个人婚前财产外，其余几项个人财产均与公民个人特定的身份密不可分，只有那些与个人身份不可分离的婚后所得财产，如复员费、残疾补偿金、医疗补助金、再就业补助金等和未获经济利益的知识产权，才能被纳入个人财产的范围。因此，可以认定，在夫妻关系存续期间得到的买断工龄款，其中的再就业补偿金具有人身依附性，由夫或妻一方独享。剩余部分属于企业给予职工的经济补偿金，不具有人身的依附性，应作为家庭的共同生活费用，属于夫妻共同财产。

当然，在实践中，针对买断工龄款也有另外的操作，即类似破产安置补偿费，以婚龄与工龄的比例来分配属于夫妻共同财产的那部分，即如果结婚有20年，而工龄有25年，则属于共同财产的那部分“买断工龄款”是总额的20/25，即4/5。

离婚诉讼中，夫妻双方对破产安置补偿费中属于婚姻关系存续期间共同所有的具体数额有争议时，人民法院如何处理？

虽然根据最高人民法院《关于适用〈中华人民共和国婚姻法〉若干问题的解释（二）》第11条之规定，婚姻关系存续期间实际取得的或应当取得的破产安置补偿费应为夫妻共同所有。但考虑到实践中存在着夫妻婚姻存续期间较短，以及破产安置补偿费的具体构成包含非工资补偿或安置补偿内容等特殊情形，若简单地将安置补偿费用一概作为共同财产处理，反而有失公平并容易激化矛盾。

因此，若诉讼中当事人对破产安置补偿费是否均属共同财产争议较大，难以确定其中属于共同财产的具体数额时，人民法院可通过被安置方的婚龄与其工龄的比例来计算安置补偿费中属于共同财产的数额。具体而言，该比例大于1则所取得的破产安置补偿费均作为共同财产；比例小于1则破产安置补偿费中相同比例部分为共同财产。如夫妻一方以婚姻存续期间内取得破产安置补偿费10万元，该方婚龄为5年，工龄为10年，其婚龄与工龄的比例为1:2，那么10万元安置补偿费的二分之一即5万元为共同财产；若婚龄为10年，工龄为5年，其婚龄与工龄的比例为2:1，则10万元破产安置补偿费均为共同财产。也就是说，婚龄等于或者大于工龄的，全部破产安置补偿费都是夫妻共同财产。如果婚龄小于工龄，则按比例确定破产安置补偿费为夫妻共同财产。

案例59 父母为儿子结婚购买的房子是否为夫妻共同财产?

事情是这样的

蔡某某（女）与李某某（男）于2001年认识后确立了恋爱关系。基于自由恋爱，两人于2002年2月办理了结婚登记手续。2002年5月，蔡某某和李某某办理了结婚酒宴。结婚后，夫妻双方的感情尚好，但是后来由于男方李某某经常晚上泡酒吧喝酒，不太顾家。而女方蔡某某觉得这样下去的生活很无聊，于是也经常上网聊天或者出去跳舞。蔡某某和李某某两人都比较放纵自己，我行我素，不肯迁就对方，这导致了蔡某某和李某某婚姻关系出现裂痕。2004年3月，蔡某某和李某某因为感情不和，开始分居。

2004年12月，蔡某某向当地人民法院提出离婚诉讼。2005年2月，受案法院驳回了蔡某某的诉讼请求。此后蔡某某和男方李某某的夫妻感情并没有好转。于是，2006年3月，女方蔡某某再次向法院起诉，要求与男方李某某离婚，并且要求平均分割夫妻财产，包括他们原先居住的三室一厅住房一套。

在庭审过程中，男方李某某同意离婚，对于其他财产进行平分也没有什么异议，但是反对分割其居住的三室一厅商品房。李某某认为，这是自己的父母在自己结婚前出钱购买的，不属于自己与蔡某某之间的夫妻共同财产，而是李某某自己的婚前财产。故李某某不同意分割该房屋的诉讼请求。但是对于李某某的这一说法，原告蔡某某并不认同，她主张在当时购买房子的时候，李某某的父母就明确表示这是为了双方结婚而购买的房子，此后李某某的父母在数次家庭聚会的时候都当众提及，这套三室一厅的房子是送给儿子儿媳的。对此，被告李某某不承认，而原告蔡某某也没有向法院提出其他证据证明李某某的父母说过这是为双方购买的房子，也没有证据表明是赠与儿子和儿媳的财产。

经受案法院审理查明，现被告李某某居住的三室一厅的住房确实是2002年1月15日李某某的父母出资购买的，购房合同上注明的签名是李某某的父母和李某某，后来办理产权证的时候，注明的产权人是李某某；而蔡某某所主张的这套房子系李某某的父母为双方购买的，以及婚后李某某的父母曾经提及房子是赠与李某某和蔡某某的，这些主张没有相应证据证明，因此，法院最后判决，李某某现居住的三室一厅商品房一套属于李某某的婚前个人财产，不是夫妻共同财产，该财产依法归李某某所有。

律师专线

这个案例中，争议的焦点是这套房子是否为李某某和蔡某某婚姻期间的共同财产，如果是共同财产，女方蔡某某就有权获得同等即一半的产权；如果不是夫妻共同财产，则蔡某某无权获得该房子的产权。

依据法院查证的事实可知，购买房产的日期是2002年1月15日，是李某某的父母出钱购买的，购买日期在李某某与蔡某某结婚之前。依据最高人民法院《关于适用〈中华人民共和国婚姻法〉若干问题的解释（一）》第22条第1款的规定可知，只有明确表示是为双方购买的，才能视为房产是赠与要结婚的双方，否则就不是。而本案中，女方蔡某某没有证据证明李某某的父母当时出钱购买房子是为了李某某和蔡某某双方。因此，应当视为李某某的婚前财产。

蔡某某主张李某某父母曾经在李某某和蔡某某结婚后表示过这房产是送给他们夫妻的财产，因此是婚后赠与的财产（该房产的购买合同上还有李某某父母的名字）。但是蔡某某没有证据证实李某某父母的赠与是赠给儿子儿媳的。

从现有产权证上的署名可知，只有李某某一个人的名字，这表明，李某某的父母只是将该财产赠与了自己的儿子李某某，而不是赠与李某某和蔡某某夫妻双方。

法律规范

中华人民共和国婚姻法

（2001 年 4 月 28 日第九届全国人民代表大会常务委员会第二十一次会议修正，同日公布并施行）

第十七条　夫妻在婚姻关系存续期间所得的下列财产，归夫妻共同所有：

（一）工资、奖金；

（二）生产、经营的收益；

（三）知识产权的收益；

（四）继承或赠与所得的财产，但本法第十八条第三项规定的除外；

（五）其他应当归共同所有的财产。

夫妻对共同所有的财产，有平等的处理权。

第十八条　有下列情形之一的，为夫妻一方的财产：

（一）一方的婚前财产；

（二）一方因身体受到伤害获得的医疗费、残疾人生活补助费等费用；

（三）遗嘱或赠与合同中确定只归夫或妻一方的财产；

（四）一方专用的生活用品；

（五）其他应当归一方的财产。

第十九条　夫妻可以约定婚姻关系存续期间所得的财产以及婚前财产归各自所有、共同所有或部分各自所有、部分共同所有。约定应当采用书面形式。没有约定或约定不明确的，适用本法第十七条、第十八条的规定。

夫妻对婚姻关系存续期间所得的财产以及婚前财产的约定，对双方具有约束力。

夫妻对婚姻关系存续期间所得的财产约定归各自所有的，夫或妻一方对外所负的债务，第三人知道该约定的，以夫或妻一方所有的财产清偿。

最高人民法院关于适用《中华人民共和国婚姻法》若干问题的解释（一）

（2001年12月24日最高人民法院审判委员会第1202次会议通过，自2001年12月27日起施行）

第十九条 婚姻法第十八条规定为夫妻一方所有的财产，不因婚姻关系的延续而转化为夫妻共同财产。但当事人另有约定的除外。

最高人民法院关于适用《中华人民共和国婚姻法》若干问题的解释（二）

（2003年12月4日最高人民法院审判委员会第1299次会议通过，自2004年4月1日起施行）

第二十二条 当事人结婚前，父母为双方购置房屋出资的，该出资应当认定为对自己子女的个人赠与，但父母明确表示赠与双方的除外。

当事人结婚后，父母为双方购置房屋出资的，该出资应当认定为对夫妻双方的赠与，但父母明确表示赠与一方的除外。

专家释惑

这个案例涉及的主要法律问题是关于夫妻共同财产和夫妻婚前个人财产的现行法律规定的理解。2001年修改后的我国大陆地区适用的《婚姻法》与之前的1980年《婚姻法》和相应司法解释有很大的不同，关于夫妻财产的规定就是其中一项重要的、特别突出的变革。

父母为子女结婚所给付的购房出资，是否均构成对子女的赠与？当事人婚后，父母为双方购房出资，产权证登记在夫妻一方名下的，是否可认定父母的购房出资是明确表示为向夫妻一方的赠与？

根据最高人民法院《关于适用〈中华人民共和国婚姻法〉若干问题的解释（二）》第22条的规定，父母为子女结婚购房的出资，“应当认定为……赠与”。条文中的“应当认定”是在父母实际出资时，其具体意思表示不明的情形下，从社会常理出发，推定为赠与。若当事人有证据证明其与出资人之间形成的是借贷关系的，则不能适用该条规定。

当然，该证据应当是在当事人离婚诉讼前形成的，离婚诉讼中父母作出不是赠与意思表示的陈述或证明，尚不足以排除赠与的推定。

实践中，对于夫妻婚后父母出资购买房屋，产权证登记在出资人自己子女名下的，从社会常理出发，可认定为是明确向自己子女一方的赠与，该部分出资应认定为个人所有；若产权证登记在出资人子女的配偶名下的，除非当事人能证明父母出资当时的书面约定或声明，证明出资人明确表示向一方赠与的，一般宜认定为向双方赠与为妥，该部分出资宜认定为夫妻共同所有。

尽管最高人民法院《关于适用〈中华人民共和国婚姻法〉若干问题的解释（二)》中的该条规定仅限于购房出资，但对于实践中可能发生的购买其他物品的出资，同样可根据该条规定作出相应的归属认定。

案例60　离婚时，购买的拆迁安置房如何分割？

事情是这样的

刘某某（男）与史某某（女）于1988年登记结婚。2004年6月，男方刘某某起诉到法院要求与女方史某某离婚。在法庭审理过程中，双方对离婚及其他财产分割问题都没有什么争议，分歧就在于双方所居住的一套三室一厅房屋的分割。男方刘某某主张该三室一厅的楼房是由单位分配的平房（带厕所和厨房各一间）拆迁安置而来，经过单位批准已按照房改政策购买此房，购房款是用自己买断工龄的补偿金交纳的，他应该依法享有房屋三分之二的产权。而女方史某某也要求分得该套房子三分之二的产权。

受案法院经过审理，查明刘某某和史某某于1988年7月登记结婚，结婚后，男方刘某某依据单位给无房已婚职工分配两间平房的政策，得到了两间平房的居住权。刘某某和妻子史某某婚后就一直住在男方单位1988年分配的两间平房中（带厕所、厨房各一间），直到1993年该地平房遭到拆迁刘某某和史某某夫妇被安置到一套三室一厅的单元楼房中，这套三室一厅的楼房此时仍是承租单位的房屋。2001 年 3 月，刘某某按照购房政策一次性交纳了 5 万元购买该楼房，到离婚诉讼时刚办理了该房屋的产权证。

经过审理，法院认定该争议房产为夫妻共同财产，夫妻双方具有同等份额。鉴于该房产的来源、住房情况等因素的考虑，判决该房产归男方刘某某所有，刘某某支付该房屋折价后的一半款项给被告女方史某某，折合人民币 10 万元。

律师专线

本案中，原告和被告争议的是购买的公房的所有权归属。按照 2003 年最高人民法院《关于适用〈中华人民共和国婚姻法〉若干问题的解释（二)》第 20 条的规定，双方对夫妻共同财产中的房屋价值及归属无法达成协议时，人民法院依法予以处理。一般情况下，房屋的分割可以有三种方式：实物分割、竞价分割和折价分割。本案的受案法院采取的是由专门评估机构对房屋估价后，进行折价分割的方式确定归属。这套房子是本案原告刘某某和被告史某某在婚姻存续期间购买的，属于共同财产，双方都有所有权，都有权要求房产的归属。在彼此有争议的情况下，由人民法院依法确定该房产的最终归属。在实践中，这种一整套的商品房很难进行实物分割，而关于竞价分割，在审判实务中也不是非常实用，因为夫妻双方经济实力若不均衡，竞价在实务中很难应用。因此，本案例的受案法院采用折价分割的做法是正确的。

另外，假设在离婚时，该三室一厅的房子尚未被刘某某和史某某购买，依然是单位的公房，则该如何确定该房产的承租权呢？房屋拆迁后安置的房屋仍然是公房，实际上分配的是使用权，即是一种承租关系。如果还没有购买下该房屋，双方争议的就是该房屋（公房）的承租权。按照 1996 年最高人民法院《关于审理离婚案件中公房使用、承租若干问题的解答》，一方婚前承租的房屋，婚姻关系存续 5 年及 5 年以上的，离婚时，夫或妻对该房产都有承租权。可知，刘某某和妻子史某某均有权承租该房子。

法律规范

中华人民共和国婚姻法

（2001 年 4 月 28 日第九届全国人民代表大会常务委员会第二十一次会议修正，同日公布并施行）

第十七条　夫妻在婚姻关系存续期间所得的下列财产，归夫妻共同所有：

（一）工资、奖金；

（二）生产、经营的收益；

（三）知识产权的收益；

（四）继承或赠与所得的财产，但本法第十八条第三项规定的除外；

（五）其他应当归共同所有的财产。

夫妻对共同所有的财产，有平等的处理权。

第十八条　有下列情形之一的，为夫妻一方的财产：

（一）一方的婚前财产；

（二）一方因身体受到伤害获得的医疗费、残疾人生活补助费等费用；

（三）遗嘱或赠与合同中确定只归夫或妻一方的财产；

（四）一方专用的生活用品；

（五）其他应当归一方的财产。

第三十九条　离婚时，夫妻的共同财产由双方协议处理；协议不成时，由人民法院根据财产的具体情况，照顾子女和女方权益的原则判决。

夫或妻在家庭土地承包经营中享有的权益等，应当依法予以保护。

最高人民法院关于适用《中华人民共和国婚姻法》若干问题的解释（二）

（2003 年 12 月 4 日最高人民法院审判委员会第 1299 次会议通过，自 2004 年 4 月 1 日起施行）

第二十条　双方对夫妻共同财产中的房屋价值及归属无法达成协议时，人民法院按以下情形分别处理：

（一）双方均主张房屋所有权并且同意竞价取得的，应当准许；

（二）一方主张房屋所有权的，由评估机构按市场价格对房屋作出评估，取得房屋所有权的一方应当给予另一方相应的补偿；

（三）双方均不主张房屋所有权的，根据当事人的申请拍卖房屋，就所得价款进行分割。

第二十一条　离婚时双方对尚未取得所有权或者尚未取得完全所有权的房屋有争议且协商不成的，人民法院不宜判决房屋所有权的归属，应当根据实际情况判决由当事人使用。

当事人就前款规定的房屋取得完全所有权后，有争议的，可以另行向人民法院提起诉讼。

专家释惑

这个案件涉及的是离婚时夫妻关于房屋的分割问题。房子的归属一直都是诉讼离婚时夫妻争议的一个重要问题。这里介绍一下一些房屋的分割对策。

1. 对于私房和具备产权证可上市交易的公房，一般以产权证颁发的时间来界定是否为夫妻共同财产。按照民法物权原理和我国房屋管理政策，一般情况下房屋权属登记是房屋所有权取得的必经程序。只有办理了产权登记或过户手续才能真正取得房屋所有权。因此对于在离婚案件中涉及的此类问题，如果诉争的房屋是结婚登记后取得所有权的，应定为夫妻共同财产。无论房屋在何时购买、房款如何交纳，在分割之前都应考虑相关因素。如果房子是在结婚登记之前取得的，则应认定为个人财产而不能作为夫妻共同财产分割。对共同所有的房屋，一般采取实物分割的方式，确定各自的份额和具体使用的房间。如果不能采取实物分割或不宜分割，应考虑房屋来源因素、交款情况、公民使用情况来进行分割。由一方取得房屋，另一方取得折价款或住房帮助款。

2. 部分产权房屋的分割。部分产权房屋是指职工享受政府或企事业单位补贴而购买或建造所拥有产权的房屋。部分产权房屋是国家历次房改政策的产物，其突出特点为部分产权处分受到限制。根据国务院1991年6月发布的《关于继续稳妥地进行城镇住房改革通知》，其特点集中在以下几点。第一，房屋必须在购买5年后才能出售。第二，出售时原补贴单位有优先购买权。第三，售房所得按照国家、单位、个人所占比例进行分配。

3. 婚姻存续期间已经签订买卖合同，但未取得产权证的房屋。对于此类房屋在下列情况下应认定为个人财产：第一，如果在婚前购买，房款已交齐但产权证未取得，认定为个人财产。第二，如果由夫或妻一方在婚前购买，交纳了部分房款，余款或部分房款在婚姻存续期间继续交纳，但未取得产权证，房子应认定为个人财产。当然，在共同生活期间交纳的房款应为共同财产。对以下情况应认定为夫妻共同财产：第一，在婚姻存续期间购买的，无论是以夫或妻的名义还是夫妻共同名义。第二，在婚前以夫妻双方的名义购买。第三，在婚前以夫妻双方的共同财产购买，属于婚前共同财产，财产性质存续到婚后仍为夫妻共同财产。

4. 公房承租权。由于未取得房屋产权，承租权属于债权而非物权。承租权产生于承租人与单位或房管所之间的协议，涉及第三人，不是夫妻个人财产，也非夫妻共同财产，因而该房屋不能处理，但承租权可以处理。

案例61　婚前按揭婚后共同还贷的房产归属

事情是这样的

涂某某（男）与石某某（女）经人介绍后，于2001年10月确立了恋爱关系，随后于2002年4月办理了结婚登记，“五一”期间结婚。为了结婚后有一个稳定的居住环境，2002年2月，涂某某签订了购房协议，购置了一套价值43万元人民币的两室两厅商品房一套。其中，涂某某以自己的积蓄8万元和从亲友那里借贷的4万元以及女朋友石某某那里的1万元，共计13万元为基础，付了房子的首付。银行贷款30万元人民币。房屋的产权证于2002年12月办理，产权证上的产权人名字为男方涂某某。

涂某某和石某某登记结婚后，双方感情较好。但是，从2004年1月开始，男方涂某某被单位派往上海工作一年半，夫妻之间相隔远了，只能利用比较长的节假日几个月见面一次。男方涂某某出差期间，女方石某某怀孕了，三个月后不慎流产。石某某心情很不好，而偏偏作为老公的涂某某无法回来照顾她。因此，石某某对涂某某渐生怨恨，二人逐渐产生隔阂，二人的感情因此也日渐淡漠。

2005年4月，石某某向涂某某提出离婚，涂某某也同意离婚，不过两人就他们原来的安乐窝、现在由石某某居住的房屋的归属问题达不成协议。2005年9月，女方石某某向当地人民法院提出离婚起诉，并请求分割该房屋。

受案法院经审理查明，涂某某于结婚前购买了一套价值43万元人民币的两室两厅商品房，购买时间早于涂某某与石某某结婚的时间；房屋的产权证上注明的产权人是男方涂某某；房屋的商业贷款合同上的署名也是男方涂某某。涂某某结婚后，已经偿还贷款5万元人民币。现房屋贷款还剩25万元人民币。

受案法院经审理认为，婚姻应当以夫妻感情为基础，现在石某某和涂某某之间的感情自认为已经破裂，都同意离婚，因此，法院对该离婚请求应当予以支持。男方涂某某名下的房屋系其婚前个人财产，房屋尚未偿还的商业贷款25万元属于涂某某的个人债务。但是石某某和涂某某的婚姻关系存续期间，双方偿还的房屋贷款应当属于夫妻共同财产，这5万元应当依法予以分割，一人一半，即2.5万元人民币。涂某某支付该套房屋的首付时，女方石某某的1万元应当予以返还。该套房产现在市值（诉讼之日的市场价值）为58万元人民币，与购买时相比升值约15万元人民币。因此，法院判决，准予涂某某和石某某离婚，除房产以外的财产按照双方达成的离婚财产协议进行处理，双方争议的财产属于男方涂某某个人所有，但涂某某应支付石某某给付的1万元首付款项和2.5万元夫妻关系存续期间所还贷的人民币，还应当将该房产在婚后升值的约15万元的一半即7.5万元给原告石某某，因此总计应当支付给原告石某某的款项折合人民币为11万元。

律师专线

本案中，原告石某某和被告涂某某争议的焦点是他们居住的那套房产的归属，其实质问题是这套婚前按揭贷款购买的、婚后夫妻共同还贷的房产是涂某某的婚前个人财产还是涂某某与石某某的夫妻共同财产？如果是涂某某的婚前财产，那女方石某某就无权分割该房产，只能请求分割婚后共同还贷的款项；而如果是夫妻共同财产，那女方石某某就有权要求对该房产本身进行分割，比如实物分割、竞价分割或者折价分割等。

法院最后判决该套房屋是男方涂某某的婚前个人财产，女方无权请求分割该房屋，而只能请求分割婚后还贷的款项，理由是这是涂某某婚前所购买的房产，产权人是涂某某，女方石某某没有任何表明或约定该房屋为夫妻共同财产的证据。因此，这套房产应当归涂某某。

因为涂某某在购买房屋时支付的首付款项有1万元是原告石某某的，依据最高人民法院《关于适用〈中华人民共和国婚姻法〉若干问题的解释（二）》可知，这1万元应当返还给女方石某某。当然，前提是石某某有证据证明自己于婚前支付了1万元。但是，请注意石某某支付的这1万元并不能表明石某某就是该房屋的共同购买人或者共同所有权人。

婚前按揭的这套房屋，在涂某某结婚后，夫妻俩共同还贷，因此，婚姻存续期间的房贷已还款项是用夫妻共同财产支付的，因此，已还的这5万元应当属于夫妻共同财产，予以分割。也就是说，因为房产是涂某某的个人财产，按道理应该以涂某某的个人财产进行还贷，因此，离婚时，涂某某应将属于涂某某个人婚前财产房屋的已还贷款中属于女方石某某的财产份额返还给石某某，故应当支付5万元已经偿还贷款的一半，即2.5万元给石某某。

由于在婚姻存续期间，石某某和涂某某居住的房屋已经升值了约15万元人民币，这一财产是婚后升值的，因此应当予以分割，因此，法院判决男方涂某某将房屋升值额的一半折价支付给原告即女方石某某，这一裁决也是正确的。

法律规范

中华人民共和国婚姻法

(2001 年 4 月 28 日第九届全国人民代表大会常务委员会第二十一次会议修正，同日公布并施行)

第十七条　夫妻在婚姻关系存续期间所得的下列财产，归夫妻共同所有：

(一) 工资、奖金；

(二) 生产、经营的收益；

(三) 知识产权的收益；

(四) 继承或赠与所得的财产，但本法第十八条第三项规定的除外；

(五) 其他应当归共同所有的财产。

夫妻对共同所有的财产，有平等的处理权。

第十八条　有下列情形之一的，为夫妻一方的财产：

(一) 一方的婚前财产；

(二) 一方因身体受到伤害获得的医疗费、残疾人生活补助费等费用；

(三) 遗嘱或赠与合同中确定只归夫或妻一方的财产；

(四) 一方专用的生活用品；

(五) 其他应当归一方的财产。

最高人民法院关于适用《中华人民共和国婚姻法》若干问题的解释（一）

(2001 年 12 月 24 日最高人民法院审判委员会第 1202 次会议通过，自 2001 年 12 月 27 日起施行)

第十九条　婚姻法第十八条规定为夫妻一方所有的财产，不因婚姻关系的延续而转化为夫妻共同财产。但当事人另有约定的除外。

最高人民法院关于适用《中华人民共和国婚姻法》若干问题的解释（二）

(2003 年 12 月 4 日最高人民法院审判委员会第 1299 次会议通过，自 2004 年 4 月 1 日起施行)

第二十一条　离婚时双方对尚未取得所有权或者尚未取得完全所有权的房

屋有争议且协商不成的，人民法院不宜判决房屋所有权的归属，应当根据实际情况判决由当事人使用。

当事人就前款规定的房屋取得完全所有权后，有争议的，可以另行向人民法院提起诉讼。

第二十二条　当事人结婚前，父母为双方购置房屋出资的，该出资应当认定为对自己子女的个人赠与，但父母明确表示赠与双方的除外。

当事人结婚后，父母为双方购置房屋出资的，该出资应当认定为对夫妻双方的赠与，但父母明确表示赠与一方的除外。

专家释惑

这个案例涉及的主要法律问题是夫妻一方婚前以个人财产按揭购买房屋，婚后夫妻共同清偿贷款，在离婚诉讼中如何处理？

夫妻一方婚前以个人财产购买房屋并按揭贷款，房产登记在自己名下的，该房屋仍为其个人财产。同样，按揭贷款为其个人债务。婚后配偶一方参与清偿贷款，并不改变该房屋为个人财产的性质。因此，在离婚分割财产时，该房屋为个人财产，剩余未偿还的债务为个人债务。对已偿还的贷款中属于配偶一方清偿的部分，应当予以返还。因为在按揭贷款购房这一行为中涉及房屋买卖双方的关系和买卖房屋的贷款关系。1. 买方与卖方之间的商品房买卖合同。买方与卖方（通常为开发商）签订合同后，房屋买卖关系已经成立。按揭贷款购房的，买方支付完房屋首付后，剩余的款项由贷款银行划账给卖方。这时，买方的付款义务已经完成，也就是完成了买方的主要义务。买方依法可以预期自己成为房屋的产权人。2. 买方与按揭贷款的银行之间的借款合同关系。贷款银行发放贷款，这就与买方形成了合同法上的债权债务关系。由此可知，婚前购买，婚后按揭还贷的房屋，该房屋性质是婚前财产，婚后还贷只是偿还所欠的银行贷款。所以，只有婚后所还款项才是夫妻共同财产。

对于房产登记在一方名下，但配偶方有证据证明婚前购房时其也共同出资的，在离婚分割财产时，该房屋仍为产权证登记人的个人财产，剩余未偿还的债务为其个人债务，但首付款和已偿还的贷款中属于配偶一方出资和清偿的部分，应当予以返还。

若配偶方同时有证据证明其婚前是基于双方均认可所购房屋为共同所有的前提下进行出资的，则虽然该房产登记在一方名下，仍宜认定为夫妻共同财产，分割时应按共同财产的分割原则进行处理，同样，其按揭贷款债务为共同债务。但在分割共同所有的房产时，对于存在当事人出资数额比例悬殊，且婚后确未共同生活或婚姻关系存续期间较短等情形的，也应一并考虑，可参考当时的出资比例对房产进行分割，而不宜拘泥于各半分割。

案例 62　股票与投资收益的分割

事情是这样的

夫妻离婚时，股票和投资收益该如何分割，这在实务中存在一些相关问题，例如如何确认属于夫妻共同财产的股权？对于增加投资的股权、股息如何认定其性质？双方争要股权如何确定补偿款的作价？另外，如果某股权被看好，夫妻都争相购买，反之则双方都不要而要求补偿款，该如何操作？我们先通过几个案例来了解一下情况：

案例 1：马某某（女）诉何某某（男）离婚一案。女方马某某 2003 年 7 月起诉要求离婚，并且请求分割夫妻共同财产，要求将男方何某某故意隐匿的财产和股权全部判归自己，何某某购买的其他公司股票一人一半。被告即男方何某某称，股票一直由他人代理炒股的不能分割，其中自己操盘的价值两万多元人民币的股票同意给女方一半。受案法院经审理查明：马某某和何某某 1990 年结婚，1992 年生子，2001 年分居，孩子随女方生活。男方何某某购买了股票并且向一些公司进行了直接投资。何某某在甲有限责任公司投资 4.5 万元人民币，占该公司 45% 的股份，2002 年底该公司被吊销执照，现尚未清算；在乙技术开发公司投资 80 万元，占该公司 80% 的股份；在丙公司投资 10 万元，占该公司 10% 的股份。到 2003 年 7 月，男方何某某在华夏证券的股票账户上有 170 万元人民币，经诉讼保全而冻结，案外人分别起诉主张股票的所有权。受案法院最后判决：准予原告和被告离婚；股票因涉及案外人在本案中不作处理，另案予以处理。男方何某某在三个公司的股份经其他股东同意在夫妻间平均分割。

案例2：黎某某（男）诉文某某（女）离婚案。男方黎某某称自己所持有的股票是在婚前开户的，与被告即女方文某某无关，而女方文某某的股票是在婚后开户的，女方应给其（男方）一半的股票。本案被告即女方文某某则宣称，男女双方各自名下的股票都应当一人一半。

一审法院认为股票资产总值应作共同财产分割，男方认为个人名下的股票作为个人财产，但是实际上股票具有流动性，不能认定为婚前个人财产，因此判决女方名下的股票资金余额归女方所有；男方名下的股票资金余额归男方，男方再给女方3万元折价。

男方黎某某不服，提出上诉，二审法院查明女方文某某2002年2月26日时资金余额为5万多元人民币，男方黎某某在同一时间内，即2002年2月26日股票账户上的资金余额为12万多元人民币。男方黎某某名下的股票是他于1998年结婚以前开户的（原被告于1998年5月8日结婚），1998年4月16日进行第一次交易，第二次交易时间为1998年6月，因此二审法院认定第一次交易的为个人财产，其余为夫妻共同财产，男女双方各一半；女方账户下的股票资金是婚后开户的，属于夫妻共同财产，男女双方各一半。

律师专线

从上述案例可知，一般就股权和投资收益而言，共同财产包括在约定财产制下将个人的婚前财产约定为共有财产，男女婚前共同投资和夫妻关系存续期间用夫妻共同财产取得的股权和收益。而婚前取得股权（股票）婚后在婚姻关系存续期间取得股息、红利，一般依据“主从物的理论”仍为婚前个人财产。但婚后开立账户买卖股票的，股票及其红利都是夫妻共同财产。

当事人以个人财产投资于公司或企业，若基于该投资所享有的收益是在婚姻关系存续期间取得的，则对该公司或企业生产经营产生的利润分配部分如股权分红等，依照《婚姻法》第17条的规定，应为夫妻双方共同所有。

关于属于夫妻共同财产的股票和投资收益，其分割对策可以采取股票在夫妻间不发生转移，而另一方得到金钱补偿的方式进行分割，也可以由人民法院采取按照比例分配的方式进行分割。对于股票价值的计算，一般以开庭前一日或者起诉之日确定股权价格。

当股票或者投资收益涉及公司或者第三人的财产时，一般情况下受案法院会告知其另案处理。

法律规范

中华人民共和国婚姻法

（2001年4月28日第九届全国人民代表大会常务委员会第二十一次会议修正，同日公布并施行）

第十七条 夫妻在婚姻关系存续期间所得的下列财产，归夫妻共同所有：

（一）工资、奖金；

（二）生产、经营的收益；

（三）知识产权的收益；

（四）继承或赠与所得的财产，但本法第十八条第三项规定的除外；

（五）其他应当归共同所有的财产。

夫妻对共同所有的财产，有平等的处理权。

第十八条 有下列情形之一的，为夫妻一方的财产：

（一）一方的婚前财产；

（二）一方因身体受到伤害获得的医疗费、残疾人生活补助费等费用；

（三）遗嘱或赠与合同中确定只归夫或妻一方的财产；

（四）一方专用的生活用品；

（五）其他应当归一方的财产。

最高人民法院关于适用《中华人民共和国婚姻法》若干问题的解释（一）

（2001年12月24日最高人民法院审判委员会第1202次会议通过，自2001年12月27日起施行）

第十九条　婚姻法第十八条规定为夫妻一方所有的财产，不因婚姻关系的延续而转化为夫妻共同财产。但当事人另有约定的除外。

最高人民法院关于适用《中华人民共和国婚姻法》若干问题的解释（二）

（2003 年 12 月 4 日最高人民法院审判委员会第 1299 次会议通过，自 2004 年 4 月 1 日起施行）

第十五条　夫妻双方分割共同财产中的股票、债券、投资基金份额等有价证券以及未上市股份有限公司股份时，协商不成或者按市价分配有困难的，人民法院可以根据数量按比例分配。

第十六条　人民法院审理离婚案件，涉及分割夫妻共同财产中以一方名义在有限责任公司的出资额，另一方不是该公司股东的，按以下情形分别处理：

（一）夫妻双方协商一致将出资额部分或者全部转让给该股东的配偶，过半数股东同意、其他股东明确表示放弃优先购买权的，该股东的配偶可以成为该公司股东；

（二）夫妻双方就出资额转让份额和转让价格等事项协商一致后，过半数股东不同意转让，但愿意以同等价格购买该出资额的，人民法院可以对转让出资所得财产进行分割。过半数股东不同意转让，也不愿意以同等价格购买该出资额的，视为其同意转让，该股东的配偶可以成为该公司股东。

用于证明前款规定的过半数股东同意的证据，可以是股东会决议，也可以是当事人通过其他合法途径取得的股东的书面声明材料。

第十七条　人民法院审理离婚案件，涉及分割夫妻共同财产中以一方名义在合伙企业中的出资，另一方不是该企业合伙人的，当夫妻双方协商一致，将其合伙企业中的财产份额全部或者部分转让给对方时，按以下情形分别处理：

（一）其他合伙人一致同意的，该配偶依法取得合伙人地位；

（二）其他合伙人不同意转让，在同等条件下行使优先受让权的，可以对转让所得的财产进行分割；

（三）其他合伙人不同意转让，也不行使优先受让权，但同意该合伙人退伙或者退还部分财产份额的，可以对退还的财产进行分割；

（四）其他合伙人既不同意转让，也不行使优先受让权，又不同意该合伙人退伙或者退还部分财产份额的，视为全体合伙人同意转让，该配偶依法取得合伙人地位。

第十八条　夫妻以一方名义投资设立独资企业的，人民法院分割夫妻在该独资企业中的共同财产时，应当按照以下情形分别处理：

（一）一方主张经营该企业的，对企业资产进行评估后，由取得企业一方给予另一方相应的补偿；

（二）双方均主张经营该企业的，在双方竞价基础上，由取得企业的一方给予另一方相应的补偿；

（三）双方均不愿意经营该企业的，按照《中华人民共和国个人独资企业法》等有关规定办理。

专家释惑

这个案例涉及的主要问题是离婚时夫妻共同财产中的股权与投资收益的分割问题。

夫妻一方以个人财产在婚姻关系存续期间所取得的收益中，哪些属于最高人民法院《关于适用〈中华人民共和国婚姻法〉若干问题的解释（二）》第11条1项规定？

由于上述司法解释对“投资收益”的概念并无明确界定，在诉讼中，对于当事人主张的所谓“投资收益”，应根据不同财产形态的性质区别认定：

1. 当事人以个人财产投资于公司或企业，若基于该投资所享有的收益是在婚姻关系存续期间取得的，则对该公司或企业生产经营产生的利润分配部分如股权分红等，依照《婚姻法》第17条的规定，应为夫妻双方共同所有。

2. 当事人将属于个人所有的房屋出租，因房屋这类重大生活资料基本上是由夫妻双方共同进行经营管理，包括维护、修缮，所取得的租金事实上是一种夫妻共同经营后的收入，因此，婚姻关系存续期间所得的租金一般认定为共同所有。但若房产所有人有证据证明事实上房屋出租的经营管理仅由一方进行，则婚姻存续期间的租金收益应归房产所有人个人所有。

3. 当事人以个人财产购买债券所得的利息，或用于储蓄产生的利息，由于利息收益是债券或储蓄本金所必然产生的孳息，与投资收益具有风险性的特质不同，应依本金或原物的所有权归属为个人所有。

4. 当事人以个人财产购买了房产、股票、债券、基金、黄金或古董等财产，在婚姻关系存续期间，因市场行情变化抛售后产生的增值部分，由于这些财产本身仅是个人财产的形态变化，性质上仍为个人所有财产，抛售后的增值是基于原物交换价值的上升所致，仍应依原物所有权归属为个人所有。

具体实践中，判断个人财产在婚姻关系存续期间所取得的收益是否属于夫妻共同所有时，人民法院根据案件实际情况，主要是看该增值是原个人财产的自然增值还是基于夫妻共同经营行为所产生，前者原则为个人所有，后者原则为共同所有。此外，若收益是基于个人财产与共同财产混同后进行投资行为所产生，无证据证明具体比例的，推定为共同财产投资收益，归夫妻共同所有。

案例 63　女方会因离婚丧失土地承包经营权吗?

事情是这样的

杨某某是湖南某县的一名农村妇女。1990 年，杨某某经人介绍认识了现在的丈夫，当时是另一个乡的青年农民黄某某。由于婚后杨某某为丈夫黄某某生下的两个孩子都是女孩，黄某某对杨某某有些意见。因此，杨某某和黄某某两人在日常生活中常有口角。现在杨某某觉得孩子都十多岁了，没有必要和丈夫黄某某再凑合着过下去，杨某某准备对黄某某提出离婚。

但是杨某某听村里的人讲，离婚后，女方的土地承包经营权就没有了，而且听说大多数村民认为不是本村妇女在离婚后便不再是本村村民，不得再主张本村的土地承包经营权，即女方脱离男方家庭后便自动丧失土地承包经营权。

杨某某还听一个亲戚讲，隔壁镇有一个中年妇女符某某与她家男人自愿离婚，是到乡政府经过调解后登记离婚的，但是符某某的承包田一直没有拿回。虽然离婚后符某某多次要求其前夫将属于自己的那份承包田分出，但符某某的前夫一直找各种理由推脱，不愿意将她的承包田份额从家庭中分出。为此，符某某曾经多次找当地的村委会、乡政府，要求帮助要回土地，但她的前夫一直不肯接受村委会、乡政府的调解，致使符某某的土地承包经营权一直无法要回，没地可耕，后来符某某只好到城里打工当保姆去了。

在一次出门上街卖菜的时候，杨某某在街上遇到开展法律义务咨询的人员。于是，杨某某特意前去咨询那些工作人员，她想了解一下，离婚后，她的土地承包经营权真的就没有了吗？难道她离婚后也只能背井离乡去打工吗？

律师专线

受理咨询的工作人员告诉杨某某，离婚后，她仍然有权获得原来自己的土地承包经营权，这一权利不会也不应当随着婚姻关系的解除而丧失。如果她离婚后，她的“前夫”或者村里人损害她的土地承包经营权，拒绝或损害她的承包权的继续，杨某某有权向法院起诉，寻求法律的保护，要求对方停止侵害，返还其应有的承包土地，法院会依法进行处理。

因为我国《婚姻法》第39条规定：“夫或妻在家庭土地承包经营中享有的权益等，应当依法予以保护。”该款主要是针对我国农村地区存在的妇女承包经营权易受到侵害的情形作出的规定。同时我国《农村土地承包法》第6条规定：“农村土地承包，妇女与男子享有平等的权利。承包中应当保护妇女的合法权益，任何组织和个人不得剥夺、侵害妇女应当享有的土地承包经营权。”该法第30条规定：“承包期内，妇女结婚，在新居住地未取得承包地的，发包方不得收回其原承包地；妇女离婚或者丧偶，仍在原居住地生活或者不在原居住地生活但在新居住地未取得承包地的，发包方不得收回其原承包地。”

因此，农村妇女在离婚后不离开原来村子的，承包土地等其他村民待遇应不变。当事人的土地承包权不因离婚而丧失或发生重大改变，因离婚不给农村妇女责任田或收回离婚妇女责任田的行为属于违法行为。也就是说杨某某仍然可以主张自己的土地承包经营权。

注意

《中华人民共和国婚姻法》第39条第2款规定："夫或妻在家庭土地承包经营中享有的权益等，应当依法予以保护。"《婚姻法》把土地承包经营权与共同财产分割放在同一条款之中，体现了对夫或妻土地承包经营权的重视。但是人民法院在审理离婚案件时怎样适用这一条，在实践中也存在有不同的做法。一种观点认为，以当事人的诉讼请求来决定是否审理，如果当事人没有提出诉讼请求，则不予审理。这种观点也有法学理论依据。因为当事人不提出请求，则可以视为当事人放弃诉讼请求，法院可以不予审理。但是这种做法容易导致矛盾激化或者分割不均和抛荒的现象。另一种意见认为，土地承包经营权的分割请求应该交由当地村集体经济组织处理。这种观点也有一定道理。因为土地经营权的划分本来就是村集体经济组织的权限范围。婚姻法对共同财产的分割明确了判决和协议两种处理方法，而对土地承包经营权则没有明确规定保护的途径，法院不能超越权限处理。但是，以上两种方法均有其各自的缺陷。较好的方法是：一、没有诉讼请求的由法官引导其主张权利，如果当事人明确放弃的，法院应予以准许，不作处理；二、当事人有诉讼请求的，则要依法予以审理。在处理时可以着重调解，如果调解不成，则依法判决。判决时不是对承包经营的土地重新做出划分（因为承包土地的划分早已由村集体经济组织解决），而是对土地经营权作出界定。判决主文表述为："位于……土或田由原告……（或者由被告……）经营。"另外，涉及土地上的多年生经济作物（例如林木），当事人提出要求分割其价值，而没有提出分割经济作物本身的，应依法予以评估作价，采取补偿的方式分割。

法律规范

中华人民共和国婚姻法

（2001年4月28日第九届全国人民代表大会常务委员会第二十一次会议修正，同日公布并施行）

第十七条 夫妻在婚姻关系存续期间所得的下列财产，归夫妻共同所有：

（一）工资、奖金；

（二）生产、经营的收益；

（三）知识产权的收益；

（四）继承或赠与所得的财产，但本法第十八条第三项规定的除外；

（五）其他应当归共同所有的财产。

夫妻对共同所有的财产，有平等的处理权。

第十八条 有下列情形之一的，为夫妻一方的财产：

（一）一方的婚前财产；

（二）一方因身体受到伤害获得的医疗费、残疾人生活补助费等费用；

（三）遗嘱或赠与合同中确定只归夫或妻一方的财产；

（四）一方专用的生活用品；

（五）其他应当归一方的财产。

第三十九条 离婚时，夫妻的共同财产由双方协议处理；协议不成时，由人民法院根据财产的具体情况，照顾子女和女方权益的原则判决。

夫或妻在家庭土地承包经营中享有的权益等，应当依法予以保护。

专家释惑

这里涉及的法律问题主要是离婚时我国农村妇女依法享有的土地承包经营权该如何分割的问题。

在我国农村，普遍实行以户为主的家庭联产承包责任制，使土地所有权与经营权相分离，土地承包经营权作为一项独立的财产权由承包经营户享有。这种承包主体以家庭为单位，土地承包经营权对承包经营户内部成员来说，是他们的一项共有财产权利。按照民法理论，这种共同共有关系中，承包经营户内每一个成员都平等地享有占有、使用、收益的权利。发生分户、离婚的事实，土地承包经营权应当进行分割。但是，依据相关调查发现，在实践中，法院审理的涉及农村当事人的离婚案件中，有相当一部分案件解除了当事人的婚姻关系，未对当事人的土地承包经营权进行确认与分割。造成这一情况的原因，有的是当事人缺乏必要的法律知识而未主张这一权利，有的是当事人提出来了，而审理法官认为难以操作，怕麻烦，找理由予以回避。农村土地既是农民的基本生产资料，也是农民最可靠的生活保障。大部分农村当事人尤其是农村妇女的生活来源主要是经营土地承包，她们丧失了土地承包经营权，就等于丧失了生活来源，会给她们的生活带来困难，甚至影响社会稳定。因此，在审理农村当事人离婚案件时，法院应当依法对当事人的土地承包经营权进行确认与分割，保护当事人尤其是离婚妇女的合法权益。

不过，我国农村普遍实行以家庭联产承包为主的责任制，承包方为本集体经济组织的农户，但是各地的土地发包方式会有所不同，当事人承包土地时间与婚姻关系成立的时间不一致以及各地不同的乡规民约，造成在离婚案件中对土地承包经营权的分割难度加大，情况复杂。审判实务中，应对不同情况作出不同处理：

1. 婚后以一方名义签订土地承包合同或领取经营权证的，应分两种情况：一种情况是，夫妻双方为本集体经济组织成员，均有承包主体资格的。解除婚姻关系时，应当按照共有物的分割之民法原理，对承包土地经营权进行分割。如果承包土地在分割后无损其经济价值，则可按承包户各成员的份额进行分割，同时考虑到离婚后老人赡养、子女抚养及当事人双方身体状况、谋生能力等具体情况，合理进行分割。有损其经济价值的，承包土地归一方经营，经营一方可给予另一方相应的经济补偿。另一种情况是夫或妻一方是城镇居民的，离婚时承包的土地经营权应归另一方所有。

2. 一方婚前取得土地承包经营权，婚后另一方户口迁入的。离婚时要求分割，亦应区别情况，予以处理。（1）承包土地所在地是按

1995年9月国务院《关于稳定和完善土地承包制的通知》中的“增人不增地、减人不减地”的办法进行土地承包责任田划分的，不管离婚当事人是否属同一经济组织，则迁入的一方在离婚时要求分割另一方承包土地的，法院不予支持。因为《农村土地承包法》第30条规定：“承包期内，妇女结婚，在新居住地未取得承包地的，发包方不得收回其原承包地；妇女离婚或者丧偶，仍在原居住地生活或者不在原居住地生活但在新居住地未取得承包地的，发包方不得收回其原承包地。”如果再分给迁入一方承包土地的份额，就会让另一方减少土地面积，迁入一方增多承包土地，有失公平，且会影响农村的稳定。(2) 一方婚迁后，落户所在村的村集体按“大稳定、小调整”的方式用集体的预留地、开垦地、他人交回的承包地增补给该户承包土地面积的，则迁入方在离婚时要求分割承包土地经营权的，法院只对一方婚迁后此户增补的承包地部分予以处理。原则上增补部分归婚迁一方，但有该承包户其他成员的份额的，要扣除。

3. 一方婚前取得承包土地经营权，婚后另一方户口未迁入的，则其不是本集体经济组织成员，无承包主体资格，离婚时未迁入一方主张土地承包经营权分割的不予支持。离婚时，当事人已经实际耕种的土地，因发包方的原因而未签订农业承包合同，亦未取得农村土地承包经营权证书，在这种情况下，法院不能用司法权力确认当事人是否享有实际耕种的土地承包经营权，对当事人就实际耕种的土地要求分割处理的，不予支持。

案例64　离婚协议的财产内容，法院能否强制执行？

事情是这样的

叶某某是某市毛巾厂的一名女职工。1994年初，她经单位同事介绍认识了在本市电扇厂工作的饶某某，并开始了自由恋爱。1994年底，叶某某与饶某某办理了结婚登记。1996年3月，叶某某生下一个女孩，取名为饶晶晶。婚后，两人的感情一般，但是随着孩子的出生，特别是双方的单位都不太景气以后，饶某某和叶某某经常因为家务琐事或者心情不好而发生争吵。

这样的日子持续了将近两年。到1999年的时候，叶某某和饶某某都觉得这样下去对小孩子的成长不好，对他们双方也没有好处。他们协商决定给双方半年的过渡期，在这半年里，如果他们夫妻能够比较心平气和地生活下去，就不去离婚，如果还是经常为了一些小事情发生口角，两个人就没有必要再在一起生活了。

半年下来，叶某某和饶某某都感到不尽如人意。因此，他们决定离婚。2000年6月10日，夫妻双方来到区民政局办理了离婚登记。在他们办理离婚登记时，提交的离婚协议上写明：双方自愿离婚，对孩子的抚养问题和财产分割问题都已经取得了一致意见。女儿饶晶晶随母亲叶某某共同生活，双方共同抚养，饶某某每个月给付女儿抚养费100元，直到女儿饶晶晶长大成人、能独立生活为止。另外，由于离婚后叶某某没有房子，饶某某一次性补助叶某某5000元，这笔钱在双方办理完离婚手续后两个月内给付。

可是一直到2000年9月28日，饶某某都没有给叶某某那笔一次性的补偿费5000元。因此，叶某某很着急，她赶紧来到本市的一家律师事务所向律师咨询，自己能不能向法院申请，请求法院强制执行他们的离婚协议书上的财产内容。

受理咨询的胡律师在听取了叶某某的基本情况介绍和疑问后，肯定地告诉叶某某，她不能申请请求法院执行她和前夫饶某某之间的离婚协议书的内容。如果饶某某不履行彼此的离婚协议书的内容，依据法律规定，她只能向法院起诉。

律师专线

婚姻登记机关达成的离婚协议属于当事人自愿达成一致的一种法律行为，这样的协议不属于可由法院强制执行的法律文书。

根据《中华人民共和国婚姻法》第31条“男女双方自愿离婚的，准予离婚。双方必须到婚姻登记机关申请离婚。婚姻登记机关查明双方确实是自愿并对子女和财产问题已有适当处理时，发给离婚证”的规定，只有双方在真实自愿的基础上同意离婚，并对子女抚养和财产问题已经作出符合法律原则的处分的情况下，才准予登记离婚。自愿离婚的，其离婚协议上必须载明双方就子女抚养和财产分割已经真正达成了一致意见，2003年10月1日开始施行的《婚姻登记条例》第11条第3款和第13条也都做了类似的规定。因此，经婚姻登记部门登记协议离婚的，一般不会发生要求执行的问题。至于个别婚姻当事人因急于离婚而达成离婚协议，致离婚后为子女抚养、财产分割反悔的，法律只规定了补救措施。那就是当事人可以向人民法院另行提起诉讼，由人民法院依法审理。

因此，在这个咨询案例中，咨询人叶某某与饶某某双方自愿离婚，当饶某某没有按照双方的离婚协议履行财产内容给付补助费时，叶某某只能通过两个方法获取这笔钱：要么她自己向饶某某追讨，要求他赶紧支付这笔钱；要么她凭借手中的离婚协议向人民法院专门起诉。也就是说，在婚姻登记机关达成的离婚协议，当一方不履行时，另一方不能据此向人民法院申请强制执行，而只能向法院起诉。

法律规范

中华人民共和国婚姻法

（2001年4月28日第九届全国人民代表大会常务委员会第二十一次会议修正，同日公布并施行）

第三十一条　男女双方自愿离婚的，准予离婚。双方必须到婚姻登记机关申请离婚。婚姻登记机关查明双方确实是自愿并对子女和财产问题已有适当处理时，发给离婚证。

婚姻登记条例

（2003年7月30日国务院第十六次常务会议通过，自2003年10月1日起施行）

第十一条　办理离婚登记的内地居民应当出具下列证件和证明材料：

（一）本人的户口簿、身份证；

（二）本人的结婚证；

（三）双方当事人共同签署的离婚协议书。

办理离婚登记的香港居民、澳门居民、台湾居民、华侨、外国人除应当出具前款第（二）项、第（三）项规定的证件、证明材料外，香港居民、澳门居民、台湾居民还应当出具本人的有效通行证、身份证，华侨、外国人还应当出具本人的有效护照或者其他有效国际旅行证件。

离婚协议书应当载明双方当事人自愿离婚的意思表示以及对子女抚养、财产及债务处理等事项协商一致的意见。

第十二条　办理离婚登记的当事人有下列情形之一的，婚姻登记机关不予受理：

（一）未达成离婚协议的；

（二）属于无民事行为能力人或者限制民事行为能力人的；

（三）其结婚登记不是在中国内地办理的。

第十三条　婚姻登记机关应当对离婚登记当事人出具的证件、证明材料进行审查并询问相关情况。对当事人确属自愿离婚，并已对子女抚养、财产、债务等问题达成一致处理意见的，应当当场予以登记，发给离婚证。

专家释惑

这里涉及的法律问题是离婚协议中的财产内容是否可以申请法院强制执行，也就是可以申请法院强制执行的司法文书的范围。

强制执行是人民法院的司法行为，必须严格依法进行。根据法律规定和审判实践，能够作为执行根据的法律文书仅限于人民法院发生法律效力的民事判决书、裁定书、调解书及人民法院刑事判决、裁定中的财产部分；仲裁机构的裁决；公证机关依法赋予强制执行效力的债权文书；行政机关在职权范围内依据行政法规作出的具有强制执行内容的决定。

离婚协议是离婚当事人双方自愿达成的一种合意，不是一种司法文书，不属于上述可以申请法院强制执行的司法文书。不过，当事人因为离婚协议中的财产内容发生纠纷的，可以向人民法院专门起诉，通过诉讼的途径解决问题。

案例 65　分居期间各自债务是否为夫妻共同债务？赌博欠债是否由夫妻共同偿还？

事情是这样的

赵某某（男）与尚某某（女）于 1990 年结婚。结婚后，女方尚某某为赵某某生下了一儿一女两个孩子。尚某某和赵某某以及两个孩子与公公、婆婆共同生活，住的是赵某某家祖上留下的房产。

2000 年，男方赵某某与女方尚某某感情不和，赵某某拿着家里的积蓄去邻近城市闯荡，夫妻之间出现了分居状况。赵某某在邻近城市购买了一套价值 15 万元的房子和一整套家用电器。在分居期间，女方尚某某还是带着孩子与自己的公公、婆婆住在一起。男方赵某某没有给过孩子的抚养费，也没有给赡养其父母的生活费以及家人的医疗支出等必要费用。为此，女方尚某某向亲戚朋友借了将近 3 万元的债。这期间，男方赵某某在邻近城市搞服装批发，赚了 15 万元，赵某某把这笔钱存入银行定期 3 年；投资入股一家小煤窑挖煤，被政府宣布停产，亏损 4 万元；赌博时欠债 8 万元。

2003 年 1 月，男方赵某某提出离婚诉讼。尚某某虽然伤心，但也同意离婚，毕竟强扭的瓜不甜。不过，对于赵某某提出的各自欠债各自处理的建议，尚某某有些顾虑。要是答应的话，相当于自己为了家庭开支而借的 3 万元债要自己还。但是要是不答应这个提议的话，不知道赵某某欠了多少债，是否自己还得承担责任。因此，她打电话咨询了律师：在分居期间自己为了抚养孩子和赡养老人所借的 3 万元，赵某某是不是应该负担？赵某某挖煤窑和赌博的欠债自己有没有义务承担？

律师专线

律师告诉尚某某，她有权接受或者拒绝赵某某提出的债务各自负担的建议。但是如果接受这一建议的话，依据我国《婚姻法》第 19 条可知，这种夫妻间的约定只是在赵某某和尚某某之间有效，而不能对抗第三人，即其他债权人将有权向赵某某和尚某某中的任何一个人讨债。

尚某某拒绝赵某某的提议，尚某某在分居期间为了抚养孩子和赡养公婆所借的 3 万元，属于夫妻共同债务，赵某某和尚某某都有同等的责任还债，赵某某不能因为这是女方尚某某所借债务，而拒绝偿还。

其次，对于分居期间，男方赵某某挖煤窑投资亏损的 4 万元也属于夫妻共同债务，赵某某和尚某某都有同等的还款责任，即债权人有权向他们两人中的任何一个人或者同时向两人追讨。

第三，对于银行定期存款 15 万元、赵某某后来购买的那套价值 15 万元的房子和家电，这虽然是分居期间的财产，但是仍属于婚姻关系存续期间所得，因此，属于夫妻共同财产，赵某某和尚某某应当同等分割。

第四，至于赵某某赌博所欠债务，由于我国大陆地区认为赌博属于非法活动，因此赌博所欠债务属于非法债务，不属于夫妻共同债务，也就是说，离婚时女方尚某某没有义务分担这 8 万元的赌债。但是，请注意，尚某某不分担这笔赌债的前提是需要证据证明这是赌债，而不是其他事务所欠债务。

法律规范

中华人民共和国婚姻法

（2001 年 4 月 28 日第九届全国人民代表大会常务委员会第二十一次会议修正，同日公布并施行）

第十七条　夫妻在婚姻关系存续期间所得的下列财产，归夫妻共同所有：

（一）工资、奖金；

（二）生产、经营的收益；

（三）知识产权的收益；

（四）继承或赠与所得的财产，但本法第十八条第三项规定的除外；

（五）其他应当归共同所有的财产。

夫妻对共同所有的财产，有平等的处理权。

第十八条　有下列情形之一的，为夫妻一方的财产：

（一）一方的婚前财产；

（二）一方因身体受到伤害获得的医疗费、残疾人生活补助费等费用；

（三）遗嘱或赠与合同中确定只归夫或妻一方的财产；

（四）一方专用的生活用品；

（五）其他应当归一方的财产。

第十九条　夫妻可以约定婚姻关系存续期间所得的财产以及婚前财产归各

自所有、共同所有或部分各自所有、部分共同所有。约定应当采用书面形式。没有约定或约定不明确的，适用本法第十七条、第十八条的规定。

夫妻对婚姻关系存续期间所得的财产以及婚前财产的约定，对双方具有约束力。

夫妻对婚姻关系存续期间所得的财产约定归各自所有的，夫或妻一方对外所负的债务，第三人知道该约定的，以夫或妻一方所有的财产清偿。

第三十九条 离婚时，夫妻的共同财产由双方协议处理；协议不成时，由人民法院根据财产的具体情况，照顾子女和女方权益的原则判决。

夫或妻在家庭土地承包经营中享有的权益等，应当依法予以保护。

第四十条 夫妻书面约定婚姻关系存续期间所得的财产归各自所有，一方因抚育子女、照料老人、协助另一方工作等付出较多义务的，离婚时有权向另一方请求补偿，另一方应当予以补偿。

第四十一条 离婚时，原为夫妻共同生活所负的债务，应当共同偿还。共同财产不足清偿的，或财产归各自所有的，由双方协议清偿；协议不成时，由人民法院判决。

最高人民法院关于适用《中华人民共和国婚姻法》若干问题的解释（一）

（2001 年 12 月 24 日最高人民法院审判委员会第 1202 次会议通过，自 2001 年 12 月 27 日起施行）

第十九条 婚姻法第十八条规定为夫妻一方所有的财产，不因婚姻关系的延续而转化为夫妻共同财产。但当事人另有约定的除外。

最高人民法院关于适用《中华人民共和国婚姻法》若干问题的解释（二）

（2003 年 12 月 4 日最高人民法院审判委员会第 1299 次会议通过，自 2004 年 4 月 1 日起施行）

第二十四条 债权人就婚姻关系存续期间夫妻一方以个人名义所负债务主张权利的，应当按夫妻共同债务处理。但夫妻一方能够证明债权人与债务人明确约定为个人债务，或者能够证明属于婚姻法第十九条第三款规定情形的除外。

第二十五条 当事人的离婚协议或者人民法院的判决书、裁定书、调解书已经对夫妻财产分割问题作出处理的，债权人仍有权就夫妻共同债务向男女双方主张权利。

一方就共同债务承担连带清偿责任后，基于离婚协议或者人民法院的法律文书向另一方主张追偿的，人民法院应当支持。

第二十六条　夫或妻一方死亡的，生存一方应当对婚姻关系存续期间的共同债务承担连带清偿责任。

专家释惑

这个案例涉及的法律问题主要是夫妻分居期间的财产和债务在离婚时的分割。

夫妻共同财产是夫妻在婚姻关系存续期间的所得和相关收入。夫妻共同债务是指夫妻双方为了共同生活的需要、抚养子女、赡养老人以及治病等需要所负担的债务。

对于夫妻中以一方名义对外举债应当如何认定其性质的问题，我国现有司法解释以债务形成时所处的时间阶段作为切入点，分成结婚前所欠债务和婚姻关系存续期间所欠债务两种情形进行规定。

第一，个人婚前债务。对一方婚前已经形成的债务，原则上认定为夫妻中一方的个人债务；债权人能够证明该个人所欠债务是用于婚后共同生活的，应当认定为共同债务，由夫妻双方共同偿还；上述两种情况的证明责任由主张权利的债权人承担。第二，婚姻关系存续期间以一方名义所欠的债务。按照司法解释的规定，婚姻关系存续期间以一方名义欠下的债务，原则上应当认定为夫妻共同债务，应该由夫妻共同偿还。但是，如果夫妻一方能够证明该债务确为欠债人个人债务，欠债的婚姻关系当事人就可以对抗债权人的请求。

属于个人债务的情形主要有两种，一种是债权人与债务人明确约定这项债务属于个人债务，另一种是属于《婚姻法》第19条第3项规定的情况："夫妻对婚姻关系存续期间所得的财产约定归各自所有的，夫或妻一方对外所负的债务，第三人知道该约定的，以夫或妻一方所有的财产清偿。"当事人的离婚协议或者人民法院生效的法律文书中对财产分割问题及债权债务的负担问题作出的处理，无疑对原夫妻双方有约束力。

但是夫妻并不能以此来对抗其他债权人的权利主张。由于我国一直坚持婚姻关系案件的审理不允许第三人参加的原则，所以处理夫妻财产，特别是处理对外共同债务的负担问题时，真正的债权人往往处于不知情或者不能表达自己意见的地位。如果认为上述决定不仅对夫妻双方有法律约束力，对债权人也同样适用，对债权人就很不公平。

因此，按照我国《婚姻法》的立法精神，在婚姻关系存续期间，夫妻双方如无特别约定，夫妻财产适用法定的所得共有制。夫妻对共同债务都负有连带清偿责任。这种连带清偿责任，不经债权人同意，债务人之间无权自行改变其性质，否则将会损害债权人的利益。因此，夫妻离婚时对财产的分割，只能对彼此内部有效，不能向外对抗其他债权人，债权人仍然有权就原夫妻所负共同债务向原夫妻双方或者其中任何一方要求偿还。

总的来说，在没有书面约定的情况下，夫妻双方在婚姻关系存续期间所负债务，为夫妻共同债务；对某项债务到底属于个人债务还是夫妻共同债务，性质难以确认的，当事人主张由夫妻一方承担债务，又举证不能的，人民法院也无法查实的，按夫妻共同债务处理。

注意

一方赌博所借的债务，不属于夫妻共同债务。由于赌博所欠债务不是用于夫妻共同生活和家庭生活，属于一方个人不合理的开支，不属于夫妻共同债务的范围，因而应由举债人个人自行承担，配偶一方不承担偿还责任。应当指出的是，根据我国法律规定，违法的债务不受法律保护。赌博为我国法律所明令禁止，赌债属于非法债务，不受法律保护。如果出借人明知举债人所借债务用于个人赌博，其债权也同样不受法律保护。最高人民法院《关于人民法院审理借贷案件的若干意见》第11条规定：“出借人明知借款人是为了进行非法活动而借款的，其借贷关系不予保护……”

案例66　离婚时彭某某对生活困难的孙某某应当进行经济帮助吗?

事情是这样的

彭某某在本市一家建筑工程公司工作。孙某某在家乡农村务农。彭某某和孙某某经人介绍相识，并于1970年4月结婚。婚后两人感情一直不好。原因是孙某某个性非常强，凡事总喜欢争辩。即使对方是长辈，孙某某也毫不谦让，吵个不停。结婚后的彭某某发现孙某某是这个样子后，后悔不迭，总是借故在单位多加班。回到家里后，彭某某经常是夹在妻子孙某某和自己的父母亲人之间左右为难。一年后，孙某某生了一个男孩，已经为人母的孙某某还是改不了这种动不动就与别人争吵的脾气。随着两个孩子的出生，彭某某不得不为了这个家，为了孩子尽量忍让孙某某的这种坏脾气。

这种情况持续了几年后，彭某某觉得自己失去了耐心，认为总是借故待在单位也不是解决的办法。于是1983年、1984年彭某某先后两次向人民法院起诉离婚。不过受案法院都判决不准离婚。

在法院两次都判决不准离婚后，彭某某尽自己的最大努力试图通过结束夫妻城市和农村两地分居的状况来改善夫妻关系。1986年，彭某某终于将被告孙某某的农村户口转为商品粮户口，从农村搬进城市内自己单位的宿舍楼居住，并参加集资盖房分得一套两室一厅的家属楼单元房。但是，这并没有改善夫妻关系，孙某某和彭某某还是经常吵闹。

1990年彭某某再一次向人民法院起诉要求离婚。彭某某称：他和孙某某于1970年结婚。这20年来，双方感情一直都很不好。被告孙某某个性强，不但不体贴丈夫，而且对原告的母亲也不够孝敬，在老家的时候，经常与婆婆闹矛盾。被告孙某某还经常与丈夫为家务事吵闹，见面就吵闹不休，已无法在一起生活，先后分居8年。原告曾于1983年、1984年向人民法院起诉离婚，人民法院以双方结婚多年，感情尚未完全破裂为由判决不准离婚。原告曾试图创造条件，改善夫妻关系，把妻子和两个孩子转为商品粮户口，从原籍农村搬进城市居住，并参加集资盖家属楼（房权归单位，个人集资享有使用权），分得一套住房。可是，夫妻关系仍无改善。被告一如既往，常为生活琐事和原告吵闹，甚至发展到打架，回家不理原告。特别是被告无中生有，说原告有男女作风问题，闹得满城风雨，严重损害了原告与他人的名誉和人格，使其陷入深深的痛苦中，夫妻感情已彻底破裂，迫不得已第三次向人民法院起诉要求和孙某某离婚，解除双方的痛苦。

被告孙某某则辩称，其与彭某某结婚20年，生育了两个孩子，勤俭持家，侍奉公婆，为男方家作出了贡献。男方提出离婚是忘恩负义。现在原告要与其离婚，是因为有第三者，只要排除了第三者，原告和被告就会和好如初。

人民法院经过审理查明：原告于1983年、1984年两次向人民法院起诉离婚，均判决不准离婚。法院从单位和邻居处了解到，女方个性强，不关心男方，在男方单位和群众中散布男方有男女作风问题。此事经单位和法院查证不能认定。男方已和女方长期分居生活，虽然单位和一审法院反复调解和好，但男方态度坚决，调解无效。并且，一审法院查清女方进城后无正式工作，无固定收入，有时虽也干临时工，但无保障，主要依靠男方工资生活，且住在男方单位的家属楼中。同时查明并登记了双方在城内家属楼的财物：熊猫牌彩色电视机一台；海尔电冰箱一台；双缸洗衣机一台；半新的电饭锅一个；皮箱两个；高低柜一个；大立柜一个。

一审法院认为：原告两次起诉离婚，虽经两次判决不准离婚，而且男方也做了改善夫妻关系的努力，将女方户口迁入城内。但实践证明，双方已不能破镜重圆，夫妻感情彻底破裂，双方均处于精神痛苦之中。因女方无固定收入，离婚后的一段生活应由男方资助。两个孩子（大的19岁，在技校上学，小的18岁，参军在外）的学习和工作安置由男方负担，处理家庭财产时，尽量照顾女方。

据此，依照《中华人民共和国婚姻法》原第25条、第29条、第30条、第31条作出如下判决：

1. 准予彭某某与孙某某离婚。2. 两个男孩均已成人，随父随母由他们自由选择。但鉴于两个孩子均未独立生活，在此期间，彭某某应承担其学习、生活费用及就业安置。3. 彭某某一次性付给孙某某住房租赁费500元。4. 彭某某付给孙某某生活资助费1000元。5. 电冰箱、洗衣机、大立柜、高低柜和一个皮箱归孙某某所有；彩色电视机、电饭锅和一个皮箱归彭某某所有。6. 各人衣物归自己。一审案件受理费40元由彭某某承担。

一审判决后，孙某某不服并提出上诉。上诉状中，孙某某认为男方彭某某离婚没有理由，是第三者造成的，如果法院判决其夫妻离婚，上诉人就不活了。上诉人没有正式工作，没有住房，离婚后生活没有着落，要求男方彭某某将其养老送终。孙某某还声称一审判决对原籍老家中的财产未进行分割。

中级人民法院审理后认为：根据《婚姻法》原第25条第2款（现第32条第2款）规定的“如感情确已破裂，调解无效，应准予离婚”和最高人民法院《关于人民法院审理离婚案件如何认定夫妻感情确已破裂的若干具体意见》的有关规定，衡量该婚姻确实是已死亡的婚姻，双方虽结婚20年，并生有两个孩子，孙某某勤俭持家有贡献，但这不能代替《婚姻法》原第25条（现第32条）对夫妻感情破裂的法律规定。彭某某在9年中三次起诉离婚，数次分居，夫妻现在见面如仇敌，无法再共同生活，足以证明夫妻感情已彻底破裂。若勉强维持，则双方痛苦、子女痛苦，也不符合人道主义精神，对社会的安定团结也不利。虽经基层法庭多次调解，对二人夫妻关系的恢复并没有效果。

基于以上分析认定，中级人民法院着重做好孙某某离婚的思想工作。经过耐心细致的工作，包括再次调解，孙某某也感到夫妻和好无望，转而强调自己今后的生活着落问题，这也是孙某某坚持不离婚的顾虑所在。二审法院向孙某某讲解了《婚姻法》的有关规定，打消其疑虑，对上诉的合理要求予以支持，对不合理的要求，像要求彭某某将其养老送终等指出其不合法之处。

为了更好地解决孙某某离婚后的生活、医疗、住房等问题，二审法院重新对彭某某的经济状况和负担能力进行了调查，并向彭某某宣传《宪法》、《婚姻法》中关于保护妇女权益的原则。二审法院对双方共同财产重新作了调查，发现一审没有给孙某某分割一份原籍房产，也未考虑孙某某的医疗费等。据此情况，二审法院依据我国《婚姻法》原第32条（现第42条）有关提供适当的经济帮助的规定，对孙某某的生活做了更周密的安置。考虑到两个儿子两年后将陆续参加工作，并应依法赡养其母，彭某某资助孙某某的生活费按照2～3年计算比较合适，把这一段时间内的生活费、医疗费定为1800元是可行的，也高于当地中等生活水平。又鉴于孙某某目前尚住在彭某某单位家属楼内，双方离婚后单位如不让孙某某居住，则由彭某某给孙某某租赁一间不小于15平方米的房子让孙某某居住，并负担水电费至两个孩子共同工作为止。经过这样的安排，孙某某生活、医疗费、住房均得到落实，切实解除了孙某某的后顾之忧。根据《婚姻法》关于夫妻对其共有财产享有平等的权益的原则和照顾妇女的原则，对一审未分割的原籍财产，二审给孙某某加判了房屋一间半（折价500元，由彭某某付给孙某某）和粮食500斤，并将城市家中财产作了有利于孙某某的调整，使孙某某比一审判决多分得了一些财产。

二审人民法院根据《中华人民共和国民事诉讼法》第151条和第153条第1款的规定，判决如下：

1. 维持原判决主文第1、2、6条，撤销原判决主文第3、4、5条。

2. 夫妻共同财产彩电一台、洗衣机一台、长沙发一个、木箱一个、大立柜一个、高低柜一个、皮箱一个归孙某某所有；电冰箱一台、单人沙发一对、席梦思床一张、木箱一个、电饭锅一个和皮箱一个归彭某某所有。

3. 原籍房屋三间，分给孙某某一间半、旧桌子一张、板柜一个、瓮一个；房屋折价500元，由彭某某付给孙某某，房归彭某某所有。

4. 由彭某某付给孙某某生活资助费1800元，小麦500斤。

5. 在孙某某无房屋住时，由彭某某负责给孙某某租赁一间15平方米以上的房子，租赁费和水电费由彭某某支付至两个孩子就业时止。

以上款项及财产在本判决宣判后两个月内付清。

一、二审案件受理费80元，由彭某某负担60元，孙某某负担20元。

律师专线

本案中，彭某某和孙某某的夫妻感情基础并不牢靠，婚后感情不好，到后来更是见面就吵架，长期分居，经过亲友和法院的多次调解，双方的关系都无法改善。这说明他们之间的夫妻感情确实已经破裂。他们之间如果婚姻关系继续维持，对双方都是一种痛苦。尽管离婚后，孙某某的生活将会很困难，但不能因孙某某的生活困难而把彭某某和孙某某捆在一个死亡的婚姻关系上。人民法院判决彭某某和孙某某离婚是正确的。

本案中的孙某某在离婚后生活困难是显而易见的。孙某某曾经很多年都是在农村做家庭妇女，没有文化，又没有什么谋生的技能，后来到城里，居住在彭某某单位的宿舍楼，也还是做家庭妇女，没有固定收入，没有工作。孙某某没有自己的住房，年龄又大，婚姻期间依靠男方的工资生活。因此，离婚后，孙某某生活会非常困难。彭某某一直都有工作，经济条件比较好。按照我国《婚姻法》第42条规定，离婚时，如一方生活困难，另一方应从其住房等个人财产中给予适当帮助。因此，本案中，一审法院和二审法院认真考虑了双方当事人的实际情况之后，依法照顾妇女利益，又依法考虑了子女利益及男方的经济承受能力，以及男女双方的再婚等，对孙某某作了最大限度的照顾，并判决由原告彭某某付给被告孙某某一笔生活资助费，这是合法也是合理的。

一、二审人民法院对孙某某利益的照顾体现在：1. 把供养两个孩子上学及安置完全放在男方身上。因孙某某无工作，刚进入城市，无社会交际能力和经济能力，所以让男方负担孩子的就业安置，实际上也就是照顾了孙某某；2. 在分割财产上尽力照顾孙某某，除城内财产孙某某多分得1500元的财物以外，原籍老家的财产也适当地给孙某某多分了一些；3. 判决由男方负担女方当地中等生活水平以上的经济帮助。在男方有能力负担的情况下，在确定数额时，考虑到两三年后孩子即已参加工作，理应由他们尽赡养扶助其母亲孙某某的责任，彭某某因与孙某某的婚姻关系而延伸出来的责任应限于孩子参加工作以前。由此而确定由彭某某付给孙某某生活、医疗等生活资助费的数额都是合适的；4. 人民法院在考虑了双方当事人在城市的住房情况后，以判决形式令男方彭某某给孙某某在没有住房时，租赁不少于15平方米的房子，并租住到两个孩子工作时为止，水电费也都由彭某某支付。

总之，这个判决是很周详的，完全符合《妇女权益保障法》相关规定，同时，也完全符合《中华人民共和国宪法》和《中华人民共和国婚姻法》的规定，符合夫妻离婚时对生活困难的一方给予适当照顾的原则。

注意

我国《婚姻法》第42条只规定"给予适当"照顾，但没有规定具体数额标准，而且这种经济帮助只限于解决受帮助方临时的、一定限度内的经济困难，在具体处理这类问题时，可由双方当事人自行协商，若协商不成则应由人民法院根据双方的实际经济情况、身体状况、提供帮助的一方的经济承受能力和受帮助一方的困难程度作出判决。本案中，由于彭某某和孙某某的夫妻关系已恶化到夫妻见面如仇敌的地步，而且孙某某还提出由男方养老送终等不合理要求，所以双方难以就彭某某具体应给予的帮助达成协议，在这种情况下，人民法院根据双方当事人的实际情况作出判决，确定彭某某应提供的经济帮助的具体数额的处理是正确的。

法律规范

中华人民共和国婚姻法

（2001年4月28日第九届全国人民代表大会常务委员会第二十一次会议修

正，同日公布并施行）

第三十二条　男女一方要求离婚的，可由有关部门进行调解或直接向人民法院提出离婚诉讼。

人民法院审理离婚案件，应当进行调解；如感情确已破裂，调解无效，应准予离婚。

有下列情形之一，调解无效的，应准予离婚：

（一）重婚或有配偶者与他人同居的；

（二）实施家庭暴力或虐待、遗弃家庭成员的；

（三）有赌博、吸毒等恶习屡教不改的；

（四）因感情不和分居满二年的；

（五）其他导致夫妻感情破裂的情形。

一方被宣告失踪，另一方提出离婚诉讼的，应准予离婚。

第四十二条　离婚时，如一方生活困难，另一方应从其住房等个人财产中给予适当帮助。具体办法由双方协议；协议不成时，由人民法院判决。

最高人民法院关于适用《中华人民共和国婚姻法》若干问题的解释（一）

（2001年12月24日最高人民法院审判委员会第1202次会议通过，自2001年12月27日起施行）

第二十七条　婚姻法第四十二条所称“一方生活困难”，是指依靠个人财产和离婚时分得的财产无法维持当地基本生活水平。

一方离婚后没有住处的，属于生活困难。

离婚时，一方以个人财产中的住房对生活困难者进行帮助的形式，可以是房屋的居住权或者房屋的所有权。

专家释惑

本案涉及的法律问题是离婚时，对经济困难一方适当照顾原则及其适用。

本案中，人民法院判决由彭某某付给孙某某生活资助费以及如果孙某某无房居住时由彭某某租房给孙某某居住，这些都是“离婚时，对经济困难一方适当照顾原则”的体现。

我国《婚姻法》第42条规定：“离婚时，如一方生活困难，另一方应从其住房等个人财产中给予适当帮助。具体办法由双方协议；协议不成时，由人民法院判决。”根据这一规定，男女之间虽然因为离婚而终止了夫妻间的权利义务关系，但离婚时如一方生活困难，他方仍有予以帮助的责任。这对于保护公民的离婚自由，消除其在离婚问题上可能发生的经济顾虑是有积极意义的。离婚时，对困难一方的经济帮助，并不是夫妻间扶养关系的延伸，夫妻关系存续期间相互之间的扶养义务已经随着婚姻关系的解除而终止。这种离婚后的经济帮助，是由于原来的婚姻关系而派生出来的一种责任，是具有一定的条件的。这种对困难一方的帮助适用的条件有以下几个方面：

第一，受到帮助的一方必须是生活有实际困难，且本人无力解决。最高人民法院《关于适用〈中华人民共和国婚姻法〉若干问题的解释（一）》第27条规定：“婚姻法第四十二条所称‘一方生活困难’，是指依靠个人财产和离婚时分得的财产无法维持当地基本生活水平。一方离婚后没有住处的，属于生活困难。离婚时，一方以个人财产中的住房对生活困难者进行帮助的形式，可以是房屋的居住权或者房屋的所有权。”在一般情况下，这些人大都是结婚多年缺乏劳动能力或丧失劳动能力的人，如婚后主要从事家务，照顾家人生活，多年未参加工作，没有经济收入，生活依靠夫妻另一方的人，这种人以中老年人居多，一旦离婚他们便失去了最基本的生活保障，日常生活出现困难。本案中的孙某某已步入中年，且从农村转入城市，无固定的工作和收入，生活上主要依靠彭某某的工资，即属于确有生活困难的一方当事人。当然也有的人虽然年轻，夫妻共同生活时间不长，但离婚时，一方有特殊的临时困难，也应考虑由另一方给予适当的经济帮助，使其生活困难得到解决。

第二，经济帮助应限于在离婚时提起。对离婚时经济不困难，离婚以后发生经济困难的，不予以帮助。本案的孙某某在离婚时就实际存在生活困难，并向二审法院提出请求法院解决自己的实际困难。

第三，提供经济帮助的一方必须有帮助他人的能力。如果他个人的经济收入都满足不了自己的生活需要，即使前两个条件成立，也不能强令为对方提供经济帮助。比如一方年老病残，失去劳动能力而又没有其他生活来源的，另一方虽然比他（她）稍微强一些，但也仅能供养自己或供养自己还不充足，不能强令后者对前者提供经济帮助。本案中，人民法院对于彭某某应给予孙某某经济帮助的决定以及资助的实际数额也是在考查了彭某某的经济状况和负担能力之后而决定的。

第四，这种经济帮助仅限于一定的期限。因为这种经济帮助是用来解决离婚时一方的生活困难的，因而一般来说是临时的而不是长期的。比如本案中，原告彭某某给付被告孙某某的生活资助费，就是两到三年的生活费用。为孙某某租赁房屋居住，并支付房租和水电费用，也是支付两到三年的时间或者更短的时间（两个孩子参加工作就不用再负担了）。

提醒

离婚案件中，有能力的一方对离婚时经济困难一方的适当照顾，不是一种基于夫妻婚姻关系的责任。

案例 67　杨某某离婚时故意转移财产，应受法律制裁

事情是这样的

雷某某（男）与杨某某（女）结婚后，由于双方工作的变动，导致作息时间差异比较大，沟通交流逐渐减少。这导致了后来雷某某和杨某某的感情开始逐渐出现隔阂。

结婚后，雷某某和杨某某拥有房屋两套，一套价值 26 万元，房屋产权登记人为男方雷某某，这套房子作为家庭日常居住使用。另一套房产是杨某某单位分的房子，属于福利房性质，房改的时候以 5 万元购买下来，其产权登记人为女方杨某某，这套房子由于其地理位置，主要用

来出租，每次租金都由女方杨某某去收取以贴补家用。

由于雷某某和杨某某夫妻之间的沟通比较少，各自忙于自己的工作和其他事情，感情逐渐冷淡。于是，男方雷某某提出离婚，好和好散，但是遭到了女方杨某某的拒绝。2006 年 1 月，男方雷某某再次提出离婚，雷某某直接向当地人民法院提出离婚诉讼，主张夫妻感情基础薄弱，数年来夫妻貌合神离，夫妻感情早已破裂，请求法院判决准予离婚，并分割夫妻共同财产。由于妻子杨某某依然不同意离婚，声称夫妻间有感情，只是沟通不畅通，于是，一审法院判决驳回原告雷某某的诉讼请求，判决不予离婚。6 个月后，即 2006 年 8 月，雷某某再次向当地法院提起离婚诉讼，坚决要求离婚。

法院受理案件后，在审理过程中，雷某某得知自家的另一套房子，即产权登记人为女方杨某某的那套房子，在 2006 年 8 月期间已经被杨某某以 4 万元的低价卖给了杨某某的弟弟。雷某某申请法院聘请专业的房屋鉴定机构对该套房产进行评估作价，该房产市值应当为 40 万元人民币。

法院在审理后认为，雷某某和杨某某之间的感情已经破裂，经调解难以达成一致，遂判决准予雷某某和杨某某离婚。

对于雷某某和杨某某之间的财产分割，法院认为被告杨某某在离婚诉讼审理期间，未经雷某某同意而单独与其弟弟签订房屋买卖合同，而且所出售的房屋价格与市场上该房产的应有价格相差异常悬殊，属于明显低价转让房屋给自己的弟弟，因此，法院认定杨某某侵害雷某某的应有权利，转移财产行为成立。由于该房屋买卖明显损害雷某某的合法利益，目前尚未实际交付，因此法院判定撤销杨某某与其弟弟订立的房屋买卖合同。

在分割婚姻存续期间的夫妻共同财产时，受理案件的法院判决原告雷某某和被告杨某某各自分得一套房产，各自分别获得自己为产权登记人的房产，再由专业的房屋鉴定评估机构作价后，按照鉴定机构表明的房屋市价，相互支付房屋的市场差价。另外，由于被告杨某某在诉讼过程中有故意转移财产、损害共有权人雷某某合法利益的行为，根据法律的规定应当予以少分，因此最终判决雷某某只需要向杨某某支付房屋差价款15万元，而不是实际的市场差价款20万元。

律师专线

本案例中，被告杨某某在离婚诉讼期间故意以非常低的价格转让自己与原告在婚姻关系存续期间的财产，这属于故意不合理的交易，损害了原告雷某某的合法利益，因此，构成我国《婚姻法》第47条规定的情形。对于离婚时故意转移财产的一方，在决定夫妻共同财产的分割时，受案法院依法判决少分财产是合法正当的。

法律规范

中华人民共和国婚姻法

（2001年4月28日第九届全国人民代表大会常务委员会第二十一次会议修正，同日公布并施行）

第三十二条　男女一方要求离婚的，可由有关部门进行调解或直接向人民法院提出离婚诉讼。

人民法院审理离婚案件，应当进行调解；如感情确已破裂，调解无效，应准予离婚。

有下列情形之一，调解无效的，应准予离婚：

（一）重婚或有配偶者与他人同居的；

（二）实施家庭暴力或虐待、遗弃家庭成员的；

（三）有赌博、吸毒等恶习屡教不改的；

（四）因感情不和分居满二年的；

（五）其他导致夫妻感情破裂的情形。

一方被宣告失踪，另一方提出离婚诉讼的，应准予离婚。

第三十九条　离婚时，夫妻的共同财产由双方协议处理；协议不成时，由人民法院根据财产的具体情况，照顾子女和女方权益的原则判决。

夫或妻在家庭土地承包经营中享有的权益等，应当依法予以保护。

第四十七条　离婚时，一方隐藏、转移、变卖、毁损夫妻共同财产，或伪造债务企图侵占另一方财产的，分割夫妻共同财产时，对隐藏、转移、变卖、毁损夫妻共同财产或伪造债务的一方，可以少分或不分。离婚后，另一方发现有上述行为的，可以向人民法院提起诉讼，请求再次分割夫妻共同财产。

人民法院对前款规定的妨害民事诉讼的行为，依照民事诉讼法的规定予以制裁。

专家释惑

这里涉及的是离婚时一方损害另一方的利益，转移、变卖或隐藏夫妻共同财产的法律后果问题。

离婚时，当事人一方为了个人利益，将应当属于对方的共同财产和个人财产想方设法变成自己的。这些方法主要有：1. 一方隐藏、转移、变卖夫妻共同财产。其中隐藏是指藏匿，不显露。转移是指改换原物的地方。变卖是指出售财产，换取现款。2. 一方毁损夫妻共同财产。毁损是指损伤、损坏。3. 一方伪造债务企图侵占另一方财产的，等等。这种行为严重侵犯了婚姻对方的财产权利。企图侵占另一方的财产，是指伪造共同债务的目的是在以夫妻共同财产清偿伪造的共同债务以获得该共同财产的全部或部分，是否有侵占另一方财产的企图依据客观的事实加以判断。

依据我国现行《婚姻法》第 47 条的规定，离婚时，一方隐藏、转移、变卖、毁损夫妻共同财产，或伪造债务企图侵占另一方财产的，人民法院可以依照《民事诉讼法》的规定予以制裁；分割夫妻共同财产时，对隐藏、转移、变卖、毁损夫妻共同财产或伪造债务的一方，可以少分或不分。在实践中，法院受理案件时面临一方故意转移、隐藏、毁损或变卖夫妻共同财产的，通常会采取以下措施或者途径对过错方加以处罚：

1. 在财产还可以追回的情况下，首先应当责令其追回被隐藏、转移、变卖或毁损的财产，以减少损失。比如，本案例中，雷某某发现自己的妻子杨某某单方面以明显低于市场价格的价格转移房产，在尚未过户的情况下，请求法院撤销该买卖合同。

2. 由于夫妻间的约定不能对抗善意第三人，如果财产确实因为一方的故意转移、隐藏等行为而无法追回，法院可以将一方转让或转移的财产所得进行分割，而且可以判令过错方少分甚至不分。如果该财产的转让价格明显低于市价，权益受到损失的一方还可以请求法院责令转移财产的一方对损失进行补偿。

3. 无论财产是否追回或者能否追回，在分配夫妻共同财产时，有过错的一方都应当少分或者不分。

4. 在实践中，如果故意转移、隐藏或变卖财产的，在法院指定的时间内不交出财产，此类行为影响到法院对案件的正常审理、妨碍了诉讼活动的，法院有权依据《民事诉讼法》第 102 条关于妨碍诉讼行为的规定，对转移财产的一方进行相应的罚款，甚至是拘留。

提醒

实践中，为了防止在离婚时一方故意隐藏、变卖、转移财产等行为，当事人可以采取一些合理方式保护自己的合法财产权益：

1. 可以先对夫妻财产（比如购买的债券、银行存折等）进行相应的拍照、摄像、录音等，对家庭财产进行资料收集，对房屋、电脑等重要物品或者财产的发票、购买合同记得收集原件并留下复印件，然后再提出离婚的要求。

2. 积极申请财产保全。财产保全的措施包括查封、扣押或者冻结等。被法院查封、扣押或者冻结的财产，另一方无法进行故意转移、隐藏或者变卖。这在一方投资参股进行办厂、办实业等情形下非常重要。

3. 当事人发现对方存在故意转移财产、转让或隐藏、变卖财产的，即使双方已经离婚，权益受到损害的一方仍然有权向法院起诉，要求重新分割夫妻共同财产。

五、离婚损害赔偿

内容提要

由于婚姻关系是涉及身份和财产的一种契约，我国法律新确立了婚姻损害赔偿制度。婚姻损害赔偿包括物质和精神两方面的损害赔偿，适用于《婚姻法》第46条规定的法定情形——重婚；有配偶者与他人同居；实施家庭暴力；虐待、遗弃家庭成员。

我国目前只认可离婚时的婚姻损害赔偿请求，而不认可婚内损害赔偿请求，即要求损害赔偿必须以离婚为条件，对于无过错方不同意离婚而单独要求婚姻损害赔偿的，法院不予受理。

案例68　女方重婚，丈夫请求离婚时是否有权要求婚姻损害赔偿？

事情是这样的

宋某某（女）经人介绍于2003年认识了张某某（男）。交往几个月后，宋某某便与张某某登记结婚。

张某某与宋某某结婚后两个月，宋某某便与本村姐妹们离开家乡到大连去打工。在打工期间，宋某某结识了一名青年男子高某某。宋某某与高某某相处后不久，两人产生了感情，于是开始了同居生活。在这期间宋某某与老家的丈夫张某某联络较少，过年过节也没有回去过。两年过去了，在老家的张某某见妻子宋某某没有音信，反而得到打工回家乡的人的善意提醒还有他们奇怪的眼神，这些让张某某决定去大连找妻子宋某某。但是，到了大连后，张某某才发现妻子宋某某已经不在原来最初打工的地点了，连续找了将近一星期都没有找到宋某某，他只好先返回家乡。

张某某在找妻无望的情况下，于2006年1月10日到当地法院起诉，要求与被告宋某某离婚，同时要求宋某某给付精神损害赔偿金2万元。

受案法院经审理查明认为，被告宋某某与原告张某某婚前感情基础比较薄弱，婚后相处的时间较短，双方相互还未建立起夫妻感情。虽然宋某某与张某某已结婚，但是他们的婚姻名存实亡，被告宋某某不念夫妻情意，扔下丈夫长期在外打工，并与他人长期同居，而且自己承认有重婚行为，应受法律制裁。原告张某某要求同被告宋某某离婚，应予准许。原告张某某要求被告宋某某给付精神损害赔偿金理由成立，应予支持。判决被告宋某某赔偿原告张某某5000元精神损害赔偿金。

律师专线

本案例中，受理案件的法院依据原告张某某和被告宋某某之间的夫妻感情基础、婚后感情和要求离婚的原因等因素，认定张某某和宋某某之间夫妻感情薄弱，现已破裂，根据我国《婚姻法》第32条的规定准予张某某和宋某某离婚，即支持原告张某某关于离婚的诉讼请求。

对于张某某提出的婚姻损害赔偿的请求，受理案件的法院依据我国《婚姻法》第46条和最高人民法院《关于适用〈中华人民共和国婚姻法〉若干问题的解释（一）》第28条、第29条和第30条的规定，予以支持。

婚姻损害赔偿是2001年修改后的《婚姻法》新增加的一项法律制度，是在一定条件下对造成婚姻关系破裂存在过错的一方婚姻当事人给予的法律制裁。在司法和婚姻生活中，应注意以下问题。首先，因为一方过错而导致另一方婚姻损害而需要赔偿的情形主要有：重婚，有配偶者与他人同居，实施家庭暴力，虐待、遗弃家庭成员这4种情形，这4种情形是婚姻损害赔偿的法定条件。本案中，被告宋某某是有夫之妇，在有着合法婚姻的情形下，与第三者高某某进行了长达近两年的同居生活，违反了自己对丈夫的忠诚义务，给自己的合法丈夫张某某带来了精神上的损害。被告宋某某的行为构成重婚，属于应受刑法处罚的重婚罪，除此之外，她还应对自己给张某某造成的损害负民事赔偿责任。因此，原告的婚姻损害赔偿请求能够得到法院的支持。

其次，要求损害赔偿具有特定的时间限制：无过错方作为原告提起婚姻损害赔偿时，必须在离婚诉讼的同时提出。无过错方作为被告的离婚诉讼案件，如果其不同意离婚，也不提出婚姻损害赔偿请求的，或其在一审时未提出婚姻损害赔偿请求而在二审期间提出，法院调解又不成的，可以在离婚后 1 年内就此单独提起诉讼。本案中，原告张某某就是在离婚诉讼的同时提出婚姻损害赔偿的请求。

特别提醒

婚内损害赔偿不受保护。一方面不起诉离婚而单独提起婚姻损害赔偿的案件法院不予受理，另一方面判决不准离婚的案件，婚姻损害赔偿请求也不会得到法院的支持。

法律规范

中华人民共和国婚姻法

（2001 年 4 月 28 日第九届全国人民代表大会常务委员会第二十一次会议修正，同日公布并施行）

第三十二条　男女一方要求离婚的，可由有关部门进行调解或直接向人民法院提出离婚诉讼。

人民法院审理离婚案件，应当进行调解；如感情确已破裂，调解无效，应准予离婚。

有下列情形之一，调解无效的，应准予离婚：

（一）重婚或有配偶者与他人同居的；

（二）实施家庭暴力或虐待、遗弃家庭成员的；

（三）有赌博、吸毒等恶习屡教不改的；

（四）因感情不和分居满二年的；

（五）其他导致夫妻感情破裂的情形。

一方被宣告失踪，另一方提出离婚诉讼的，应准予离婚。

第四十六条　有下列情形之一，导致离婚的，无过错方有权请求损害赔偿：

（一）重婚的；

（二）有配偶者与他人同居的；

（三）实施家庭暴力的；

（四）虐待、遗弃家庭成员的。

最高人民法院关于适用《中华人民共和国婚姻法》若干问题的解释（一）

（2001年12月24日最高人民法院审判委员会第1202次会议通过，自2001年12月27日起施行）

第二十八条　婚姻法第四十六条规定的“损害赔偿”，包括物质损害赔偿和精神损害赔偿。涉及精神损害赔偿的，适用最高人民法院《关于确定民事侵权精神损害赔偿责任若干问题的解释》的有关规定。

第二十九条　承担婚姻法第四十六条规定的损害赔偿责任的主体，为离婚诉讼当事人中无过错方的配偶。

人民法院判决不准离婚的案件，对于当事人基于婚姻法第四十六条提出的损害赔偿请求，不予支持。

在婚姻关系存续期间，当事人不起诉离婚而单独依据该条规定提起损害赔偿请求的，人民法院不予受理。

第三十条　人民法院受理离婚案件时，应当将婚姻法第四十六条等规定中当事人的有关权利义务，书面告知当事人。在适用婚姻法第四十六条时，应当区分以下不同情况：

（一）符合婚姻法第四十六条规定的无过错方作为原告基于该条规定向人民法院提起损害赔偿请求的，必须在离婚诉讼的同时提出。

（二）符合婚姻法第四十六条规定的无过错方作为被告的离婚诉讼案件，如果被告不同意离婚也不基于该条规定提起损害赔偿请求的，可以在离婚后一年内就此单独提起诉讼。

（三）无过错方作为被告的离婚诉讼案件，一审时被告未基于婚姻法第四十六条规定提出损害赔偿请求，二审期间提出的，人民法院应当进行调解，调解不成的，告知当事人在离婚后一年内另行起诉。

专家释惑

这是一个因重婚导致婚姻损害赔偿请求的案例。这里先介绍一下我国2001年修正的《婚姻法》引入婚姻损害赔偿制度的意义和这一制度的构成要件等基本问题。

婚姻被视为一种有关人身和财产的契约。离婚损害赔偿制度，就是从婚姻救助措施的角度来反映婚姻的“契约”本质的。我国修改前的《婚姻法》并无离婚损害赔偿制度。而国外立法早在几百年前就确立了这项制度。如 1791 年法国《宪法》、法国《民法典》、墨西哥《民法典》均确立了这项制度。

近年来，随着民众“契约”理念的渐趋深入，有关婚姻本质的认识也越来越明晰，并且这种认识已经反映到婚姻立法上来。我国现行的《婚姻法》正是基于婚姻的契约本质而确立了损害赔偿制度。尤其是《婚姻法》第 46 条的规定，过错方严重违反了婚姻契约义务，理应承担损害赔偿责任。

一、《婚姻法》确立损害赔偿制度的意义

2001 年，我国《婚姻法》确立的离婚损害赔偿制度的意义可以概括为以下几个方面：

1. 建立离婚损害赔偿制度，是目前社会形势下保护婚姻一方当事人合法权益的需要，有利于警示、惩罚重婚、姘居、通奸、婚外恋、家庭暴力等过错当事人的行为。

2. 建立离婚损害赔偿制度，是公序良俗的需要，是建设社会主义和谐社会的需要。在人们对包二奶、通奸、姘居等行为日渐麻木漠然，社会风气日渐败坏的今日，用法律的手段来提高道德的认识是必要的。社会主义精神文明要树立崇尚法治婚姻、道德家庭的理念。

3. 建立离婚损害赔偿制度，是完善婚姻家庭法，加强民事法律制度的需要。家庭是社会的细胞，婚姻家庭的稳定是社会稳定的重要基础之一。

4. 建立离婚损害赔偿制度，是司法有法必依，违法必究的需要。从以往的司法实践看，由于我国原《婚姻法》没有规定离婚损害赔偿制度，只能按照分割共同财产时照顾无过错方的原则来操作。但是在财产很少甚至没有财产的情况下，该照顾原则根本无法适用，无法给予无过错的受害方以公平合理的保护，同时使违法行为不能得到及时的处理和制裁。因此，为了让司法有法必依，离婚损害赔偿制度的确立至关重要。

二、婚姻损害赔偿的构成要件

根据《婚姻法》的立法精神可知，婚姻损害赔偿制度的构成要件有以下几点：

1. 行为人具有主观上的过错

这是损害赔偿的主观方面要件，即要求一方主观有过错。如果行为人主观上无过错，则不承担赔偿责任。

2. 行为具有违法性

这是损害赔偿的客观行为要件，即过错方的行为违反了婚姻法的规定或婚姻契约对婚姻义务的要求。

3. 请求权人有受损害的事实

这是损害赔偿的客观后果要件，即享有请求权的一方当事人必须具有损害事实，包括财产损害与精神损害。事实上，也只有当无过错一方有损害事实时，才享有损害赔偿请求权。

需要强调和补充的是：《民法通则》规定精神损害赔偿要有精神损害的事实。因为精神本身是抽象的，又要求它用法律所要求的事实状态表现出来更是难上加难。在学理上为了解决精神损害存在的客观性，有学者和法律实务工作者将精神损害分为“名义上的精神损害”和“证实的精神损害”。所谓“名义上的精神损害”又称“形式上的精神损害”，只要受害人能举证侵害人的侵权行为明确存在的表现形式，依一般的认识水平，相信受害人确实存在遭受精神损害的事实，法律则推定这个损害的真实性。所谓“证实的精神损害”也称“实证的精神损害”，法律不能推定受害人是否存在精神损害的真实性，受害人必须举出证据加以证明是否存在心理上、身体上、精神上的损害，即谁主张谁举证。

不过，不少人主张：《民法通则》要件所述的精神损害的事实应当理解为“名义上的精神损害”。只要有侵害婚姻家庭的危害行为的存在，即推定受害方存在有精神损害，不需要权利主张者再辅以证据加以证明。因为如果需要无过错的一方举证证明对方有过错，是对方的过错导致了自己物质或者精神上的损害，则权利主张者可能无从下手去证明对方的过错导致了自己何种损失，尤其是精神层面的损失。在这种状况下，一味地实行谁主张谁举证，便可能导致该种局面：由于证据不足或缺乏证据，权利主张方的请求权实现不了，应承担责任的一方则可逃脱法律的惩处。这样，损害赔偿制度确立的立法价值则难以实现。

4. 过错行为与损害事实具有因果关系

这是损害赔偿的因果关系要件，即违法行为与无过错一方的损害事实具有法律上的因果关系。

注意

根据《婚姻法》第46条的规定，有权主张损害赔偿的是“无过错方”。其意味着《婚姻法》中的损害赔偿制度的归责原则是过错责任原则，以过错为归责的要件。这样举证的责任就落在了无过错的受害一方。

在实践中，有些权利主张者在束手无策的情况下，雇佣私家侦探或干脆自己充当起私家侦探的角色，期望借助这些手段来实现自己的权利请求。但往往会由于收集证据材料及运用证据不当而引发权益之间的冲突。譬如，将捉奸照公布于众，可能引发配偶一方损害赔偿请求权的法律保护与第三者隐私权的法律保护的冲突；将同居的事实大肆渲染，可能引发配偶一方损害赔偿请求权的法律保护与第三者名誉权的法律保护的冲突等等。因此，权利主张者，即作为无过错的一方在维护自己权利的同时，要注意自己的手段和方法。

案例 69　前夫刚离婚数月就生儿子，前妻可否获精神损害赔偿？

事情是这样的

伍某某，男，本案被告。陈某某，女，本案原告。

伍某某与黄某某于2005年3月登记结婚，结婚不久就生下一男孩。这距伍某某与前妻陈某某协议离婚才4个月左右的时间。

伍某某的前妻陈某某听到这个消息后，心里很不是滋味。经过咨询相关法律人士后，陈某某以自己的前夫伍某某为被告，以伍某某在双方婚姻关系存续期间与黄某某公开同居并导致黄某某怀孕给自己造成精神损害为由，向伍某某索赔精神损害抚慰金。

当地法院受理该案件后，法院经审理查明，原告陈某某与被告伍某某原系夫妻关系，二人因感情破裂于2004年11月协议离婚，并对财产等问题达成了一致协议，双方到当地民政部门办理了离婚登记手续，解除了婚姻关系。当月，被告伍某某就与黄某某登记结婚，并于2005年3月生下一个男孩。2005年7月，陈某某向当地区人民法院提起诉讼，要求伍某某赔偿其精神损失费。

法院经审理后认为，将原、被告离婚的时间与被告伍某某和黄某某再婚的时间以及黄某某生下一男孩的时间对比可以判定，黄某某受孕时间处于原、被告婚姻关系存续期间。原告陈某某没有提供直接证据证明被告伍某某在双方婚姻关系存续期间与黄某某同居并导致黄某某怀孕，而被告也拒绝做亲子鉴定，但基于黄某某受孕时间处于原、被告婚姻关系存续期间的事实和涉案当事人身份关系的特殊性，因此，按照民事案件的举证分配原则，法院认为被告伍某某应当对此负有举证责任，承担举证不能的后果，即法院可以认定该男孩系被告伍某某与黄某某所生。按照人类生育繁衍的一般正常生理过程，黄某某的受孕条件在一般情况下离不开与被告持续、稳定地共同居住生活，根据最高人民法院关于适用《中华人民共和国婚姻法》若干问题的解释，法院认定被告在与原告婚姻关系存续期间有在外与他人不以夫妻名义同居生活的行为，并认定被告与第三人黄某某之间的婚外同居行为是导致原告与被告感情破裂而协议离婚的原因之一，且此类行为给原告陈某某造成了一定程度的精神损害。最后，受案法院判令被告伍某某向原告陈某某支付精神损害赔偿抚慰金 4000 元。

律师专线

近年来，人民法院受理的离婚案件一直呈增长态势，在起诉到法院的离婚案件中，有不少案件是因一方有重大过错而导致婚姻破裂的。为保护无过错方的合法权益，2001 年修改的《婚姻法》确立了我国离婚损害赔偿制度，其具体法律依据是我国《婚姻法》第 46 条，该条规定："有下列情形之一，导致离婚的，无过错方有权请求损害赔偿：（一）重婚的；（二）有配偶者与他人同居的；（三）实施家庭暴力的；（四）虐待、遗弃家庭成员的。"离婚损害赔偿制度的确立是我国婚姻家庭法律制度的一大进步，对保护婚姻当事人的合法权益起到了重要作用。

本案中，原告陈某某起诉其前夫伍某某，就是依据我国《婚姻法》第 46 条第 2 项的规定。因为被告伍某某在结束与原告陈某某的婚姻关系后不到 4 个月，就与后结婚的黄某某生下了自己的儿子。原告陈某某虽然没有直接证据证实就是在自己婚姻还没有结束的时候，伍某某就让与之同居的黄某某怀上了自己的孩子，也就是说，陈某某没有直接证据证实那个孩子就是伍某某的，但是原告陈某某有间接证据证实伍某某与黄某某之间有婚外情，因此可以合理推断，如果孩子确实是伍某某和黄某某的结晶，那从孩子出生的时间和伍某某与陈某某离婚的时间只差 4 个月可以合理推断这就是伍某某在与第三者黄某某婚外同居期间所至。

当然，伍某某可以辩称那个孩子不是他的，而是黄某某与其他人生的，但是这个主张能够很轻易地通过亲子鉴定辨别真假。本案中，伍某某拒绝跟孩子做亲子鉴定，因此，他要承担举证不利的后果，即上述合理的推断，孩子是伍某某与陈某某婚姻关系尚未结束时怀上的。由此可以成立的结论是，伍某某在与陈某某的婚姻关系存续期间违背了夫妻忠实义务，自己存在过错。基于法律规定的离婚损害赔偿制度的规定和引入该制度的精神可知，本案被告伍某某应当对自己在与陈某某婚姻关系存续期间的行为给陈某某造成的损害负责，因此，本案例的受案法院最后判决伍某某赔偿精神损失费是正确的。

法律规范

中华人民共和国婚姻法

（2001 年 4 月 28 日第九届全国人民代表大会常务委员会第二十一次会议修正，同日公布并施行）

第三十二条　男女一方要求离婚的，可由有关部门进行调解或直接向人民法院提出离婚诉讼。

人民法院审理离婚案件，应当进行调解；如感情确已破裂，调解无效，应准予离婚。

有下列情形之一，调解无效的，应准予离婚：

（一）重婚或有配偶者与他人同居的；

（二）实施家庭暴力或虐待、遗弃家庭成员的；

（三）有赌博、吸毒等恶习屡教不改的；

（四）因感情不和分居满二年的；

（五）其他导致夫妻感情破裂的情形。

一方被宣告失踪，另一方提出离婚诉讼的，应准予离婚。

第四十六条　有下列情形之一，导致离婚的，无过错方有权请求损害赔偿：

（一）重婚的；

（二）有配偶者与他人同居的；

（三）实施家庭暴力的；

（四）虐待、遗弃家庭成员的。

最高人民法院关于适用《中华人民共和国婚姻法》若干问题的解释（一）

（2001 年 12 月 24 日最高人民法院审判委员会第 1202 次会议通过，自 2001 年 12 月 27 日起施行）

第二十八条　婚姻法第四十六条规定的“损害赔偿”，包括物质损害赔偿和精神损害赔偿。涉及精神损害赔偿的，适用最高人民法院《关于确定民事侵权精神损害赔偿责任若干问题的解释》的有关规定。

第二十九条　承担婚姻法第四十六条规定的损害赔偿责任的主体，为离婚诉讼当事人中无过错方的配偶。

人民法院判决不准离婚的案件，对于当事人基于婚姻法第四十六条提出的损害赔偿请求，不予支持。

在婚姻关系存续期间，当事人不起诉离婚而单独依据该条规定提起损害赔偿请求的，人民法院不予受理。

第三十条　人民法院受理离婚案件时，应当将婚姻法第四十六条等规定中当事人的有关权利义务，书面告知当事人。在适用婚姻法第四十六条时，应当区分以下不同情况：

（一）符合婚姻法第四十六条规定的无过错方作为原告基于该条规定向人民法院提起损害赔偿请求的，必须在离婚诉讼的同时提出。

（二）符合婚姻法第四十六条规定的无过错方作为被告的离婚诉讼案件，如果被告不同意离婚也不基于该条规定提起损害赔偿请求的，可以在离婚后一年内就此单独提起诉讼。

（三）无过错方作为被告的离婚诉讼案件，一审时被告未基于婚姻法第四十六条规定提出损害赔偿请求，二审期间提出的，人民法院应当进行调解，调解不成的，告知当事人在离婚后一年内另行起诉。

专家释惑

这个案例涉及的主要法律问题是婚姻损害赔偿中的精神损害赔偿问题。

依据我国《婚姻法》第46条规定和最高人民法院《关于适用〈中华人民共和国婚姻法〉若干问题的解释（一）》的相关规定可知，婚姻损害赔偿包括物质损害赔偿和精神损害赔偿两种。其中，婚姻的物质损害赔偿，可以根据因过错方的过错行为给无过错方造成的实际损害来评估和定性，所以引来的争议和疑问较少。但是，关于婚姻损害赔偿中的精神损害赔偿，又应如何评估和计算呢？

这可以根据最高人民法院《关于确定民事侵权精神损害赔偿责任若干问题的解释》的相关规定予以确定。依据最高人民法院的这一司法解释的第10条，精神损害的赔偿数额根据以下因素确定：

（一）侵权人的过错程度，法律另有规定的除外；

（二）侵害的手段、场合、行为方式等具体情节；

（三）侵权行为所造成的后果；

（四）侵权人的获利情况；

（五）侵权人承担责任的经济能力。

第四章　特殊的婚姻案例

一、军　婚

内容提要

军婚就是夫妻一方或者双方为现役军人的婚姻。现役军人是指正在中国人民解放军或人民武装警察部队服役、具有军籍的人员。

我国对军人婚姻实行特殊保护，法律对军人的结婚、离婚等问题均有特别规定，比如，非军人配偶要求与军人离婚，需征得军人的同意，除非军人存在重大过错（参见《中华人民共和国婚姻法》第33条规定）。我国《刑法》还规定了破坏军婚罪，对军婚予以特别保护。

案例70　军人结婚还需要单位出具婚姻状况证明吗？

事情是这样的

某部队中尉彭某某，男，现年25周岁。彭某某是大学毕业后来到军队成为现役军官的。他的恋人黎某某是彭某某在大学期间的小学妹，今年大学毕业，年方21岁。彭某某和黎某某的感情稳定。但是，双方父母认为，如今的社会变化太快而且诱惑太多，这两个年轻人长期分开，容易出现感情问题，最好是早点结婚安定下来，培养家庭责任意识。于是，长辈们就催着彭某某和黎某某早点办手续，进行婚姻登记。经过长辈们的再三催促后，彭某某和黎某某也就同意了尽早结婚，毕竟两个人都认准了对方是自己的另一半。

彭某某知道我国《婚姻法》在近年来已经有了修正，婚姻登记的规定也改变了很多。通过报纸等媒体，他早已经了解如今婚姻登记适用2003年的《婚姻登记条例》，结婚登记不再需要强制性的婚前健康检查，也不需要单位出具个人的婚姻状况证明材料。可是，自己是现役军人，国家对现役军人有一些特殊的规定，那自己结婚是否需要单位为自己出具婚姻状况证明呢？为此，彭某某特意翻阅了《中华人民共和国婚姻法》和《婚姻登记条例》，但是都没有找到明确的答案，于是，彭某某特意就“现役军人结婚是否还需要单位出具婚姻状况证明”这个问题咨询了政治处的王干事。王干事告诉他，军人的婚姻登记有特殊规定，目前还是需要单位出具婚姻状况证明的。

律师专线

王干事的回答是正确的。尽管我国《婚姻法》和《婚姻登记条例》适用于在中国境内结婚的人，当然包括中国的军人，《婚姻登记条例》规定，结婚登记不再需要单位出具婚姻状况证明。但是，总政治部于2001年11月颁布了《军队贯彻实施〈中华人民共和国婚姻法〉若干问题的规定》，对军人晚婚年龄、配偶条件等诸多问题作了专门规定。我国民政部在《关于贯彻执行〈婚姻登记条例〉若干问题的意见》中对军人登记结婚也作了专门规定。这些规定与《婚姻登记条例》存在差异。一个差异就是结婚登记是否还需要单位出具个人婚姻状况证明，《婚姻登记条例》规定不需要。

同样是结婚登记，但是两个规定不一致，出现了冲突。怎么办？按照法理规则，就相同事项而言，特殊法优于一般法（适用于整体或全体的法律）。民政部《关于贯彻执行〈婚姻登记条例〉若干问题的意见》相对于《婚姻登记条例》而言是特殊法律规定，因此，这个特殊法律与一般性的法律有不同规定时，按照前者的规定办理。也就是说，军人办理结婚登记依然要单位出具婚姻状况证明。

法律规范

民政部关于贯彻执行《婚姻登记条例》若干问题的意见

（民函〔2004〕76号2004年3月29日）

九、关于现役军人的婚姻登记问题

办理现役军人的婚姻登记仍按《民政部办公厅关于印发〈军队贯彻实施《中华人民共和国婚姻法》若干问题的规定〉有关内容的通知》（民办函〔2001〕226号）执行。

办理现役军人婚姻登记的机关可以是现役军人部队驻地所在地或户口注销前常住户口所在地的婚姻登记机关，也可以是非现役军人一方常住户口所在地的婚姻登记机关。

民政部办公厅关于印发《军队贯彻实施〈中华人民共和国婚姻法〉若干问题的规定》有关内容的通知

（民办函〔2001〕226号）

各省、自治区、直辖市民政厅（局）：

2001年11月9日，解放军总政治部印发了新修订的《军队贯彻实施〈中华人民共和国婚姻法〉若干问题的规定》（以下简称《规定》）。现将有关重要内容印发你们，供办理涉及军人婚姻登记时参照执行。

一、《规定》要求，现役军人在处理婚姻关系上，应当模范遵守《婚姻法》，尊重社会公德，不得未婚同居，不得发生婚外性关系。军队提倡和鼓励晚婚。男军人二十五周岁、女军人二十三周岁以上初婚的为晚婚。

二（略）

三、《规定》要求，义务兵一律不准在部队内部或驻地找对象，服现役期内不得结婚。士官原则上不得在部队驻地或本部队内部找对象结婚。孤儿、伤残人员和个别年龄超过三十周岁回原籍找对象确有困难的士官，要求在部队驻地找对象的，应当从严掌握，由军级以上单位政治机关批准。在边疆国境县（市）、沙漠区、国家划定的边远地区中的三类区和总部确定的一、二类岛屿部队服役的个别中级以上士官，本人提出在部队驻地找对象的，必须符合当地民族政策，由团级以上单位政治机关与当地县级人民政府民政部门协商同意，经师级以上单位政治机关批准，并签订转业军人就地安置协议书的，方可允许在部队驻地找对象结婚。军队院校生和干部学员，在校学习期间不得结婚。军队管理的离休退休干部、从事机密工作的军队职工的结婚问题，按照对现役军人的规定执行。

四、《规定》要求，现役军人申请结婚由部队团级以上单位政治机关负责审批。营职、专业技术10级以下军官和职级相关的文职干部，士官，军队正式职工申请结婚的，由团级单位政治机关审批；团职、专业技术9级以上军官和职级相当的文职干部申请结婚的，由其所在单位的上一级政治机关审批……

现役军人结婚须提前一个月向所在单位党组织和政治机关提出书面申请，经审查同意后，填写《申请结婚报告表》作为归档材料；由政治机关出具《婚姻状况证明》，作为登记结婚的依据。

五、《规定》要求，现役军人离婚，应当严肃慎重，不得违反国家的法律法规和军队的纪律，不违背社会公德。双方均为现役军人，双方自愿离婚或一方要求离婚的，当事人所在部队领导或政治机关应当进行调解；调解无效，并符合《婚姻法》规定的离婚条件的，由政治机关出具证明后，方可到婚姻登记机关申请离婚或向法院提出离婚诉讼。

配偶是地方人员，军人一方要求离婚的，所在部队政治机关领导应当视情进行调解；符合《婚姻法》规定的离婚条件，并经对方同意，政治机关方可出具证明同意离婚；如军人一方坚持离婚，对方坚决不同意离婚的，部队可商请对方所在单位或地方有关部门进行调解，调解无效的，政治机关出具证明，由当事人向法院提出离婚诉讼。配偶是地方人员，配偶一方要求离婚，军人一方同意离婚的，政治机关可出具证明同意离婚；军人一方不同意离婚的，政治机关不得出具证明，但经政治机关查实军人一方确有重大过错的除外。

现役军人申请离婚的审批程序、权限与申请结婚的相同。团级以上单位政治机关出具同意离婚的证明时，应要求离婚双方签字或提供本人书面意见。申请再婚、复婚的，须持离婚证件。

六、《规定》要求，军队各级党组织和政治机关负有管理本单位军人婚姻的责任。对军人结婚、离婚有审查、调解和出具证明等权利和义务。对有弄虚作假、欺骗组织以及其他违反本规定行为的，应教育批评，督促改正；情节严重的，视情给予党纪政纪处分。

对军人的婚姻纠纷，军队各级法律服务部门和律师应及时提供法律服务，积极维护军人合法权益。对破坏军婚构成犯罪的行为人，军队有关部门应协助地方司法机关依法追究刑事责任。

七、该规定由总政治部组织部负责解释，自 2001 年 11 月 9 日起施行。1980 年 12 月 29 日下发的《总政治部关于军队贯彻执行〈中华人民共和国婚姻法〉的暂行规定》即行废止。

专家释惑

这其实是一个特别法优于一般法的问题。军队针对军人的婚姻登记有特殊规定，当然依据军队的规定执行。

案例 71　军人和非军人结婚在哪里登记？军人只有军官证怎么办结婚登记手续？

事情是这样的

漂亮的女研究生武某某正在与某部队一名中尉陈某某谈恋爱。两人商量等今年武某某放寒假，陈某某探亲回家的时候，两人就去办理结婚登记手续，领取结婚证。可是，武某某看了《中华人民共和国婚姻法》之后，发现一个问题，自己的未婚夫陈某某没有身份证和户口簿，只有军官证。那怎么办呢？于是，武某某特意向某律师事务所的值班律师进行咨询：军人和非军人结婚时，只有军官证怎么办？他们的结婚登记应该到哪里去办理？

律师专线

接受咨询的律师告诉武某某，她的未婚夫陈某某没有身份证和户口簿，只有军官证，也能办理结婚登记手续。由于军人没有身份证和户口簿，只有军官证，所以可以到非军人一方常住户口所在地办理结婚登记，也可以去现役军人部队驻地所在地或者户口注销前常住户口所在地的婚姻登记机关办理。本案例中，武某某和陈某某可以选择去武某某的户口所在地进行结婚登记申请，也可以去陈某某入伍之前的户口所在地办理结婚登记，还可以去陈某某部队驻地所在地办理结婚登记。

如果当事人双方想在陈某某回家探亲的时候去办理结婚登记手续，需要弄明白的是陈某某的家是不是他入伍前的户口所在地，如果是，则属于《现役军人婚姻登记的规定》中列明的登记注册地。

另外，作为军人的陈某某除了持自己的军官证之外，还要有部队单位出具的个人《婚姻状况证明》。

法律规范

民政部关于贯彻执行《婚姻登记条例》若干问题的意见

（民函〔2004〕76号2004年3月29日）

九、关于现役军人的婚姻登记问题

办理现役军人的婚姻登记仍按《民政部办公厅关于印发〈军队贯彻实施《中华人民共和国婚姻法》若干问题的规定〉有关内容的通知》（民办函〔2001〕226号）执行。

办理现役军人婚姻登记的机关可以是现役军人部队驻地所在地或户口注销前常住户口所在地的婚姻登记机关，也可以是非现役军人一方常住户口所在地的婚姻登记机关。

民政部办公厅关于印发《军队贯彻实施〈中华人民共和国婚姻法〉若干问题的规定》有关内容的通知

（民办函〔2001〕226号）

各省、自治区、直辖市民政厅（局）：

2001年11月9日，解放军总政治部印发了新修订的《军队贯彻实施〈中华人民共和国婚姻法〉若干问题的规定》（以下简称《规定》）。现将有关重要内容印发你们，供办理涉及军人婚姻登记时参照执行。

一、《规定》要求，现役军人在处理婚姻关系上，应当模范遵守《婚姻法》，尊重社会公德，不得未婚同居，不得发生婚外性关系。军队提倡和鼓励晚婚。男军人二十五周岁、女军人二十三周岁以上初婚的为晚婚。

二（略）

三、《规定》要求，义务兵一律不准在部队内部或驻地找对象，服现役期内不得结婚。士官原则上不得在部队驻地或本部队内部找对象结婚。孤儿、伤残人员和个别年龄超过三十周岁回原籍找对象确有困难的士官，要求在部队驻地找对象的，应当从严掌握，由军级以上单位政治机关批准。在边疆国境县（市）、沙漠区、国家划定的边远地区中的三类区和总部确定的一、二类岛屿部队服役的个别中级以上士官，本人提出在部队驻地找对象的，必须符合当地民族政策，由团级以上单位政治机关与当地县级人民政府民政部门协商同意，经师级以上单位政治机关批准，并签订转业军人就地安置协议书的，方可允许在部队驻地找对象结婚。军队院校生和干部学员，在校学习期间不得结婚。军队管理的离休退休干部、从事机密工作的军队职工的结婚问题，按照对现役军人的规定执行。

四、《规定》要求，现役军人申请结婚由部队团级以上单位政治机关负责审批。营职、专业技术 10 级以下军官和职级相关的文职干部，士官，军队正式职工申请结婚的，由团级单位政治机关审批；团职、专业技术 9 级以上军官和职级相当的文职干部申请结婚的，由其所在单位的上一级政治机关审批……

现役军人结婚须提前一个月向所在单位党组织和政治机关提出书面申请，经审查同意后，填写《申请结婚报告表》作为归档材料；由政治机关出具《婚姻状况证明》，作为登记结婚的依据。

五、《规定》要求，现役军人离婚，应当严肃慎重，不得违反国家的法律法规和军队的纪律，不违背社会公德。双方均为现役军人，双方自愿离婚或一方要求离婚的，当事人所在部队领导或政治机关应当进行调解；调解无效，并符合《婚姻法》规定的离婚条件的，由政治机关出具证明后，方可到婚姻登记机关申请离婚或向法院提出离婚诉讼。

配偶是地方人员，军人一方要求离婚的，所在部队政治机关领导应当视情进行调解；符合《婚姻法》规定的离婚条件，并经对方同意，政治机关方可出具证明同意离婚；如军人一方坚持离婚，对方坚决不同意离婚的，部队可商请对方所在单位或地方有关部门进行调解，调解无效的，政治机关出具证明，由当事人向法院提出离婚诉讼。配偶是地方人员，配偶一方要求离婚，军人一方同意离婚的，政治机关可出具证明同意离婚；军人一方不同意离婚的，政治机关不得出具证明，但经政治机关查实军人一方确有重大过错的除外。

现役军人申请离婚的审批程序、权限与申请结婚的相同。团级以上单位政治机关出具同意离婚的证明时，应要求离婚双方签字或提供本人书面意见。申请再婚、复婚的，须持离婚证件。

六、《规定》要求，军队各级党组织和政治机关负有管理本单位军人婚姻的责任。对军人结婚、离婚有审查、调解和出具证明等权利和义务。对有弄虚作假、欺骗组织以及其他违反本规定行为的，应教育批评，督促改正；情节严重的，视情给予党纪政纪处分。

对军人的婚姻纠纷，军队各级法律服务部门和律师应及时提供法律服务，积极维护军人合法权益。对破坏军婚构成犯罪的行为人，军队有关部门应协助地方司法机关依法追究刑事责任。

七、该规定由总政治部组织部负责解释，自2001年11月9日起施行。1980年12月29日下发的《总政治部关于军队贯彻执行〈中华人民共和国婚姻法〉的暂行规定》即行废止。

专家释惑

本案例涉及的法律问题主要是军人登记结婚的材料问题，尤其是婚姻状况证明问题。

一、军人申请结婚登记时要到哪里开《婚姻状况证明》

经国务院批准，2003年民政部发布的《婚姻登记条例》取消了强制婚检和当事人双方必须出具《婚姻状况证明》的规定。由于军人职业的特殊性，军人在结婚登记时仍应出具由单位开的《婚姻状况证明》。

超期服役的战士和志愿兵申请结婚，一般应由所在单位的团以上政治机关出具本人的《婚姻状况证明》，方可到地方婚姻登记管理机关办理结婚登记。但有的超期服役战士和志愿兵在探亲期间找到对象申请结婚，如来不及到部队开具证明时，可由当地县、市、市辖区人民武装部出具有关证明，到地方婚姻登记管理机关办理结婚登记。

营以下干部申请结婚，由团级政治机关审查同意，然后，出具本人的《婚姻状况证明》，到地方婚姻登记管理机关办理结婚登记手续。

团以上干部申请结婚，由上一级政治机关审查同意，然后，出具本人的《婚姻状况证明》，到地方婚姻登记管理机关办理结婚登记手续。

二、军人登记结婚的程序

根据《婚姻法》和《婚姻登记条例》的规定，军人进行婚姻登记时，其程序可分为申请、审查和登记三个环节。

第一，申请。军人结婚时，必须与未婚妻（夫）亲自到双方中的一方户口所在地的婚姻登记机关申请结婚登记。申请时，应当持下列证件和证明：

（1）户口证明（非军人方）。

（2）居民身份证（或军官证、文职干部证等）。

（3）军人所在单位出具的《婚姻状况证明》（非军人方须就其婚姻状况进行签字声明）。所谓婚姻状况，是指当事人属于未婚、离婚，还是丧偶等情况。如果是离过婚的人申请结婚登记，还应出示离婚证件。在实行婚前健康检查的地方，申请结婚登记的当事人必须自愿到医疗保健机构进行婚前健康检查，并向婚姻登记机关提交婚前健康检查证明。所有这些，都是申请结婚登记的必要条件，缺一不可。

第二，审查。婚姻登记机关收到当事人的申请后，对当事人的结婚申请进行全面、细致的审查。审查中如发现当事人有下列情形之一的，婚姻登记机关不予登记。一是未达到法定结婚年龄的。二是非自愿结婚的。三是已有配偶的。四是属于直系血亲或者三代以内旁系血亲的。五是患有法律规定禁止结婚或者暂缓结婚的疾病的。

第三，登记。经过审查，对于符合结婚条件的当事人，应当即时予以登记，发给结婚证。对离过婚的，应当注销其离婚证。当事人从取得结婚证起，即确立夫妻关系。

案例72　非军人一方要求离婚时，一定要获得军人的同意吗？

事情是这样的

赵某某是一名军嫂，她的丈夫杨某某是一名现役军人。赵某某和杨某某认识后，经过一段时间的相处，两人就把终身大事定了下来。赵某某和杨某某于2001年办理结婚登记手续，不过他们两人结婚后的感情却不是很好，赵某某在认识杨某某之后，曾数次怀孕，要么是因为丈夫杨某某的原因，要么是由于怀孕期间吃错了药，中途去医院把胎儿引产了。结婚后那次引产的影响比较大，即2003年3月的那次，胎儿已经有3个多月了，由于赵某某吃了含有激素的桃，导致无法保胎，只能忍痛流产。这次引产医生给出意见说，可能赵某某以后比较难怀孕。因为赵某某在结婚前，和杨某某的相处中，曾经两次引产，其中一次胎儿已经将近7个月，由于当时没有结婚，也没办法一下子结婚，加上杨某某说会妨碍自己的飞行工作，因此，赵某某最终都将胎儿引产。

作为妻子的赵某某将医生的话告诉丈夫杨某某后，杨某某对妻子赵某某很冷淡，两人的关系出现恶化，至今两人将近三年没有过夫妻生活。两人在一起的时候有时会吵架，吵架时杨某某会骂赵某某，甚至还骂过赵某某的父母，甚至扬言说要去找情人。在赵某某生病的时候，作为丈夫的杨某某甚至会不耐烦、不闻不问。2006年9月的一次夫妻间的吵架，杨某某异常愤怒，对赵某某说："我和你已经过够了，离婚吧！"然后把赵某某推出门外，不让其进门。

赵某某被杨某某赶出家门后，杨某某一句道歉的话都没有。几天后，杨某某发短信给赵某某，通知她回去签字离婚。赵某某也觉得两个人没有必要再过下去了，也同意离婚，但是赵某某想到丈夫杨某某有时说话出尔反尔，怕他到时候变卦，不愿意离婚。因此，赵某某特意去咨询了律师，问她这样的情况，能否直接起诉离婚？要向哪里的法院起诉？要离婚的话，自己胜诉的机会有多大？

律师专线

接受咨询的律师告诉赵某某，原则上依据我国《婚姻法》第33条规定，如果赵某某要离婚，要解除与现役军人杨某某之间的婚姻关系，必须征得现役军人杨某某的同意；除非赵某某有证据证明自己的丈夫、现役军人杨某某在婚姻中存在重大过错。但是是否军人一方有过错，这是一个实质性问题，需要审理才能查明，因此，作为女方的赵某某即使在丈夫杨某某不同意离婚的情况下，也可以直接起诉。更何况，赵某某手机里面还存着杨某某发给她的要求她回去签字离婚的短信，这条短信至少能作为证据证明杨某某同意离婚。

女方赵某某要向哪个法院起诉，首先要看她丈夫杨某某是什么类型的军人。如果杨某某是非文职军人，那么就由赵某某的住所地法院管辖；否则作为原告方的赵某某就应当到她丈夫部队所在地法院起诉。

如果作为现役军人的杨某某同意离婚，而作为原告的女方要求的就是离婚，这样的婚姻应该比较容易解除。但是，本案例中，如果男方，作为军人一方的杨某某届时变卦提出不同意离婚，那怎么办呢？依据我国《婚姻法》第 33 条规定（“现役军人的配偶要求离婚，须得军人同意，但军人一方有重大过错的除外。”）以及解放军总政治部 2001 年 11 月 9 日施行的《军队贯彻实施〈中华人民共和国婚姻法〉若干问题的规定》可知，虽然军婚中非军人要求离婚时，军人有否决权，而一般情况下，法院会依据军人意愿进行调解，使之和好或者判决不准离婚，但是这只是相对的，军人自身存在重大过错时，法院当然依据法律规定进行判决，即这种情况下离婚根本不需要征得军人的同意。如果届时杨某某变卦，不同意离婚的话，作为女方的赵某某要么通过劝解沟通的方式使男方同意，或者向丈夫部队的团部或师部政治处报告夫妻间的问题和自己受到的伤害；要么通过收集充分的证据，证实男方存在重大过错，比如由于男方原因导致女方引产难以怀孕或者夫妻长年无夫妻生活等，从而实现离婚的要求。

那么，何谓“有重大过错”呢？最高人民法院《关于适用〈中华人民共和国婚姻法〉若干问题的解释（一）》第 23 条规定，婚姻法第 33 条所称的“军人一方有重大过错”，可以依据婚姻法第 32 条第 3 款前 3 项规定及军人有其他重大过错导致夫妻感情破裂的情形予以判断。由此，“重大过错”可以总结为：（一）重婚或有配偶者与他人同居的；（二）实施家庭暴力或虐待、遗弃家庭成员的；（三）有赌博、吸毒等恶习屡教不改的；（四）军人有其他重大过错导致夫妻感情破裂的。

法律规范

最高人民法院关于适用《中华人民共和国民事诉讼法》若干问题的意见

(1992年7月14日最高人民法院公布，自1992年7月14日起施行)

一、管辖

11．非军人对军人提出的离婚诉讼，如果军人一方为非文职军人，由原告住所地人民法院管辖。

离婚诉讼双方当事人都是军人的，由被告住所地或者被告所在的团级以上单位驻地的人民法院管辖。

中华人民共和国婚姻法

（2001年4月28日第九届全国人民代表大会常务委员会第二十一次会议修正，同日公布并施行）

第三十二条　男女一方要求离婚的，可由有关部门进行调解或直接向人民法院提出离婚诉讼。

人民法院审理离婚案件，应当进行调解；如感情确已破裂，调解无效，应准予离婚。

有下列情形之一，调解无效的，应准予离婚：

（一）重婚或有配偶者与他人同居的；

（二）实施家庭暴力或虐待、遗弃家庭成员的；

（三）有赌博、吸毒等恶习屡教不改的；

（四）因感情不和分居满二年的；

（五）其他导致夫妻感情破裂的情形。

一方被宣告失踪，另一方提出离婚诉讼的，应准予离婚。

第三十三条　现役军人的配偶要求离婚，须得军人同意，但军人一方有重大过错的除外。

专家释惑

这是一个关于非军人配偶要求离婚的案例，涉及的主要法律问题是非军人配偶离婚的条件和情形。

军婚就是夫妻一方或者双方为现役军人的婚姻。我国对军人婚姻实行特殊保护有比较长的时间。1934 年 4 月 8 日制定的《中华苏维埃共和国婚姻法》就有“红军战士之妻要求离婚，须得其夫同意”的规定。抗日战争时期颁布的《晋察冀边区婚姻条例》也规定“抗日军人之配偶，非于抗日军人生死不明逾四年后，不得为离婚之请求”。1950 年颁布的《婚姻法》和 1980 年颁布的《婚姻法》都贯彻了在离婚问题上对现役军人给予特殊保护的立法原则，也成为法院处理现役军人离婚案件的重要法律依据。2001 年修正的《婚姻法》吸收了各方面的意见，原则上保留了对军婚的保护，但在原《婚姻法》第 26 条的基础上增加了一个“但书”，“但军人一方有重大过错的除外”（第 33 条），“但书”虽然只有 13 个字，却对军婚民事特殊保护制度的完善具有重大意义。

一、军人的配偶要求离婚须征得军人同意是一般原则但这并不意味着只要军人一方不同意离婚，婚姻便绝对无法解除。法律在保护军婚的同时还要保护公民婚姻自由的权利，鉴于此，《婚姻法》第 33 条规定：“现役军人的配偶要求离婚，须得军人同意，但军人一方有重大过错的除外。”这一规定表达了这样一个含义：如军人一方无重大过错，非军人一方要求与军人离婚的，必须征得军人一方的同意。这一条款在适用中有以下问题值得注意。不适用“须得军人同意”条款的情形：（一）从军人一方在离婚诉讼中所处的原、被告角度来看，军人向非军人提起离婚诉讼的案件和军人向军人提起离婚诉讼的案件均不适用上述条款；（二）军人的配偶要求离婚，而军人一方有重大过错的，无须军人同意，法院也可以判决离婚。由此可见，军人的配偶提出离婚须征得军人同意是一般原则。但是，这并不意味着只要军人一方不同意离婚，婚姻便绝对无法解除，自己就丧失了离婚的自由权，这是一种误解。法律在保护军婚的同时还要保护公民婚姻自由的权利。

二、军人有重大过错的情形

何谓“有重大过错”呢？这里的“过错”，是指军人一方预见到自己的行为可能发生破坏夫妻感情的后果，而希望或者放任其发生的主观心理状态。从程度上看，过错分为一般过错与重大过错。依据最高人民法院《关于适用〈中华人民共和国婚姻法〉若干问题的解释（一）》（以下简称《解释（一）》）第23条规定，《婚姻法》第33条所称的“军人一方有重大过错”，可以依据《婚姻法》第32条第3款前3项规定及军人有其他重大过错导致夫妻感情破裂的情形予以判断。由此，“重大过错”可以总结为：（一）重婚或有配偶者与他人同居的；（二）实施家庭暴力或虐待、遗弃家庭成员的；（三）有赌博、吸毒等恶习屡教不改的；（四）军人有其他重大过错导致夫妻感情破裂的。

“有配偶者与他人同居”，依照《解释（一）》第2条：“……是指有配偶者与婚外异性，不以夫妻名义，持续、稳定地共同居住。”因此，要注意把同居与重婚、偶发性的婚外性行为等相区别。“家庭暴力”和“虐待”，依照《解释（一）》第1条：“……是指行为人以殴打、捆绑、残害、强行限制人身自由或者其他手段，给其家庭成员的身体、精神等方面造成一定伤害后果的行为。持续性、经常性的家庭暴力，构成虐待。”因此，不能把日常生活中偶尔的打闹、争吵理解为家庭暴力。“遗弃家庭成员”是指对于年老、年幼、患病或者其他没有独立生活能力的人，负有扶养义务而拒绝扶养的行为。第（三）项里的“等”字，还包括与赌博、吸毒相当的其他恶习。另外，对于军人有其他重大过错导致夫妻感情破裂的情形，应把握两点：军人有《婚姻法》第32条第3款前3项规定之外的其他重大过错，其过错程度与这三项规定情形相当；这些其他重大过错必须能导致夫妻感情破裂。

另外，最高人民法院《关于贯彻执行民事政策法律若干问题的意见》（1984年8月30日）指出：“军人不同意离婚案件时，应教育原告珍惜与军人的夫妻关系，尽量调解和好或判决不准离婚。对夫妻感情已经破裂，经过做和好工作无效，确实不能继续维持夫妻关系的，应通过军人所在部队团以上的政治机关，做好军人的思想工作，准予离婚。”

该意见充分说明了人民法院在审理涉及军人离婚案件时，要灵活运用法律，对于夫妻感情确实破裂，经调解无效，即使军人不同意离婚，也是可以判决离婚的。因此，作为军人的配偶，如军人出现上述几种情形，需要注意及时搜集证据。如果认为夫妻感情已经破裂，但是军人一方又不存在法律规定的"重大过错"情形的，此时，作为军人的配偶不易仓促起诉离婚，需要做好充分的准备工作，争取自己婚姻自由的权利。

三、军人离婚案件的审理结果

经人民法院调解，非军人一方撤诉的，人民法院应将调解笔录存卷，诉讼活动结束；非军人一方提起离婚诉讼后，经调解，军人一方同意离婚并达成离婚协议的，人民法院按照协议内容制作调解书，送达后与判决书发生同等法律效力，诉讼双方的夫妻关系解除；非军人一方提起离婚诉讼后，经调解，军人一方坚决不同意离婚，非军人一方坚持不放弃离婚要求的，人民法院一般应依据军人一方的意愿判决不准离婚。

军人一方有重大过错的，其非军人配偶提出离婚后，将承担以下法律后果：一是法院调解无效时判决准予离婚，而无须得到军人同意；二是根据修改后的《婚姻法》第 46 条规定承担离婚过错损害赔偿责任；三是当军人一方的重大过错超出民事责任范围、触犯刑律时，根据《婚姻法》第 45 条和《刑法》的有关规定承担刑事责任。

军人一方没有重大过错，其配偶坚决要求离婚，军人坚决不同意离婚，而夫妻感情确已破裂，法院是否可以判决准予离婚呢？按照《婚姻法》第 33 条的规定，这种情况是不能判决准予离婚的。可依据最高人民法院《关于贯彻执行民事政策法律若干问题的意见》第 9 条处理，即："军人不同意离婚时，应教育原告珍惜与军人的夫妻关系，尽量调解和好或判决不准离婚。对夫妻感情已经破裂，经过做和好工作无效，确实不能继续维持夫妻关系的，应通过军人所在部队团以上的政治机关，做好军人的思想工作，准予离婚。"

军人在离婚诉讼中应如何正确行使离婚否决权？军人在由非军人一

方提起的离婚诉讼中拥有的离婚否决权，只有在自身无重大过错的情况下才具有实际意义，因此在行使时，应根据实际情况作出选择。如配偶与第三者同居、重婚或有其他重大过错，经教育毫无悔改之意，夫妻感情确已破裂的，军人一方同意离婚是解决矛盾的较好选择；军人一方如选择行使离婚否决权，则应从配偶提出离婚的理由中找出问题的症结所在，并根据实际情况寻求重归于好之策，尽量消除隔阂。这不仅有助于解决矛盾，也有利于夫妻关系的改善。

案例 73　与军人配偶勾搭同居，构成破坏军婚罪吗？

事情是这样的

李某某（男）是一名某部队的现役军人。他的妻子叫张某某，是一家公司的会计。李某某与张某某不在同一个城市工作。两人于 1998 年 10 月结婚，2001 年 8 月离婚；2004 年 12 月复婚。2004 年 2 月至 2006 年 10 月间，被告人王某某明知张某某与现役军人李某某是夫妻关系，而长期与张某某保持两性关系，并致女方张某某怀孕。

2006 年 10 月的某一天，李某某在没有通知妻子张某某的情况下，提前回家。当李某某清晨打开家门的时候，发现张某某与第三者王某某同居一室。愤怒的李某某迅速控制住王某某，并向公安机关报案。

随后，李某某向法院提起刑事自诉，控告王某某和张某某破坏军婚。但是，第三者王某某认为自己尚不构成破坏军婚罪，自己是在李某某和张某某离婚后才和张某某好上的，自己不知道他们后来复婚了。为此，李某某咨询律师，王某某和张某某的行为是否已经构成了破坏军婚罪？

律师专线

受理咨询的律师告诉李某某，在 2004 年 2 月至 2004 年 12 月（即李某某和张某某复婚之前），王某某和张某某之间的同居或者姘居行为，并不构成破坏军婚罪，因为这期间李某某虽然是现役军人，但是他和女方张某某已经离婚，离婚后的张某某与其他人同居不违反法律的规定。

2004年12月至2006年10月（张某某和李某某复婚后），这期间王某某和张某某之间的姘居行为属于破坏军婚的非法同居，从当事人的主观、客观表现看，王某某和张某某应当构成破坏军婚罪。因为王某某明知或者应当知道张某某与李某某复婚，知道李某某是现役军人，却与现役军人的老婆同居，符合我国《刑法》第259条的规定。

破坏军婚罪的主体是一般主体，至少有一方是现役军人的配偶，至于另一方有无配偶并不影响本罪的成立；本罪的主观方面只限于直接故意，即要求行为人具有明知是现役军人的配偶而与之同居或结婚的心理；本罪在客观上表现为实施了与现役军人配偶同居或者结婚的行为。本罪行为表现在法律上可归为两类：一是与现役军人的配偶同居，包括公开地或秘密地在一定时期内姘居并共同生活在一起的行为；二是与现役军人的配偶结婚，包括登记而形成的婚姻关系和以夫妻名义共同生活。

如果仅从《刑法》第259条第1款的规定来看，破坏军婚罪的危害行为，只有与现役军人的配偶同居或者结婚两种行为。但依照最高人民法院《关于破坏军人婚姻罪的四个案例》的按语，破坏军婚罪的危害行为，还包括明知是现役军人的配偶而与之长期通奸，情节恶劣的行为。《刑法》第259条第1款没有明文规定破坏军婚罪的危害结果，即危害结果不是破坏军婚罪必须具备的条件，但它是衡量破坏军婚罪罪轻罪重的一个重要方面，是量刑时必须考虑的一个重要情节。

注意

我国1979年《刑法》第181条和1997年修订后的《刑法》259条第1款都明确规定了破坏军婚罪及其处罚。利用职权、从属关系，以胁迫手段奸淫现役军人的妻子的，则按照强奸罪定罪处罚。

法律规范

中华人民共和国刑法

（1979年7月1日第五届全国人民代表大会第二次会议通过，1997年3月

14日第八届全国人民代表大会第五次会议修订）

第二百五十八条　有配偶而重婚的，或者明知他人有配偶而与之结婚的，处二年以下有期徒刑或者拘役。

第二百五十九条　明知是现役军人的配偶而与之同居或者结婚的，处三年以下有期徒刑或者拘役。

利用职权、从属关系，以胁迫手段奸淫现役军人的妻子的，依照本法第二百三十六条的规定定罪处罚。

专家释惑

这个案例的主要法律问题是关于破坏军婚罪的含义及其认定问题。

一、破坏军婚罪的犯罪构成

《刑法》第259条第1款规定："明知是现役军人的配偶而与之同居或者结婚的，处三年以下有期徒刑或者拘役。"破坏军婚罪是指明知是现役军人的配偶，而与之结婚或者同居的行为。认识破坏军婚罪，应当从行为的主客观方面进行认定。

本罪的犯罪客体是军人的婚姻关系。军人为了国家和人民的利益，经常要牺牲个人正常的家庭生活而戍边卫国。军人婚姻关系是一种非常特殊的婚姻关系。由于绝大多数已婚官兵与配偶常年处于两地分居的状态，其婚姻容易被"第三者"破坏。而这种破坏所产生的不利影响不单单作用于个人，而且影响着整个军队的稳定，影响国防和军队建设。因此，必须对军人的婚姻关系给予特别保护，对破坏军婚行为予以坚决打击。

本罪的客观方面主要包括两种基本类型：一是重婚型破坏军婚行为，即与现役军人的配偶登记结婚或者虽未登记结婚，但以夫妻名义共同生活；二是同居型破坏军婚行为，即与现役军人的配偶公开地或秘密地在一定时期内姘居并共同生活在一起的行为。

本罪的主体为一般主体，即达到刑事责任年龄，具备刑事责任能力的自然人，只要实施了破坏军人婚姻的行为，都可成为本罪的主体，包括男子和女子。单位不构成此罪。破坏军婚罪的主体是一般主体，不要求特殊身份。需要注意的是：在现役军人的配偶是男性的情况下，犯罪主体可以是女性；行为人是否有配偶，不影响犯罪主体的成立；犯罪主体也可以是现役军人；按照多数人的观点，现役军人的配偶不构成破坏自身军人婚姻关系的犯罪主体。

本罪的主观要件是故意。犯罪主观方面，是指犯罪主体对自己行为及其危害社会的后果所抱的心理态度。它包括犯罪的故意和过失、犯罪的目的和动机。破坏军婚犯罪只能是故意犯罪，即明知是现役军人的配偶而与之同居或者结婚，因而，不可能存在过失犯罪的问题。破坏军婚犯罪的动机比较复杂，有的是想与现役军人的配偶结婚，有的是为满足情欲，还有的是其他动机。犯罪的目的和动机都不是破坏军婚罪必须具备的条件，但它们对量刑都会有一定的影响。行为人明知是现役军人的配偶而与之结婚或者同居，才构成此罪。行为人由于某种原因确实不知对方是现役军人的配偶，而与之结婚或者同居的，不构成本罪。如何判明行为人是否明知，要根据具体案件情况来认定，不能仅凭其供述。

在司法实践中，被告人是否对现役军人的配偶具有“明知”的主观认识，一般争议不大。其原因在于被告人与现役军人的配偶大多是同事、同学和邻居等，双方的家庭成员状况往往比较清楚。当然，也有例外情况。鉴于目前没有关于破坏军婚罪“明知”的司法解释，笔者认为可从以下两方面予以认定：只要行为人知道或者应当知道与其同居或者结婚的人的配偶是现役军人的身份，就可以认定是破坏军婚罪之“明知”；“明知”的程度，不能仅凭被告人的供述，而应当根据案件的客观事实予以分析。只要证明被告知道或应当知道与其同居或者结婚的是现役军人的配偶，就可以认定。这里的“知道”，是行为人通过某种方式确切地知道对方就是现役军人的配偶。这里的“应当知道”，是有充分理由的事实推定。

二、认定破坏军婚罪案件中应注意的问题

1. 如何认定现役军人。现役军人是指具有军籍并正在中国人民解放军或者人民武装警察部队服役的军人，不包括复员军人、退伍军人、转业军人、人民警察以及在部队、人民武装警察部队中工作，但没有军籍的工作人员。认定被害人是否系现役军人，可以从是否持有军官证及所在部队出具的相关证明材料等证据进行审查。本案中李某某所在部队政治部门出具了李某某的军官证及相关书证材料，充分证实了其现役军人身份。对于在地方工作的武装部人员、预备役人员亦应注意其是持有军人证件，还是持有居民身份证，只要其持有居民身份证就不应看做是军人。

2. 如何认定现役军人的配偶。所谓现役军人的配偶是指现役军人的妻子或者丈夫。与现役军人登记结婚，建立了合法婚姻关系的人当然是现役军人的配偶。那么与现役军人形成事实婚姻关系的人是否可以认定为其配偶呢？这要依据国家对事实婚姻问题的法律规定予以处理。2001 年 12 月 27 日起施行的最高人民法院《关于适用〈中华人民共和国婚姻法〉若干问题的解释（一）》规定：事实婚姻关系的双方应根据婚姻法第八条规定补办结婚登记，婚姻关系的效力从双方均符合婚姻法所规定的结婚实质要件时起算。未补办结婚登记的，予以区别对待：（1）1994 年 2 月 1 日之前，男女双方已经符合结婚实质要件的，按事实婚姻处理，具有合法婚姻的效力。（2）1994 年 2 月 1 日之后，男女双方符合结婚实质要件的，按解除同居关系处理。

根据上述规定，与现役军人形成事实婚姻关系且 1994 年 2 月 1 日以前已经具备结婚实质要件的，国家承认事实婚姻，因此，可以认定其为现役军人的配偶，与现役军人形成事实婚姻关系；1994 年 2 月 1 日以后才具备结婚实质要件的人，因上述解释不承认此类事实婚姻，仅作为同居关系处理，所以不能认定其为现役军人的配偶。另外，现役军人的配偶也不包括仅与现役军人有婚约关系的“未婚夫”或者“未婚妻”，因为婚约本身并不具备法律效力。

3. 破坏军婚罪中同居的认定。所谓同居是指在一定时期内与现役军人的配偶共同生活在一起，同居以两性关系为基础，包括公开和秘密两种。同居又可以分为两种情况，一种是双方以夫妻名义公开共同生活在一起。这类情况在2001年12月27日最高人民法院《关于适用〈中华人民共和国婚姻法〉若干问题的解释（一）》施行之前，构成传统意义上的事实婚姻，按照与现役军人的配偶结婚处理。但上述解释施行后，这种情况则应当按非法同居处理。另一种情况是双方不以夫妻名义而持续稳定地共同生活在一起，这种情况属于传统意义上的同居，认定中不存在什么问题。

三、破坏军婚罪与重婚罪的区别

两者之间存在着一定的竞合关系，但其仍有着以下本质区别：

1. 行为方式不尽相同。破坏军婚罪具有与现役军人的配偶同居或者结婚两种方式；而重婚罪则仅表现为与他人结婚这一种方式。

2. 主观认识内容不同。破坏军婚罪不仅认识到对方必须是他人的配偶，而且还必须意识到对方是现役军人的配偶，而非一般人的配偶，否则即不可能构成其罪；而重婚罪在主观上则分为两种情况：其一，对有配偶的人而言，只要其意识到与配偶的婚姻关系还未解除或者消失；其二，对没有配偶的人而言，则只要认识到对方是他人的配偶即可，并不要求对方是某种具有特定身份的人的配偶。

3. 行为所指向的对象不同。破坏军婚罪的同居或结婚指向于现役军人的配偶；而重婚罪的对象指向于非现役军人的配偶，即包括已结婚的人，也包括未结婚的人。破坏军婚罪的对象必须是已经与现役军人结了婚的人。

4. 所侵犯的客体不同。破坏军婚罪所侵害的是现役军人的婚姻关系；而后者则是一夫一妻的婚姻制度。

5. 对方构成犯罪的性质不同。

（1）与现役军人的配偶同居或结婚，但不知是现役军人的配偶，不能以破坏军婚罪论处。如果知道是有配偶的人即属他人的配偶，与之结婚的，可构成重婚罪。如果根本不知道其属有配偶的人，则不构成犯罪。

（2）明知是现役军人的配偶与之同居或结婚，行为人构成破坏军婚罪；现役军人的配偶如果构成犯罪，则应根据情况具体定罪：①行为人如果是现役军人的配偶，即现役军人的配偶与现役军人的配偶同居或者结婚，双方都明知，构成犯罪，都构成破坏军婚罪。一方明知对方是现役军人的配偶，另一方不明知的，则明知的一方构成破坏军婚罪。不明知的一方要么构成重婚罪，要么不构成犯罪。如果都不明知对方是现役军人的配偶，则应根据情况定重婚罪或无罪。②行为人如果不是现役军人的配偶，而与现役军人的配偶同居或结婚，现役军人的配偶构成犯罪，应是重婚罪，而不是破坏军婚罪。

二、涉外婚姻

内容提要

涉外婚姻是指中国公民同外国人（包括无国籍人）的婚姻，包括涉外结婚和涉外离婚。比如涉外结婚包括中国公民与外国公民在中国境内结婚、外国公民与外国公民在中国境内结婚、中国公民与外国公民在中国境外结婚以及中国公民与中国公民在中国境外结婚。根据我国法律，我国公民和外国人结婚适用婚姻缔结地法律，离婚适用受理案件的法院所在地的法律。凡涉外婚姻当事人在我国境内结婚或离婚的，都必须按照我国法律的规定办理。

为维护国家利益，各国对涉外婚姻的主体均有一定限制。我国法律规定，现役军人、外交人员、公安人员、机要人员和其他掌握重大机密的人员以及正在接受劳动教养和服刑的人员，不许与外国人结婚。

案例74　欧阳小姐与未婚夫如何在内地办理涉港澳台的结婚登记?

事情是这样的

欧阳小姐是一家外企的白领，少年时随家迁往香港居住，大学毕业参加工作后又从香港到上海工作。目前欧阳小姐在上海工作已经三年。她想与相恋两年的男朋友桂某某2007年年底在上海结婚。欧阳小姐的未婚夫（男朋友）桂某某是在上海工作的南京人，桂某某的户口目前还在南京。因此，欧阳小姐想咨询，如果她和未婚夫想在上海结婚，她需要准备和携带哪些证明文件？她只有香港身份证没有户口，能否在上海办理结婚登记？

律师专线

依据《中华人民共和国婚姻法》和国务院《婚姻登记条例》可知，欧阳小姐与其未婚夫有权在内地办理结婚登记，但是他们目前只能在其未婚夫的户口所在地南京进行结婚登记。首先，欧阳小姐及其未婚夫应当符合《婚姻法》规定的实质要件。其次，依据《婚姻登记条例》，尤其是第2条、第4条和第5条的明确规定，在内地结婚登记时，由于其未婚夫的户口在南京，因此欧阳小姐及其未婚夫携带相应的证件和证明材料去江苏省民政厅涉外婚姻登记处登记（或江苏省民政厅确定的其他婚姻登记机关），而不是去上海涉外婚姻登记处。

办理结婚登记时，欧阳小姐作为中国香港居民，应提交的证件和材料包括：（1）本人的有效通行证；（2）身份证；（3）经居住地公证机构公证的本人无配偶以及与对方当事人没有直系血亲和三代以内旁系血亲关系的声明。其中第（3）项是由欧阳小姐去香港由内地司法部门指定的律师事务所（律师楼）开本人无配偶的证明（单身证明）。具体程序是，先填写《申请结婚登记声明书》，律师事务所再根据这份声明开展调查，经司法确认后将这份声明书寄送给江苏省民政厅涉外婚姻登记处。

欧阳小姐的未婚夫，作为内地居民应当提交的材料是：（1）本人的户口簿；（2）身份证；（3）本人无配偶以及与对方当事人没有直系血亲和三代以内旁系血亲关系的签字声明。

婚姻登记处受理结婚申请后，自受理当事人的结婚登记申请之日起 1 个月内予以审查。对当事人符合结婚条件的，证件和证明材料有效、齐全的当事人，发出领取《结婚证》的通知，发给结婚证；对当事人不符合结婚条件不予登记的，向当事人说明不予登记的理由。

法律规范

婚姻登记条例

（2003 年 7 月 30 日国务院第十六次常务会议通过，自 2003 年 10 月 1 日起施行）

第二条　内地居民办理婚姻登记的机关是县级人民政府民政部门或者乡（镇）人民政府，省、自治区、直辖市人民政府可以按照便民原则确定农村居民办理婚姻登记的具体机关。

中国公民同外国人，内地居民同香港特别行政区居民（以下简称香港居民）、澳门特别行政区居民（以下简称澳门居民）、台湾地区居民（以下简称台湾居民）、华侨办理婚姻登记的机关是省、自治区、直辖市人民政府民政部门或者省、自治区、直辖市人民政府民政部门确定的机关。

第三条　婚姻登记机关的婚姻登记员应当接受婚姻登记业务培训，经考核合格，方可从事婚姻登记工作。

婚姻登记机关办理婚姻登记，除按收费标准向当事人收取工本费外，不得收取其他费用或者附加其他义务。

第四条　内地居民结婚，男女双方应当共同到一方当事人常住户口所在地的婚姻登记机关办理结婚登记。

中国公民同外国人在中国内地结婚的，内地居民同香港居民、澳门居民、台湾居民、华侨在中国内地结婚的，男女双方应当共同到内地居民常住户口所在地的婚姻登记机关办理结婚登记。

第五条　办理结婚登记的内地居民应当出具下列证件和证明材料：

（一）本人的户口簿、身份证；

（二）本人无配偶以及与对方当事人没有直系血亲和三代以内旁系血亲关系的签字声明。

办理结婚登记的香港居民、澳门居民、台湾居民应当出具下列证件和证明材料：

（一）本人的有效通行证、身份证；

（二）经居住地公证机构公证的本人无配偶以及与对方当事人没有直系血亲和三代以内旁系血亲关系的声明。

……

第六条　办理结婚登记的当事人有下列情形之一的，婚姻登记机关不予登记：

（一）未到法定结婚年龄的；

（二）非双方自愿的；

（三）一方或者双方已有配偶的；

（四）属于直系血亲或者三代以内旁系血亲的；

（五）患有医学上认为不应当结婚的疾病的。

第七条　婚姻登记机关应当对结婚登记当事人出具的证件、证明材料进行审查并询问相关情况。对当事人符合结婚条件的，应当当场予以登记，发给结婚证；对当事人不符合结婚条件不予登记的，应当向当事人说明理由。

第八条　男女双方补办结婚登记的，适用本条例结婚登记的规定。

民政部关于贯彻执行《婚姻登记条例》若干问题的意见

（民函〔2004〕76号）

七、关于出国人员、华侨及港澳台居民结婚提交材料的问题

出国人员办理结婚登记应根据其出具的证件分情况处理。当事人出具身份证、户口簿作为身份证件的，按内地居民婚姻登记规定办理；当事人出具中国护照作为身份证件的，按华侨婚姻登记规定办理。

当事人以中国护照作为身份证件，在内地居住满一年、无法取得有关国家或我驻外使领馆出具的婚姻状况证明的，婚姻登记机关可根据当事人本人的相关情况声明及两个近亲属出具的有关当事人婚姻状况的证明办理结婚登记。

专家释惑

这是在内地进行涉港结婚登记的法律问题，主要是程序事项。依据《中华人民共和国婚姻法》、国务院《婚姻登记条例》和民政部《关于

贯彻执行〈婚姻登记条例〉若干问题的意见》，内地居民和香港居民、澳门居民或台湾居民在内地进行结婚登记的条件和程序如下：

一、结婚申请的受理条件

（一）结婚必须男女双方完全自愿，不许任何一方对他方加以强迫或任何第三者加以干涉。

（二）结婚年龄，男不得早于22周岁，女不得早于20周岁。

（三）有下列情形之一的，禁止结婚：

1. 直系血亲和三代以内的旁系血亲；

2. 患有医学上认为不应当结婚的疾病。

（四）要求结婚的婚姻登记男女双方必须亲自到婚姻登记处进行结婚登记。

（五）办理结婚登记的当事人有下列情形之一的，婚姻登记处不予登记：

1. 未到法定结婚年龄的；

2. 非双方自愿的；

3. 一方或者双方已有配偶的；

4. 属于直系血亲或三代以内旁系血亲的；

5. 患有医学上认为不应当结婚的疾病的。

二、结婚登记的申请材料

符合《婚姻法》规定的法定条件的男女双方，应当共同到内地居民常住户口所在地的婚姻登记机关办理结婚登记，并应当提交以下材料：

（一）办理结婚登记的内地居民应当出具下列证件和证明材料：

1. 本人的户口簿、身份证；

2. 本人无配偶以及与对方当事人没有直系血亲和三代以内旁系血亲关系的签字声明。

本人无配偶的证明一般由本人所在工作单位或市、镇、街道办事处，农村的乡镇人民政府出具，内容包括本人出生年月、民族、职业和婚姻状况。

（二）办理结婚登记的香港居民、澳门居民、台湾居民应当出具下列证件和证明材料：

1. 本人的有效通行证、身份证；

2. 经居住地公证机构公证的本人无配偶以及与对方当事人没有直系血亲和三代以内旁系血亲关系的声明。

案例 75　身为警察的赵先生可以与外国人在中国登记结婚吗？

事情是这样的

赵先生毕业于国内某著名大学，现在某市公安系统下属的某区公安分局工作。赵先生从大学二年级开始学习第二外语德语。在上大学期间，赵先生认识了本校的德国籍华裔留学生欧小姐。于是，赵先生经常向欧小姐请教问题，闲暇之余与欧小姐沟通交流频繁，以练习口语。随着时间的推移，二人产生了感情，确立了恋爱关系。毕业后，赵先生进入公安系统工作，成为某区公安分局的文职公安人员。欧小姐毕业后也留在了中国，在中国的某外资企业工作。

工作一年后，赵先生和欧小姐二人着手准备结婚。在亲友的祝福下，2006 年 8 月 18 日，二人来到相应的婚姻登记机关进行结婚登记。然而，在提交身份证、户口簿、护照等相应材料后，受理申请的婚姻登记机关经过核查之后却没有通知其领取结婚证，而是告知不予登记，理由是赵先生属于不能与外国人结婚的人员范畴。赵先生和欧小姐对此不服，觉得难以理解，认为自己的证件和手续齐全，婚姻登记机关的行为违法，想向法院起诉，要求婚姻登记机关为自己办理结婚登记。于是，赵先生和欧小姐先来到本市的一家律师事务所，就起诉婚姻登记机关的可能性、困难和胜诉的几率等问题向律师提出咨询。核心问题是婚姻登记机关不予登记的具体行政行为是否违法？哪些人不能与外国人结婚？

律师专线

面对赵先生和欧小姐的咨询，律师告知，婚姻登记机关不予登记的具体行政行为并不违法，因为赵先生属于不能与外国人结婚的人员范畴。

尽管我国法律规定婚姻自由，但是我国同其他国家一样，基于优生优育、婚姻家庭的健康幸福等原因，规定了婚姻的法定条件。基于国家安全利益等考虑，规定了与外国人结婚人员的例外范畴。依据我国相关法律规定，有两类中国公民不准同外国人结婚：（1）某些担任特定公职人员；（2）正在接受劳动教养和服刑人员。特定公职人员包括：现役军人；某些掌握和熟悉原部队没有失效的机密的复员、转业的退役军人；外交人员；公安人员；机要人员和其他掌握重大机密的人员。对于其他在押的嫌疑犯，国家规定在押期间也不得同外国人结婚。赵先生是在公安系统工作的正式工作人员，属于公安人员；而欧小姐，虽然是华裔，但持有德国护照，其国籍是德国国籍，在法律意义上她属于外国公民。按照我国民政部的规定，赵先生与欧小姐不能登记结婚。

因此，尽管赵先生和欧小姐有权以受理申请的婚姻登记机关为被告，就不予办理结婚登记的具体行政行为提起行政诉讼，但是如果婚姻登记机关在其他各方面都无任何违法行为，则赵先生和欧小姐胜诉的机会非常小，受案法院会作出支持婚姻登记机关的判决。因为婚姻登记机关以赵先生属于不能与外国人结婚的人员为由，拒绝予以登记，并不存在任何不法之处。

法律规范

婚姻登记条例

（2003 年 7 月 30 日国务院第十六次常务会议通过，自 2003 年 10 月 1 日起施行）

第二条　内地居民办理婚姻登记的机关是县级人民政府民政部门或者乡（镇）人民政府，省、自治区、直辖市人民政府可以按照便民原则确定农村居民办理婚姻登记的具体机关。

中国公民同外国人，内地居民同香港特别行政区居民（以下简称香港居民）、澳门特别行政区居民（以下简称澳门居民）、台湾地区居民（以下简称台湾居民）、华侨办理婚姻登记的机关是省、自治区、直辖市人民政府民政部门或者省、自治区、直辖市人民政府民政部门确定的机关。

第六条　办理结婚登记的当事人有下列情形之一的，婚姻登记机关不予登记：

（一）未到法定结婚年龄的；

（二）非双方自愿的；

（三）一方或者双方已有配偶的；

（四）属于直系血亲或者三代以内旁系血亲的；

（五）患有医学上认为不应当结婚的疾病的。

第七条　婚姻登记机关应当对结婚登记当事人出具的证件、证明材料进行审查并询问相关情况。对当事人符合结婚条件的，应当当场予以登记，发给结婚证；对当事人不符合结婚条件不予登记的，应当向当事人说明理由。

民政部关于贯彻执行《婚姻登记条例》若干问题的意见

（民函〔2004〕76号）

七、关于出国人员、华侨及港澳台居民结婚提交材料的问题

出国人员办理结婚登记应根据其出具的证件分情况处理。当事人出具身份证、户口簿作为身份证件的，按内地居民婚姻登记规定办理；当事人出具中国护照作为身份证件的，按华侨婚姻登记规定办理。

当事人以中国护照作为身份证件，在内地居住满一年、无法取得有关国家或我驻外使领馆出具的婚姻状况证明的，婚姻登记机关可根据当事人本人的相关情况声明及两个近亲属出具的有关当事人婚姻状况的证明办理结婚登记。

专家释惑

这是一个关于婚姻自由的例外规定的案例，主要涉及中国公民与外国公民的结婚条件和特殊的禁止性规定。

中国公民与外国公民的结婚条件主要依据《中华人民共和国婚姻法》和国务院《婚姻登记条例》的规定，具体而言，（1）中国公民同外国公民在我国境内结婚，双方必须符合我国《婚姻法》的基本原则，实行一夫一妻制。（2）双方当事人必须具备我国法律所规定的结婚的实质要件，即：双方均无配偶；男方年满22周岁、女方年满20周岁；未患有法律规定的禁止结婚的疾病；非直系血亲或三代以内旁系血亲。

(3) 双方当事人结婚，必须按照中国法律男女双方共同到中国政府的涉外婚姻登记管理机关申请办理结婚登记。以其他形式如宗教仪式、风俗习惯等缔结的婚姻，都不为我国法律所承认和保护。

受理涉外结婚登记申请的婚姻登记机关遇到不应予以登记的情形时，不予办理结婚登记，并以书面形式向当事人说明理由。这些不予登记的情形主要有：(1) 未到法定结婚年龄的；(2) 非双方自愿的；(3) 一方或者双方已有配偶的；(4) 属于直系血亲或者三代以内旁系血亲的；(5) 患有法律规定禁止结婚的疾病的；(6) 法律、法规或者规章规定禁止结婚的其他情形。此外，当申请结婚登记的当事人有下列情形之一的，婚姻登记机关（一般为省/市民政厅、民政局）暂缓办理结婚登记，并以书面形式向当事人说明理由：(1) 患有医学上认为应当暂缓结婚的疾病的；(2) 办理撤销结婚登记申请手续不满6个月的。